天津社会科学院 中国城市史研究会 主办

城市史研究

（第34辑）

URBAN HISTORY
RESEARCH

张利民 主编

社会科学文献出版社
SOCIAL SCIENCES ACADEMIC PRESS (CHINA)

《城市史研究》编委会

顾　　问　张　健
编　　委　（按姓氏笔画为序）
　　　　　万新平　王立国　李长莉　何一民　苏智良
　　　　　张利民　张鸿雁　周　勇　周俊旗　涂文学
　　　　　靳润成　熊月之　戴一峰
本期主编　张利民
副 主 编　任云兰　任吉东　王　敏　范　瑛
编　　辑　（按姓氏拼音为序）
　　　　　成淑君　刘凤华　万鲁建　王　静
　　　　　熊亚平　许哲娜　张献忠

目 录

区域体系与经济发展

黄河变迁对元代开封的影响 …………………… 吴朋飞　邓玉娜／1
明代南京塌房 ……………………………………………… 崔文明／16
明末清初政教关系走向与西藏区域中心城市的转移 ………… 付志刚／28
运河城市的空间形态与职能扩张
　——以明清时期的临清为个案 ………………………… 周　嘉／38

市政建设与社会控制

明代后期两京保甲制实施研究 …………………………… 薛理禹／51
威廉·布拉顿治理纽约城市犯罪：背景、策略及影响 ……… 李　胜／67
武汉沦陷时期的卫生行政研究 …………………………… 路彩霞／83
改革开放后中国城市雕塑的发展
　——以京、津、沪、渝为例 …………………………… 王　鹤／104
抗战前天津反日运动群体探析 …………………… 任吉东　毕连芳／118

空间结构与环境变迁

地名与日常生活的政治
　——以福州历史上的地名兴替为中心 ………………… 罗桂林／128

公共空间与民国上海知识群体的精神生活建构（1927～1937） … 胡悦晗 / 154
清代柳条边外城镇火灾研究
　　——以满文档案为中心 ………………………………… 綦 岩 / 183
政治性、日常性与现代性：民国苏州公园与
　　城市生活 ………………………………… 张笑川　路仕忠 / 199

社会阶层与文化教育

成都皮影戏的城市记忆与想象
　　——兼论皮影戏的生存空间问题 …………………… 李 龙 / 216
近代大连城市多元文化特征及其影响 ………… 荆蕙兰　屈 宏 / 227
在城市发现宗教：对中国城市宗教史研究的回顾与反思 …… 庞 毅 / 236

海外研究

动人的故事：中国通商口岸的纪念与
　　遗产 ……………………〔英〕毕可思　许哲娜　喻满意 译 / 251

会议综述

战争、灾难与近代中国城市发展
　　——中国城市史研究会 2015 年年会暨学术研讨会
　　综述 ……………………………………… 王肇磊　任吉东 / 280
"接地气"：关于城市大众历史书写的思考
　　——首届"中国国家历史"创意写作高级研修班
　　研修综述 ………………………………… 尹学梅　王 静 / 291

Abstracts / 296

稿　　约 / 305

·区域体系与经济发展·

黄河变迁对元代开封的影响[*]

吴朋飞 邓玉娜

内容提要：元代黄河频繁的决溢改道，在开封城北、东、西走河，破坏了开封地区的农业生产环境，对城市发展产生直接影响。至元二十年（1283）黄河洪水灌进开封外城，至元二十七年（1290）破坏部分城市水道，延祐六年（1319）城北出现护城堤。元代开封城市的发展与宋金相比，有所衰落，"黄河"是其中不可忽视的重要因素。

关键词：元代 开封 黄河泛滥

著名历史地理学家侯仁之院士曾指出："历史时期的地理环境处在经常不断的变化中，那么只想了解它的今天，而不过问它的'昨天'和'前天'，显然是不够的。因为只有了解了它的'昨天'和'前天'，才能更好地了解它的今天。"[①] 黄河岸边的古都开封，今城区北距黄河已有10公里之遥，黄河对其影响仅限于引黄灌溉、城市供水和引黄打造城市水体景观等，但从历史的角度而言，黄河对开封城市的影响较为深刻。

根据历史上黄河决溢泛滥的发展特点，开封城市与黄河的关系大势，大致以1128年、1855年为时间节点，划分为三个阶段：第一，1128年之

---

[*] 本文系国家社科基金项目"泛滥黄河侵入开封城市过程的环境史研究"（15BZS024）、教育部人文社会科学研究规划基金项目"明代开封城市的平面复原研究——基于《如梦录》的考察"（13YJAZH098）和教育部人文社会科学重点研究基地重大项目"黄河变迁与开封城市兴衰的互动关系研究"（12JJD790023）的阶段性成果。

[①] 侯仁之：《历史地理学四论》，中国科学技术出版社，1994，第4页。

前，黄河远离开封，开封凭依黄河支流汴河而兴盛繁荣；第二，1128～1855年，黄河南徙泛滥，逐渐靠近开封，开封城市频遭河患，发展大受影响；第三，1855年至今，特别是新中国成立之后开封城市的发展享受了黄河之利。关于黄河泛滥对开封的影响，前人研究的重要观点有：北宋都城辉煌过后的12世纪以来，开封地理环境的变化很大，主要原因是黄河泛滥；①"黄河制约金元明清及民国时期的开封城市发展"。② 上述研究一定程度上阐明了金元以来黄河泛滥对开封城市的深刻影响，但问题在于：1128～1855年黄河南泛期间，究竟从何时黄河泛滥开始对开封城市产生影响？影响程度如何？不能仅限于统计灾害次数和列举重大灾害事件，需要细化；黄河泛滥对开封地理环境的变迁以及对城市发展的制约，有何具体体现，值得研究。笔者曾撰文指出，"黄河在某个特殊阶段或某次重大水灾事件中对城市的影响，不容小视，今后应加强黄河对开封城市影响的微观过程研究，这是推进探讨开封城市兴衰影响因素的重要视角"。③ 另外还指出，建炎二年（1128）后，渐次南泛的黄河，再造了开封城市的地理景观。大定十一年（1171）黄河南泛开始影响开封。黄河南泛使开封紧邻黄河险工、广济河淤废和东明、胙城、长垣政区改隶。金代黄河未进入开封城内，开封城市的发展取决于金宋之间的军事形势及其城市地位的升降，故黄河对其无直接影响，但始终是城市的重要防御线。④ 本文则继续基于微观视野对开封黄河泛滥史进行考察，主要探讨黄河泛滥变迁对元代开封和开封城市有无直接影响；若有影响的话，具体程度如何。

一 元代的开封区划和黄河决溢大略

1. 元代的开封区划

若要研究元代黄河泛滥变迁对开封的影响，首先需要搞清楚元代开封

---

① 李长傅：《李长傅文集》，河南大学出版社，2007，第432～443页。
② 程遂营：《12世纪前后黄河在开封地区的安流与泛滥》，《河南大学学报（社会科学版）》2003年第6期；李润田、丁圣彦、李志恒：《黄河影响下开封城市的历史演变》，《地域研究与开发》2006年第6期。
③ 吴朋飞：《开封城市生命周期探析》，《江汉论坛》2013年第1期。
④ 吴朋飞：《黄河变迁对金代开封的影响》，《井冈山大学学报（社会科学版）》2015年第4期。

的管辖范围。

开封，唐代为汴州，宋为东京，金为南京。据《元史·地理志》[①]记载，元初，开封仍为南京路，领归德府、延州、许州、裕州、唐州、陈州、亳州、邓州、汝州、颍州、徐州、邳州、嵩州、宿州、申州、郑州、钧州、睢州、蔡州、息州、卢氏行襄樊等1府20州。至元八年（1271），归德府升格为散府，割亳州、徐州、宿州、邳州隶属之。又升申州为南阳府（散府），割裕州、唐州、汝州、邓州、嵩州、卢氏行襄樊等6州隶属之。至元九年，延州罢废，原领延津、阳武二县改属南京路。这样，南京路的辖区变为蔡州、息州、郑州、钧州、许州、陈州、睢州、颍州等8州。至元二十五年，元朝政府改南京路为汴梁路。至元二十八年，以濒河而南、大江以北，其地冲要，又新入版图，设河南江北行省，治于汴梁路。至元三十年，升蔡州为汝宁府，直隶行省，割息州、颍州隶属之。至此，汴梁路的政区基本稳定下来，包括1录事司，[②]统领开封、祥符等17县，郑、许、陈、钧、睢等5州，州领21县（见表1）。

表1　1293年河南行省汴梁路建置

路	路直辖县		路属州	州属县
汴梁路	录事司	开封、祥符、中牟、原武、鄢陵、荥泽、封丘、扶沟、阳武、杞县、延津、兰阳、通许、尉氏、太康、洧川、陈留	郑州	管城、荥阳、汜水、河阴
			许州	长社、长葛、郾城、襄城、临颍
			陈州	宛丘、西华、商水、南顿、项城
			钧州	阳翟、新郑、密县
			睢州	襄邑、考城、仪封、柘城

元代河南江北行省汴梁路直接管辖的17县，可以看作元代开封的行政区。将谭其骧主编《中国历史图集》[③]中所绘制的元代"河南江北行省图"与今开封行政区划图叠加，得图1。由图1发现，今开封市所辖六区四县中的兰考县有部分土地，不在元代开封的行政区内，今兰考是由兰

---

① （明）宋濂：《元史》卷59《地理志》，中华书局点校本，1976，第1401~1403页。
② 城市录事司是城市行政管理的重要机构，具有独立的行政职能，创置于金代天会六年（1128），经过金代的发展，至元代臻于完善。元代录事司"掌城中户名之事"。参见韩光辉《宋辽金元建制城市研究》，北京大学出版社，2011，第114~133页。
③ 谭其骧主编《中国历史地图集》第7册，中国地图出版社，1982，第15~16页。

阳、仪封、考城三县演变而来，仪封、考城由汴梁路下辖五州之一的睢州管辖。但在下文统计分析元代开封黄河泛滥灾害资料时，也将不属于元代开封辖区的仪封、考城考虑在内。

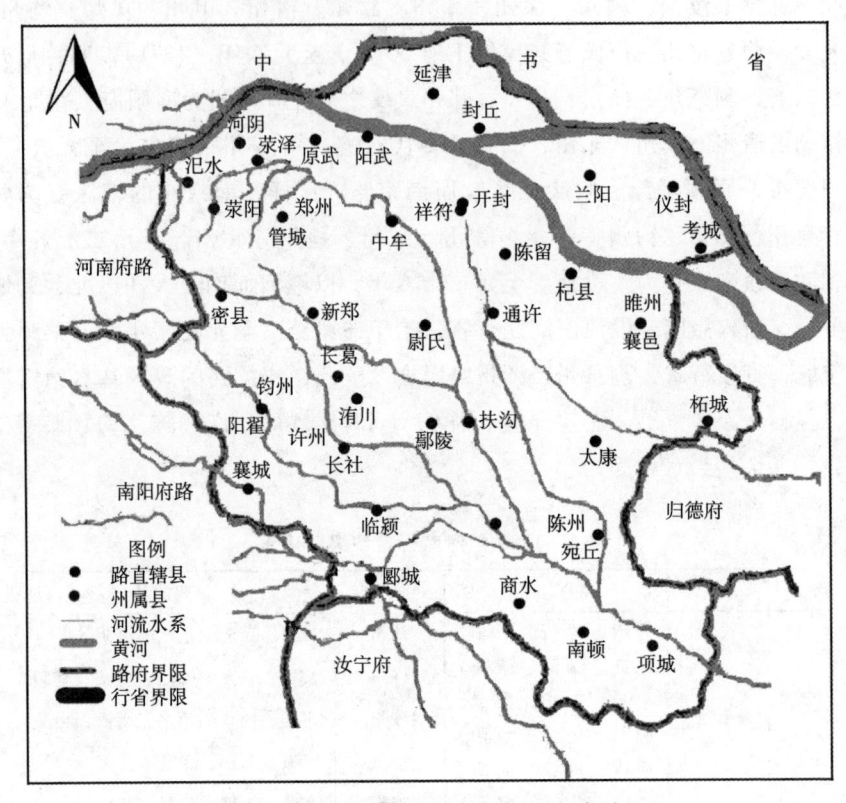

图1　1330年汴梁路行政区划图（自绘）

2. 元代黄河决溢大略

元代黄河是在金代河道分流基础上发展变化的。《黄河水利史述要》中列有"元代黄河下游主要决溢统计表"，① 本文再结合沈怡《黄河年

---

① 水利部黄河水利委员会黄河水利史述要编写组编著《黄河水利史述要》，黄河水利出版社，2003，第209~215页。《中国水利史稿》中册，也列有"元代黄河主要决溢统计表"。该表统计发生决溢的年份共44年，对比《黄河水利史述要》发现，该表将至正四年正月、五月的黄河决溢灾害统计为2次，实际同一年份，仅增加了至元十五年的灾害，实际发生黄河决溢灾害的年份应为43年。武汉水利电力学院中国水利史稿编写组编著《中国水利史稿》中册，中国水利电力出版社，1987，第289~294页。

表》，将元代黄河泛滥决溢的整体特征以及黄河在汴梁路直管 17 县和睢州下辖仪封、考城的泛溢情况归纳如下。

第一，有元一代定都大都（今北京），政治中心远离黄河中下游沿岸，对河患长时期持消极态度，直到黄河威胁大运河安全时，元政府才对黄河采取较大的整治措施。因此，对于元代黄河决溢泛滥的总体特点，前人研究将之归纳为：决溢年份多，冬春决溢多，决溢地点多，决口大，决口宽广，泛滥时间长，灾情严重。[①]

第二，《元史·河渠志》的河患记载始于至元九年，1272~1366 年的 95 年间，共有 43 个年份有决溢泛滥的记录。在汴梁路直管的 17 个县和睢州下辖的仪封、考城，共计有 24 个年份，且各县都有黄河决溢泛滥的记载。具体而言，汴梁路有 7 次，杞县 8 次，[②] 太康 7 次，开封 6 次，阳武、通许各 5 次，祥符、封丘、扶沟各 4 次，兰阳 3 次，原武、尉氏各 2 次，中牟、鄢陵、荥泽、延津、洧川、考城、仪封各 1 次。

第三，至元年间，黄河大溜已全注于开封一带。至正四年（1344）之后，元代的开封不见决溢记录。这与黄河河道北移南下有关。

二 黄河决溢作用于开封的地理过程

若以开封城为地理坐标参照，则元代开封城的北、东、西三面都有黄河河道的决溢记录。其中，比较重大的黄河决溢泛滥事件主要有 6 起：天兴三年（1234）开封城东走河，至元二十三年开封城西走河，至元二十七年黄河河决淤塞汴河与蔡河，大德九年黄河河道逼近开封城，延祐元年（1314）议闭小黄村河口，延祐六年开封出现护城堤。以下分述之。

1. 1234 年开封城东走河

天兴三年八月，"蒙古军又决黄河寸金淀之水，以灌南军，南军多溺死，遂皆引师南还"。[③] 这次黄河决口后流经何处，并无明文记载。根据《元史·地理志》对杞县的记载，黄河南流经封丘城，毁封丘城而后经今开

[①] 《中国水利史稿》中册，第 288~295 页。
[②] 杞县在元大德二年（1298），一次黄河洪水决口了 96 处，此处按 1 次统计。
[③] （清）毕沅编著《续资治通鉴》卷 167《宋纪》，中华书局，1957，第 4566 页。

封城东，由陈留北以东南向流入杞县。至杞县分为三股，主流在中，流于新、旧杞县城（北张柔、南杞县）之间向南，经太康以东之涡河，至怀远入淮。另外两支，一支经新城（张柔城）北滩河旧道向东，由睢县南、商丘县谷亭镇南，夏邑县会亭镇南，于今盱眙县北汇入淮河；一支经旧杞县城向南，由太康西过淮阳至项城入颍水，东南经颍州、颍上入淮（见图2）。

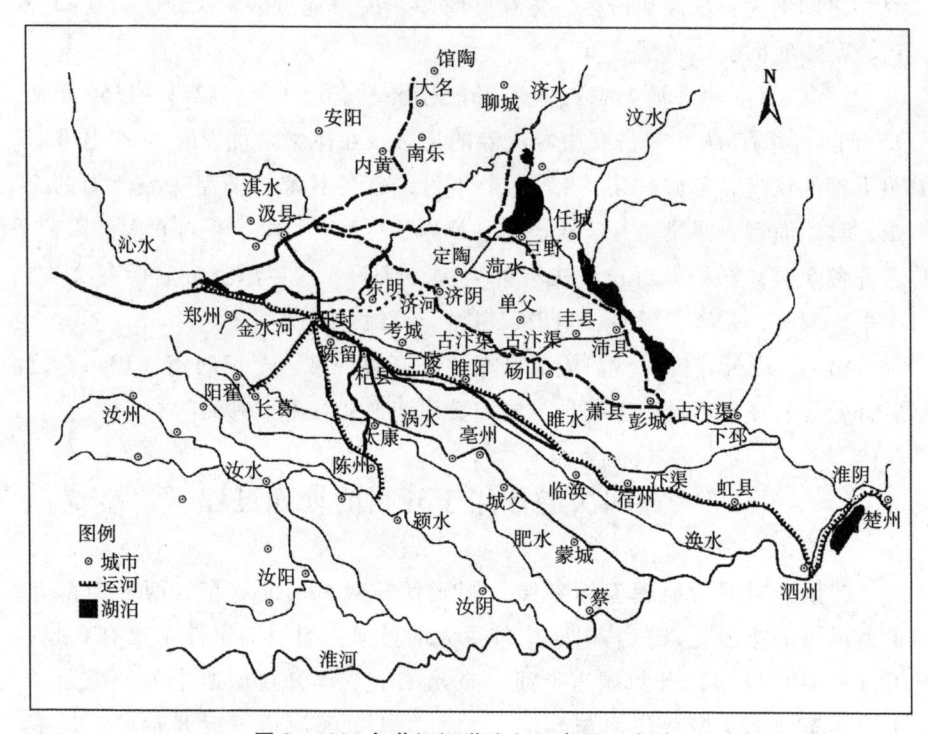

图2　1234年黄河河道流向示意图（自绘）

《元史》卷59《地理志》记载了黄河经过杞县时，黄河南泛对杞县的影响，对此，可参见李娟的研究成果，① 当时曾出现北张柔、南杞县两个县城城址。此后，1234～1272年，黄河河道缺乏记载。

2. 1286年开封城西走河

至元二十三年，"冬十月，河决开封、祥符、陈留、杞、太康、通许、鄢陵、扶沟、洧川、尉氏、阳武、延津、中牟、原武、睢州十五处，调南

---

① 李娟：《1128～1855年黄河南泛对杞县城市形态的影响》，《三门峡职业技术学院学报》2011年第3期。

京民夫二十万四千三百二十三人，分筑堤防"。① 1286年的黄河泛滥在这15个州县境内都有决口，至于是同时决口，还是先后决口，黄河分成几股，流经哪些地方，都没有资料明确记载。

根据决口的各县推断，原武在最上游，东为阳武和延津，河行二县之间。三县黄河决口后，一股南冲中牟、尉氏、洧川、鄢陵、扶沟等县境，泛入颍河；一股东汇祥符、开封、陈留、杞县、太康等处决水，下入涡河，为当时主流所在。通许之水可能来自中牟、祥符两处，下流与颍、涡流域通连。太康之水亦可能循三岔口之南支入颍河。睢州决水当自杞县循三岔口北支流来（见图3）。② 这次黄河决口，分三股经颍、涡、泗水入淮。汴梁路直管的17县中，14县有决口记录，未见记录的为封丘、荥泽、兰阳。因此，有理由相信这次黄河决溢明显靠近开封，城西已出现一股泛水河道，这对"宋四河"中的汴河和西蔡河有影响。

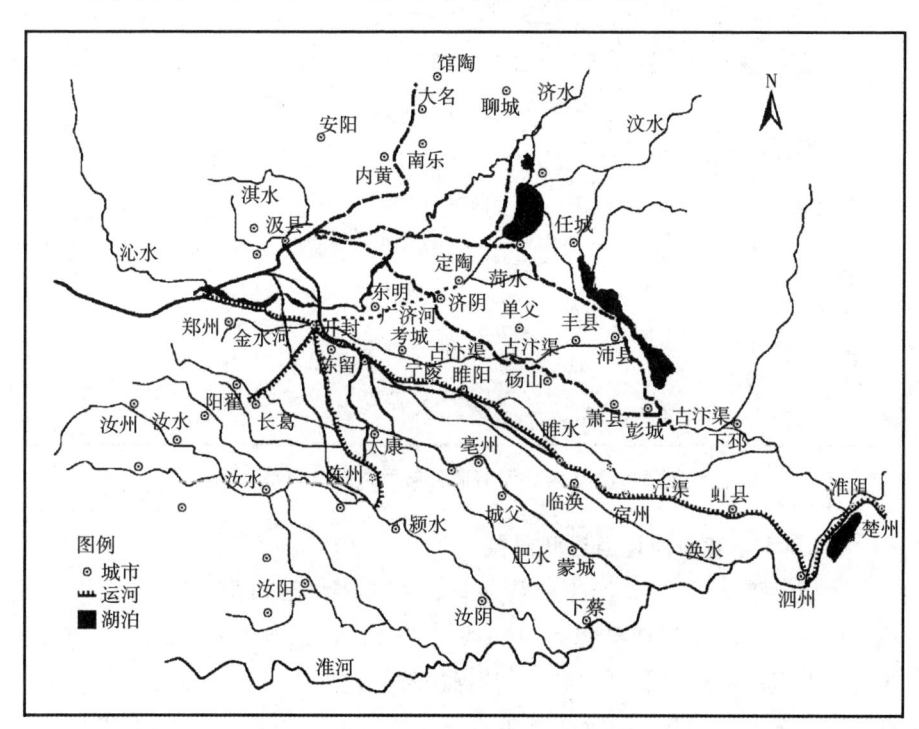

图3　1286年黄河河道流向示意图（自绘）

① 《元史》卷14《世祖纪十一》，第292~293页。
② 姚汉源：《黄河水利史研究》，黄河水利出版社，2003，第225~226页。

3. 1290 年黄河河决淤塞汴河与蔡河

至元二十四年、二十五年、二十七年和元贞二年（1296）等年份，黄河决溢均在开封境内。其中，发生在 1290 年的黄河泛滥决溢事件，使得宋金以来开封水路运输仍能通航的"四河"之汴河、蔡河部分淤塞，这对开封城市的发展极为不利（见图 4）。至元二十八年，元政府置都水分监于开封，处理决河，这是专门治黄的官吏。

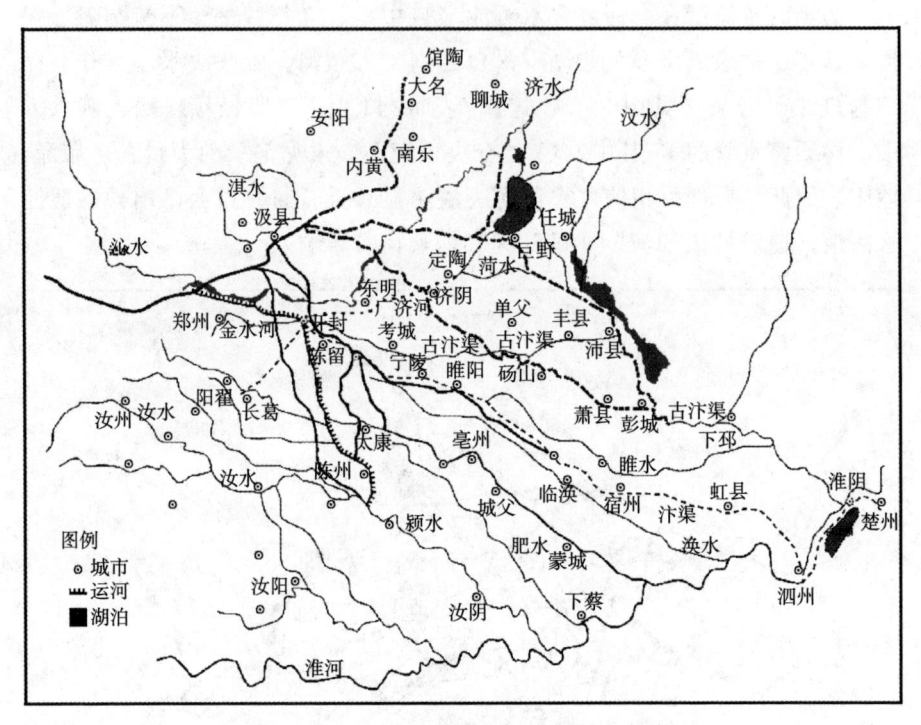

图 4　1290 年黄河河道流向示意图（自绘）

4. 1305 年黄河河道逼近开封城

大德元年（1297），河决杞县蒲口，主流北移至归德、徐州一线。大德九年六月，汴梁阳武县思齐口河决。八月，归德府宁陵，陈留、通许、扶沟、太康、杞县河溢。① 当时"黄河决徙，逼近汴梁，几至浸没"。元政府"开辟董盆口，分入巴河，以杀水势，遂使正流水缓，并趋支流"。② 此

---

① 《元史》卷 50《五行志一》，第 1054 页。
② 《元史》卷 65《河渠志二·黄河》，第 1621 页。

后，除小黄村决口一度泛溢入颍之外，开封至归德（今商丘）一段的黄河主要河道连续北移，最北曾移至定陶县以北。

5. 1314 年议闭小黄村河口

延祐元年八月，河南等处行中书省言："……今相视上自河阴，下抵归德，经夏水涨，甚于常年，以小黄口分泄之故，并无冲决，此其明验也。详视陈州，最为低洼，濒河之地，今岁麦禾不收，民饥特甚。欲为拯救，奈下流无可疏之处。若将小黄村河口闭塞，必移患邻郡；决上流南岸，则汴梁被害；决下流北岸，则山东可忧。事难两全，当遗小就大。如免陈村差税，赈其饥民，陈留、通许、太康县被灾之家，依例取勘赈恤，其小黄村河口仍旧通流外，据修筑月堤，并障水堤，闭河口，别难拟议。"①

文献中提及的小黄村，据《开封市郊区黄河志》考证，在今开封县杜良乡西北 1 公里黄铺，即汉代至北齐小黄县城，元代小黄村，清代小黄铺，②居黄河南岸。黄河经小黄村口分流南下，经陈留、通许、太康、陈州，合颍汇淮。这股河流逐渐西移，到延祐五年已迫近汴城。

6. 1319 年开封出现护城堤

延祐五年（1318）正月，河北河南道廉访副使奥屯在上疏中建议："近年河决杞县小黄村口，滔滔南流，莫能御遏，陈、颍濒河膏腴之地浸没，百姓流散。今水迫汴城，远无数里，倘值霖雨水溢，仓卒何以防御。方今农隙，宜为讲究，使水归故道，达于江、淮，不惟陈、颍之民得遂其生，窃恐将来浸灌汴城，其害匪轻。"③ 这一建议起到实效，官府在开封城北修建了一道护城堤（见图5），城东修建了黄河大堤，这一工程措施使得开封城至元末都未出现比较大的黄河决溢之灾。

延祐六年创修河堤、护城堤，完善开封城北、东面的黄河防御工程。整个工程由大司农司下都水监移文汴梁分监修治，"自当年二月十一日兴工，至三月九日工毕。黄河大堤：总计北至槐疙疸两旧堤，南至窑务汴堤，通长二十里二百四十三步。创修护城堤一道，长七千四百四十三

---

① 《元史》卷65《河渠志二·黄河》，第1622~1623页。
② 开封市郊区黄河志编纂领导组编《开封市郊区黄河志》，内部资料，1994，第289页。
③ 《元史》卷65《河渠志二·黄河》，第1623页。

步,下地修堤,下广十六步,上广四步,高一丈,六十尺为一工。"① 槐疙疸,据《开封市郊区黄河志》考证,在今开封县军张楼西至郊区齐寨之间。②

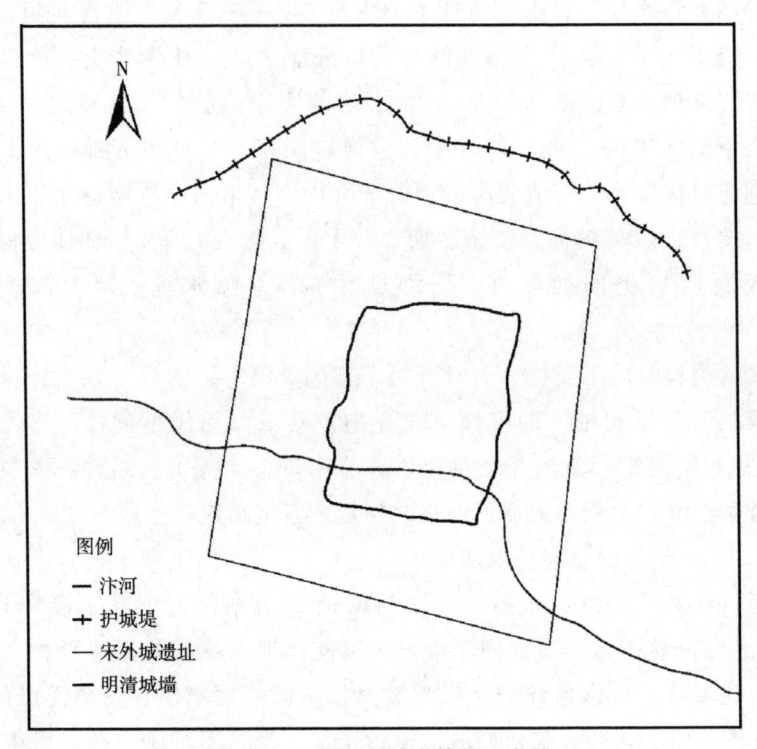

图例
— 汴河
+ 护城堤
— 宋外城遗址
— 明清城墙

图5 1319年开封城市简图(自绘)

三 灾害背景下开封城市的缓慢发展

元代上承宋金,下启明清,是开封城市发展史上的重要阶段。前人对金代和明代的开封城曾有专文研究,③唯独缺元代的开封城研究。最近,

---

① 《元史》卷65《河渠志二·黄河》,第1623页。
② 《开封市郊区黄河志》,第291页。
③ 可参见王曾瑜《金代的开封城》,《史学月刊》1998年第1期;单远慕:《明代的开封》,《史学月刊》1982年第6期。

有研究利用王恽的经历和记述，尝试勾勒出元代开封城的部分景象。① 整体而言，元代黄河多次在开封周围地区决口，泛溢成灾，开封城市的发展受到一定的影响。

1. 农业生产环境的破坏

历史上，黄河长期决口、泛溢和改道，对下游平原地区的地理环境和社会经济生活产生了巨大的影响，如洪水和泥沙吞没了农田和城镇，留下了大片碱地沙荒；黄淮海平原上河流淤浅，水运交通衰落；平原洼地湖泊变迁。② 以上是从宏观而言。若要就具体的区域或某几次黄河决口事件进行专门研究，则难度很大，主要原因有三：③ 一是文献中的相关描述微乎其微；二是古人受时代的限制，无法以符合现代科学的方式来记录或描述历次黄泛对其流经地区造成的方方面面的影响；三是与灾后统治阶级不注意灾情的调查有关。多数文献只留下"漂没民舍无数""民遭垫溺者不可胜计"等大而化之的模糊描述，使得后人对年代久远的历次黄泛带来的负面影响已难窥全貌，更谈不上做深入研究。金元文献对黄河大势的记述不是很清楚，就是明证。

韩茂莉在研究金代南京路的农业生产情况时，曾指出："黄河的频繁泛溢，是影响南京路农业生产南北区域分异的又一重要原因。"④ 元代黄河多次决口，其决口地点主要集中在河南江北行省，每次决溢都会给当地农民带来巨大的灾难，"黄河决溢，千里蒙害。浸城郭，漂室庐，坏禾稼，百姓已罹其毒"。⑤ 元代开封地区的农业生产，也受黄河频繁泛溢的影响。汴梁路直接管辖的17县和睢州下辖的仪封、考城，都有黄河决溢灾害的记载。多次的黄河决溢必定会影响元代开封地区的农业生产，如会导致各县的土地沙化、盐碱化，土壤质量严重下降，这是对农业生产环境破坏的最

---

① 武波：《故都印象：元人王恽在开封的生活游历与记忆》，《开封市首届历史学研讨会暨开封历史文化及其现代价值论坛论文集》，开封，2015年3月，第300~307页。

② 邹逸麟：《黄河下游河道变迁及其影响概述》，氏著《椿庐史地论稿》，天津古籍出版社，2005，第1~20页。

③ 韩昭庆：《明清时期黄河水灾对淮北社会的影响》，氏著《荒漠、水系、三角洲——中国环境史的区域研究》，上海科学技术文献出版社，2010，第25页。

④ 韩茂莉：《金代南京路人口与农业》，《历史地理》第17辑，上海人民出版社，2001，第271~278页。

⑤ 《元史》卷65《河渠二·黄河》，第1620页。

直接表现。蒙哥汗二年（1252）大封同姓时，忽必烈选关中而放弃南京（今河南商丘），就是因为"南京河徙无常，土薄水浅，潟卤生之，不若关中厥田上上，古名天府陆海"。① 这一定程度上反映了开封地区水灾多、土质差，农业生产环境不佳。农业经济被黄泛严重破坏，城市发展失去了广大腹地作为依托，加大了开封城市经济恢复的难度。

另外，元朝定鼎中原初期，大力发展畜牧业，河南牧场很多，农业的恢复也受此影响。畜牧是元朝最主要的生产方式和生活资料来源。统治者将其擅长的畜牧业推行到全国，一度将境内变成牧场，"周回万里，无非牧地"。② 河南也有不少牧地，元世祖中统二年（1261）七月，曾诏谕"河南管军官于近城地量存牧场，余听民耕"。③ 元中后期，政府开始因地制宜在开封地区发展农业，并取得较大成绩。至元十八年，元世祖下令"括回回炮手散居他郡者，悉令赴南京屯田"。至元二十六年"十一月丙午朔，回回、昔宝赤百八十户居汴梁者，申命宣慰司给其田"。由此，以政令强制大量回民迁到汴梁屯田，由牧改农，开封城郊的农业生产才逐步恢复。之后，开封城市发展才渐有起色。

2. 城市水运环境大受影响

元代，黄河频繁决溢泛滥使得黄河河道在开封城北、东、西三面走河，对开封城市的发展极为不利，宋四河（汴河、蔡河、金水河、五丈河）受此影响，渐趋淤废。至元二十七年十一月癸亥，"河决祥符义唐湾，太康、通许、陈、颍二州大被其患"。④ 此次黄河决对开封城而言，后果较为严重，宋四河中的汴河、蔡河部分淤没。一是"自汴城迤东至陈留、杞县，汴河及堤皆为所淤，而水则入于蔡河"；一是"西蔡河上源由是湮塞。其汴河下流亦皆淤塞，而不能东达淮泗，其水亦入蔡河焉。后以其水浅不能行舟，乃立闸以积水"。⑤ 北宋都城东京城得以辉煌的重要地理基础之一，就是依凭四大河流的漕运功能。金朝除五丈河外其余河流仍能通

---

① 《元史》卷158《姚枢传》，第3713页。另可见姚燧《牧庵集》卷15《中书左丞姚文献公神道碑》，《元文类》卷60亦收录有姚燧《中书左丞姚文献公神道碑》。
② 《元史》卷100《兵志三》，第2553页。
③ 《元史》卷4《世祖纪一》，第72页。
④ 《元史》卷16《世祖纪十三》，第342页。
⑤ 《汴京遗迹志》卷6《河渠二·汴河》、《汴京遗迹志》卷7《河渠三·蔡河》，（明）李濂撰，周宝珠、程民生点校《汴京遗迹志》，中华书局，1999。

航,此次河患使得西蔡河、汴河下支淤没,进一步破坏了开封城市水运的通航情况,城市水运环境大受影响,逐渐失去优越的漕运条件。

3. 城区面积缩减

从至元九年到至正二十六年（1272~1366）的 95 年间,黄河决溢年份达 43 个。其中,至元二十年的黄河河决灌城事件,是金元以来黄河南流泛滥的洪水第一次直接冲击开封外城并灌进城内。

至元二十年,"河决,灌太康,漂溺千里,庭珍括商人渔子船及缚木为筏,载糇粮四出救之,全活甚众。水入善利门,庭珍亲督夫运薪土捍之,不能止,乃颓城为堰。水既退,即发民增外防百三十里,人免水忧"。① 这段文献的后一部分说的就是黄河河决,河水灌进开封外城的事件。姚燧《牧庵集》中的《南京路总管张公（庭珍）墓志铭》,对此事的记载更为具体:"秋雨潦,河决原武,泛杞,灌太康。自京北、东,㳽[莽]为巨浸,广员千里,冒垣败屋,人畜流死。公括商人渔子船百十[千]艘,又编木为筏,具糇糒,载吏离出四散,往取避水升邱[丘]巢树者,所全活以口计无虑百千。水又啮京城,入善利门,波流市中,昼夜董役,土薪木石,尽力以与水斗,不少杀,乃崩城堰之。城[水]害既弭,复大发数县民增外堤防,分直为三,直役一月,逃罚作倍。起阳武黑石,东尽陈留张弩[秋]河,绵亘（百）三十里,如期三月,堤防悉完。"② 此次黄河在原武决口,自开封以北向东南,泛溢杞县、太康等县,开封城的北面、东面"㳽为巨浸,广员千里"。大水从外城东北之善利水门入城（见图6）,南京路总管兼开封府尹张庭珍日夜抢险,但决口无法控制,被迫采取"崩城堰之"的办法,免去开封城被黄河淹没的危险。水退后,用三个月的时间发动民夫修筑城外的堤防,作为开封的外围屏障。

---

① 《元史》卷167《张庭珍传》,第3921页。
② （元）姚燧:《牧庵集》卷28《南京路总管张公墓志铭》,中华书局,1985,第351~354页。元代苏天爵编的诗文选集《元文类》卷52亦收录有姚燧《南京路总管张公墓志铭》,但文字与《牧庵集》稍有出入,引文中以"[ ]"表示异处。《牧庵集》中的"百十艘",应为"百千艘"。《元文类》中的"张秋河",应为"张弩河"。另外,《牧庵集》中的"起阳武黑石,东尽陈留张弩河,绵亘三十里",应为"百三十里"之误,引文中以"（ ）"增补。

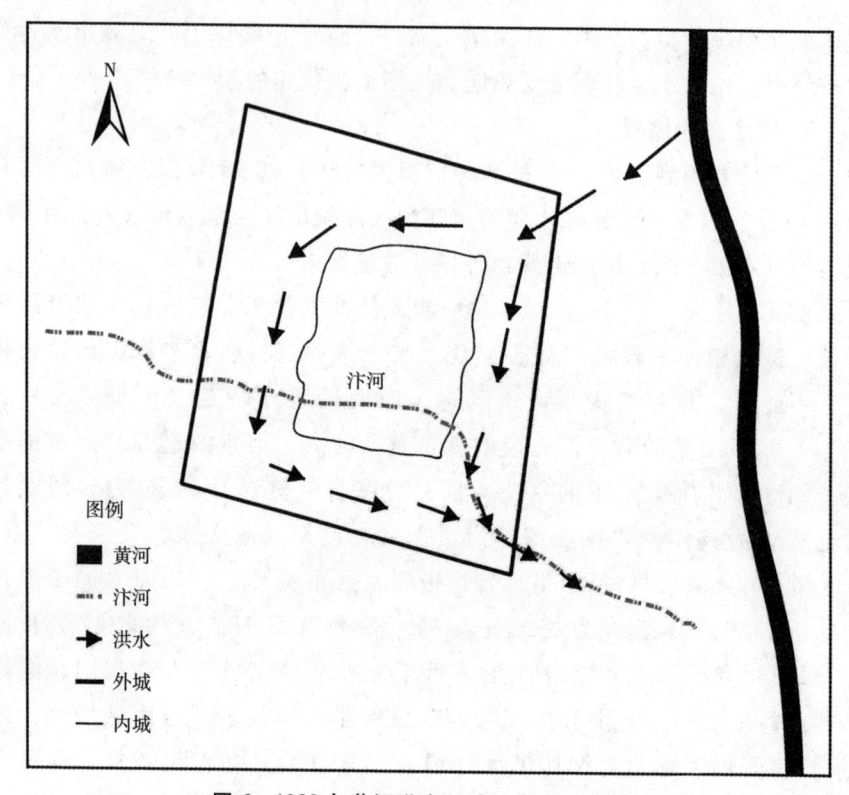

图 6　1283 年黄河洪水入城示意图（自绘）

此次黄河洪水入城事件，是开封城市发展史上 7 次洪灾入城的第 2 次，也是金元以来黄河泛滥首次直接对开封城市产生影响。因文献资料缺乏，此次黄河洪水入城事件对开封城的影响究竟如何，无法定量表达。但根据开封历史上 7 次黄河洪水入城事件的相关文献记载来分析，1283 年的洪水应该没有进入开封内城，否则，文献中不会没有留下蛛丝马迹。

另外，明初开封"外城毁而内城存",[①] 城区面积大大缩小。外城之内、内城之外的建筑，在历次战争中本已被破坏不轻，1283 年的黄河洪水入城也对此有一定的破坏作用。"波流市中"应当指的就是这一区域。元代开封城市格局，大体沿袭金代而稍有修葺。元政府在至元二十二年、延祐六年对开封城进行了修筑，城市面貌有所改观。1285 年修城与 1283 年黄河洪水

[①] 李梦阳：《河南省城修五门碑记》，(明) 李濂撰，周宝珠、程民生点校《汴京遗迹志》，第 303 页。

入城是否有联系，今仍不得而知。此后，在元末至正十七年（1357），元将太不花为阻止红巾军攻城，"以汴城四面城门，止（只）留五座，以通往来，余八门俱塞"，① 开封五门格局一直为明清两朝所沿用，直到1927年，冯玉祥开辟新南门（新门），这一城门格局才被改变。

四　结语

黄河决溢泛滥导致元代开封地区农业生产环境遭受破坏，在一定程度上影响了城市农业生产的恢复，后朝官方在开封附近大力发展屯田，情况才有所好转。元代黄河变迁对开封城市影响较为深刻：1283年黄河洪水灌进外城，内、外城之间的建筑有一定的损坏；1290年城外东南的汴河和西北的蔡河，因黄河决溢泛滥而部分淤塞，城内汴河、蔡河河道虽仍存在，但整座城市通航能力大大下降；1319年修筑城北一段护城堤和城东黄河大堤，也是为了抵御黄河洪水灾害对开封城市的影响。元代留下来的最大建筑，今仍能看到的是延庆观（时称"大朝元万寿宫"），现为国家级重点文物保护单位。开封外城，除了上文提到的遭受1283年黄河洪水灾害之外，在元末战争中也破坏严重，② 明初已是"仅余基址，有门不修"。在黄河决溢影响下，元代开封城市格局的变迁，主要体现在城区面积的缩小。再综合城市政治地位、战争、交通等因素，元代开封城市与宋金相比，有所衰落。总之，就开封城市发展史而言，元代影响开封城市发展的诸要素中，应增加"黄河"这一要素，且它是不可忽视的重要因素。

作者：吴朋飞，河南大学黄河文明与可持续发展研究中心
邓玉娜，天津师范大学历史文化学院

---

① 光绪《祥符县志》卷23《杂事志·识遗》。对于元将"泰不花"这一人名，近人论著如王育民的《中国的历史地理概论》，刘顺安的《古都开封》，刘春迎的《北宋东京城研究》《考古开封》《揭秘开封城下城》《开封市志》以及《中原文化大典·文物典·历史文化名城》等都是直接引用光绪《祥符县志》的记载，而《元史》卷141有《太不花传》，为忠实于原始文献，写为"太不花"。
② 《元史》卷141《察罕帖木儿传》，第3384~3387页。

明代南京塌房

崔文明

内容提要：塌房，又称塌坊，是古代供客商存放货物的场所。塌房发端于南宋都城临安，规模较大，便民利商，促进了南宋工商业的繁荣。明代南京设有塌房。明初南京塌房的设置，达到了增加税收、管理商业市场、稳定物价等目的。明初的南京，塌房是官方贸易体系的中心，促进了明初商业的恢复和发展，为明代商业的繁荣奠定了基础。但由于迁都北京，加之权贵侵占和私置塌房、政府管理混乱等，南京塌房迅速衰落。

关键词：明代　南京　塌房

一　南京塌房的兴起

元至正十六年（1356），朱元璋攻占集庆路，将其改名为应天府，作为南征北伐的根据地，也因此开始全面经营南京城，对其进行重新布局。大规模的营建活动始于至正二十六年，主要包括扩建南京城，营建宫城、皇城、京城和外郭四重城墙，重新布局街道等。明王朝建立后，南京更是成为全国的政治、经济和文化中心。杜泽有言："京师天下之本，万邦辐辏，重译来庭，四海之所归依，万民之所取正，非远代七朝偏据一方之可侔也。"① 张瀚曾如此评价南京：地处长江下游，是明太祖开基之地；北跨中原，连接数省，乃五方辐辏、万国朝会之地；衣履冠

---

① （明）礼部纂修《洪武京城图志》卷首《序》，南京出版社，2006，第3页。

天下，全国商贾都到此买卖货物。① 南京的地理位置优越，得天独厚，水陆交通便利。全国有多条水陆道路可以直抵南京，从而为四方客商到这里进行贸易提供了极其便利的交通条件，南京的商业因此迅速繁盛起来。随着商业的发展，许多与此相关的问题也接踵而来，主要有以下几个方面。

第一，经过元末大动乱，明初经济亟待恢复，国家急需资金进行经济建设，而当时战乱刚过，政府的资金也比较缺乏，因此，商税成为当时政府财政收入的重要来源。而这些无处存放的货物，因缺乏系统的管理，极易漏税或逃税，这对国家收入来说是严重的损失。因此，政府亟须建立塌房，对货物进行统一管理，统一征收商业税。

第二，商货无处储藏。最初南京并无储货之仓。京师房屋除军民自置之外，其余皆是由官府统一分配，"京师辐辏，军民居室皆官所给，连廊枊比，无复隙地"。② 这就造成来往客商的货物没有专门的存放之处。商人贩货至京时，将货物或者存放于舟船之中，或者存到城外的居民家中，其安全无法得到保障。

第三，市场混乱。外地商人贩货至京，不熟悉京城商业的物价行情，便委托牙商经营，牙商容易从中"上下其价"，赚取丰厚利润。外地商人因此担心应得的利润无法得到保障。

基于上述三个方面的考虑，朱元璋仿照前朝制度，结合南京城的实际情况，于洪武初年命工部建立塌房。③

二 南京塌房的地理位置

洪武二十四年，朱元璋"命工部于三山等门外濒水处，为屋数十楹，名曰'塌坊'"。④ 可见，南京塌房位于南京城"三山等门外"，具体分布

---

① （明）张瀚：《松窗梦语》卷4《商贾纪》，中华书局，1985，第83页。
② 《明太祖实录》卷211，洪武二十四年八月辛巳条。
③ "洪武初，京城置塌房及六畜场，停积客商货物及猪羊等畜，听其两平交易。"（明）王圻：《续文献通考》卷29《征榷考·课钞事例》，齐鲁书社，1997，第1744页。"洪武初，京城置塌房及六畜场，停积客商货物，听其两平交易。"（清）张英等：《渊鉴类函》卷134《政术部》13，上海文艺出版社，1996。
④ 《明太祖实录》卷211，洪武二十四年八月辛巳条。

在清凉门经石城门到三山门的狭长地带。具体负责建造塌房的是工部营缮司。那么，三山门的具体位置在哪呢？明初，南京内城门有13座，分别为朝阳门、正阳门、通济门、聚宝门、三山门、石城门、清凉门、定淮门、仪凤门、钟阜门、金川门、神策门、太平门。三山门在清凉门、石城门和聚宝门之间，位于整个南京城的西南部。三山门、清凉门和石城门等处就是当时塌房的聚集之处。如图1所示（图中圆圈所标注的三个城门周围即为当时南京塌房的聚集之处）。

朱元璋之所以选择在"三山等门外"修建塌房来存放商货，原因有以下四点。

其一，三山门位于长江的东侧，与长江有支流连接，水运交通极为便利。

其二，三山门附近商业氛围浓厚。三山门内，即为南京城当时的商品集散地，各种街市林立其中。据《洪武京城图志》记载，明初南京的贸易市场主要有：大市（在大市街，旧天界寺门外，物货所聚）、大中街市（在大中桥西）、三山街市（在三山门内，斗门桥附近，时果所聚）、新桥市（在新桥南北，鱼菜所聚）、来宾街市（在聚宝门外，竹木柴薪等物所聚）、龙江市（在金川门外，柴炭等物所聚）、江东市（在江东门外，多聚客商船只和米麦）、北门桥市（在洪武门街口，多卖鸡鹅鱼菜等物）、长安市（在大中桥东）、内桥市（在旧内府西，聚卖牲口）、六畜场（在江东门外，买卖马牛驴骡猪羊鸡等畜）、上中下塌房（在清凉门外，屯卖缎匹布帛茶盐纸蜡等货）、草鞋夹（在仪凤门外江边，屯集木材）。① 顾起元言道："自大中桥而西，繇淮清桥达于三山街、斗门桥以西，至三山门，又北自仓巷至冶城，转而东至内桥、中正街而止，京兆赤县之所弹压也，百货聚焉。其物力，客多而主少，市魁驵侩，千百嘈杂其中，故其小人多攫攘而浮竞。"② 三山门大致位于这个区域的中心。如"三山市街，在三山门内，斗门桥左右，时果所聚"，③ 其余商业繁荣的街市如太平街、大市、大中街市等，距离三山门也不太远。

其三，三山门附近方便商人售货。三山门内作坊很多，且种类丰富，

---

① （明）礼部纂修《洪武京城图志·街市》，第47~48页。
② （明）顾起元：《客座赘语》卷1《风俗》，中华书局，1987，第26页。
③ （明）礼部纂修《洪武京城图志·街市》，第47页。

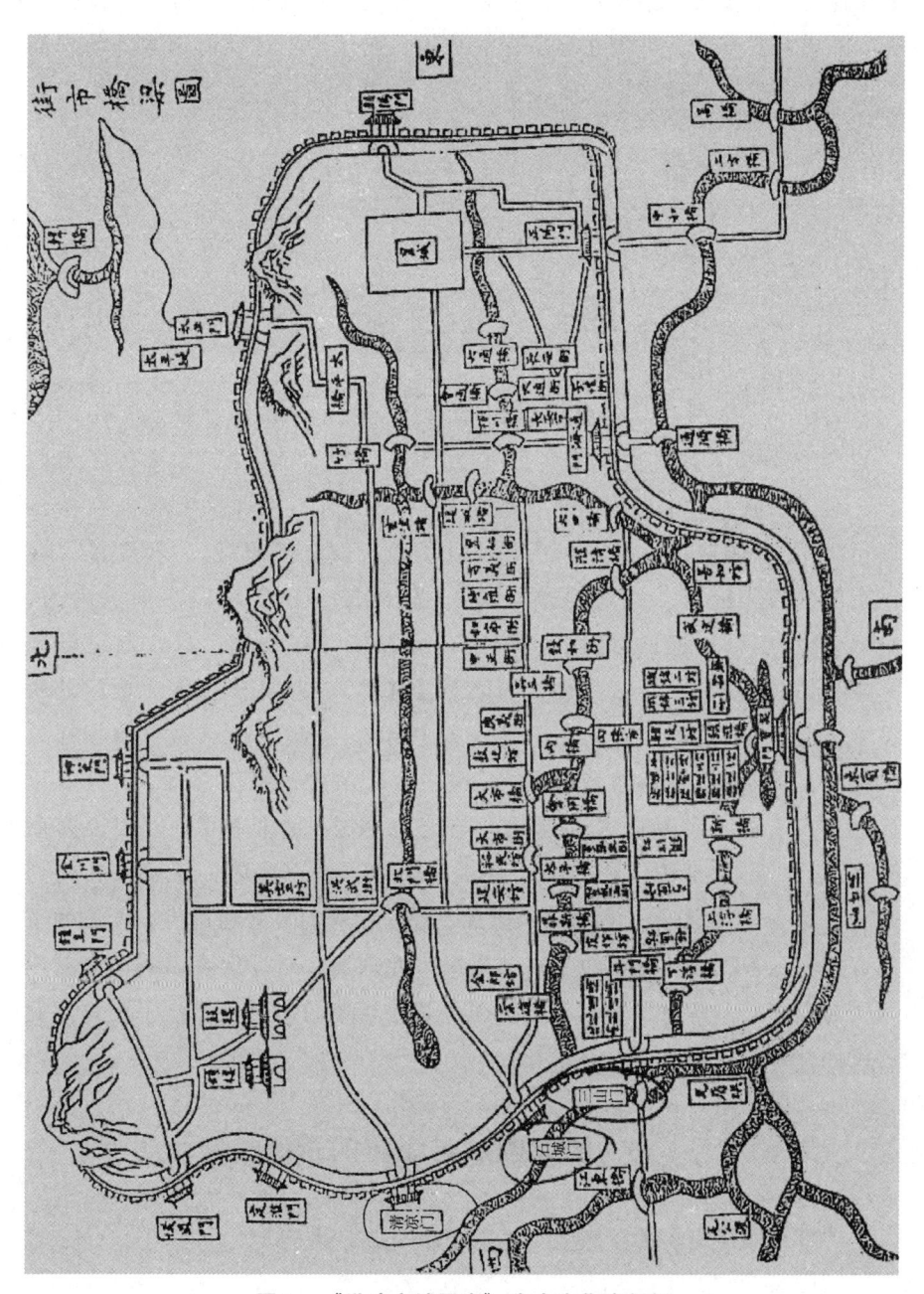

图1 《洪武京城图志》中南京街市桥梁

如织锦坊、杂役坊、银作坊、铁作坊、弓匠坊、鞍辔坊、毡匠坊、皮作坊等。外来客商至此,可以在塌房存放货物,离塌房不远还有诸多作坊,商人可以在此贩卖各种货物,省去了许多人工成本和机会成本,给商人提供了便利。

其四,三山门附近服务行业云集,可供客商休憩、消遣、娱乐。

此地有多处客店可供客商休憩。三山门外是客店楼馆的聚集之处。当时南京城的客店,"一在长安街口,一在竹桥北,一在通济街西,一在江东门内南北街,以待四方客旅"。[1] 这四处客店,其中有两处在三山门外,给四方客商提供住宿。

此地有许多酒楼,客商可以在此消费、娱乐。在江东桥至三山门之间的广阔区域中,酒楼林立。其中近江东桥处,有江东楼(在江东门西,对江东渡),向东不远处有梅妍楼(在江东门内西关北街,与翠柳楼相对)、翠柳楼(在江东门内西关北街,与梅妍楼相对)、轻烟楼(在江东门内西关南街,与淡粉楼相对)、淡粉楼(在江东门内西关南街,与轻烟楼相对);近三山门外,依次有鼓腹楼(在石城门外,与讴歌楼并排)、讴歌楼(在石城门外,与鼓腹楼并排)、鹤鸣楼(在三山门外西关中街北)、醉仙楼(在三山门外西关中街南)、集贤楼(在瓦屑坝西乐民楼南)、乐民楼(在集贤楼北)。这些酒楼馆舍,每座六楹,"高基重檐,楼宇宏敞,各颜以大书名匾,与街坊民居,秩秩整饬"。四方客商到京城后,办公事的住在驿馆,贩卖货物者,住在客店,还可以在此处消费、娱乐、休憩。[2](如图2)因此,在三山等门外修建塌房,既方便了四方客商至京贩货,又方便了京城人民来此采购,对外地客商和南京城内人民都有好处,在便民的同时也拉动了其他行业的发展,促进了南京商业的发展、繁荣。

三 明朝政府对塌房的管理

明朝政府对塌房的管理主要采取了以下几个措施。

---

[1] (明)礼部纂修《洪武京城图志》,第50页。
[2] (清)顾炎武:《肇域志·南直隶》,上海古籍出版社,2012,第210页。

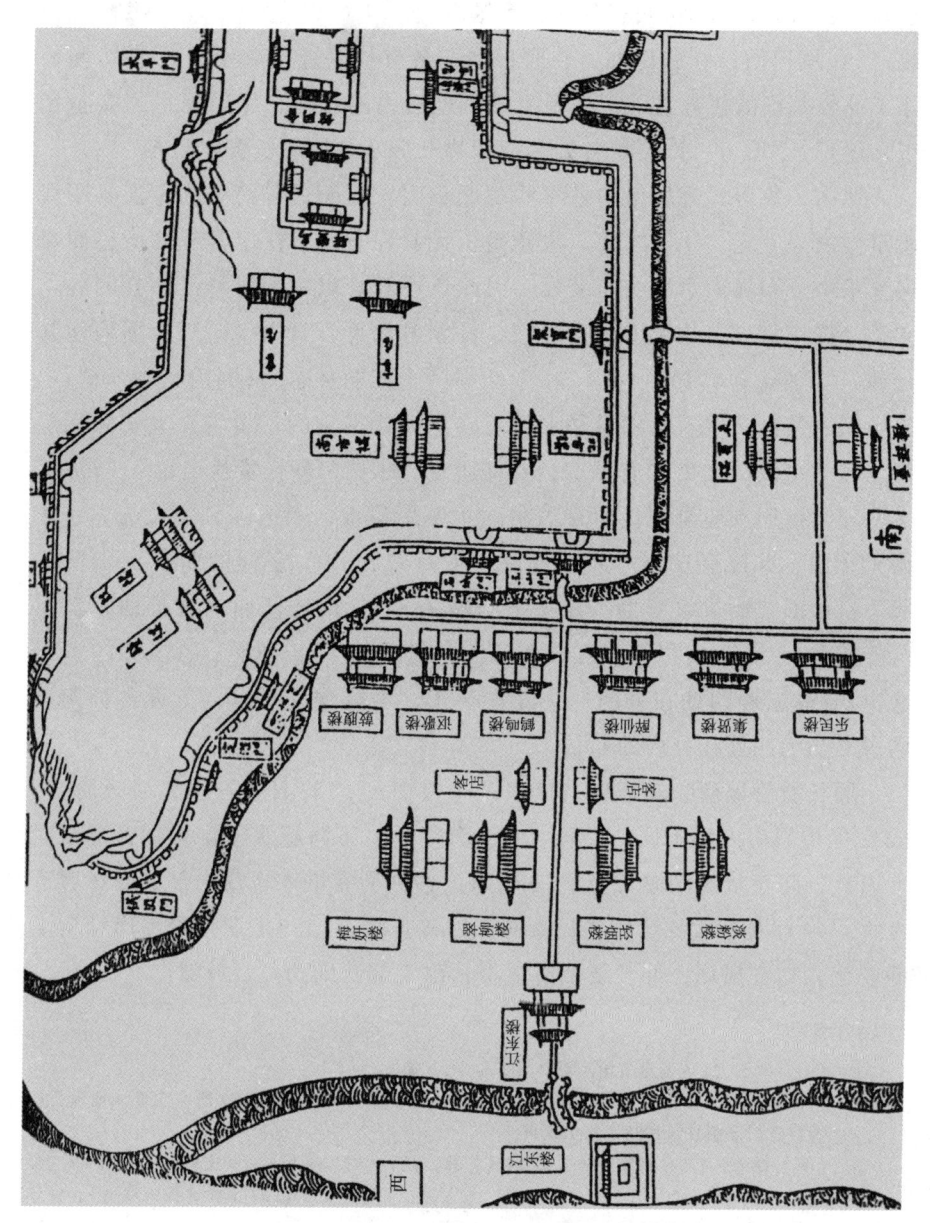

图 2 《洪武京城图志》中南京楼馆

第一，派塌房附近各坊厢长负责看管。"国初徙浙、直人户，填实京师，凡置之都城之内曰'坊'，附城郭之外者曰'厢'。而原额图籍，编户于郊外者曰'乡'。坊厢有分图，乡辖有里。"①《江宁县志》（正德）也记载："在城曰坊，在郭曰厢，在野曰乡，各有长以统摄赋役。"② 各坊厢长除了征收赋役的任务之外，还要看管其辖区内的塌房，保障塌房的安全和正常运行，"塌房，许停积各处客商货物。分定各坊厢长看守"。③

那么，负责看管塌房的是哪些坊厢长呢？下面进行简单的考证。明代南京城内分上元、江宁二县，大致是上元县在东北，江宁县在西南，而塌房又集中分布在南京城的西南处。因此负责看管塌房的应是江宁县的各坊厢长。据《江宁县志》（正德）载，江宁县坊厢合计有35。④ 而据顾起元记载，江宁县有坊15，有厢19。⑤ 又据《上江两县志》（同治）卷5记载，三山门厢共有7甲。第六甲是水西门（即明代南京的三山门）大街和瓦厂街，其中水西门大街"有塌坊，明初所立，水西门外堆货栈房也"。⑥ 可见水西门大街周围应是明代南京塌房的主要聚集地，而据《江宁县志》（正德）记载，并没有三山门厢的建制，带有"三山"字样的厢有三山旧一厢、三山旧二厢（在县西，西关至石城关）、三山伎艺厢（在县西，江东门外街北）、三山富户厢（在县西，江东门内）、三山新厢（在县东，剪子巷内），这五厢四处在县西；一处在县东，为新建。所以，负责看管南京塌房的当为四处在县西的厢长。

厢长看管塌房，其职责有以下几个方面：（1）日常巡视，防火防盗；（2）保持塌房内部干燥，上防雨水淋湿货物，下防积水浸湿货物，更要时常通风，防止货物潮湿霉变；（3）防止各种鸟雀进入塌房内部，毁坏客商货物；（4）对存放的货物登记造册，以备查验；（5）定期报告塌房结构上的变化，如有损坏，厢长要及时上报，由工部营缮司负责补修。

---

① （明）顾起元：《客座赘语》卷2《坊厢乡》，第58页。
② 正德《江宁县志》卷5《坊乡》，《北京图书馆古籍珍本丛刊》第24册《史部·地理类》，书目文献出版社，1988，第735页。
③ （明）施沛：《南京都察院志》卷24《职掌》17；（明）王圻：《续文献通考》卷29《征榷考·课钞事例》，第1745页；（清）龙文彬：《明会要》卷57《食货五·塌房》，中华书局，1956，第1092页。
④ 正德《江宁县志》卷5《坊乡》，《北京图书馆古籍珍本丛刊》第24册《史部·地理类》，第735~738页。
⑤ （明）顾起元：《客座赘语》卷2《坊厢乡》，第58~59页。
⑥ 同治《上江两县志》卷5《城厢考》，《中国地方志集成·江苏府县志辑》，凤凰出版社，2008，第149页。

第二，限制南京本地商民进入塌房存货。南京塌房是专门给外来客商至京贩货存放货物之用，以便于征收商税。负责看管的坊厢长受利益驱使，常常强令一些贫民负贩者也入塌房存货，强行向其收取商税和管理费用，致使贫民苦不堪言。洪武二十四年八月，应天府尹高守礼上奏言及此事，朱元璋下诏："京师小民鬻贩者勿入塌房。"① 这一政策，进一步明确了塌房的管理对象，即由外地进入南京市场售卖的商货，而非本地商贩之货，使塌房管理更加规范化。

四 南京塌房的特点

南京塌房主要有以下两个特点。

第一，官方经营。塌房由宋到明一个最为显著的变化是官方介入塌房贸易，垄断塌房经营。明代南京塌房的经营由以前"邸店""塌房"的私人经营体系，改变为以官方为主导的贸易体系。私人经营，收入全归私人所有，所有权也属于私人，政府难以插手，不易管理。久而久之，"邸店""塌房"还会有私人侵占民利的情况发生，这在明代以前时有发生。至明代，政府改塌房为官营，一举消除了私人依托塌房侵占民利的痼疾，且对货物征税，加强对塌房的管理，确保塌房税收能用到关乎国计民生的项目上。

第二，禁止牙商参与塌房贸易。政府对塌房实行垄断经营，其目的是税收，表现为南京塌房禁止牙商参与经营，为此需要客商缴纳免牙钱一分，这一政策能从多种史料中得到印证。②

禁止牙商参与塌房贸易和征收免牙钱的意义主要有：首先，明太祖

---

① 《明太祖实录》卷211，洪武二十四年八月辛巳条。
② "（洪武年间）又令天下府州县镇店去处，不许有官牙私牙，一切客商应有货物，照例投税之后，听从发卖。敢有称系关押私牙，许里坊厢拏获赴京，以凭迁徙化外。若系官牙，其该吏全家迁徙。敢有为官牙私牙，两邻不首，罪同。巡栏敢有刁蹬多取客货者，许客商拏赴京来。"〔（明）李东阳等编《大明会典》卷35《商税》，第659页〕"既纳税，从其自相贸易，驵侩无所与，商旅称便。"（《明太祖实录》卷211，洪武二十四年八月辛巳条）"事例：洪武初，京城置塌房及六畜场，停积客商货物及猪羊等畜，听其两平交易，革罢官私牙行，但收免牙钱一分。"〔（明）王圻：《续文献通考》卷29《征榷考·课钞事例》，第1744页〕

认为牙商往往多诈，会在买卖双方都不了解市场的情况下，哄抬物价，欺压客商，扰乱市场秩序，借机从中牟利。外地客商由于不熟悉京师贸易行情，对于这种情况往往无可奈何，禁止牙商参加塌房贸易，可以保护客商免受欺诈。其次，明太祖认为通过官方介入，就地派各坊厢长看管塌房，完全可以发挥牙商的买卖中间商的职能，各坊厢长也可以联系买家和卖家，从中撮合贸易，因此也就没有必要让牙商参与京师的塌房贸易。最后，禁止牙商参与塌房贸易，向客商征收免牙钱一分，还可以增加政府的财政收入。总之，收取免牙钱，政府既可以控制京师商品市场，稳定市场秩序，也可以增加政府收入，促进南京商品市场的发展。

五 政府建立塌房的主要目的

朱元璋建立塌房更多考虑的是经济方面。政府希望通过实行官方经营和禁止牙商贸易这两条措施，控制塌房贸易，对塌房实施垄断经营，收取商税，为国家经济建设服务。

《大明会典》记载："其货物以三十分为率，内除一分官收税钱，再出免牙钱一分，房钱一分，与看守者收用。"[①] 此时，塌房税率为三十税一。税钱由宣课司收取，上交朝廷，免牙钱和房钱则给予看守塌房之人。通过收税，政府可以达到以下几个目的。

第一，增加政府收入。在明初经济尚未恢复之时，政府的收入十分有限，商业税收就成为政府收入的重要来源。这些收入是明初经济恢复发展的基础。

第二，加强对南京商业市场的管理。政府通过收税掌握南京市场货物的交易情况。外地客商至京，必须将货物存放至官营塌房。政府对存放于塌房的货物都有详细的登记，包括货物的来源、数量、种类等。如有客商不将货物存入塌房而企图逃税者，官府有严厉的惩罚措施。这样，政府掌握了每一笔进出塌房货物的情况，通过塌房收税控制了京城的商业贸易，加强了对南京商业市场的管理。

第三，稳定物价。物价是经济的重要指标，物价对经济情况有直

---

① （明）李东阳等编《大明会典》卷42《户部》29《南京户部·内库课钞》，第794页。

接的反映。在未对塌房进行统一管理之前，牙商"穿梭"于京城商业之中，上下其价，造成物价不稳、市场紊乱等现象，侵占了来京贩货客商的利润。客商为了弥补收益上的缺失，不得不提高货物的价格，这样牙商就间接操控了京城物价，经济也因此而不稳定。政府将塌房收归官方之后，禁止牙商参与塌房贸易，统一对货物进行管理，收取商税，三十税一，税率较低。这样，客商因为经商成本的降低，也会对商品价格进行相应的调整。政府通过塌房对市场进行统一管理之后，经济秩序得到了有效的整顿，打击了牙商，从而稳定了物价，维护了市场经济秩序。

塌房税收由在京宣课司负责征收。永乐六年，"令六畜场、塌房课钞，江东宣课司带收进纳"。[①] 永乐十年三月丙申，增置应天府都税司副使二员，分管三山门外沿河塌房官税。[②] 总体来说，塌房税收由宣课司和都税司负责。明代的都税司和宣课司是政府的税收机构，由官店演变而来。明初南京的宣课司有二，其一在聚宝门外，其一在龙江关。都税司在大中街。

六 南京塌房的衰落

南京塌房在经历了起初的繁荣之后，迅速地衰落下来。总结起来，其衰落的原因主要有以下几点。

第一，明成祖迁都北京。迁都后，南京塌房迅速衰落。起初朱元璋建立塌房，是有政治考虑的。明代政治中心的北移，无疑对南京塌房的发展有不利的影响。此外，迁都北京后，明代政府在北京仿照南京也建立了塌房，北京塌房逐步取代了南京塌房，南京塌房的地位已大不如前，迅速衰落。

第二，权贵侵占、私置塌房。侵占、私置塌房的主要原因是争夺经济利益。塌房是四方客商货物的储存之所，四方客货都要在塌房纳税，是利益聚集之处。权贵见有利可图，便逐步侵占官营塌房，甚至自置塌房，私

[①] （明）李东阳等编《大明会典》卷42《户部》29《南京户部·内库课钞》，第794页。
[②] 《明太宗实录》卷126，永乐十年三月丙申条。

自拦截客商货物。另外，经过洪武之治，经济得到了进一步的发展，国家财政收入的渠道逐渐多了起来，城镇商业税收不再是国家财政收入的主要来源，政府对塌房的管理逐渐松懈，某种程度上为权贵侵占塌房提供了有利条件。

第三，政府管理混乱。商业在明代属于末业，地位低下，特别是类似塌房这样的商业辅助机构，政府在前期虽然重视，但到后期重视度则逐渐降低，因此，常常出现其他监督商业的机构代管京城塌房业务的情况，塌房税收更是如此。明代南京从未设置过一个专门管理塌房税收的官方机构，多为其他机构代管，宣课司也只是负责收税，并不负责管理塌房。各坊厢长负责看管塌房，但职位过低，权力非常有限，难以对塌房进行有效管理。另外，政府忽视对管理塌房的规章制度的制定，往往是"头痛医头、脚痛医脚"，从来没有系统地形成管理塌房的制度，没能从根本上解决塌房的问题。

七　南京塌房对明代商业的意义

明代南京的塌房完全继承了隋唐时期邸店和宋元时期塌房的特点，保留了隋唐邸店和宋元塌房的长处，并根据明代自身的特点，做了合理的变更，使塌房能适应明代的实际需要，更好地发挥其作用。明代塌房的合理变更就是将其收归官营，统一管理，统一收取商税。

税收是政府建立塌房的主要目的。通过税收可以控制商业贸易，把所收之税用在经济建设上，进而促进经济的发展。塌房的税收功能，使官方能及时掌握进出塌房的每一笔货物的情况并制定适合的商业政策，对商业的发展有促进作用。同时，塌房还是这一时期商业物流和仓储的中心，加快了商品货物的周转速率，促进了全国商品货物的流通。

但是，塌房对明代商业也有消极意义，这在塌房私有化之后表现得更为明显。私有化之后的塌房，虽说依然有以前的功能，但所有权的私有化使这些功能不再像明初那样对经济有促进作用，反而对经济产生了消极的影响。私有化之后的塌房存在着各种各样的问题，如强拉客商入塌、税收过高且无节制等，客商对私有塌房怨声载道，遂将货物存放到民营库房之中，或者将货物交与牙商代理。以前用于国家经济建设的税收全归私人所有，为客商提供的便利在此时已经成为客商的负担。这些消极作用阻碍了明中期商业的发展。

作者：崔文明，南开大学金融发展研究院

明末清初政教关系走向与西藏区域中心城市的转移[*]

付志刚

内容提要：吐蕃时期，拉萨在西藏中心城市的地位既已奠定。然而，明末清初西藏的政局动荡，围绕着政权和宗教之争，战乱不断，教派斗争亦十分激烈，社会经济环境较为恶劣，这严重影响了西藏城市的发展。西藏的区域中心城市在这一阶段随着政教关系走向出现了转移与变迁，经历了乃东—日喀则—拉萨的迁移。随着清代中期政教合一体制的完善，政局的稳固、驻藏大臣的设立等因素，西藏的中心城市最终固定下来，逐步确立了当代西藏区域城市体系的雏形。

关键词：西藏　政教关系走向　区域中心城市　明清之际

中国的城市发展进程一般都与王朝更替的政治走向密切相关，城市是一个王朝或区域的政治中心，依靠行政力量聚集资源，王朝处于鼎盛时城市建设和发展就较为顺利，反之，城市也会随着政治的衰颓而衰落。在西藏地区也基本延续着这一规律。吐蕃王朝是西藏历史上第一个统一的政权，也是西藏强盛的高点，城市的建设在这一阶段呈现欣欣向荣的景象。然而，吐蕃王朝覆亡后，开始了分裂割据的时代，西藏区域的城市随着政局变动、宗教斗争、经济社会的变迁而繁华不再，城市的规模萎缩，经济凋敝，人口减少。区域中心城市从拉萨先后迁移到萨迦、乃东、日喀则等

---

[*] 本文为国家社科基金青年项目"新中国成立以来南疆开发与城市发展研究"（批准号：13CZS057）和四川大学中央高校青年项目"新中国成立初期新疆区域开发与社会治理的历史进程与基本经验研究（1949～1966）"（批准号：SKQ201514）的阶段性成果。

地，拉萨也因为中心地位的失去而荒凉。①

一 明末清初西藏的政教局势与区域中心城市转移

公元6世纪，雅砻悉补野部落的朗日松赞率部剿灭了北部最大的部落苏毗，完成了统一雅鲁藏布江南北的伟业。公元7世纪初，即位的松赞干布统一了青藏高原，633年松赞干布"率左右，渐临布达拉宫，乃于此修建王宫"。② 这时的拉萨成为吐蕃王朝绝对的政治、经济、文化中心。吐蕃"其人或随畜牧而不常厥居，然颇有城郭。其国都城号为逻些城。屋皆平头，高者至数十尺"。③

吐蕃王朝的西藏城市已然形成以拉萨为中心的发展格局。首先，政治权力功能在城市得以延续和强化。例如拉萨，松赞干布于632年开始修建布达拉宫，起基于红山山腰，依山而建。其宫体分红宫和白宫两大部分，东西长约360米，南北宽约140米，上下层建筑面积合计约9万平方米。④ 布达拉宫的修建，象征着吐蕃王朝政治中心地位的确立。政治中心是一个国家政权尊严的体现，是政治稳固的表征，其地位的确立，又使得城市形态得以完善。其次，军事功能在冷兵器时代的城市发展过程中具有举足轻重的作用，也是城市进一步发展的一个重要特征，西藏地区的城市也不例外。据《西藏王统记》载，吐蕃时的布达拉宫，"论其威严，则等同罗刹城邑，楞伽步山，诸宫室顶，竖立刀枪剑矛。每十长矛，悬挂红旗，而以彩绫连系之；论其坚固，设有强邻寇境，仅以五人则可守护。又南方城垣，掘有城壕，深约十排，上铺木板，再上铺以火砖，砖上反纵一马，即有十马奔腾之声"。⑤ 再次，佛教在藏区的传播和历届赞普的尊奉，使得这一时期西藏城市成为佛教传播和传承的中心。吐蕃王松赞干布和唐朝文成公主及尼泊尔尺尊公主在拉萨联姻，两位公主崇尚佛教并在西藏地区传播佛教，大量修建寺庙，以大昭寺和小昭寺为代表。史载，"文成公主谒见

---

① 陈耀东:《中国藏族建筑》，中国建筑工业出版社，2007，第61页。
② 索南坚赞:《西藏王统记》，刘立千译，民族出版社，2000，第26页。
③ 刘昫编《旧唐书》卷196《吐蕃传》，中华书局，2000，第3351~3352页。
④ 布达拉宫并非规整的两层建筑，底层面积大于上层面积。
⑤ 索南坚赞:《西藏王统记》，刘立千译，第58页。

藏王，然后藏王、两位公主及随臣欢聚一堂，极其高兴，后来藏王想起要安放佛像的大昭寺。"①"藏王说，百姓们，你们帮我把寺庙建起来，命令下达后，大家分赴各地，为建造寺庙做准备工作"，②"与此同时也从中原招来了很多良工巧匠修建惹莫伽神变寺，即小昭寺"。

明末清初，中央政权更替的战争并未波及西藏地区，但西藏内部的政治生态仍然处于由混乱的割据状态向局部稳定的统一状态过渡的时期，政局长期动荡不安，社会经济破坏严重，西藏城市依旧在不稳定的环境中发展。

1644年，明末崇祯帝自缢于景山，清顺治帝迁都北京，清王朝由此成功夺取了全国政权，开启了一个全新的时代。西藏虽然从形式上和法律上仍然延续元代以来的旧制，继续隶属中央政府的管辖，但自此直到乾隆五十六年（1791），西藏围绕着政权和宗教之争，战乱不断，政局不安稳。1642～1793年的一个半世纪里，西藏的政治权力一直在不断地演变，从起初政教分离到后来政教逐步合一，在经历了蒙藏上层联合掌权、蒙古族部首领独掌西藏大权、藏族贵族交替掌权、驻藏大臣与达赖喇嘛共同管理政教事务几个发展阶段后，西藏的政治体制日益成熟、稳定。

清代前中期西藏的政治动荡给城市发展带来以下几方面的影响。

第一，西藏政治争斗，权力转移和宗教关系变化导致区域中心城市的变迁。

农业时代中国城市的一个重要发展规律为政治中心城市优先发展，以国家政治为内核的聚集效应起着关键的作用，同时也是农业社会经济形态所决定的。③ 西藏的城市发展也基本上延续着这一规律，吐蕃王朝定都拉萨后，西藏的第一个区域中心城市就此诞生，此后吐蕃王朝衰落，政局长期混乱并发生了达磨灭佛事件，西藏进入后弘时期，经历了割据时代、萨迦政权时代、帕竹政权时代、藏巴汗政权时代等，西藏的政治中心开始远离拉萨，随着政权势力的变迁而转移，主要迁至日喀则、乃东等地（如表1所示）。

---

① 达仓宗巴·班觉桑布：《汉藏史集》，陈庆英译，西藏人民出版社，1999，第20页。
② 陈家琎主编《西藏地方志资料集成》第1集，中国藏学出版社，1999，第155页。
③ 何一民：《从政治中心优先发展到经济中心优先发展——农业时代到工业时代中国城市发展动力机制的转变》，《西南民族大学学报》2004年第1期。

表1 吐蕃王朝以来政教转移与西藏中心城市变迁

时　代	政　权		中心城市	城市地位
633年至842年	吐蕃王朝		拉萨	吐蕃帝国的都城
842年至13世纪中叶	割据时代	拉加里政权	曲松	山南地区地方性政权统治地
		亚泽政权	今尼泊尔西北部	后藏地区地方性政权统治地
		觉阿政权	今青海西宁东南	西蕃地方政权
		古格政权	札不让	阿里三围中心城市之一
		拉达克政权	列城（今克什米尔）	阿里三围中心城市之一
13世纪中叶至1354年	萨迦政权		萨迦寺城（日喀则）	萨迦教派建立的地方政权中心城市
1354年至1618年	帕竹政权		乃东（泽当）	噶举教派建立的政教合一地方政权中心城市
1618年至1642年	藏巴汗政权		日喀则	推崇噶玛噶举派的地方统治中心城市

资料来源：魏伟、李博寻、焦永利：《藏区中心城市的演变及格局研究》，《建筑学报》2007年第7期。

明末清初，黄教格鲁派遭到了来自噶玛噶举派和第悉藏巴汗势力的双重压迫，逐渐式微，在实权人物强佐索南绕丹的一手策划下，求助卫拉特蒙古和硕特部的首领固始汗。从1637年到1654年，固始汗率蒙古军队相继攻灭了青海却图汗、康区白利土司、西藏藏巴汗以及各地的其他反抗势力，确立了格鲁派在藏传佛教中的绝对优势，他自己也成为在西藏拥有实际统治权的蒙古汗王。入主中原后，清廷采取了"捍准夷""扶持和硕特"的策略。① 清廷对固始汗和五世达赖的蒙古贵族和藏族上层联合掌权的权力予以承认并加以封赐，再次明确了对西藏的统属关系。

固始汗逝世后（1654），蒙古汗王的权力逐渐旁落，直到固始汗的重孙拉藏汗在与桑结嘉措的斗争中获胜，蒙古部族首领才单独掌握了西藏的大权。康熙二十二年（1682），五世达赖圆寂，第巴桑结嘉措独专藏政，并与准噶尔部首领噶尔丹暗中联合，促使噶尔丹武装骚扰喀尔喀，准噶尔首领策旺阿拉布坦派兵袭藏，建立起准噶尔军事统治权力。平定西藏后，中央政府决定排除蒙古部落在西藏的权力，由藏族上层贵族单独掌权，封授五位噶伦共同管理西藏地方政治事务。然而，历史证明这种权力制衡的

---

① 魏源：《圣武记》卷3《外藩·雍正两征厄鲁特记》，中华书局，1984，第28页。

手段并未奏效，噶伦之间不睦，互相争斗不已，西藏的政局仍十分动荡。清朝无奈之下又封颇罗鼐为郡王，开启了一人单独掌管西藏地方事务的格局。在颇罗鼐执政时期，西藏政局逐步稳定，但其子珠尔默特那木扎勒袭爵后，排斥异己，蛮横施政，与达赖喇嘛、世俗贵族及驻藏大臣的关系迅速恶化，失去了各方信任，为驻藏大臣诛杀。

明末清初，西藏地方政局的混乱、权力的不断易手、宗教势力的逐步强大，使得西藏的区域中心城市也发生了变化。清代，西藏建立了"政教合一"制度，即西藏地方上层僧侣与贵族联合执政的制度，是西藏地方政教势力结合起来的一种地方政权统治方式。西藏的政教合一制度于元初正式形成，[1] 经明代至清代，达赖、班禅两大活佛体系形成并逐渐发展成熟，宗教首领就是地方政治首领，这样一来，往往寺庙就成为政府机关之所在。西藏地方特殊的宗教信仰，以及宗教和政治之间密不可分的关系，使得城市的宗教功能非常突出。这种政教合一的政治体制，对清代西藏城市后来的经济、社会发展产生了深远的影响：日喀则成为班禅的驻地，地位下降，是后藏的中心城市；拉萨再次成为全藏的政治、宗教、经济、文化中心。

日喀则是在拉萨的没落期开始兴起的，即13世纪中叶元朝统治末期。元朝的帝师八思巴于13世纪创建了以佛教僧人为首领的、统治整个藏区的萨迦政权，政权的统治中心在萨迦寺（今日喀则地区萨迦县内），是藏区历史上第一个政教合一的中心，日喀则取代拉萨成为藏区的中心区域。14世纪初，大司徒绛曲坚赞战胜萨迦王朝，建立了帕竹王朝，得到元、明皇室的庇护，设了十三个大宗，最后一个宗桑珠孜即选址于日喀则，并在宗山上修筑宗政府。日喀则宗也成为后藏地区的行政中心，城市由此进入形成发展阶段。1447年，一世达赖喇嘛根敦珠巴开始主持兴建扎什伦布寺，城市随即以扎什伦布寺为中心逐渐扩展开来。1618年，藏巴汗噶玛彭措朗杰以后藏为据点，推翻了帕木竹巴政权，建立了第悉藏巴汗政权，首府设在桑主孜日喀则。在藏巴汗统治时期，日喀则成为西藏的政治、宗教、经济、文化中心。[2]

拉萨的复兴缘于藏传佛教格鲁教派的兴起，15世纪初，格鲁教派创始人宗喀巴在拉萨周边先后兴建了甘丹、哲蚌、色拉三大寺，使拉萨首先回

---

[1] 肖干田：《西藏历史的真实写照（下）——关于东嘎·洛桑赤列〈论西藏的政教合一制度〉一书的评述》，《西藏大学学报》1999年第4期。
[2] 赤烈曲扎：《西藏风土志》，西藏人民出版社，2006，第114页。

归为藏区的宗教中心。

17世纪中叶，格鲁教派五世达赖喇嘛在蒙古族首领固始汗的军事支援下，在拉萨建立了高度统一的政教合一甘丹颇章政权，拉萨再次成为统一强大的藏区的政治、宗教中心，继而发展成为藏区的经济、贸易以及交通中心；由于藏传佛教的影响力巨大，拉萨成为国际性的佛教朝拜圣地，也成为西方入侵西藏的最终目的地。

至此，西藏地方确立了达赖喇嘛政治宗教的至高地位，同时在前藏以拉萨为中心的广大地方归达赖喇嘛管辖，城市的宗教功能突出。清顺治二年（1645），固始汗赠予自己的老师罗桑曲吉"班禅博克多"称号。此后又确立了班禅活佛转世系统，并分后藏部分给班禅管辖。随着班禅和达赖两大宗教体系的确立，西藏地区两大中心城市体系也逐渐形成，即以拉萨为中心的前藏地区归达赖管辖，以日喀则为中心的后藏广大地区归班禅管辖。随着黄教势力的壮大，达赖喇嘛在卫藏地区兴建了许多寺院，素有"黄教十三林"之称。1690年，桑结嘉措①又主持扩建了布达拉宫，城区范围得以扩大。随着寺庙的修建，来自各地的朝圣者来到拉萨，有的人留下来，于是，城市人口增多，拉萨自吐蕃以来又一次成为西藏地方政教合一的统治中心。

尽管在17世纪中叶以后统治中心回归拉萨，但日喀则凭借着它优越的地理位置，以及历代班禅的驻地，一直作为后藏的统治中心，紧随拉萨，是全藏的第二大城市。

二　驻藏大臣设立与拉萨区域中心城市地位的固化

驻藏大臣的设立标志着中央设立机构对藏区进行直接统辖管理，并派驻军队对社会秩序加以维持。同时，这也从政治制度和法律形式进一步确定了拉萨作为西藏区域中心城市的地位。

1720年，清政府驱逐准噶尔军队后为了加强对西藏的管理，正式在西藏设立了驻藏大臣正副二人，"国家因西藏地处边远，特命大臣驻扎其地"。② 雍正五年（1727），鉴于西藏政局不稳，议政王大臣等向雍正提出：

---

① 五世达赖不具体管理行政事务，行政事务主要由达赖喇嘛的第巴（意为地方行政官）代达赖管理。桑结嘉措代五世达赖主持行政事务。

② 《清实录》，《世宗实录五》卷358，中华书局影印本，1986，第939页。

"遣大臣一员,赍旨前往晓谕,令伊等和好办事。"雍正采纳了此建议,"著内阁学士僧格、副都统马喇差往达赖喇嘛处,各赏银一千两",① 是为清政府设置驻藏大臣之始。次年,正式在拉萨通司岗设立驻藏大臣衙门,令僧格主持日常事务。派川、陕兵2000名驻藏,由副都统迈禄、銮仪使周瑛总统管理,驻藏大臣制度由此正式建立。雍正年间,驻藏大臣衙门正式设立于拉萨,开创了中央政府直接派官常驻西藏的先例,改变了历朝数代中央政府对于西藏地方鞭长莫及的不利局面。

设立驻藏大臣对西藏城市发展的另一个意义是驻藏大臣衙门的修筑,带动了拉萨城郊的发展,丰富了拉萨的建筑形式。驻藏大臣衙门最先设置在拉萨城中心大昭寺北面大街上的通司冈,前临八廓街,背靠冲赛康,《西藏图考》中记之为"宠斯冈","在西藏堡内大街,昔为达赖喇嘛游玩之所,今为驻防衙署","从前驻藏大臣所居,闻系三层楼房,楼高墙固,即偶有意外之事,易于防守"。② 后因"朱尔墨特那木扎尔之难,驻藏大臣傅公、拉公死焉,署亦毁于火"。③

雍正年间,驻藏大臣衙门开始移驻拉萨城外。雍正十一年(1733),"特命于色拉、召(大昭寺)之间扎溪地方另建城垣",④ 以驻500兵士。工部尚书副都统马腊(又作玛拉、马喇)于是年四月到达拉萨换防,扎什城于八月竣工,"移兵驻之"。后来,清朝驻藏大臣衙署移到此处,即拉萨北郊约7里的扎什城,称扎什城为驻藏大臣衙署。此处本来是荒郊,地势开阔,平坦空旷,便于驻军训练,扎什城的修筑、兴盛与驻藏大臣衙门和驻军紧密相关。

此后,驻藏大臣于乾隆十六年四月初九日搬迁到大昭寺以北、小昭寺西南角的甘丹康萨衙门办公。清高宗颁诏:"将从前驻藏大臣居住之通司冈为傅清、拉布敦祠堂,其珠尔墨特那木扎勒之叛产应追入官,为驻藏大臣等办事公所业官兵居住。"⑤ 乾隆五十三年巴忠奏称:"驻藏大臣等所住

---

① 《清实录》,《世宗实录一》卷52,第793页。
② 《清实录》,《高宗实录十七》卷1318,第825页。
③ 福康安:《福康安修双忠祠碑记》,黄沛翘:《西藏图考》卷7,西藏人民出版社,1982,第218页。
④ 周霭联:《西藏纪游》卷4,中国藏学出版社,2006。
⑤ 《清实录》,《高宗实录十七》卷1318,第825页。

之房，系从前珠尔墨特那木扎勒所盖，原有园亭，业闻多栽树木，引水入内。后因入官，作为该大臣衙门，历任驻藏大臣俱略为修葺"，① 庆麟和雅满泰又大肆修建了住宅房屋，以至于房屋太多，乾隆五十四年经舒濂请奏将一部分"改建仓房贮米"，另一部分"概行拆毁，盖造教场"。②

驻藏大臣两员都驻在前藏拉萨，后藏日喀则既没有驻藏大臣，也没有文职官员。到乾隆五十七年（1792），清高宗发觉后藏"并无文员，稽察难周"。③ 八月颁布诏谕："驻藏大臣二员，向俱驻扎前藏，于后藏事务鞭长莫及，嗣后应分驻一员，以资弹压，遇有事务就近处理。"④

清高宗在乾隆五十七年八月因未尽事宜再次发出指令："驻藏大臣二人同在前藏，应春秋两季轮流前往后藏巡查边界，顺便操兵。"⑤ 后来驻藏大臣每年春秋两季轮流去后藏巡边和阅兵。此后经和琳奏请因乌拉差役的时间与农时冲突，改为每年查看一次。

由上可以看出，中央政府通过派驻机构和官员的形式，确立了拉萨在全藏的中心城市的地位，也明确了日喀则作为后藏的中心城市。

三 清前中期西藏政治动荡对区域中心城市的破坏

清代前中期的政治动荡，权力更迭，致使西藏战乱不休，城市在衰败的基础上又遭到了更大的破坏。清代前中期，西藏内部的战乱主要来自两个方面，一是上层贵族的争权斗争；二是准噶尔部武装的骚扰。这一时期比较大的战事如下。

康熙五十五年（1716），继噶尔丹之后雄踞格鲁派各部的策妄阿拉布坦举兵骚扰西藏，杀拉藏汗，肆意焚掠，西藏政府陷入一片混乱。

康熙五十九年（1720），清军入藏，击退了准噶尔的军队，稳定了西藏局势，举行了达赖六世的坐床典礼，命拉藏汗旧臣康济鼐掌前藏，台吉颇罗鼐续掌后藏。

---

① 《清实录》，《高宗实录十七》卷1318，第825页。
② 《清实录》，《高宗实录十七》卷1339，第1153页。
③ 《清实录》，《高宗实录十八》卷1419，第1098页。
④ 《清实录》，《高宗实录十八》卷1411，第977页。
⑤ 《清实录》，《高宗实录十八》卷1419，第1098页。

雍正五年（1727），西藏上层贵族之间又爆发了一场争权夺利的战争。噶伦阿尔布巴等人谋杀了康济鼐，并欲暗中联合准噶尔为里应外合之计，举兵袭杀颇罗鼐，以专制藏地，结果反被颇罗鼐消灭。清廷令颇罗鼐兼管前藏政务，封之为郡王。

乾隆十二年（1747），颇罗鼐死，清廷命其次子珠尔墨特那木扎勒承袭郡王，管理西藏事务。其阴谋密通准噶尔部，后被清驻藏大臣所灭。此后，西藏政局进入了一个短暂的安定时期。

乾隆末年，连续发生了两次廓尔喀（今尼泊尔）侵藏的战争。第一次是乾隆五十三年（1788），廓尔喀的军队向西藏所属的聂拉木、济陇、宗喀等地进犯。清军虽然收复了失地，但清政府管理西藏的大臣巴忠等，委屈忍让，答应每年给廓尔喀银元宝300个（折合银9600两），三年付清，赎回失地。乾隆五十六年（1791）廓尔喀借口债务不清，再次举兵侵藏，一直攻到日喀则，将扎什伦布的珍贵法器等抢掠一空。次年，清军在藏族人民的支持下，驱逐了侵略军。

从清朝入关到乾隆末年，将近一个半世纪的历史过程中，战乱的频繁，政局的不稳，破坏了西藏的经济。它不仅使大量的城市建筑遭到破坏，众多的财富被劫掠，而且加重了劳动人民的负担。在战争期间，许多劳动人民被征入伍，同时要供应粮草，支付数不清的乌拉。更重要的是，许多劳动人民或死于战乱，或被迫流亡逃散，从而丧失大量劳动力。这些战事对西藏的经济破坏严重，如廓尔喀"将定日各寨落烧毁"，① 许多地方"蕃民等避贼远去，逃散甚多"，② 以致田地荒芜，牛羊失散，"半存空寨"，生产停滞，阻碍了社会生产力的发展。广大劳动人民生活困苦，"竭夫妇生平，力积毕世，数金资即一碗一勺"。③ 很多人流离失所，过着"昼则乞食，夜则露处"的生活。④

在平定廓尔喀战役后，清政府乘机提高了驻藏大臣的职权，对西藏的

---

① 《清高宗实录》卷1385，第598页。
② 《大将军福康安等奏察看后藏地方情形折》（乾隆五十七年二月二十九日），《西藏地方历史资料选辑》，三联书店，1963，第114页。
③ 王我师：《藏炉述异记》，松筠、黄沛翘撰《西招图略·西藏图考》，西藏人民出版社，1982，第235页。
④ 中国藏学研究中心、中国第一历史档案馆等编《元以来西藏地方与中央政府关系档案史料汇编》，中国藏学出版社，1994，第2305页。

政治、军事、经济、外交等管理体制进行全面改革，西藏的政局才有了一个较长时间的稳定。总体而言，清前期围绕着政权和信仰，战争不断，对西藏城市破坏较严重。如《西藏志》有载，"拉萨旧有城，清康熙六十年，定西将军策旺诺尔毁之"。① 随着清政府驱逐蒙古在藏势力并扶持黄教，借宗教之势管理西藏，初步形成了在清朝统一中央政权的管理之下，前藏由达赖喇嘛具体管理，后藏归班禅管理的行政格局。1721年，清政府废汗王及第巴制度，再废郡王制，建立噶厦地方政府，设一僧三俗的四噶伦制。② 清廷正式颁布了《钦定藏内善后章程二十九条》，对政治、宗教、经济等方面都做了制度化的规定。随着政教合一制度的确立，宗教势力空前强大，城市与宗教的联系更加紧密。这样，一方面为西藏地方城市发展提供了一个相对稳定的社会环境；另一方面，也使得西藏地方黄教寺庙林立，强化了城市的宗教功能。特别是达赖喇嘛和班禅两大活佛体系的建立，奠定了以拉萨和日喀则为前后藏政教中心的城市格局的基础。

四　结语

明末清初，西藏政局动荡，致使西藏的区域中心城市随着政教关系的走向先后经历了乃东—日喀则—拉萨的迁移；至清代中期在政教合一体制完善、政局稳固、驻藏大臣设立等因素的作用下逐步确立了当代西藏区域城市体系的雏形。此后拉萨作为区域中心城市，是西藏的政教中心，人口、财富、信息大量汇聚于此，成为区域经济中心，在清代以来的历史过程中发挥了"固边强区"的作用。③

作者：付志刚，四川大学政治学院

---

① 陈观浔：《西藏志》，西藏人民出版社，1982，第82页。
② 协绕益西：《前清西藏地方政府政治体制简述》，《西藏研究》2002年第2期。
③ 付志刚、何一民：《略论清代西藏城市的历史地位》，《贵州民族研究》2012年第5期。

运河城市的空间形态与职能扩张*
——以明清时期的临清为个案

周 嘉

内容提要：在中国城市体系形成过程中，运河城市属于一种特殊的文明发展形态。临清是大运河山东段沿岸重要城市，在明清之际发展成为全国著名的大都会之一。本文以明清时期的临清为研究对象，回溯因河而生之城的滥觞和形成的梗概；从城市空间与城市职能的角度入手，旨在揭示临清从王朝国家的一个"地方"到"中心地"转型的实践轨迹。

关键词：临清 运河城市 空间形态 城市职能

一 引论

16~18世纪，中国城市化速度明显加快，在贯通南北货物运输线的大运河沿岸，一批新兴的城市逐渐崛起。本文选取山东段运河沿岸重要城市之一临清作为个案，从人类学与历史学相结合的视域出发进行分析，以期将之作为解释运河城市某种类型的一个初步尝试。当然，从人类学以村落为考量单位的传统跳脱出来，转向以空间范围更大的城市作为研究对象，将会是一个很大的挑战。不过，如果换一种角度来思考的话，作为一个

---

* 本文系教育部人文社会科学研究青年基金项目"运河城市的空间形态及生命历程研究——以临清为中心的历史人类学考察"（项目批准号：15YJC840049）和山东大学博士后日常经费资助项目的阶段性成果。本文亦为作者提交第22届国际历史科学大会聊城卫星会议"运河文化与世界遗产保护利用"的论文，感谢与会专家提出的宝贵建议。

"地方",村落抑或城市应当都属于更大空间区域内的一个次级的地方,二者都是一个地域归属的界定。基于不同的目的与形势,可以依据不同的边界来定义它们,这种边界更多地指涉无形的边界。正如英国学者王斯福(Stephan Feuchtwang)在界定"什么是村落"时所指出的那样,村落是一个传统的地方,在地方性感知与实践中,它是一个仪式的和有历史的单位;村落还是一个行政的地方,遵循一个外在的、向下的、包容性的秩序;村落亦是一个集体的地方,地方性的权威、资源和保障得以有机结合。[①] 同样,对于运河城市来说,更多地体现出某些无意识与有意识、自然的与制度的秩序安排。

本文以"空间"作为切入点,由城市空间形态的变化探讨城市职能的扩张。作为研究对象的"空间",可以从"自然领域中的空间"和"历史领域中的空间"两个维度进行考察。就自然意义而言,空间是一种地理空间,并不排斥某些人为建构的环境。通过它所呈现的某种形式,我们在经验层面能够具体可视甚至可感知,如运河地域的范围、运河沿岸城镇聚落的分布、漕运路程的远近,等等。就历史意义而言,空间则是变动不居的,而且与时间不可分,它在历史进程中打上了某种烙印,因而成为反映"重要历史潮流的自然地点",如元代以后临清地位重要性逐渐提升,一些重要历史事件在此展开。人类学对于空间的关注具有较为悠久的传统,涉及身体、家屋、聚落,以及在更大范围内的整个社会空间。德国哲学家恩斯特·卡西尔(Enst Casser)曾指出:"对于人类学哲学而言,描述和分析空间和时间在人类经验中所体现的具体特征是一项有着巨大的吸引力和重要性的任务。"[②] 不过,空间被特别提出来当作重要的研究主题,却是晚近的事情。虽然每一种理论与视角对空间的理解不尽相同,但人类学始终坚持"空间为人类社会文化的整体性建构"这一基本原则。

运河城市空间的变迁直接反映了城市职能的扩张。城市空间一般指城市的地理空间和社会空间,即以自然的地理形式以及人为所建构的环境为中介。当然,如同台湾学者黄应贵从空间的"力"着手来理解整体社会,

---

① 〔英〕王斯福:《什么是村落?》,《中国农业大学学报(社会科学版)》2007年第1期。
② 〔德〕恩斯特·卡西尔:《人论》,李琛译,光明日报出版社,2009,第35页。

上述空间也并非是最终的，"而是在其上依人的各种活动而有不断的建构结果"，① 即在物质性空间的基础上有能够建构其他性质空间的可能性。城市是社会生活的聚合体，城市职能主要指管理职能和经济职能。作为一种特殊文明发展形态的运河城市，其职能又是纷繁多样的，也必然会在形式上有某种程度的体现。尤其在明清两代，已很难用军事基地、行政中心、统治中心等简单地概括其本质，多元城市职能共同构筑了运河城市的场景。

二 临清的历史沿革

当我们谈论临清城市空间的时候，必须注意这一概念所包含的历史时间。临清市境在夏朝时为古九州之一的兖州之域。《尚书·禹贡》有"沇、河惟兖州"的记载，"沇"指济水，"河"指黄河，"言此州东南据济水，西北距河"，② 而临清即在此疆域之内。至商末，临清隶属于"纣畿内地"。③ 史载殷纣曾"聚乐戏于沙邱（丘）"，④ 而临清当时即属古沙丘地。迨武王伐纣定天下后置"三监地"，以纣城以东为卫地赐封康叔，故自周成王至春秋时期，临清属卫地。战国时诸侯兼并，临清曾一度为赵国属地。秦灭六国后设 36 郡，临清属于钜鹿郡。可以看到，自夏至秦的历史时段内，临清可以视为一个"地方"，不仅没有行政建制，更遑论形成聚落雏形。

临清置县始于西汉，为清渊县，一直延续到三国时期的魏国。西晋咸宁年间（275~279）改清渊县为清泉县，后赵建平元年（330）又改称临清县，治所在仓集镇，⑤ "临清"之名始于此。城治与水体之间的地理空间关系，从地名上便可反映出来，"临清"即临近清河⑥之意。卫河

---

① 黄应贵主编《空间、力与社会》，台北，中研院民族学研究所，1995，第 4 页。
② （汉）班固撰、（唐）颜师古注《汉书》卷 28 上《地理志》第八上，中华书局，1962，第 1525 页。
③ （民国）张树梅、王贵笙主编《临清县志》卷 6《疆域志》，参见《中国地方志集成·山东府县志辑》第 95 册，凤凰出版社，2004，第 71 页。
④ （汉）司马迁撰《史记》卷 3《殷本纪第三》，中华书局，1982，第 105 页。
⑤ 今河北省临西县仓上村，尚有旧城遗址。
⑥ 清河发源于河南省内黄县，流经临清地区。

古称"清河",在临清境内与古运河汇流后合称"卫运河"。历史上的"清河""清渊(源)""清泉"等,皆因此而来。北魏太和二十一年(497)复设清渊县,① 治所在今冠县清水镇,另"析县西地置"② 临清县,其境域大致包括今临西县全部和临清市西部,治所仍在仓集镇。隋开皇十六年(596)在临清境西部析置沙丘县,大业二年(606)复省入临清,故后人又称临清为沙丘。唐武德四年(621)再析临清设沙丘县,贞观元年(627)又并入临清县。此后,五代及宋、金、元时期,临清县行政区划相沿袭。明代为东昌府属县,弘治二年(1489)升为州。清顺治元年(1644)为临清州,乾隆四十一年(1776)晋升为直隶州,民国始降州为县。

临清地僻位偏,交通甚为不便,虽有行政建制,但一直处于自然发展状态,"临清有县自后魏始,隋唐以来废置相寻,未为要地"。③ 元代以来,临清地位重要性之变迁,可以从自然与政治两个方面的形势加以考察。元朝建都北方,"百司庶府之繁,卫士编民之众,无不仰给于江南",④ 通过对大运河进行改造和疏浚,建立起连接南北的运输线。元朝开挖会通河,"起东昌路须城县安山之西南,由寿张西北至东昌,又西北至于临清,以逾于御河"。⑤ 临清处于卫河与会通河汇合之处,区位优势大为改观,在明清两代更是"南北之要冲,京师之门户"。⑥ 对于地缘政治因素,历史掌故的丰富层累也是临清这个地方"真实的"组成部分。元朝政治中心北移,山东成为联络南北之纽带,而临清恰逢其会。朱元璋决意北伐,各军会师于临清之境以进逼大都。明清之际,临清为驻兵之地,"元明及清,漕运大兴,戍卫之兵,云屯此间",⑦ 逐渐被纳入王朝国家秩序安排之中。临清

---

① (北齐)魏收:《魏书》卷160上《地形志二》上第五《司州》,中华书局,1974,第2457页。
② (民国)张树梅、王贵笙主编《临清县志》卷6《疆域志》,参见《中国地方志集成·山东府县志辑》第95册,第71页。
③ (明)王舆:《临清州治记》,参见临清市人民政府编《临清州志》,山东省地图出版社,2001,第1263页。
④ (明)宋濂等:《元史》卷93《志第四十二·食货一》,中华书局,1976,第2364页。
⑤ (明)宋濂等:《元史》卷64《志第十六·河渠一》,第1608页。
⑥ (清)王俊主修《临清州志》卷2《建置志》,参见《临清州志》,第205页。
⑦ (民国)张树梅、王贵笙主编《临清县志》卷12《防卫志》,参见《中国地方志集成·山东府县志辑》第95册,第194页。

战略地位的提升,亦由全国政治环境决定,如李自成起义、王伦起义等无不牵动此地。可以看出,临清作为王朝国家防卫体系中的一环,局势的周期性变化深刻地影响着这一"地方"的生命历程。

三 城市的空间形态

运河城市在成长与发展过程中,会呈现出不同的空间形态。如果从空间政治学的角度来看的话,城市空间就会被某种意识形态支配,具有一种有意识设计的基本原则。正如昂希·列斐伏尔(Henri Lefebvre)曾经指出:"空间是政治的。空间并不是某种与意识形态和政治保持着遥远距离的科学对象。相反地,它永远是政治性的和策略性的。……空间一向是被各种历史的、自然的元素模塑铸造,但这个过程是一个政治过程。"① 因此,城市空间安排或城市规划能够成为社会控制与秩序安排的有力手段。如此一来,像美国人类学家斯科特(James C. Scott)使用的"国家空间"和"非国家空间"的概念,② 可能更有助于我们的思考。接下来我们通过对临清城市空间形态的分析,亦能够体悟到一种由"非国家空间"到"国家空间"的转型逻辑。

临清县治在宋以前一直位于今临西县境卫河西岸,③ 宋建炎年间为避水患,将治所自仓集镇东移至曹仁镇。④ 金初县治仍然在曹仁镇,金末又有所迁徙。北宋熙宁年间,"废临清为镇,寻复置,后徙于县东南四十里曹仁镇,元因之",则元时亦治曹仁镇。⑤ 明清时期大运河的经济作用空前

---

① 〔法〕昂希·列斐伏尔:《空间政治学的反思》,陈志梧译,参见夏铸九、王志弘编译《空间的文化形式与社会理论读本》,台北,明文书局,2002,第34页。
② 斯科特在分析前殖民主义和殖民主义时期的东南亚地区时,曾使用这两个概念探讨"国家如何掌握社会"的命题,兹不赘述。详见〔美〕詹姆斯·C. 斯科特《国家的视角——那些试图改善人类状况的项目是如何失败的》,王晓毅译,社会科学文献出版社,2011,第233~234页。
③ (清)张度主修《临清直隶州志》卷1《古迹》,参见《临清州志》,第592页。
④ 今临清市青年办事处旧县村,曹魏大将曹仁封亭侯于此,故名。
⑤ (明)陈循、高谷等纂修《寰宇通志》卷72《东昌府临清县》,参见中国国家图书馆编《原国立北平图书馆甲库善本丛书·史部·寰宇通志》第281册,国家图书馆出版社,2013。

加强，成为沿岸城市选择位置的重要历史条件，① 临清"自开渠运，始为要津"。② 明至清代的头一个世纪里，经历了广泛修筑城墙的时期。③ 中国的城墙基本上是为了保护宫闱、住宅、庙宇、粮仓以及某些资源，防备外敌入侵和农民起义。明洪武二年（1369），临清迁治中洲临清闸④之处，获得了较为优越的发展条件，但仍然未能具备中国传统城市的身份象征，即城墙；迨至景泰元年（1450）始筑砖城。在一个依靠武力来统治的政治体系中，城是统治者的保护工具和权力的象征。⑤ 因此，一旦某一中心区域发展到可称之为"城"的阶段时，王朝国家就要直接插手、干预城市的外观了。

临清肇城之缘起与州县城池略有不同——州县城池的修筑主要为了保护地方官员及衙门，而临清建城则以保障漕运仓储为根本。明成祖朱棣迁都北京，"南则以临清为辅，坐镇闸河而总扼河南、山东之冲，又此而南屯兵于徐州，以通两京之咽喉"，⑥ 临清战略地位迅速提升。土木之变发生以后，临清更是成为必守之地，"临清要地即不守则燕蓟不可居，而中原不可保"，⑦ "其为要且切也！如此而可以无城池兵戎之保障乎？"⑧ 当地有"先有临清仓，后有临清城"之说。临清设仓在前，肇城在后，治所中洲衙门之修建早于城墙的营建，但是，衙门的方位实际上未能决定临清城的空间布局。在平江侯陈豫、山东巡抚洪瑛以及都御史孙曰良的主持下，⑨

---

① 傅崇兰等：《中国运河城市发展史》，四川人民出版社，1985，第69页。
② （清）王俊主修《临清州志》卷2《建置志》，参见《临清州志》，第205页。
③ 〔美〕章生道：《城治的形态与结构研究》，参见〔美〕施坚雅主编《中华帝国晚期的城市》，叶光庭、徐自立等译，中华书局，2000，第84页。
④ 会通河分两条支流入卫河，在会通河与卫河之间形成一块周围环水、较为开阔的地带，称为中洲，范围在县治周围数里以内。临清闸位于今临清城区考棚街纸马巷，纸马巷南首阁楼上嵌有"县治遗址"石刻。
⑤ 费孝通：《中国士绅》，赵旭东等译，三联书店，2009，第77~78页。
⑥ （明）张萱：《西园闻见录》卷65，参见周骏富辑《明代传记丛刊·综录类》，台北，明文书局，1991，第123册。
⑦ （民国）张树梅、王贵笙主编《临清县志》卷7《建置志》，参见《中国地方志集成·山东府县志辑》第95册，第94页。
⑧ （清）王俊主修《临清州志》卷3《城池志》，参见《临清州志》，第219页。
⑨ 府州县官在修筑与维护城垣方面负有重要责任，例如明制，"若在外藩镇府州城隍，但有损坏，系干紧要去处者，随即度量彼处军民工料多少，入奏修理；如系腹里去处，于农隙之时兴工"。（《明会典》卷187《工部七·营造五·城垣》，中华书局，1989，第944页）关于清代州县官员在此方面的职责，参见瞿同祖《清代地方政府》，范忠信等译，法律出版社，2003，第261~262页。

选择会通河与卫河交汇地带东北方地势高亢之处筑城，这就是临清的砖城。城墙"高三丈二尺，厚二丈四尺，围九里一百步"，城门"东曰武威，南曰永青，西曰广积，北曰镇定"。① 城墙上设戍楼8座，戍铺46处，城墙外绕以深池。② 自此，临清砖城的基本形制逐渐形成，③ 如此建城布局显然着眼于军事防守之目的。

明清时期，中国的城已经形成较为标准化的空间形态，主要包括行政空间、商贸空间、信仰空间、公共空间等。各城看起来似乎在发展模式和功能性质上极为一致，尽管其大小、布局与位置各不相同，其实际作用也参差不齐。不过，与其他城市相比较，运河城市的空间营造又具有一些不同的特点。临清砖城肇建告成后，行政空间发生位移，治所从原来的中洲迁至砖城内居中偏西南处。有学者认为在中华帝国时代，"行政城市的建立以建造城墙为标志，其他标志还有城墙内的一座城隍庙，一所学宫和城墙外至少一座官方露天祭坛，这似乎是县这个最低行政级别的最低标准"。④ 临清治所纳入城墙保护范围后，州署成为空间布局的核心，以此为

---

① （清）王俊主修《临清州志》卷3《城池志》，参见《临清州志》，第219页。
② （明）王直：《临清建城记》，参见《中国地方志集成·山东府县志辑》第95册，第361页。
③ 陈豫所修砖城奠定了明清两代主要作为行政空间的临清城郭的格局，其后虽屡有维修，但城郭形态并无太大改变。明清以来迄民国时期，临清砖城的维修主要有如下数次：（1）明弘治八年（1495），兵备副使陈璧增给城墙增建矮墙，修筑月牙城，即城外用来屏蔽城门的半圆形小城，并在城门处修建石桥，桥随城门名分别称为武威桥、永青桥、广积桥、镇定桥。（2）明正德五年（1510）兵备副使赵继鲁、正德八年（1513）兵备副使李充嗣、嘉靖十五年（1536）兵备副使张邦教、清顺治十年（1653）副使傅维麟、康熙二十四年（1685）知州佟世禄等人，先后对部分倒塌的城墙、毁坏的城楼、堵塞的城濠等进行修缮和疏浚。（3）清乾隆三十二年（1767），知州戴知诚大规模重修城墙，除保持景泰元年初修城墙时所采用的城垣内外由城砖镶包、中间用土夯填之法外，又将城墙改建为"高三丈一尺、下厚二丈五尺、上厚一丈五尺"的金字塔式梯形城墙，使城墙的稳定性和坚固性得到加强。（4）清同治十一年（1872），州牧王其慎兴工修葺城墙。（5）民国5年（1916），县知事阮忠模小规模修葺城墙，并在东西隅增建魁星戍楼。（6）民国21年（1932），县长徐子尚在西南隅另辟博源门。（马鲁奎：《临清城墙》，《临清地方史志》1988年第1期；张旋宇主编《运河名城·临清》，中国文史出版社，2010，第107页）凡此兴修，主要是修补城墙，重修、改建或增建城楼，加修防御设施，于城垣则并无改变，因而也就不会改变城垣外郭形态。
④ 〔英〕王斯福：《学宫与城隍》，参见〔美〕施坚雅主编《中华帝国晚期的城市》，叶光庭、徐自立等译，第701页。

营建坐标参照点,"左建帅府,以居总戎,其余藩宪、分司、卫所、县邑、学校、仓廪,凡百司局,各以位置。……城之外教战有场,场之中阅武有台。凡百当用之具,无一不备"。① 州署之南为兵备道署,东为卫署,西及西南设馆府二,北有学署、都察院行台、布政司分守行台,西北粮仓及管理仓库的官署占据城内1/4的空间,文庙、岳庙、城隍庙等错杂于官署之间,临清城的空间布局趋于完善。(见图1)

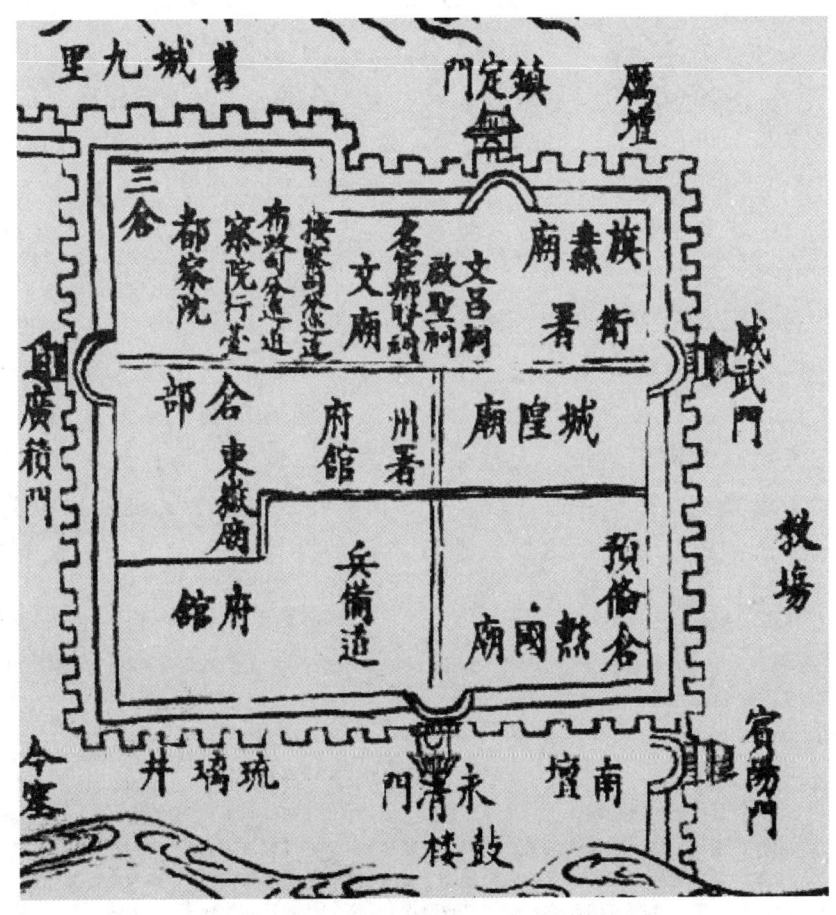

图1 临清砖城(出自康熙十二年《临清州志》)

---

① (明)王直:《临清建城记》,参见《中国地方志集成·山东府县志辑》第95册,第361页。

不过，当时砖城仍以行政空间为主，城内虽"间有阛阓，不过菜果食物之属"，①商业发展空间甚小，市集贸易主要集中在两条街市，曰马市和线子市。②明弘治二年，临清升为直隶州，"城西及南隅，商贾丛集，自弘治而后，生聚日繁，城居不能什一"。③因水运商贸之便，在砖城之外的中洲与运河两岸，逐渐形成新的居住与商业空间。明正德年间，兵备副使赵继爵在会通河与砖城之间扩筑边城，亦名罗城，"以卫商贾之列肆于外者"，④此为临清土城之始。后来，山东巡抚、都御使曾铣和兵备副使王杨，于嘉靖年间又修筑以中洲为中心，横跨会通河与卫河的土城，即"玉带城"，以适应商业的进一步发展。城门有六，"东曰宾阳、景岱，西曰靖西、绥远，各有月城，南曰钦明，北曰怀朔"。⑤临清土城的空间格局基本定型。⑥（见图2）土城商业空间的布局被会通河二支流与卫河分隔成几个区域：中洲是最为繁盛之区，以一条贯穿南北长达三里有余的长街为中轴线，自南而北分为马市街、碗市街、锅市街，长街两侧分布有巷子与胡同，各类店铺林立其中；东区东起宾阳门，西迄鳌头矶，北至永清门，南临会通河，此区主要为粮食与柴薪市场；东南区指会通河南支以东的狭长地带，为粮食、船具、绵绸等市场；北区在会通河北支以北，各种店铺达百余家；卫河西岸狭长地带的商业以粮食、棉花和茶叶贸易为主。这些商业区布局的共同特点在于，商业街巷临近运河且依照行业集聚。

---

① （清）张度主修《临清直隶州志》卷2《建置》，参见《临清州志》，第605页。
② （清）王俊主修《临清州志》卷3《城池志》，参见《临清州志》，第219页。
③ （清）张度主修《临清直隶州志》卷2《城池》，参见《临清州志》，第606页。
④ （清）张度主修《临清直隶州志》卷2《城池》，参见《临清州志》，第607页。
⑤ （清）王俊主修《临清州志》卷3《城池志》，第220页。
⑥ 此后土城增建情形主要有以下四次：（1）嘉靖二十五年（1546），按察副使李遂开凿了两条水道。（2）嘉靖二十八年（1549），兵备副使丁以忠在西北隅增辟西雁门。（3）嘉靖三十年（1551），巡抚都御史王忬、副使李宪卿增建32座敌台。（4）嘉靖三十八年（1559），副使张鉴、知州李希欧在各水门处增筑翼楼，上设云桥、射孔，以增强土城的攻守能力。（张旋宇主编《运河名城·临清》，第108页）

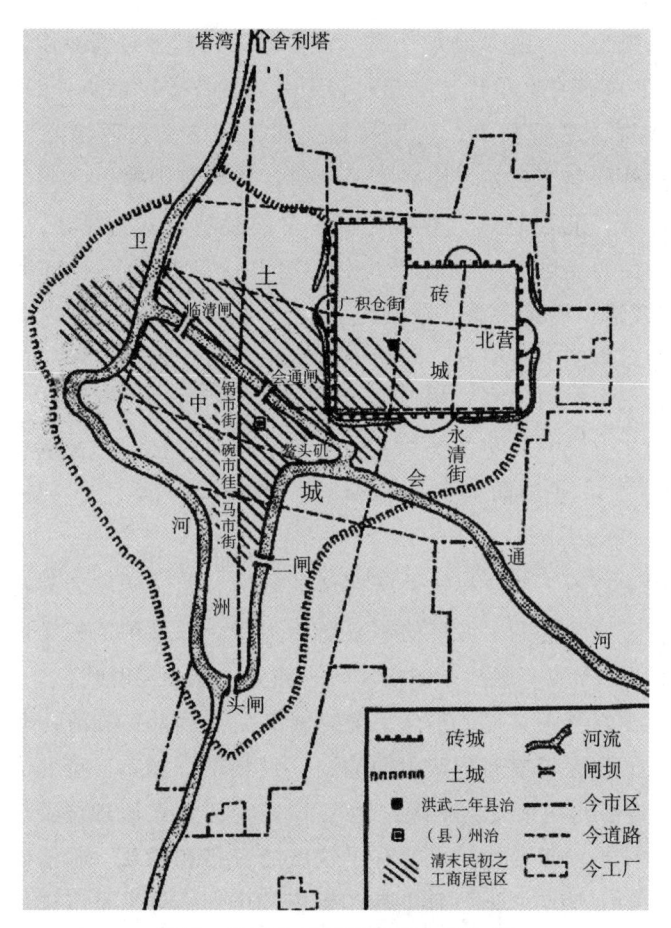

图 2　临清土城与砖城的空间位置

资料来源：陈桥驿：《中国运河开发史》，中华书局，2008。

四　运河城市的职能

城市是人群与社会的一种聚合体。作为一种特殊文明发展形态的运河城市，其职能是复杂而多样的，也必然会在形式上有某种程度的体现。因应 16~18 世纪商业革命的效应，中国城市化速度明显加快，形成一些具有地理位置特征的商贸枢纽。[①] 临清是大运河沿岸新兴城市之一，通过分析其城市职能的扩张与变迁，能够间接地阐释其崛起的历程。临清一地的历

---

① 唐文基主编《16—18 世纪中国商业革命》，社会科学文献出版社，2008，第 154 页。

史变迁可以视为一个由"地方"到"中心地"的转型过程。作为王朝国家的"地方",临清在区位优势崛起过程中首先发挥着军事防务的职能。"兹清源实为南屏,平野驰突,兵甲易遏。矧四国之交,两津之会,地属襟喉,罔测意外,其诸兵宪之攸赖矣乎?曰,然!我国家轸念要冲,陟邑为郡,南通江汉,北控赵燕,万橹连樯,夕泊昼喧。方贡绎骚,供荐委填,应之非道,民力奚堪!"① 可以看出,临清作为纽带发挥着较为特殊的作用。"元明及清,漕运大兴,戍卫之兵,云屯此间。"② 明清两朝,在临清先后设立的军事防卫机构有:明初设守御千户所;景泰三年(1452)建临清卫;成化二十年(1484)设临清兵备道;万历二年(1574)设协镇署;万历二十四年(1596)复改为守备;崇祯十一年(1638)改为镇,莅以总兵;清顺治元年沿用明制,置临清镇,统领左、右二营;顺治十八年(1661),改临清为协。

  作为中央政府下属政权机关所在地的临清,始筑砖城后其行政职能得以加强,也进一步提升了城市的军事防御力量。从帝国的视角而言,城墙一直极为重要,"城"既代表城市又代表城垣。在帝制时代,"无城墙型的城市中心至少在某种意义上不算正统的城市",③ 因此,临清并非一种"自然型"城市,而是具有帝国政治隐喻的"规划型"城市。南北大运河贯通后,"临清为南北往来交会咽喉之地",④ 正是因其在地理位置、军事防御以及行政地位上的重要性,也就有了筑城的资格和需要。临清砖城建在会通河东北方的"闲旷之地"而非较为繁盛的中洲,可见景泰选址的主导思想在于储粮护仓,完全是一种帝国的行政干预。此外,上文通过对城市空间形态的探讨,能够看到临清砖城的形式确凿无疑地反映了行政成为城市的基本职能,由于是地方政府的治所,也就自然形成对城的形式的某种期望。砖城的形状除了西北处稍微凸出一部分外,基本上为正方形格局,四个城门正朝四方;城内主要街道也同样形成正朝四方的网格形,纵街与横

---

① (明)许成名:《兵备题名记》,参见《临清州志》,第226页。
② 张树梅、王贵笙主编《临清县志》卷12《防卫志》,参见《中国地方志集成·山东府县志辑》第95册,第194页。
③ 〔美〕章生道:《城治的形态与结构研究》,参见〔美〕施坚雅主编《中华帝国晚期的城市》,叶光庭、徐自立等译,第84页。
④ (明)王直:《临清建城记》,参见《中国地方志集成·山东府县志辑》第95册,第361页。

街成直角相交；城门上建有城楼；城濠环绕城墙。

临清因商而兴，其交通与经济职能自然是城市职能的核心一环。明人李东阳的诗作《过鳌头矶》反映了临清商业之繁盛："十里人家两岸分，层楼高栋入青云。官船贾舶纷纷过，击鼓鸣锣处处闻。折岸惊流此地回，涛声日夜响春雷。城中烟火千家集，江上帆樯万斛来。"① 如果说砖城的主要职能在于军事与行政方面，那么，中洲地区土城的扩建则是城市交通往来与商贸经济功能扩张的重要标志。从砖城到土城，城市职能日趋完善。二城相连后完全改变了此前城市布局与商贸经济发展欠协调的现象，正是在此种意义上，发挥商贸往来经济职能的土城可以视为一种自然城市或经济城市，具有未筑城时特有的空间格局：土城形状不规则，完全依据地形、运河、交通线位置等情况而定；商业街巷主要沿着运河河道分布，一般有道路直接通往运河码头。同时，在商业组织的具体运作过程中，宗教职能也随之嵌入经济职能之中。对于发挥经济作用的民间组织来讲，商行是商人的同业组织，在临清活动的商人大都归属于不同的商行，他们同时建立庙宇祭祀自己的行业神。例如，毛皮工匠的行业神是崔府君，他们建立三忠殿，于每年六月初六前往祭拜；② 织工成立机神会，供奉轩辕帝为祖师爷，活动场所在广积门外的轩辕宫。③

可见，临清作为运河城市所发挥的职能具有多元性，只是为了叙述的方便才将其各种职能分辨开来。军事职能、行政职能与经济职能当然是城市职能的主要方面，交通运输、宗教、文化教育等也是城市整体性职能的组成部分，"但这些都是存在于中国社会特有动力的内部的，是由中国政府安排，并表现中国人的文化价值标准的"。④ 同时，不论哪种职能在某一特定发展时期，都需要另一种职能的支持。所以，在明清两代已很难单一地用军事基地、行政中心抑或统治中心等来概括某一城市的特质，或许可以用"中心地"概念来审视临清城，即它是"一个以履行重要中心职能（不只是经济的，还有政治行政的、文化和社会的——引者注）为特点的

---

① 张树梅、王贵笙主编《临清县志》卷16《艺文志》，参见《中国地方志集成·山东府县志辑》第95册，第406页。
② （清）王俊主修《临清州志》卷11《物产志》，参见《临清州志》，第486页。
③ 傅崇兰等：《中国运河城市发展史》，第301～302页。
④ 〔美〕施坚雅主编《中华帝国晚期的城市》，叶光庭、徐自立等译，第123页。

聚居区，它履行这样的职能，不仅是为了它自己的人口，而且也为了一个最低限度也要包括一批邻近农村的腹地"。①

五 结语

临清的区域制度形成与城市化进程，首先围绕水、人力、交通等资源展开，形成村落与集镇的某种结晶形态，之后由这些初步结晶的区位体系进一步形成地方性城市中心，在国家行政力量的干预下最终形成较为稳固的运河城市区位体系。有学者认为由两个或两个以上筑有城墙的独立部分组成的城市称为复式城市，并用此概念来分析中国古代城市的类型。② 按照城市空间形态方面的考察，临清当属复式城市类型之一种，是在运河两岸的沿河集合城市，带有砖城和土城，并且两城都筑有城墙。如果从城市形成过程中职能扩张角度而言，临清又可以视为一种拓展型城市。临清先是出于军事、政治或行政管理的需要始筑砖城，后由于商业发展在原城郭之外逐渐形成商埠，土城是在砖城附近逐步拓展而形成的，因而有突破治所城市之局限的意义。历史时期临清城市空间呈现阶段性扩张的趋势，其城市职能亦复如是。正是这种城市空间和城市职能的持续扩张，才使临清得以成长为运河沿岸重要都会之一。

作者：周嘉，聊城大学运河学研究院

---

① 〔美〕施坚雅主编《中华帝国晚期的城市》，叶光庭、徐自立等译，第256页。
② 〔美〕施坚雅主编《中华帝国晚期的城市》，叶光庭、徐自立等译，第100~103页。

·市政建设与社会控制·

明代后期两京保甲制实施研究*

薛理禹

内容提要：明代京师（北京）濒临北部边境，在明中后期多次受到北方游牧民族（蒙古、女真）的侵扰威胁；留都南京靠近东部海疆，长期受倭寇的骚扰。两京畿辅地域在嘉靖、隆庆年间即已推行保甲制，但直到万历中期，两京城内尚仅施行总甲制，而未曾推行保甲制。北京城内保甲制的推行，直待至天启年间；南京城内保甲制的实施，始于万历后期至天启初年。晚明南北两京的保甲制，都具备严密详细的实施规程，尤其强调对于流动人口的管控。而保甲法实施之后，来自勋贵、官僚阶层的抵制影响了保甲制的实施效果。

关键词：京师　南京　保甲制

学术界有关明代保甲制度的研究中，对于各地某一特定时段的实施情况，研究较为薄弱。① 正德以前，已有某些地区一度推行保甲法的记载。②

---

*　本文为上海市高峰高原学科建设上海师范大学中国史项目、上海师范大学文科一般项目（A0230 – 15　001020）的成果。
①　以往总体概述明代保甲法演进历程的论著，主要有闻钧天的《中国保甲制度》（商务印书馆，1935）中论述明代保甲的部分、日本学者酒井忠夫的《明代前中期の保甲制について》（《清水博士追悼纪念·明代史论丛》，东京大安出版社，1962，第577~610页）和陈宝良的《明代的保甲与火甲》（《明史研究》第3辑，黄山书社，1993，第59~66页）；探讨特定地域保甲制实施的论文，主要有日本学者三木聪的《明末の福建における保甲制》（《东洋学报》第61卷第1~2号）、黄志繁的《乡约与保甲：以明代赣南为中心的分析》（《中国社会经济史研究》2002年第3期）、刘道胜的《明清时期徽州的都保与保甲》（《历史地理》第23辑，上海人民出版社，2008，第152~160页）和陈瑞的《明清时期徽州境内的保甲制度推行与保甲组织编制》［《安徽大学学报（哲学社会科学版）》2012年第3期］，大体说来，这些研究覆盖的地域范围较小，而时间跨度较长。
②　如成化年间周瑛在江西广昌倡导的保伍法、弘治年间陈宣在湖广夷陵州（转下页注）

正德年间右佥都御史王守仁在平定赣南山区的民变后，于其所辖的各府州县推行"十家牌法"，覆盖地域较广，实施方法细致严密，效果显著，为日后各地众多官员重视和借鉴。

明代中后期边患频仍，以"南倭北虏"贻害最重。其时，固有里甲体系下的丁口编审愈加形式化，黄册户口登记严重失实。为加强户口管控，防止民众与外寇勾结，打击盗匪的不法行为，并动员民间力量抵御外寇，沿海沿边各地陆续大规模地推行保甲制。与历史上的多数封建王朝不同，明代的两京均非位于统治疆域的中心。京师（北京，下同）濒临北部边境，在明代中后期多次受到北方游牧民族（蒙古、女真）的侵扰威胁；留都南京靠近东部海疆，长期受倭寇的骚扰。两京的保甲制就是在这样的大背景下展开实施的。

相比沿海沿边其他地域，无论京师抑或留都南京，畿辅地带在嘉靖、隆庆年间都已推行保甲制，但直到万历中期，两京城内尚仅施行总甲制，而未曾推行保甲制。当时在京师推行保甲的提议很多，如万历九年任南京监察御史的徐金星上疏提到："查得保甲之法，节经兵部题奉钦依，在外府州县不分城市乡村，十家为一甲，甲有长，五甲为一保，保有正，书门牌，置戎器，平居则互相觉察，有事则互相应援，此亦足称弭盗善策矣。今在外府州县多已行之，而京城独未之举，知有火夫已尔。"其建议朝廷于京城亦设保甲制，"夫京城五方集居，商贾辐辏，奸民之未易穷诘，奚啻外郡，而土著富姓多置店房，容留勾引，不问来历，官司又不立法，漫无稽查。即有地方总甲，故多无籍市虎或孱弱贫氓耳，缓急奚赖焉！合无准令京城内外一体编立保甲，慎选殷实谨厚之民为之长、为之正，除守望、讥察外，不许别项差扰。其劝诫功过等项并查照在外事例施行，亦不许五城官吏苟且塞责，及因而生事扰民，务不失古乡井守望相友相助之意，实于弭盗良便，伏候圣裁"。① 然而实际上，北京城内保甲制的推行，直待至天启年间；南京城内保甲制的实施，亦始于万历后期至天启初年。鉴于以往对明代保甲制的专题研究为数不多，涉及京城保甲制的论著更为罕见，本文即利用相关史料，阐明明代后期京师与南京（尤其是两京城

(接上页注②)推行的保甲法、韩福于北直隶大名府推行的保甲法（分别参见周瑛《翠渠摘稿》卷5，弘治《夷陵州志》卷5《保甲法》及张萱《西园闻见录》卷96《政术》），以及下文论述的文林在温州府推行的保甲法等。

① （明）徐金星：《畿民困敝乞查例责实以安重地疏》，《皇明留台奏议》卷6。

内）保甲制的大体推行和实施过程，并探究两京保甲制的主要特点。

一　京师保甲制的实施

1. 万历以前畿辅地域保甲制的推行情况

明代中期，在里甲制的体系下，即存在强化户口管理和打击不法行为的机制。《皇明世法录》卷43《京城巡捕》："弘治初，兵部臣条上方略，于是严里甲之法，家给由牌，县［悬］之门，具书籍贯、丁口名数，有异言异服者，即自纠发。不告奸同辜。命如议行。"户口管理建立在既有里甲体制下，而非另建保甲体制，说明当时京师里甲制下的户口编审尚属严格与有效。①

嘉靖前期，即有官员提出在北直隶边境实施保甲法，经朝廷批准施行。嘉靖十五年二月，直隶巡按御史金灿建议："谕近边民居之孤远者并入大村，厚筑墙垣，设立保甲，置备枪铳，以固收保。"② 隆庆年间，朝廷再度强调京畿边境地域的保甲法。隆庆四年，明穆宗"谕兵部曰：畿辅近边地方武备废弛已久，近来言者皆详于外而略于内，岂万全计？尔等宜悉心详议所以捍外卫内者具奏施行"。尚书霍冀等就此制定了保甲制的相应细节："一、申明保甲。谓郊畿近地军民杂处，往往盗起肘腋而不知，虏至门庭而莫避。宜申明保甲之法，有急共救，有罪同罚。其他点闸科派之扰一切禁之。二、预计防守。谓城堡既修，又须法令素明，乃能有济。宜令各州县掌印官查照各城堡垛口数目编定号次，以为信地，挨户出丁守之。虽势豪之家不得徇情优免。遇虏报戒严，即选壮丁如期策应。三、严谨收敛。谓虏若大举则当下清野之令，使各处保甲马上执旗，召集乡民悉迁入城堡。如有怠玩者罪之。"③ 从具体内容来看，畿辅边境地区推行保甲制的主要目的在于动员民间力量抵御蒙古等游牧部族的侵扰，加强防御力量。

尽管畿辅边境较早就推行了保甲制，但北京城内很长一段时间内并未

---

① 研究北京地区人口史的学者韩光辉亦认为："明朝政府对京畿州县赋役户口的管理和编审是有效的。"参见韩光辉《北京历史人口地理》，北京大学出版社，1996，第92页。
② 《明世宗实录》卷184，嘉靖十五年二月甲寅。
③ 《明穆宗实录》卷41，隆庆四年正月乙亥。

推行，而是实施总小甲制。万历十八年前后担任顺天府宛平县知县的沈榜记载："见行城内各坊，随居民多少，分为若干铺，每铺立铺头火夫三五人，统之以总甲；城外各村，随地方之远近，分为若干保甲，每保设牌甲若干人，就中选精壮者为乡兵，兵器毕具，而统之以捕盗官一人、保正副各一人。棋布星罗，条分缕析，比之外府州县，特加繁重。其初固为帝都所在，肩摩踵蹑，万方观化，纲纪攸存，于讥察意外，示天下肃也。"①

万历年间，在各地遍设保甲的同时，京城反而置身事外，究其原因，作为政治中心，京师内外，驻扎了大量军队，敌寇难以骤然临城侵扰。为维护京城治安，设有"五城兵马指挥司"，负责"指挥巡捕盗贼，疏理街道沟渠及囚犯、火禁之事。凡京师内外，各划境而分领之"。② 前述各坊铺的总小甲、火夫均由五城兵马指挥司统辖，担负日常巡逻、防火捕盗的职责，对于治安能够有效维持。此外，京师除了里甲体系下的土著户口外，还有大量流寓人口。人口流动性大，保甲实施难度高，"编审人户即在外各州县保甲之法也。按其户口生理明书门牌，户口有定数，生理有常业，或增或减，稽核难逃，而奸自无所容，其法诚尽善也。但都中为五方杂聚之所，流寓多而土著少，居处暂而迁徙频，故门宅如故而主人已非，遑问户口乎！挨门清查，法最难行"。③ 因此，在治安问题尚不显严峻的情况下，统治者并未考虑在北京城内设置保甲。

2. 天启年间保甲制在京城内的实施

万历末年女真人崛起，努尔哈赤建立后金政权，并大举向辽东进攻。为加强京师治安、防卫，一些大臣提议在京城设保甲制，如"山东道御史沈珣言：虏势已迫京，定宜严乞护九门，练营卒，立保甲，防草场，广招募，修器械，而通州粮饷咽喉议遣大臣一员以备应援昌平"。④ 又如"吏科右给事中姚宗文题……城以内，宜敕五城九门监察御史严行保甲之法，法行自贵，虽勋戚珰侍之家亦须挨次排编，以听觉察"。⑤ 但这两份奏疏均被

---

① （明）沈榜：《宛署杂记》卷5，中国书店出版社，2002。
② 《明史》卷74《职官三》。
③ 《兵部题行"吏科抄出总理巡捕太监马云程题"稿》（崇祯十一年九月二十九日），《明清史料》辛编第5册，中华书局，1985，第403~404页。
④ 《明神宗实录》卷580，万历四十七年三月庚子。
⑤ 《明神宗实录》卷585，万历四十七年八月甲寅。

"留中",并未引起朝廷重视。

明熹宗登基之后,辽东局势更显危急,明军接连败绩,沈阳、辽阳等重镇先后沦陷,后金军队渡过辽河,攻克广宁,数十万残败明军和当地百姓溃逃入山海关,京畿局势亦随之骤然紧张。其时,大批败军难民流落于京城内外,人心惶惶,流言四起,治安形势急剧恶化。鉴于此,在京城推行保甲制也瞬间成为大多数官员的共识。按照《明实录》记载,仅天启元年三月,即有多位大臣提出此议:"兵部尚书崔景荣等奉旨会议……一议固根本,言讹语流传,人心易动,宜令五城御史督率兵马编行保甲,使互相查诘,且可擒缉寇盗。得旨着实举行";①"兵科都给事中蔡思充疏言……五城御史编行保甲,籍其壮丁稽其奸细,一切游僧野道尽数驱逐,仍令各城招募骁勇之士,给饷听用";②"大学士刘一燝等言……刑部尚书黄克缵夙谙守城之法,五城编行保甲,讥防奸细"。③京城内自此开始实施保甲制。

次月,左都御史张问达具体规定了保甲制的实施方式。"左都御史张问达言,京师根本重地,五方杂处,奸宄易生。况辽左多事,尤宜立保甲之法严加整饬,相应札行各城御史严督各兵马司逐户编集,十家一甲,十甲二保,互相稽查。凡一家之中名姓何人、原籍何处、作何生理、有无父子兄弟、曾否寄寓亲朋开载明白,具造花名清册呈报。仍各躬亲巡历地方,不时点闸,或有商贾来往不尝[常],即于往来之期消添名姓,每立期限投递不违甘结。间有形影面生可疑等人,即时严讯根由,直穷下落,务期稽察严明,地方清肃,庶使畿甸之内得保无虞。"与畿辅边境地区以往推行保甲制重在增强防御力量不同的是,京城内设立保甲制首要目的在于加强户口管控和打击不法人员,稳定治安形势。此外,保甲制亦由五城兵马司指挥统辖,和以往的坊铺制相结合,"内开中城兵马司所属地方九坊五十三铺,共计人户二万五千四百四十名,甲长二千五百四十四名;东城所属一百七十三铺,共计人户三万六千八十名,甲长三千六百零八名;南城所属一百三十五铺,共计人户四万三千三百名,甲长四千三百三十名;西城所属一百零一铺,共计人户三万七千六百四十名,甲长三千七百

---

① 《明熹宗实录》卷8,天启元年三月乙丑。
② 《明熹宗实录》卷8,天启元年三月丁卯。
③ 《明熹宗实录》卷8,天启元年三月戊辰。

六十四名；北城所属在城六十三铺，共计人户八千七百三十名，甲长八百七十三名报闻。仍着该城严加稽察，毋致疏懈"。①

天启二年正月，"上命各衙门作速议行，殿工暂停，保甲法著五城御史严行稽查，毋致容隐"。②京城五方杂处，勋贵、官僚、富豪、吏役聚居，这些人无疑是保甲制实施的一大障碍。天启初年，即有朝臣提议对各衙门吏役强化管控。"御史董羽宸言：在京官房起于各衙门，在京人役偶寓不已，私相授受，有顶首，有租赁，纷纷盘踞。况保甲法行，方搜剔于宫观，而官署为穴作奸犯科，保伍不察，兵番不问，水火盗贼又其小耳。宜严查各官房，有不系在官及应得拨给者尽行驱逐。命一体申饬。"③当年四月，担任都察院右佥都御史协理京营戎政的余懋衡上疏朝廷，提出："欲缉奸细，无如保甲，都察院宜行五城御史，速督兵马司坊官，于都重二城内，挨街挨巷挨门，以二十家为一甲，十甲为一保，编成保甲籍，一样二本，一藏巡视衙门，一藏该司坊。此坊末保与彼坊首保接；此城末保与彼城首保接。不分戚□勋爵、京官、内外乡绅举贡生员、土著流寓商贾家下男下［丁］，但十六岁以上，尽数书名，并书生理，左右邻居互相觉察。遇有踪迹可疑之人，邻告于甲，告于保，即时盘诘，不许容瞒。其寺观庵堂及水户家，尤奸宄出没之所，严率兵番倍加体访，但得奴贼真奸细一名，研审的确，赏银四十两，其银望皇上准于该城房号银内支给，题明开销。"④乙见，保甲规程越发趋向严密，力图将京城官民全数纳入保甲制中。

从《明实录》等史料中不难发现，天启年间京城保甲法屡为朝臣议及。天启三年，礼科左给事中魏大中言："……臣以为近来四郊多垒，法纪陵夷，夹道填衢，五方庞杂，营军禁旅雇请替身，地广人稠，易为奸薮。其自正阳门以南与坛宫之侧，宜令该城以保甲之法编为籍，甲十家，家几人，冬至以前无寓人于其室。……上然之。"⑤另，户科给事中朱钦相上疏言："……京师金瓯铁壁，万无足虑，所可虑者年来法纪陵夷，人心

---

① 本段引文见《明熹宗实录》卷9，天启元年四月丁亥。
② 《明熹宗实录》卷18，天启二年正月乙丑。
③ 《明熹宗实录》卷14，天启元年九月癸丑。
④ 《防守蓟镇京师疏》，《皇明经世文编》卷472《余太宰疏稿》。
⑤ 《明熹宗实录》卷40，天启三年闰十月戊戌。

蠢动，恐一有警报，穷民把棍，悍卒骄兵便相煽为乱耳。宜敕令五城御史申明保甲，于各胡衕巷口置立木栅，蚤晚启闭，即择本巷中殷实良民及仕宦之寓居者共为守望，互相讥察。"① 天启五年，"御史余城巡城事竣条陈七事……一核保甲之实。五城有房人家大半青衿、武弁、豪右、贵族，一闻挂名保甲，抵死不肯承应，若断在必行，惟祈圣明申饬……得旨：嘉其有裨城务，宜着实举行"。② 天启六年，"顺天府尹沈演疏陈绸缪三辅十事……一、申严保甲以稽查奸细为第一义，面生可疑、踪迹诡秘，即行根究，一家不举，十家连坐如尝［常］法。但要着实举行，无疏无扰"。③ 这些提议除了一再强调要通过保甲制加强户口管控、检举不法行为之外，还呼吁将勋贵、官僚等户口纳入保甲体系并责成其担负检举不法行为与防御守望的职责，这也从侧面反映出，这一时期保甲法尽管在京城长期施行，但举步维艰，成效有限，勋贵、官僚等阶层的消极应对和持续抵制显然是其成效受限的重要原因。

3. 崇祯年间约保制在京城的实行

崇祯年间清军五次入关，席卷直鲁，兵临北京城下，如入无人之境。雪上加霜的是，华北各地旱灾、蝗灾、瘟疫一起来袭，官府疏于赈灾而急于科敛，导致民变蜂起。在清军和义军的双重打击下，明王朝可谓沉疴已极，摇摇欲坠。而明思宗和少数大臣则殚精竭虑于重整河山，恢复统治秩序。在这一时代背景下，刘宗周于崇祯年间两度在京师推行融合乡约的保甲制，也称约保制。

（1）崇祯初年京师约保制的推行

崇祯二年十一月，刑部尚书乔允升上疏，提请："五城御史及马兵司官编立保甲，保长、巡逻营将官军务分信地，往来缉捕，但有乘机抢夺，如放火偷盗之类，即以军法从事。"④ 次年二月，顺天府尹刘宗周上陈地方善后事宜，其中提议通行保甲法："夫保甲之法未有不行于平日，而可骤得其效者。谓宜饬所在地方官于前日所已行者再加申饬，要于可久。使十家为甲，十甲为保，十保为乡，乡择贤者一人为长，以约束其众，朔望读

---

① 《明熹宗实录》卷41，天启三年十一月己卯。
② 《明熹宗实录》卷60，天启五年六月戊寅。
③ 《明熹宗实录》卷68，天启六年二月乙卯。
④ 《明实录附录·崇祯长编》卷28，崇祯二年十一月戊子。

法，诵高皇帝大训，修孝弟忠信之教。一切讹访赇盗不得相容，犯者连坐。行之既久，化行俗美，国家有道之长恒必由之，即一时有徼而奸细盗贼固可按籍问已。"明思宗"以此奏俱属要务，命所司亟议行"。① 四月，刘宗周再度上疏请求实行保甲法，他说："方今自京师至三辅所在戒严，通天下郡县皆有风鹤之警，征兵括饷殆无虚日，生民之不得其所者十家而九，有司又不知所以抚循之势，必尽驱而为盗。于斯时也诚使保甲一行，则臣前疏所为流亡之招抚，道路之清除，民兵之训练，纪纲之饬，法度之修，与夫吏治之循良皆可次第得之。臣谨仿先儒（即王守仁——引者注）遗意，辑为保甲事宜，且冠以高皇帝教民榜文十条皆有合于保甲之意者总为一编，名《保民训要》，以志我皇上怀保之德，祈天语特加申饬，自五城御史以至州县有司各务着实遵行。"②获朝廷批准，保甲法即于顺天府属各州县全面推行。

刘宗周的保甲法分为"保甲之籍""保甲之政""保甲之教""保甲之礼""保甲之养""保甲之备"及"保甲之禁"几大部分，内容具体细致，别具特色。③

所谓"保甲之籍"，就是建立严格的户口管理和保甲层级，将民众无论"土著"抑或"流寓"悉数纳入保甲体系中，查明职业，对于"妖道""游僧""合班梨园""土娼""奸细"厉行取缔，对于"流乞"实施收容遣送。规定"十户为甲，甲有长。各户互相亲识，以听命于甲长"，"十甲为保，保有长。各甲互相亲识，以听命于保长"，"十保为乡，乡有长。各保互相亲识，以听命于乡长"，"聚乡为坊，坊有官。各乡互相亲识，以听命于坊官"，"五坊为城，城有司。各坊互相亲识，以听命于司官。五城为畿，畿有天子之守臣与院臣。各城互相亲识，以听命于守臣、院臣。城外为郊，郊外为都鄙，各有长。各长递相亲识，分隶于国中之亲长，听命于州、县官，从而在京城内构建了"城—坊—乡—保—甲"五层级的保甲防御体系，由"司官—坊官—乡长—保长—甲长"层层统辖。

"保甲之政"，包括保甲组织的职责和保甲头目的任免。保甲的职责为

---

① 《明实录附录·崇祯长编》卷31，崇祯三年二月己巳。
② 《明实录附录·崇祯长编》卷33，崇祯三年四月庚戌。
③ 本部分引文皆出自（明）刘宗周《保民训要》，《刘宗周文集》第4册，浙江古籍出版社，2007，第371-385页。

"火烛相戒""盗贼相御""忧患相恤""喜庆相贺""德业相劝"与"过恶相规","凡一户有事,九户趋之;一甲有事,九甲趋之;一保有事,九保趋之;一乡有事,各乡趋之。小事听乡长处分,大事闻于官。匿不以闻者,罪坐其长废之。若因而生事,取户甲一钱者,即以赃论"。关于保甲头目的任免,规定"能举一甲之政者,署为甲长。其不能者,保长闻于乡而废之",其他各级保甲头目的任免亦依此类推。

"保甲之教"与"保甲之礼"指的是刘宗周的保甲法融入了大量乡约教化内容,将保甲制打击和防范不法行为的固有功能与乡约制的教化功能合二为一,相辅相成,达到一举两得的目的。刘宗周规定保甲头目须负责宣讲和传达明太祖"孝顺父母,尊敬长上,和睦乡里,教训子孙,各安生理,毋作非为"的"圣谕六条","每日各甲一申饬","每旬日各保一申饬","每朔望日各乡会司府一申饬",均"简其不肖者教之"。

"乡"这一层级在乡约的推行中至关重要。"每乡立乡约所于便处,悬《圣谕》其上。逢朔望,约长率保甲各长恭候本府官至,肃拜《圣谕》。四拜礼毕,各行参谒官府,西向坐乡长,正途士出身者东向坐,以下皆拱立,听开讲。讲毕,乡长仍报一乡善恶事迹。礼毕而散。""凡乡,用木铎于道路徇于道路,口宣六义,以火夫司之,或残疾失养之人代之。凡乡,旌善有录,记过有录,月朔会于众而宣之。凡乡,终岁无讼者,旌其乡曰'仁里',乡长记录;早完官税者,旌其乡曰'义里',乡长记录。凡乡,立乡学,举乡师教其弟子《诗》、《书》、礼、乐、射、御、书、数,达于成德。"此外,对于扬善抑恶、乡饮礼的推行、民众的行为规范等,均做了规定。

"保甲之养",规定了保甲在防灾赈灾中的职责。"每甲推一二户,预蓄杂粮一年、煤刍一年。遇歉,则以时价分卖于本甲。每保推一二户,预蓄杂粮二年、煤刍二年。遇歉,则以时价分卖于本保。每乡推一二户,预蓄杂粮三年、煤刍三年。遇歉,则以时价分卖于本乡。每坊司以赎锾买米积煤,至冬月,米给粥厂济贫,煤以备不时之需。""凡鳏、寡、孤、独及有残疾不能自养者,乡长报名入养济院。"

以往京师所行保甲法并不涉及武装动员,与之不同的是,刘宗周十分重视保甲武装。他提出的"保甲之备",是指保甲组织在器械、物资和人员上的配备,以便有效应对盗匪等紧急情况。在器械物资方面,"每户备兵器一件、木棍一条，贫者止备木棍。每甲备锣一面，每保备牛三只、骡三头，每乡备马四匹、弓矢二十副（京城内不必备牛，各州县亦然。驴随用。随户所有，不足者补备）"。在人员方面，"每甲选健丁三名，每保选艺士二名，每乡选韬略士一名。凡地方有警，每甲养健丁三名，日口粮三分；每保养艺士二名，粮倍之；每乡养韬略士一名，粮又倍之。递相部署，受命于司城以居守。器械、马匹，惟其所用。事已复初。各村里，仍听自相团练"。刘宗周还特别强调保甲的夜巡职责，"每乡遇夜，轮一火夫鸣锣直［值］更，口宣火烛六义以为常"。

此外须指出，"保甲之礼"中有关乡射礼的规定，蕴含全民武备的寓意，"每月朔望，士习射于学宫，齐民习射于别圃，庶人在官者习射于公署。皆令能者教不能，而官与长提督之，如乡社礼，赏罚行焉。郊外则行以农隙"。同时，亦是将保甲训练与传统礼仪结合起来。

"保甲之禁"，指的是保甲组织需要严加取缔的各种不法行为，既有属于传统保甲固有的"不许容留面生""不许窝藏赌盗"等，也有属于乡约教化范畴的"不许停丧娶妻""不许同姓为婚""不许教唆词讼"等，"凡一户犯禁，九户举之。一甲容奸，九甲举之。一保容奸，九保举之。一乡容奸，各乡举之。司坊容奸，上官举之"，保甲组织负有内部互相监督之责。

刘宗周保甲法的最大特色是将保甲与乡约紧密结合起来，规定细致。史载，此次刘宗周"严行保甲之法，人心稍安"，取得一定成效。但次年其离任后，约保制随之荒废。其再度实施是在十余年后，而实施者仍然是刘宗周。

（2）崇祯末年京师约保制的再度实施

崇祯十五年十一月十一日，升任左都御史的刘宗周上疏，提请："群京师之众，五方杂处之民，尽收之相保之中……先行所属，并通行直省各地方一体遵依。"明思宗御批："至讲明乡约、保甲，尤得安民要领，并一应禁奸除恶等事，通着严加申饬，殚力举行。"① 朝廷即下旨命令京师五城御史并真（定）、顺（天）、山东、河南各巡按御史督令所辖州县严行保甲

---

① （明）刘宗周：《申明巡城执掌以肃风纪以建治化疏》，《刘宗周文集》第3册，第192~194页。

法:"虏蹢内地,诘奸保甲最属弭患首图,着城捕及府县各官恪遵屡旨,严惩力行。但不许纵容奸棍乘机索扰,违者立以军法捆打治罪。有能首奸细得实的,与斩壮级同赏,藏匿者与奸细同罪,保甲容隐不举并行连坐。"① 保甲法在京师以及华北各地广泛推行。

此次刘宗周在京城推行的保甲制,仍旧"将乡约、保甲二事通为一事",就其职能来看,其实质可谓通过乡约的载体形式,在向民众宣扬礼教的同时,贯彻保甲制。条规中除了定期举行仪式、宣扬教化、扬善惩恶等乡约固有内容外,对保甲制的实施做了细致规定,较多地沿用崇祯初年京师约保制的内容,但也有不少变化调整。在"约制"方面,规定"一家定户,十家为甲,甲有长;十甲为保,保有长,皆以才充。十保为乡,乡有约正,特以德充,或以爵、以齿;有约副,兼以才充。合乡为坊,坊有官;合坊为城,城有城御史。城御史治其坊,坊治其乡,乡治其保,保治其甲,甲治其户。户有户籍,登其民数,而递总于官。凡寺观另编为甲,而同统于保。其小庵刹,即联入四民中"。② 刘宗周承接并完善了崇祯初年实行的"城—坊—乡—保—甲"五层级的防御体系,以"城御史—坊长—乡约正、副—保长—甲长"层层统辖,而在"乡"一级突出乡约的固有职能,以约正、约副取代原来的乡长。约正、约副等人除乡约职责外,在保甲体系中亦有其相应职责,强调失职连坐的法律后果,"一户有事,一甲举之;一甲有事,一保举之;一保有事,一乡举之;一乡有事,坊官举之;一坊有事,城御史举之。匿而不举,及举不以实者,罚其纵恶者连坐"。

明末各地武装反抗力量风起云涌,故此次刘宗周的保甲法,特别强调保甲的职责除查举不法行为外,以抵御盗匪之责为重,"一户有警,一甲群起救;一甲有警,一保群起救;一保有警,一乡群起救;一乡有警,官司群起救。至通城有警,则甲守其甲,保守其保,乡守其乡,各坐信地以听命于官。夜行无出乡,出乡者各以盗贼论。其讹言者,以军法论"。此外,刘宗周还进一步完善日常巡查机制,"另木铎一事,以老而贫乏者掌之。月行三巡,本乡各施以钱一文。每胡同口有栅,栅有守,轮以甲长二

---

① 《兵部题行"诘奸保甲最属弭患首图"稿》(崇祯十五年十一月十三日),《明清史料》乙编第5册,第432页。
② (明)刘宗周:《遵奉明旨书》,《刘宗周文集》第3册,第195~198页。

人。每夜有更夫五人,充以乞者"。朝廷对于此份乡约保甲规条颇为重视,"这所奏乡约、保甲事宜,有裨风纪,兼资防御,着严饬城坊官设诚举行"。

崇祯十五年冬,李邦华取代刘宗周担任左都御史,鉴于"京师五方杂处,奸盗丛滋,迁徙无定,踪迹诡秘,保甲尤不得不严",继续推行刘宗周的约保制,强调保甲的治安维护功能:"前宪臣奏行有式,居尝则察面生,禁夜聚,出问其归,止问其来,令奸无所容。有警则勤号召,备干楣,救火勿抢,追贼勿缓,令盗不得逸,凡此皆保甲事也。"李邦华对约保制长官的选任方式做了更为详细的规定:"必先择公直无私者为约正、才能通达者为约副,隆以礼貌,重以事权,则一约几保,谁堪保长,属约正副举之;一保几甲,谁堪甲长,属保长举之,上下相维,如臂使指。"①"欲保甲得人必目乡约,始日者皇上谕臣等举行乡约,此不徒为醇美风俗之首务,亦即为讦奸消究之良图。臣已传五城御史先以全副精神访择高年有德、众所共推者为约正,然后令约正择保长,保长择甲长,彼同井而居,以类相求言不失实,或举非其人,罪必连坐。"②

随着农民起义军逼近京师,局势日益严峻,保甲制也越发周密严格,"每甲所统多不过十余户,户内丁口面面相识,每五日一报保长有无新增,有则必究所由来,核其作何生业。倘倏来倏去踪迹不定,即报保长、约正审实闻官,勿纵其逃逸。僧寺道院一体施行。如保甲互为容隐,偶被捕获,居停之家及保甲一同论罪,如此则奸细无从容矣"。此外,为防范打击夜间不法行为,李邦华特别规定保甲的夜巡职责:"防奸不在昼而在夜,此后保甲督率同甲之人分班夜巡,梆铃无间,至于深巷僻径尤宜严加密察。一切栅栏蚤闭晏启,不如约者加等治罪。"此时距离京师为大顺军攻破已不足年余,这一次推行保甲,也可谓明代保甲制在京城的绝唱。

二 留都南京的保甲实施

1. 南京畿辅地区保甲制的推行

南京应天府部分地区在嘉靖年间即设立保甲制。嘉靖十八年南京兵部

---

① (明)李邦华:《李忠肃先生集》卷6《巡城约议疏》。
② (明)李邦华:《李忠肃先生集》卷6《遵行保甲疏》。下一段引文亦出自此处。

尚书湛若水条陈留守南京十事，其中有两条与保甲相关：一是"急无告以弘惠泽。谓鳏寡孤独责令保甲轮养，如或养赡不及，收入养济院照例处给，无令沮抑侵渔"；二是"编保甲以□人情。谓南京地旷且远，宜制保甲之法以便讥察，各随街巷，不论多少，仍令里中自为乡会，务成雍睦之俗"。① 其所撰的《圣训约》，对于当时南京所推行的保甲制的具体形制与职能描述如下：

> 照得往年总督两广新建伯王阳明公立保甲法，予在南京参赞亦尝行之，皆仿朱文公之意，或十家（二十五家）为一甲，甲内互相保察，互相亲睦，务相勉为善，不许为非。甲内一人为非，九家（二十四家）举呈乡正，闻官究治。若九家（二十四家）不呈，则罪必连坐。若小有言语，则同甲之人互相和解，不复斗讼，则风俗亦由之而淳厚矣。予南京参赞奏编保甲以联人情一节有云：每二十五家编为一甲，共立粉牌一面，备书二十五家姓名、户籍、丁口及某为士、某为农、某为工、某为商。其牌轮流收管。收牌之人，每日询访二十四家出入动静。如某家行某事善，则率二十四家共赞成之；某家行某事不善，则率二十四家共阻止之；或懒惰不务生理，及因争田地相攘闹斗讼，则率二十四家共解释之，不听则必继之以泣，务致欢乐如初可也。凡二十五家，出入相友，守望相助，疾病相扶持，二十五家之人，宛如一家父子兄弟之爱，则百姓睦矣。其有肆为不善、游手好闲者及赌博者，与夫不务同心联属者，二十四家故纵不肯即时举正者，乡正呈官连坐责罚之。②

由史料来看，湛若水在南京实施的保甲法借鉴了此前王守仁的做法，而最大的不同则在于湛若水将每甲所辖人户定为 25 户，而非一般通行的第 10 家为 1 甲。然而，鉴于明代保甲制有极强应时性的特点，湛若水的保甲法并未得到长期有效的实施。

嘉靖中后期，南直隶倭患侵扰极其严重，保甲法再度受到重视。嘉靖

---

① 《明世宗实录》卷231，嘉靖十八年十一月己亥。
② （明）湛若水：《圣训约·行保甲》，李龙潜等点校《明清广东稀见笔记七种》，广东人民出版社，2010，第301页。

二十九年出任应天府六合知县的董邦政，鉴于盗匪猖獗，厉行保甲。"保甲之设亦古人守望相助之意，屡经操巡两院出巡明示，但有司不肯奉行耳。此法一行，真可息寇。六合小邑在京卫所屯田三十有六，民寡军多，往者保甲之法不立，水陆之寇多匿军屯，本职近者力行之。一月之间得强窃盗拐带四十余人，地方以宁，此其明效也。"① 其后，"卷查嘉靖三十三年六月初二日奉本部送准兵部咨为恳乞天恩督责将官恪守地方剿灭倭夷以安民生事，该兵部具题……除近海郡县无城池者急图筑凿，不可一日缓。至于大小村镇，省令民间修堡寨、掘坑堑，团练保甲，择有身家智力者二三人为领袖，先行给与冠带，以为激劝。家自为兵，协力拒守，有功之日一例升赏等因题，奉钦依咨部钦遵查照施行。嘉靖三十四年五月二十五日该本部查奉前例，委官会同巡城御史提调南京五城兵马及行应天府坐委上、江二县掌印官，备将京城罗城之外关厢居民查编保甲，择其才能服众者立为乡长，给与冠带，使之管领，置备器械、旗鼓、铳炮，演习武艺，团练防御。一遇有警，同赴要害地方设法守把，并力截杀。"② 可见，当时南京畿辅地区业已实施保甲法。

2. 南京城内保甲制的实施——以《留台城约》为核心

与北京城类似，直到万历中期，南京城内并未普遍持续地推行保甲制，这一点可由万历三十四年前后南京御史孙居相的《地方火灾疏》中提到国子监一带"原无十家牌甲"，而防火救火仅依靠总甲、火夫等人可以看出。③

根据史料，南京城内开始普遍而持续地推行保甲制，应当在万历后期至天启初年。《留台城约》是反映晚明南京城内保甲制施行的核心史料。④《留台城约》中的"保约"部分共9条，其中4条为保甲，其余为乡约，乡约保甲各有系统，并无直接联系，这一点与刘宗周在京师所行的乡约保甲法不同。

尽管保甲条规仅有四条，但内容完整、系统严密。在保甲体系方面，

---

① 《六合县志》卷7《江防议》，明嘉靖刻本。
② （明）张时彻：《芝园集·别集·奏议》卷5《修筑墩堡以便防御疏》。
③ （明）孙居相：《地方火灾疏》，《皇明留台奏议》卷9《时政类》。
④ 《南京都察院志》卷20《职掌》13《留台城约》。《南京都察院志》始编纂于天启元年，至天启三年成书。由此，笔者推断南京城内保甲制始于万历晚期至天启初年。

每10家为1甲,"每十家置甲牌一面,牌开十户,每户男子几丁,某某若干岁,所务何项生理,妇女几口,俱要备细开载",设甲长一人,"就十家中公举行止端正者充为甲长,其牌即悬挂甲长之门,以便稽查。""十甲为保,就十甲中公举行止最端正,更饶胆智者二名为保正、副,置保牌一面,以千字文号序编,从城达乡,勿致遗漏。牌内书本保十甲长姓名,悬挂保正、副之门,以便稽查。""保正、副责任最重,必为百家推服者方可充当,给札照吏典例优免,以见委任。"

保甲的职能,与其他地方大体类同,一为强化户口管理,查举内部不法行为,"如十家中有出外者,即要开报到某处,作何生理,回日仍报某人回讫。其亲戚有来住宿者,即报某亲为某事于某日到留宿,去日仍报某日去讫,有不赴报者即系为非作歹,甲长即时报官,以凭拿究。其有容留来历不明之人者,甲长及左右邻更须盘诘报官,以凭究处,违者一体连坐。如有赌博偷窃与崇尚邪教、夜聚晓散者,同甲即时举首,不得容隐以致连坐"。二是防御外来侵扰或灾患,"如有火盗生发,保长呼甲长,甲长呼十家,不分雨夜,并力救援。有能登时擒获盗贼者,即支房号钱从重奖赏"。

鉴于南京城五方杂处,流寓人口众多,《留台城约》的"保约"特别对流动人口的管控做了规定:"保甲内多有佃房,一门出入,内住多家,或一人赁房,数人同住,及至填牌,止用一人出名。此等去住无常,生理莫辨,中多藏匿奸赌盗拐,事发贻累地方。今后保正副、甲长各查佃房内丁口生理,另立一牌,总甲带同到城验发,为首一名悬挂。本城另造佃房一册者,房主各造店历,遇有新到别迁,务取保正副、甲长、总甲给状到官,方准写入店历听查,如违连究勿贷。"

南京城内原设总甲组织维护治安,承担防火、防盗巡逻等职责,自设立保甲后,保甲法与总甲制并存,保甲长和总甲各司其职,协同维护治安,这一点由上文即可看出。此外"见今各处街巷业已设有栅栏练锁并木梆一具,各城仍同各保甲长务不时查阅,有毁坏者即便动支房号官钱修葺坚固。其栅栏着该铺总甲专司启闭,戌末闭,卯初启",亦反映了这一点。①

---

① 《南京都察院志》卷20《职掌》13《留台城约》。

晚明时人范凤翼曾提议在南北京城推行保甲,针对都城流寓人口往来频繁,保甲难行的论调,他指出:"或曰都城寥廓,五方杂处,非同州县,编甲似难,则两京十三省何尝不编里甲,较若画一乎?里甲人户多有散之四方,里甲易至侵隐;编甲之民萃处一处,鳞次栉比,其呼唤易集,其贫富易知,其奸弊易察。都城虽大,五城以五大州县视之,何事不可做?若五城一体举行而无成效者,吾不信也。"① 而保甲法实施之后,其最大的问题乃是来自勋贵、官僚阶层的抵制。北京如此,南京亦然。天启年间,"南京广东道御史王允成疏陈留都要务……宜严行保甲之法,专责五城御史,有大奸大恶,虽公侯驸马之家径行锁拏"。② 然而在封建等级社会中,权贵阶层以权谋私破坏法制的弊端,本质上而言是难以克服的。在权贵云集的两京地区,尽管官员屡上提议,朝廷屡下饬文,但保甲制实施的效果有限且难以持久,自然就不足为怪了。

作者:薛理禹,上海师范大学人文与传播学院

---

① (明)范凤翼:《编保甲议》,《范勋卿诗文集》文集卷4,崇祯刻本。
② 《明熹宗实录》卷40,天启三年闰十月乙未。

威廉·布拉顿治理纽约城市犯罪：
背景、策略及影响

李 胜

内容提要：在纽约城市发展史上，威廉·布拉顿留下了浓墨重彩的一笔。他在执掌纽约市警局期间（1994~1996），基于"犯罪可预防"的理念，破除重重困境，将"破窗理论"全面运用于整治纽约城市犯罪的实践之中，并大获成功，影响极为深远。

关键词：威廉·布拉顿　纽约市警局　犯罪可预防　破窗理论

从 20 世纪 90 年代中早期开始，纽约市犯罪率经历了史无前例的下降：幅度之大、涉及区域之广、持续时间之长都是超乎寻常的。对于出现这一现象的原因、影响等，美国学者进行了较为充分、翔实的探讨。[1] 纵观国内学

---

[1] 美国学界关于这一问题的研究论述主要有：William Bratton & Peter Knobler, *Turnaround: How America's Top Cop Reversed the Crime Epidemic*, New York: Random House, 1998; Peter K. Manning, "Theorizing Policing: The Drama and Myth of Crime Control in the NYPD", *Theoretical Criminology*, 2001, 08 Vol. 5 (3): 315 – 344; Franklin E. Zimring, *The Great American Crime Decline*, New York: Oxford University Press, 2006; Bernard E. Harcourt & Jens Ludwig, "Broken Windows: New Evidence from New York City and a Five – City Social Experiment", *The University of Chicago Law Review* 73: 271 – 320; Andrea R. Nagy & Joel Podolny, "William Bratton and the NYPD Crime Control through Middle Management Reform", Yale Case 07 – 015Rev. February 12, 2008; Franklin E. Zimring, *The City That Became Safe: New York's Lessons for Urban Crime and Its Control*, New York: Oxford University Press, 2011;〔美〕朱迪·格林：《"零容忍"：对纽约市警务政策与实践的个案研究》，朱宏译，《公安学刊》2009 年第 2 期。

术界，除了部分学者曾提及外，还未得到足够的重视，① 对引领此次犯罪率下降的旗帜性人物——纽约市警察局（New York Police Department，简称 NYPD）局长威廉·布拉顿（William Bratton）的研究更是乏善可陈。2013 年 12 月 5 日，新当选的纽约市长比尔·布拉西奥（Bill de Blasio）宣布布拉顿重返 NYPD 担任局长一职，② 这是自布拉顿 1994 年首次任职 NYPD 局长的 20 年后再次当选。由此可见，作为扭转纽约城市犯罪乾坤的功勋人物，布拉顿仍是当下及未来纽约城市管理不可多得的"能臣"。笔者不揣浅陋，希冀在前人研究成果的基础上，梳理布拉顿首次任职 NYPD 局长（1994～1996）所面临的社会背景、治理城市犯罪的举措及其产生重大影响，并求教于方家。

一　背景分析——1994 年前的布拉顿及纽约

威廉·布拉顿，1947 年出生于马萨诸塞州波士顿市。按照美国人口代际划分，属于"婴儿潮一代"（Baby Boomers，指 1946～1964 年出生的美国人）。受少年时代社会氛围的影响，布拉顿很早便对警察工作产生浓厚兴趣。据他自己介绍，11 岁接触到的一本《你的警察》的儿童读物让他爱不释手，他被书上的警车、直升机、警察的随身设备深深吸引。从那个时候开始，他便立志做一名警察。③ 1965 年波士顿职高毕业后，布拉顿本想直接从警，因未达到波士顿警局（Boston Police Department，简称 BPD）要求的从业年龄，只有先在波士顿州立大学（Boston State College）就读。后因生计所迫，辍学进入一家电话公司工作。

---

① 中国学界相应的探讨主要有林广《1990 年以来纽约犯罪率下降原因初探》，《都市文化与都市生活——上海、纽约都市文化国际学术研讨会论文集》，2008，第 208～216 页；林广：《论经济因素对纽约市犯罪率起伏的影响（1980～2004）》，《求是学刊》2013 年第 1 期；于波：《纽约市犯罪率下降的经济学分析：1990～2005》，上海师范大学硕士学位论文，2007；宋会敏：《从"犯罪之都"到"安全城市"——20 世纪 90 年代纽约市犯罪率下降原因探析》，华东师范大学硕士学位论文，2010。

② Tina Susman and Joe Serna, "Former LAPD Chief William Bratton returns to NYPD Commissioner Post", *Los Angeles Times*, December 5, 2013. Available at: http://www.latimes.com/local/lanow/la - me - ln - william - bratton - nypd - commissioner - 20131205, 0, 1925859. story#ixzz2nXiVfp4o, on line: 2013/12/15.

③ William Bratton & Peter Knobler, *Turnaround: How America's Top Cop Reversed the Crime Epidemic*, pp. 13 - 14.

与其他出生于"婴儿潮一代"的人一样，布拉顿也难免受越战的影响：1966 年参军，但不属于战斗序列。退役之后，通过警局的招录考试于 1970 年正式加入 BPD。从 1970 年到 1980 年，布拉顿从最基层的警员做到副局长。[1] 其间，受益于警局鼓励警员上大学的项目，再次进入波士顿州立大学进修。大学的经历对其后来从事警务活动的影响颇深，他曾无不自豪地说："大学的经历教会了我从不同的角度看问题，这些都是我同辈警察不曾有的，进大学对警察好处多多！"[2] 正因如此，布拉顿很容易接受警务新思维。早在"破窗理论"正式提出之前，布拉顿在波士顿警局已经有这一新的警务理念的意识，并将其付诸实践。他在波士顿承担了一个名叫"芬威"的社区警务（Community Policing）项目，并大获成功。[3] 作为新一代警察的代表，布拉顿与警局保守派稍显格格不入。1980 年，因与局长琼·乔丹（Joe Jordan）产生一些嫌隙，最终选择离开波士顿警局。此后，他先后在马萨诸塞州海湾交通警局及该州大都市区警局担任要职，任职期间成绩斐然。

在波士顿的成功使布拉顿小有名气，这也助长了其要到更大都市、更大警局任职的雄心。1990 年，受邀加入纽约市交通警局并崭露头角。1992 年，离开纽约回归 BPD 担任局长一职。次年 11 月，朱利安尼以"打击犯罪、恢复秩序、振兴经济、提高生活质量"为竞选口号，获得多数选民的支持，当选新任纽约市长。朱氏特别强调"发挥警务部门在降低犯罪和改善城市生活质量方面的重要作用"，[4] 对 NYPD 局长一职的人选也极为看重。通过综合权衡，他最终敲定由早已声名远扬的布拉顿出任。出于对"破窗理论"共同服膺等因素的考量，布拉顿欣然接受邀请，并于 1994 年正式入职。

对布拉顿来讲，任职 NYPD 既是机遇又是挑战。一方面，作为全美乃至于全球最负盛名的大都市，纽约为布拉顿提供了一个施展才能的大舞

---

[1] Samantha Masunaga & Ashley Griffin, Meet William Bratton, "Former Top Cop in LA and New York, Now Oakland's Security Advisor", *Oakland North*, February 20, 2013. Available at: https://oaklandnorth.net/2013/02/20/meet-william-bratton-former-top-cop-in-la-and-new-york-now-oaklands-security-advisor/, Online: 2013/11/21.

[2] William Bratton & Peter Knobler, *Turnaround: How America's Top Cop Reversed the Crime Epidemic*, p. 49.

[3] Ibid., pp. 87 – 102.

[4] 王瑞平：《当代纽约警察——机制·策略·经验》，中国人民公安大学出版社，2009，第 10 页。

台；另一方面，挑战不容小觑：这一时期，城市犯罪的狂飙态势、民众的恐惧情绪、警员的低落士气等正严重困扰着纽约。具体表现如下。

（1）犯罪率高升令纽约形象不堪。简·雅各布斯指出，现在的城市问题很容易为犯罪提供条件，似乎城市成了专为犯罪定制的场所。① 对于城市犯罪率高升的原因，有学者分析道：城市人口过多，竞争过度，失业现象严重，生活压力过重，造成城市人口心理失衡，性格变态，群体意识淡漠，社会责任感降低；整个城市社会发育不健全、不健康，人际关系冷淡，道德感下降，犯罪率上升。② 犯罪成为所有城市形象的标签，具有一定的世界性。正如约瑟夫·奈所言，美国的许多国内问题在其他后现代社会也同样存在，这无损美国的软实力。③ 但这一时期纽约犯罪率之高远远超出全国平均水平。以七宗重罪（杀人、强奸、抢劫、人身伤害、入室盗窃等）的杀人率来看，纽约是全国平均水平的2~6倍（见图1）。仅该市唐人街，1990年每10万人中就有29人被杀。④ 另据统计，1993年，纽约市七宗重罪案件高达436520件。⑤ 总之，1994年之前纽约的治安状况十分恶劣，沦为犯罪分子的天堂，被称为"腐烂的大苹果"。纽约从人们眼中的"世界之都"一步步向"犯罪之都"滑落。

（2）市民恐惧感陡增，引发逃离现象。秩序，是任何社会都必需的公共产品。而在1990年代之前的纽约，秩序似乎成为这个城市的稀缺品。20世纪60年代，美国警察进入新时代——职业化时期。然而，具有讽刺意味的是，各大城市普遍降低警方的"可视度"，警察几乎在街道上消失。⑥ 也就是从那时起，时代广场被妓院、贩卖伪劣产品的小店充斥，成了妓女、小偷、强盗、毒贩等犯罪分子和色情生意的乐园，很多市民不敢晚上搭乘

---

① 〔美〕简·雅各布斯：《美国大城市的死与生》，金衡山译，译林出版社，2006，第27页。
② 孙天胜：《论城市问题与人类的诗意栖居》，《中国名城》2011年第6期。
③ 〔美〕约瑟夫·奈：《软实力》，马娟娟译，中信出版社，2013，第77页。
④ Franklin E. Zimring, *The City That Became Safe: New York's Lessons for Urban Crime and Its Control*, p. 53.
⑤ Jack Maple & Chris Mitchell, *The Crime Fighter: Putting the Bad Guys Out of Business*, New York: Crown Publishing Group, 2000, p. 67. 转引自王瑞平《当代纽约警察——机制·策略·经验》，第8页。
⑥ William J. Bratton, "Crime is Down in New York City: Blame the Police", in Norman Dennis eds., *Zero Tolerance: Policing a Free Society*, London: The IEA Health and Welfare Unit, 1998, p. 30.

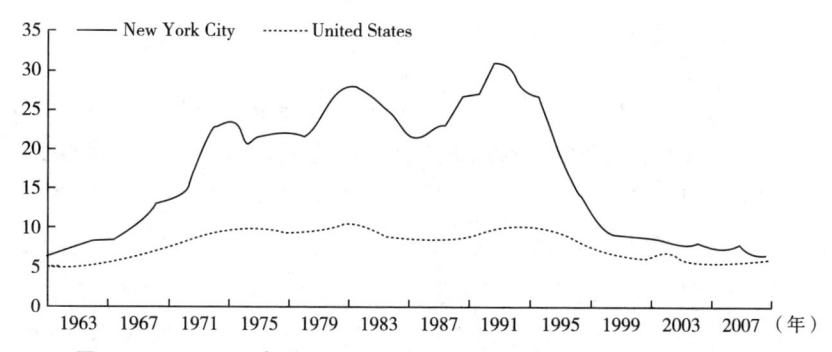

图1　1961~2008年美国和纽约市杀人率（Homicide Rate）示意图

资料来源：Franklin E. Zimring, *The City That Became Safe: New York's Lessons for Urban Crime and Its Control*, p. 161。

地铁。[①]整个公共空间弥漫着一种无序的气息，警察对此漠不关心，也无能为力。恶劣的社会治安环境给纽约市民的社会生活带来许多负面影响，其中最严重的就是引发人们的焦虑。迫不得已，部分市民选择了逃离，但绝大多数民众仍渴望留下来，过有品质的生活，希望政府能有所作为。

（3）警员士气低落无力治理犯罪。作为品质生活最有力保障的警务部门，在这一时期却士气低落、丑闻不断。关于警员士气低落的问题，我们从20世纪七八十年代警员对NYPD的普遍认知便可略知一二。

> 在警局的最高层，NYPD的主要目标不是降低犯罪，而是避免招致媒体、政客以及公众的批评。正如一位警局官员所讲，"从来没有哪位长官因为犯罪率增长而离职。你离职，那是因为遭到了来自不喜欢你的团体或媒体的激烈批评，抑或是因为腐败"。
>
> 离总部越远，一街警员对另一街警员的信任度越低。排斥是法则。创新尤其不受鼓励。一名长官曾对其警员们说："在我这个部门，有300名潜在的刺客。"
>
> 警官们认为警局从来不曾支持过他们，尽管他们的行动得到了授权。
>
> 警局存在的目的是保护自身的良好名声（及其高层长官的职业），

[①] Franklin E. Zimring, *The City That Became Safe: New York's Lessons for Urban Crime and Its Control*, pp. 180-181.

而非实现打击犯罪的目标。①

关于警局腐败问题,有学者研究指出,纽约市警察局自1844年成立起,差不多每20年就爆发一次大的丑闻。每当丑闻出现,相应的调查委员会就会成立。从1890年代始,共有6个调查委员会。尽管如此,NYPD内部的贪腐行为始终无法根除。② 在布拉顿就职前夕,莫伦委员会正在针对纽约警局的腐败问题展开调查。③ 此外,警局内部的种族歧视问题依然严峻。1989年,纽约市的西班牙裔警察就职衔提升时的歧视现象向当地法院提起控诉。④ 诸如此类的问题造成NYPD内部不团结、不信任、不作为,严重影响了警员打击犯罪的士气。

此外,警员们所用设备陈旧、警局财政紧张等也极大地限制了NYPD的发展。对布拉顿来讲,执掌NYPD可谓困难重重。

二 策略分析——警务理念与实践

布拉顿执掌纽约市警局后,结合其先前在波士顿警局、纽约市交通警局等多个部门的实践经验,针对纽约市及NYPD面临的一系列问题进行了改革,构建出一套新的NYPD文化和组织模式。在笔者看来,其变革的核心理念和举措如下。

(1)推崇预防重于治理的理念。1994年之前,NYPD的首要关注点不在犯罪的预防上,其精力更多放在如何对已经发生的犯罪做出快速反应。⑤ 布拉顿对此不以为然,他深信犯罪是由多种因素造成的,贫困、经济发展、种族问题,甚至天气的变化都会引发犯罪。小的行为不端就可能招致

---

① William Bratton and Peter Knobler, *Turnaround: How America's Top Cop Reversed the Crime Epidemic*, pp. 215 – 216.
② Andrea R. Nagy & Joel Podolny, "William Bratton and the NYPD Crime Control through Middle Management Reform", Yale Case 07 – 015Rev. February 12, 2008, p. 2.
③ William Bratton & Peter Knobler, *Turnaround: How America's Top Cop Reversed the Crime Epidemic*, p. 191.
④ 〔美〕弗雷达·阿德勒、杰哈德·穆勒、威廉·拉斐尔:《遏制犯罪:当代美国的犯罪问题及犯罪学研究》,廖斌等译,中国民主法制出版社,2006,第301页。
⑤ Eli B. Silverman, "Crime in New York: A Success Story", *Public Perspective*, June/July 1997, p. 3.

严重的暴力犯罪。要想从根本上把治安"搞好",就要从扫除小奸小恶入手,大力整顿公共秩序。很明显,詹姆斯·威尔森和乔治·柯灵提出的"破窗理论"(Broken Windows)与他的初衷不谋而合。该理论主张:

> 社区的无序——酗酒、乞讨、青年帮派、卖淫嫖娼及其他城市不文明活动——致使公民恐慌。
> 就像玻璃坏掉不修一样,民众的漠不关心可能导致更严重的破坏行为。对社区内的混乱行为漠不关心将会导致更加严重的无序甚至犯罪。
> 如果警方通过处理无序来降低恐惧与犯罪,他们必须向市民寻求合法性和援助。①

该理论提出不久,布拉顿迅速将之作为警务实践的指导理论,从小的犯罪、违法案例抓起,采取"零容忍"策略。在纽约,布拉顿及其团队对擦车流氓、涂鸦、地铁逃票、进攻性行乞、公开场合酗酒、违法携带枪支、卖淫等无明显受害者的不端行为进行大力整治,治理范围扩展到纽约的每一条街道、每一个角落。他认为,没有任何地方是不能执勤的,没有任何犯罪是免于治理的;问题的关键在于是否赋予警察阻止犯罪的神圣职责,而不仅仅是事后对此做出反应。② 布拉顿主张警察应该积极主动执法,而非被动行动。他允许警员们对可疑人员进行搜身,确保将犯罪行为扼杀在萌芽之中。需要注意的是,"破窗理论"视逮捕为最后的解决方案,布拉顿亦将逮捕提升到整治街头犯罪的核心地位上。③ 尽管布拉顿不断强调警员在执行警务时的合法性、人道性,但他治下的 NYPD 在执法活动中显示的主动性、侵略性仍不断地受到质疑。

(2) 力推社区警务项目。上文提到,在布拉顿还是波士顿市警局一名年轻警官时,他就开展了社区警务的试验,并大获成功。他经常公开地表达对社区警务运动基本原则的坚定信心——加强与社区之间的工作伙伴关

---

① William Bratton & Peter Knobler, *Turnaround: How America's Top Cop Reversed the Crime Epidemic*, p. 152.
② David Feith, "William Bratton: The Real Cures for Gun Violence", *The Wall Street Journal*, January 19, 2013, p. A11.
③ Peter K. Manning, "Theorizing Policing: The Drama and Myth of Crime Control in the NYPD", *Theoretical Criminology*, 2001, Vol. 5 (3): 321.

系，针对犯罪的原因解决问题，以及对犯罪预防的必要投入，等等。① 在纽约，布拉顿继续推行这一项目。实际上，早在1970年代，纽约市警局便已经开始采用"社区警务"的策略，但收效并不明显。② 对此，布拉顿认为主要是领导层出了问题，他在一次演讲中提到："过去20～25年，警局领导层是失败的。他们浪费了优质资源，消磨了警员的创造性和积极性。"③ "狄金思市长犯了一个足以葬送其选举的错误，他将两倍于'安全街道'的钱花在了社会服务计划上，而不是立即招录警员。当然社会服务计划很重要，但是公众渴望的是被保护的感觉，他们希望看到更多的警员在街道巡逻。"④ 布拉顿意识到民众跟警方的关注点有所差异，警方更在乎那些强奸、谋杀之类的暴力犯罪，而民众更在乎那些在警察看来微不足道的事，诸如垃圾清理、消除噪声、帮助老弱病残等。在布拉顿任内，他要求巡逻警员走出警车，广泛接触民众。警员要具备理解、同情民众的道德素质和善于沟通、组织民众的工作技能⑤、积极与社区遵纪守法的民众合作，处理他们亟待解决的问题。通过下大力气抓基础性、根本性的社区服务工作，警民之间的互动、交流较之前明显增多。对市民来讲，恐惧感逐渐下降；对警方来讲，获取了更多、更快、更准确的治安信息，确保了治理犯罪行动的有的放矢。

（3）下放、分散权力。毋庸置疑，社区治安项目的推行与布拉顿层级下放权力是分不开的。1995年，布拉顿着力促成公屋警局（Housing Police Department）、交通警局与NYPD合并。NYPD警员人数也由原来的2.6万增加至3.8万。⑥ 作为全美最大规模警局的领导者，他将权力下放给各个辖区的指挥官，让他们根据市局确定的总体目标，从本辖区实际情况出发，

---

① 朱迪·格林：《"零容忍"：对纽约市警务政策与实践的个案研究》，《公安学刊》2009年第2期。
② Andrea R. Nagy & Joel Podolny, "William Bratton and the NYPD Crime Control through Middle Management Reform", Yale Case 07-015Rev. February 12, 2008, p. 6.
③ Andrea R. Nagy & Joel Podolny, "William Bratton and the NYPD Crime Control through Middle Management Reform", Yale Case 07-015Rev. February 12, 2008, p. 7.
④ William Bratton & Peter Knobler, Turnaround: How America's Top Cop Reversed the Crime Epidemic, p. 198.
⑤ 王瑞平：《当代纽约警察——机制·策略·经验》，第331页。
⑥ Eli B. Silverman, "Crime in New York: A Success Story", Public Perspective, June/July 1997, p. 4.

自行决定合适的警务措施。与总局步调一致，各辖区的指挥官又会将权力下放到社区各个警员手中，增加他们决策的自由度，以此来提升基层警员的责任感和成就感。在布拉顿来 NYPD 之前，很多警官往往不知道自己的辖区发生了什么。在布拉顿治下，权力的下放让各个辖区得以独立自主。警官们再也不可能"仅耸耸肩"就可了事。放权之外，布拉顿还根据不同指标将各辖区分为 A、B、C 三等。表现出色的警员可以从 C 升至 B 甚至 A。通过这样的鼓励机制，警员们的士气与斗志很快得以提升。

此外，布拉顿在用人方面也胜人一筹：他聘用当过记者的约翰·米勒（John Miller）作为副局，让其帮忙疏通警局与媒体的关系；选择大卫·斯科特（David Scott）作为 NYPD 的二把手，让他成为警衔最高的黑人警官；提升戈楚德·拉佛芝（Gertrude Laforge）为二星级区长官，作为 NYPD 史上最高警衔的女性。布拉顿指出，我乐意提供女性升职的机会，让她们以优秀的表现来回击社会对她们的偏见与抨击。在我任职的两年间，在我手下升职到指挥岗的女性比历史上任何时期的都要多。[1] 通过给予少数族裔警员、女性警员更多的权利，布拉顿治下的警局获得了这两个群体更多的尊重与认可。在利益极其多元的纽约，这一人事安排大大便利了警方的行动。

（4）全力推行 Compstat 制度。权力的下放意味着责任的明确。布拉顿通过推行自创的 Compstat 制度来监督警局各层级、各部门责任落实的情况。所谓 Compstat 实际是"Computerized Statistics"的合成词。它是一种利用计算机软件系统即时统计各种犯罪数据、绘制电子犯罪地图、分析犯罪模式和动态、指导警务资源配置优化和正确追究警察责任的警务模式。其核心内容包括：准确及时的情报；人员和资源的快速部署；有效的战术；不留情面的后续跟踪和评估。[2] 实际早在波士顿警局时，布拉顿便尝试将犯罪数据汇总至电脑进行分析，绘制电子犯罪地图，分析犯罪模式和动向。该技术日臻成熟之后，他将其引进 NYPD 推广。[3] 在纽约，布拉顿没有满足于仅将 Compstat 当作分析犯罪形势、优化警力资源配置的工具，而

---

[1] William Bratton & Peter Knobler, *Turnaround: How America's Top Cop Reversed the Crime Epidemic*, p. 294.
[2] Ibid., pp. 224 - 225.
[3] Charles Pollard, "Zero Tolerance: Short - term Fix, Long - term Liability?" in Norman Denni eds., *Zero Tolerance: Policing a Free Society*, p. 52.

是更进一步，创办了 Compstat 会议——每周举行一次。在这个会议上，公布全市犯罪高发热点、难点区域，讨论打击犯罪的策略和明确警局内各级、各部门领导的职责。通过这一科技化、制度化的安排，布拉顿不仅对全市犯罪动态有了精确把握，而且对各辖区警员的精神状况、业绩成果有了更多了解。警局高层的监管大大强化了中下层警员的责任心。在布拉顿任职期间，Compstat 产生了前所未有的威力。有学者指出，Compstat 是纽约市推动"零容忍"警务的引擎，是布拉顿推动战略性组织变革的核心。①在其离任后，继任者们无一不保留了这一制度。因为 Compstat 不仅是一个掌控全城犯罪的手段，还是管理 NYPD 的有效策略。②

当然，布拉顿在治理纽约城市犯罪方面的策略并不限于上文提及的那些。在警察设备的更新、警员的训练、新技术的应用等方面，较之前也都有了很大的进步。

还需要特别提及的一点是，在布拉顿任职期间，一直向警员灌输"荣耀、责任、尊重"的观念。他希望警员首先对自己的职业感到自豪、荣耀，并能承担起整治犯罪、维护秩序的责任，在执警过程中对民众抱以最大的尊重。荣耀、责任、尊重可以说是对布拉顿警务理念和实践精华的概括。也正是在这些核心理念、制度规范的指导下，纽约市警局由被动转为主动、由单干转为协同、由无为转为有为、由远离民众转为依赖群众、由集权变为分权。他们针对纽约街头黑枪交易、青少年暴力犯罪、家庭暴力、贩毒、公共场所失序、警察腐败等一系列具体问题进行大力整治，取得了前所未有的成效。布拉顿治下的纽约市警局文化与组织架构也发生了根本性转变。

三 影响分析——多重角度

众所周知，纽约是美国最大的城市，是国际经济、文化传媒中心和交通枢纽城市。尽管布拉顿在 NYPD 仅仅任职两年有余（27 个月），但纽约城市特质决定了该市犯罪率下降带来的影响并不仅限于社会治安的改善、经济的发展及

---

① Eli B. Silverman, "Crime in New York: A Success Story", *Public Perspective*, June/July 1997, pp. 3-5.
② Franklin E. Zimring, *The City That Became Safe: New York's Lessons for Urban Crime and Its Control*, p. 121.

固有形象的改变,而且,对布拉顿、美国乃至于世界来讲,同样意义非凡。

(1)最直接的影响是纽约市犯罪率的下降。不容否定,1990年代以来纽约城市犯罪率的下降原因是多重的。像经济学家讨论市场波动一样,犯罪学家或许会指出各种各样影响犯罪率的因素:判刑和监禁政策的变化、人口结构的变迁、经济或就业率的改善、警方策略的变革及青年文化的变动等。① 但是,在布拉顿治下的 NYPD 的努力尤其不容忽视。

就职伊始,布拉顿向公众许诺的目标是:第一年实现犯罪率降幅10%,第二年降幅15%。而私底下,布拉顿向朱利安尼市长许诺三年内实现降幅40%。② 从后来的发展看,布拉顿兑现了自己的承诺:1995年1~6月,犯罪情况较之1994年的同一时期,谋杀下降31%,抢劫下降21.9%,入室盗窃下降18.1%,汽车盗窃下降25.2%,重刑犯罪降低6%;总犯罪率降低18.4%。③ 1995年岁末纽约市犯罪率达到17%的降幅,这甚至是二战以来纽约首次实现犯罪率连续两位数的降幅。就比例来看,整个城市不论是富人社区还是穷人社区犯罪率降幅都相对均衡。从全国水平来看,1994年下降了2%;1995年上半年,只下降了1%。④ 与布拉顿就职前一年对比,1996年七宗重罪全部实现大幅度下降(见表1)。1997年上半年,纽约市在美国联邦调查局(FBI)对人口达10万以上的189个城市的犯罪率统计中排在第150位。1993年,朱利安尼当选市长的那一年,纽约市在该名单中则列第87位。⑤ 据2008年耶鲁大学的研究,在布拉顿任职 NYPD 的两年间,全市76个警局辖区犯罪率都实现了两位数的降幅。⑥ 可以说,纽约历史上犯罪率"狂跌"这一奇迹的出现,布拉顿及其团队功不可没。

---

① William J. Bennett, John B. Dilulio, Jr. and John P. Walters, "Urban Crime Control Theory", *Theoretical Criminology*, 1999 (05) 3: 2 Vol. 3 (2): 231-232.
② David Feith, "William Bratton: The Real Cures for Gun Violence", *The Wall Street Journal*, January 19, 2013, p. A11.
③ William Bratton & Peter Knobler, *Turnaround: How America's Top Cop Reversed the Crime Epidemic*, p. 289.
④ Eli B. Silverman, "Crime in New York: A Success Story", *Public Perspective*, June/July 1997, p. 3.
⑤ [美]朱迪·格林:《"零容忍":对纽约市警务政策与实践的个案研究》,《公安学刊》2009年第2期。
⑥ Andrea R. Nagy and Joel Podolny, "William Bratton and the NYPD: Crime Control through Middle Management Reform", Yale Case 07-015Rev. February 12, 2008, p. 14.

表 1　纽约市七宗重罪降幅情况（1993~1996 年）

单位:%

分类	谋杀	强奸	抢劫	人身伤害	入室盗窃	偷窃重案	盗窃汽车	总计
降幅	48.9	10.6	42.6	25.7	38.7	31.6	46.8	38.7

资料来源：Eli B. Silverman, "Crime in New York: A Success Story", *Public Perspective*, June/July 1997, p. 3.

纽约犯罪率的急剧下降是犯罪学家们始料不及的。哈佛大学肯尼迪政府管理学院的马克·穆尔（Mark Moore）教授告诉《纽约时报》："纽约在经历一个无法用社会学因素解释的犯罪率急剧下降的现象，这很可能是警察行动的结果。"[1] 柯灵直言不讳："其他可能导致犯罪下降的因素最终还是要依赖警察的行动，唯有警察可以引领这一潮流。"[2] 对此，加州大学伯克利分校法学院教授、法学家富兰克林·齐姆林（Franklin E. Zimring）也表达了同样的看法："毋庸讳言，诸多因素造就了纽约市犯罪率的下降，但警务变革或许可以占到所有因素的三成或五成。"[3] 齐姆林将布拉顿在纽约的成功称为"纽约经验"。也就是从这个时候开始，纽约开启了长达近 20 年的犯罪率下降进程。从时空对比看，纽约变得更加安全了。如今的纽约人甚至将他们低犯罪率的社会环境视为理所当然。[4] 受之影响，纽约的城市形象得到一定的扭转。以电影中的纽约城市形象为例，尽管纽约总体的形象没有发生根本性变化，但这一时期越来越多的导演意识到纽约的变化，并积极将纽约的这种变化反映在电影中。[5]

犯罪率的下降对经济发展产生了积极影响。从 1994 年到 2000 年，纽约就业岗位的增长率刷新了历史纪录，私人企业增加了 48.5 万个岗位，观

---

[1] William Bratton and Peter Knobler, *Turnaround: How America's Top Cop Reversed the Crime Epidemic*, pp. 294-295.

[2] George L. Kelling William H. Sousa, Jr., *Do Police Matter? An Analysis of the Impact of New York City's Police Reforms*, Civic Report, New York: Centre for Civic Innovation, No. 22 December 2001, pdf, p. 19.

[3] Franklin E. Zimring, *The City That Became Safe: New York's Lessons for Urban Crime and Its Control*, p. 150.

[4] Ibid., p. 46.

[5] Glenn Collins, "Despite Drop in Crime, New York's Gritty Image Prevails", *New York Times*, Mar 17, 1998.

光客从 1994 年的 2580 万人增长到 2000 年的 3740 万人①，正如布拉顿所言，"纽约正在慢慢复兴"。②

（2）对布拉顿个人来讲，治理纽约犯罪的极大成功为其赢得了巨大声誉。他的警务实践起到了立竿见影的效果：犯罪率猛跌，警员士气陡升。布拉顿也因此被赞许"改变了 NYPD 的架构与文化"。媒体好评如潮，他也因此荣登 1996 年 1 月 15 日《时代周刊》的封面，成为美国乃至于世界的风云人物。但"树大招风"，纽约市警局的突出表现在一定程度上盖过了市政厅的风头。由此，引发了朱利安尼的不满与掣肘。从登上《时代周刊》起，布拉顿与朱利安尼的矛盾愈加激化。在朱氏否决了布拉顿提出的几个人事任免意见后，布拉顿感觉市长对自己信任不再，不得已递上辞呈，并于 1996 年 3 月离开了 NYPD。"失之东隅，收之桑榆。"由于有着居高不下的民众支持率，去职后，布拉顿曾试图参选新任纽约市长，但终因竞选经费等因素的限制，退出了选举。在经过长达 6 年的沉寂之后，2002 年布拉顿赴洛杉矶市出任警察局长。在其出任洛市警察局长的七年间，同样取得了不俗的成绩。2009 年布拉顿被伊丽莎白女王授予"大英帝国最杰出秩序长官"（Commander of the Most Excellent Order of the British Empire）的荣誉称号。2011 年，英国诸多城市发生骚乱事件后，首相大卫·卡梅伦向布拉顿征询治理城市犯罪的经验，并希冀其执掌伦敦大都市区警局。然而，受英国国内政治压力的影响，卡梅伦最终改变初衷，只是聘请布拉顿作为顾问。③ 2012 年，布拉顿被奥克兰警察局（Oakland Police Department）聘为犯罪咨询专家组成员。④ 2013 年，新当选的纽约市长布拉西奥称赞布拉顿为"货真价实的犯罪斗士"。⑤ 而这去职后获得的一切荣耀都可以归因于布拉顿在纽约市治理犯罪的成功。

---

① 王瑞平：《当代纽约警察——机制·策略·经验》，第 17 页。
② William J. Bratton, "Crime is Down in New York City: Blame the Police", in Norman Dennis eds., *Zero Tolerance: Policing a Free Society*, p. 41.
③ Peter Henley, US 'Supercop' Bill Bratton Says Riot Arrests Not Only Answer, BBC NEWS, 13 August 2011. Available at: http://www.bbc.co.uk/news/uk-14514429, Online: 2013/11/20.
④ Samantha Masunaga & Ashley Griffin, "Meet William Bratton, Former Top Cop in LA and New York', Now Oakland's Security Advisor, *Oakland North*, February 20, 2013.
⑤ Tina Susman & Joe Serna, "Former LAPD Chief William Bratton returns to NYPD Commissioner Post", *Los Angeles Times*, December 5, 2013.

（3）对美国来讲，20世纪90年代之前，不仅仅是纽约，还有美国其他主要城市都处于垂死挣扎的状态，遭受犯罪、暴力、混乱的严重侵蚀，民众生活更是苦不堪言。① 自从布拉顿在纽约整治犯罪取得成功后，其他城市纷纷效仿"布拉顿范例"或者是"纽约经验"。不过，当时民众认为布拉顿的警务理念只不过是"一朝风行的时尚而已"，很快就会过去。恰恰相反，"布拉顿范例"几乎成为全美警务的标准流程。② 布拉顿带来的不仅是在全美引发的一场关于警务的认知革命，还带动了其他城市警务实践的变革。康涅狄格州的警察局长哈德福德到纽约市取经，并宣称："我们正在像纽约市那样做，我讨厌被说成一个盲目模仿者，但是为什么我们要浪费时间重新发明轮子呢？"③（指已经被发明出来被证明确实有效的东西，没有必要再去摸索）如今 Compstat 在美国的许多城市得到运用便是明证。美国学者指出，截至2002年，美国国内2/3以上的大中城市警局实施了类似 Compstat 的警务模式，并且大多数取得了令人瞩目的成就，基本上控制了城市犯罪的局势。④ 一定意义上说，近20年来美国犯罪率的持续下降可以归因于纽约市的开风气之先。有学者将纽约比作"全国犯罪率下降的引擎"⑤ 不无道理。

（4）对世界来讲，引起其他国家城市的纷纷效仿。布拉顿在治理纽约城市犯罪方面取得的巨大成就引起了英国、日本、挪威、意大利、巴西、中国、匈牙利、德国、瑞士、葡萄牙、荷兰、爱尔兰等国的注意。不少国家的记者还参观了 Compstat。《经济学人》还就布拉顿的管理技巧进行了报道，标题为"纽约警局公司"（*NYPD, Inc.*）。《纽约客》称其为"CEO局长"。《泰晤士报》的文章指出，"在一个曾经以谋杀、抢劫、枪战、黑

---

① Andrea R. Nagy & Joel Podolny, "William Bratton and the NYPD: Crime Control through Middle Management Reform", Yale Case 07 - 015Rev. February 12, 2008, p. 3.
② Ibid., p. 17.
③ Eli Silverman, *NYPD Battles Crime - Innovative Strategies in Policing*, Boston: Northern University, p. 4. 转引自宋会敏《从"犯罪之都"到"安全城市"——20世纪90年代纽约市犯罪率下降原因探析》，第86页。
④ Phyllis P. McDonald, *Managing Police Operations: Implementing the NYPD Crime Control Model Using COMPSTAT*, Stanford: Cengage Learning, 2001, p. 26. 转引自王瑞平《当代纽约警察——机制·策略·经验》，第255页。
⑤ Eli B. Silverman, "Crime in New York: A Success Story", *Public Perspective*, June/July 1997, p. 3.

帮、贩毒、强奸、酒鬼、扒手闻名的城市，布拉顿正在扭转这种趋势。"①纽约警方的"零容忍"政策被法国、德国、澳大利亚、加拿大、墨西哥等多个国家机构争相学习和引进，在国际警界产生了广泛影响。② 1996年3月，英国大都市东南区警长威廉·格里菲思（William Griffiths）一行人访问了纽约市警察局，他们怀着"可否适用到伦敦来"的目的研究了纽约市警察局的一系列新举措。他们在对比了伦敦和纽约的异同后，对布拉顿的警务实践进行了借鉴吸收。③ 以色列警方在2000年转换采用更为成功的美国Compstat模式作为他们修整后的主动打击犯罪的机制。④ 从中国方面来讲，据笔者不完全统计，中国知网关于"零容忍"的学术论文有近1300篇（如表2所示），涉及警务、反腐败、反学术不端、反家暴、食品安全等各个方面。毋庸赘言，中国不仅仅将布拉顿的警务理念停留在学术研究领域，更是对之加以改造吸收，用在应对各类社会问题的处理中。"布拉顿旋风"对世界各国影响之深远恰恰反映了美国软实力的强劲。素有"软实力之父"之名的约瑟夫·奈已然意识到了这一点。⑤

表2 中国知网历年"零容忍"研究统计

年份	1999	2000	2001	2002	2003	2004	2005	2006	2007	2008	2009	2010	2011	2012	2013
数量	1	1	0	3	2	2	31	54	51	107	152	232	292	310	

注：① 以"零容忍"为主题进行搜索，第一篇文章是金传宝《美国预防和减少学校暴力的对策透视》，《当代青年研究》1999年第4期。

② 本搜索时间截止到2013年11月23日15时。

资料来源：中国知网，http://www.cnki.net/。

四 结语

很明显，纽约1990年代具备了降低犯罪率的多重因素。但如果缺少一

---

① William Bratton & Peter Knobler, *Turnaround: How America's Top Cop Reversed the Crime Epidemic*, pp. 287 - 288.
② 王瑞平：《当代纽约警察——机制·策略·经验》，第305页。
③ William Griffiths, "Zero Tolerance: the View from London", in Norman Dennis eds., *Zero Tolerance: Policing a Free Society*, p. 130.
④ 〔美〕詹姆士·阿尔布雷特：《从国际的视角看美国社区警务的革命》，薛姣译，《公安学刊》2008年第2期。
⑤ 〔美〕约瑟夫·奈：《软实力》，第77页。

个强有力的、能够将 NYPD 团结起来并为它提供战略方向的领导人、管理者,是不足以迅速让这个巨大而混乱的犯罪之都转变为安全之城的。亦如布拉顿在其自传《扭转乾坤》最后提到的:"一个组织实际上是其领导者的反映——如果顶层没有信仰,那么别指望下层会有。我完全相信:有了强有力的警务领导、政治意愿、训练有素的警员和社区参与,我们就可以一个州接连一个州、一个城市接连一个城市、一个区接连一个区、一个街道接连一个街道地夺回美利坚。我们就可以取得成功!"[①] 我们既可以说纽约成就了布拉顿,也可以说布拉顿成就了纽约。

正因为布拉顿的警务理念与实践太过积极主动、富有侵略性,由此也引发了一定的争议。其中,尤以民权组织反应最为激烈,他们指责布拉顿"专制、太过主动、侵犯人权"。在笔者看来,相较于纽约治安的改善、民众安全感的提升,这些质疑是微不足道的。时隔 20 年,布拉顿再次出任 NYPD 局长一职也证明了他之前推行的一系列理念与实践的可靠性。基于 1994~1996 年他在 NYPD 取得的光辉成就,我们有理由相信他能再创佳绩。布拉顿是一名成功的城市管理者,他终将在纽约警局、纽约城市发展乃至于美国治理犯罪方面留下浓墨重彩的一笔。

作者:李胜,华东师范大学历史学系

---

① William Bratton & Peter Knobler, *Turnaround: How America's Top Cop Reversed the Crime Epidemic*, p. 313.

武汉沦陷时期的卫生行政研究[*]

路彩霞

内容提要：沦陷时期是武汉近代卫生行政发展史上的一个特殊阶段，武汉的卫生管理因殖民统治和战时体制而大为异化。但日伪为维护对"战时帝国"的殖民统治，客观上还是维持了武汉基本的公共卫生安全。其卫生管理从武汉卫生行政发展脉络来看，在技术层面上具有一定的意义。这一时期的卫生行政也因其特殊性而更具复杂性。

关键词：武汉　沦陷时期　卫生行政

在武汉城市发展史上，1938～1945年被视为城市殖民化时期。前人对沦陷时期汉口市政卫生管理的考察，多强调日伪的破坏作用，"在沦陷期间，无城市建设可言。城市各项设施遭到摧残，或成为日伪谋利的工具"。[①] 20世纪90年代编修的卫生志书，仅述及该时期疫情和中医情况，对民国汉口卫生管理演进脉络的叙述出现断裂。实际在武汉整个卫生事业发展史上，这一特殊时期的卫生管理在具有较强殖民性，并因殖民性而大为异化的同时，客观上还是维持了城市基本的公共安全，因而在技术层面具有一定的意义。本文利用汉口地方档案和报刊，尝试对武汉沦陷时期的卫生行政做一初步呈现。

对于何谓卫生行政，民国武汉卫生从业人员朱义顺认为："根据实验卫生学的原理原则，参酌社会上的实际情形，制定法令规约，用政治及自治的机构与力量，督导实施，以推进国民健康，避免疾病侵袭，救济民间

---

[*] 本文系国家社科基金项目"医疗卫生视野下的近代汉口社会变迁研究"（14bzs096）的阶段性成果。

[①] 皮明庥：《近代武汉城市史》，中国社会科学出版社，1993，第526页。

疾苦，达到健身强种之目的，这就是卫生行政。"① 近代卫生行政内容丰富，"既已逐渐发展，范围遂亦愈趋扩大，如从前只顾及食水、食物、家屋、街道、下水、防疫等，现在更进而实行保护劳工、保护婴儿妊妇，以及消除消耗性的传染病"。② 本文对武汉沦陷时期卫生管理的组织机构、管理内容、管理效果等方面，分别做了具体考察。

一 武汉沦陷时期的卫生机构和人员组成

近代武汉三镇由于中央到省、市以及市内各区的矛盾，区划和体制并未完全稳定，三镇时分时合，但建制变化中汉口始终是主轴。③ 这一观点也适用于武汉三镇的卫生管理体制，沦陷时期由于城市定位不同、发展程度差异以及江汉水域阻隔，武汉三镇在卫生管理上各具特色，其中汉口相关组织和建制最具代表性。

1. 三镇卫生组织演变及职员特点

日本于1938年10月26日占领汉口后，即组织"治安维持会"暂时"管理"汉口。鉴于战后卫生防疫形势严峻，1939年2月特由社会、财政、建设三局及警察总监部共同组设了卫生设施委员会，以总其成。④

1939年4月20日，武汉特别市成立，伪市政府设在汉口，其中社会局下设卫生科。12月，伪武汉市卫生局成立，主管武汉三镇环境卫生、防疫、卫生取缔、生死统计、医药等事项。伪卫生局设址汉口，武昌、汉阳分设办事处。由于长江阻隔，交通不便，伪武汉市卫生局对武昌卫生防疫事务鞭长莫及，为便于指挥，1940年5月伪卫生局专门组织了武昌防疫委员会，该委员会与设于武昌的伪省会警察局、民政厅以及武昌卫生事务所联合应对瘟疫。⑤

1940年9月，武昌、汉阳划归伪省府直辖，其卫生事务也完全由伪省府警察、民政部门管理。同时，伪武汉市政府改为由南京汪伪政府行政院

---

① 朱义顺:《卫生行政的意义》，《新湖北卫生》第2期，1943年。
② 《公共卫生和人生幸福》，《大同日报》1934年10月4日，第3版。
③ 皮明庥:《武汉建市的历史》，《武汉春秋》1984年第1期。
④ 《治安维持会筹设卫生设施委员会》，《武汉报》1939年2月25日，第3版。
⑤ 《武昌各机关合组防疫委员会》，《大楚报》1940年5月24日，第7版。

直辖的伪汉口特别市政府，1941年1月伪汉口特别市卫生局成立，下设有市立医院、传染病医院、妓女检治所、第一二施诊所、第一至五各卫生事务所、运埋事务所、公共卫生人员养成所、卫生试验所及屠宰场。①

1942年，与刚沦陷时相比，武汉的卫生机制已逐步恢复，当时武昌有公私立医院诊所11家，其中在商家巷刚刚复建的省立医院的医疗器具、病房及人事相对完备。② 兴亚路的原武汉特别市立传染病医院武昌分诊所更名为湖北省立传染病医院。这一年5月，伪省会警察局在武昌举行了声势浩大的夏令卫生运动周活动。③ 伪省民政厅组织了针对卫生工作人员的防疫指挥班。④ 1942年时，在汉阳地区，除伪省会相关部门负有指导之责外，汉阳警察局、日军警备队诊疗班和汉阳县医院共同参与当地卫生防疫事务。

1944年底，世界反法西斯战争进入尾声，中美联合空军不断轰炸武汉，伪省府及伪汉口市行政部门迁往郊区，伪卫生当局的管理因为局势变化而松懈以致失范。组织机构大为缩减："市府自卫生局裁撤后，卫生工作之紧张，限于经费，复乏专负其责之机构，致无进展，嗣因市府再度缩减人事，已将卫生科裁撤，卫生工作交由市立医院办理，然而市立医院，已于日前备文呈请市府，以该院为一医疗诊治之机关，对于防疫工作，办理似嫌困难，请求设法另委他处。"⑤

日本将武汉视作"战时帝国"的一部分，通过军特务部（1943年4月改名为联络部）联络官控制伪市政府工作。驻汉口军特务部长是柴山少将（1943年改为联络部长），浅见大佐负责市政指导等事务，其下相关属员26人，稻叶少佐负责同仁会诊疗防疫班事务，雇员共29人，另有邮便检阅班，雇员11人。⑥ 日本军方向武汉卫生机关派驻的联络官先后有：高木季熊、⑦ 白川泰志、木加通田友志、⑧ 冈田治三郎、⑨ 横山重行、白砂梧

---

① 《日伪汉口市政府卫生局人事任免及组织系统图》，武汉市档案馆：8-1-185。
② 《省立医院参观记》，《武汉报》1942年10月3日，第3版。
③ 《夏令卫生运动周，今在省会扩大举行》，《江汉晚报》1942年5月22日，第4版。
④ 《省防疫指挥班今日训练结束》，《江汉晚报》1942年5月12日，第4版。
⑤ 《登革热症蔓延中》，《大楚报》1945年8月10日，第2版。
⑥ 《汉口军特务部诸工作概况报告》（1939年9月），转引自涂文学《沦陷时期武汉的政治与军事》，武汉出版社，2007，第485页。
⑦ 《汉口特别市政府日籍顾问名单》，武汉市档案馆：8-1-62。
⑧ 《训令府事新字第466号、第467号》，武汉市档案馆：8-1-323。
⑨ 《湖北省政府、汉口特别市政府联络官职务区分表》，武汉市档案馆：8-1-555。

朗、金海宗一、曾根胜一、① 高桥太郎②等9人。任用令显示，高桥太郎上任时间为1945年1月17日，可见整个沦陷时期日本军方都在"监督"汉口市的卫生工作。

伪汉口市卫生局下属机构充斥着大量日籍职员，他们一般担任高于华籍职员的职务，见诸档案的有市立医院医务长入江谦六郎，医官青木静八、宫田宽、田泽清明、丘村称、山本铁城、河北忠熏、岗田芳男、矢田重信、安孙子连四郎、条原规休、鹤来泰等53人，事务人员5人。汉阳施诊所有主任医师北原一雪、医师须藤京子、药局主任伊藤直嗣。武昌省立医院有日籍医师4人，华籍医师2人，药剂师1人，技术员1人，看护长1人，看护8人（日籍者2人）。③ 联络官的设置使伪卫生部门的工作一定程度上受控于日本军方的意志，医疗机构中日本职员的大量存在也会对原有医疗方式产生影响。

2. 三镇的基层卫生组织及职员培养

这一时期的武汉，卫生事务所成为武汉三镇卫生行政的基层管理单位。卫生事务所原称清洁事务所，初仅涉及清扫街道及疏通沟渠事务。在汉口，原有清洁事务所五所，1940年2月，该五所及车马运渣所合并改为卫生事务所，并撤销汉口区总所，"以便责成各所专办市内一切卫生工作"，又新招考若干名卫生员，加以训练后分派各所执行卫生职务。④

汉口沦陷前，大批医药人员随国民政府西迁，市内医疗服务人员匮乏，为迅速培养专门技术人才，以充实各卫生机构，伪卫生局创办了公共卫生人员养成所，先后开办的训练班有卫生员一期、⑤ 药剂士两期、⑥ 护士三期、督导员一期。⑦ 另外，对卫生系统在职人员，养成所也利用周末时间集训，为期两个月，训练课程有本市卫生行政概要、卫生统计概要、卫

---

① 《各机关辞职嘱托名单》，武汉市档案馆：8-1-61。
② 《湖北省政府日籍嘱托汉口市政府勤务者一览表》，武汉市档案馆：8-1-50。
③ 默然：《武昌，在建设中——娱乐卫生及其他》，《江汉晚报》1942年5月16日，第2版。
④ 《市卫生局今日起接收清洁事务所并将招考卫生人员》，《武汉报》1940年2月1日，第3版。
⑤ 王大德：《一年来本市卫生行政之回顾》，《大楚报》1940年4月20日，第9版。
⑥ 《药剂士班今毕业，张市长亲临致训》，《江汉晚报》1942年6月9日，第4版。
⑦ 《汉口特别市政府咨》，《汉口特别市政府公报》第2期，1944年。

生法规及卫生演说等，增强了卫生行政人员的专业素养。①

随着市内被日军征用之区先后向民众开放，卫生所要清扫之地扩大，自1941年2月起，汉口市卫生局增加清洁夫100名，分配各所应用。② 而在汉阳，街道清扫原由警察局雇佣清道夫进行，卫生所设立后，警察局清道夫暂作保留，协助清道所工作。1940年7月，警察局清道夫16名全部划入清道所。③

二　武汉沦陷时期的防疫

民国汉口市第一任卫生局长李博仁认为："公共卫生最要者，厥为防疫，其他如上水道、下水道、尘埃、烧却场、屠兽场、消毒所，传染病隔离检验制度，结核疗养院等种种设备，无不与防疫有关。"④ 在沦陷时期，武汉三镇的卫生管理主要包括防疫和以防疫为目的之日常卫生管理两大类。

1. 防疫管理

（1）防疫注射。日伪卫生当局的防疫工作以预防注射为中心，包括种痘、霍乱和伤寒注射，以及对小学儿童施以抗肺结核注射等。⑤ 沦陷时期，武汉市民只有持有种痘证明才能获得安居证。1940年5月专门由宪兵和警士联合成立检查班检验注射，⑥ 1940年9月安居证换为市民证时，伪市政府接受伪卫生局建议，在市民证上专辟种痘、注射栏目。⑦ 1942年夏，大成路发现天花患者，伪武昌警察局派员在长江要津19号码头专门检查种痘证，武昌、汉口来往人员须携带当年4月之后种痘证，否则禁止通行，并令补种。⑧ 在武汉，持注射证明者才被允许通过交通关卡，凭注射证明

---

① 《卫生局训练卫生人员》，《武汉报》1940年4月4日，第3版。
② 《1941年度汉口清洁工作》，《汉口特别市政府三周年市政概况·卫生》（1942年），武汉市档案馆：bB13/6。
③ 《汉阳警察局划一清洁事权》，《武汉报》1940年7月2日，第3版。
④ 李博仁：《卫生与防疫》，《武汉日报》1937年6月22日，第3版。
⑤ 《汉口特别市政府三周年市政概况》（1942年），武汉市档案馆：bB13/6。
⑥ 《检查行人防疫注射，发现伪证多起》，《武汉报》1940年5月1日，第3版。
⑦ 《请在市民证上添辟种痘注射栏》，《武汉报》1940年8月3日，第3版。
⑧ 《武昌发现天花》，《江汉晚报》1942年5月16日，第2版。

领取生活所需食盐等限制品,① 以及对持伪造注射证者加盖"苦力"印章,② 或者采取罚款拘留等惩治措施,③ 强化了注射实施力度。

在一系列高压政策下,武汉沦陷时期霍乱和天花疫苗注射率维持在人口的 2/3 以上,为近代汉口最高比例。1939 年武汉霍乱流行,日伪当局施行夏季霍乱预防注射,施种人数 100 余万。霍乱在武汉的死亡率为 45%,比当年广东 54% 和香港 64% 的死亡率相对较低,"各地区虎疫猖獗情形,其数字均超过武汉,而武汉本年虎疫之预防工作能获如此效果,实属幸事"。④ 1940 年伪卫生当局继续实行强制性普遍注射霍乱疫苗,第一次共注射 82 万余人,第二次 27 万余人,"以二十九年气候恶劣,长江下游此症流行极盛,而本市(汉口)预防得当,竟无一人发生,足征预防注射确有实效"。⑤ 1941 年 4 月 1 日至 5 月底,汉口卫生当局实行了是年第一次霍乱预防注射,共计施种 734391 人,"以本市全人口计算,大概业已普遍"。⑥ 之后,至国民政府 1945 年收复汉口,未见有大规模疫情记载。

另外,沦陷时期日伪当局在武汉也基本实现了普遍种痘。1939 年秋季种痘,点种人数为 68 万余,1940 年春季种痘,共点种 62 万余人。普遍种痘对预防天花流行具有明显效果,从 1940 年上半年情况看,汉口 337 名天花患者中,267 人未种痘。⑦ 因天花死亡的 65 人中,有 64 人未种痘,仅一人是已种痘者。⑧ 1940 年汉口市传染病院天花患者治愈率为 16%,"与各国天花治愈率恒在 16% 以上者相较,尚未退落人后"。⑨ 媒体也称:"新生的汉口市,当局对于民众卫生的讲求,显得比以前更加努力,年来市民中因传染病致死的,以现在的数字和以前的比较,可说是微乎其微。"⑩

接种牛痘曾是武汉慈善团体善举之一,沦陷时期,因战乱流亡,社会

---

① 《中华区注射证兑取食盐》,《武汉报》1939 年 5 月 20 日,第 3 版。
② 《注射注意事项》,《武汉报》1939 年 6 月 6 日,第 3 版。
③ 《汉口特别市卫生局防疫注射惩罚暂行办法》,《汉口特别市政府公报》第 24 期,1941 年。
④ 《武汉特市政府防疫委员会第八次会议记录》,《武汉特别市政府公报》第 9 期,1939 年。
⑤ 《省市二期防疫注射今日同时开始施行》,《武汉报》1941 年 6 月 27 日,第 3 版。
⑥ 《为防霍乱告市民书》,《武汉报》1941 年 7 月 14 日,第 3 版。
⑦ 《市卫生局发表上半年天花患者统计》,《大楚报》1940 年 9 月 27 日,第 5 版。
⑧ 《市卫生局制定标语劝导市民自动种痘》,《大楚报》1940 年 10 月 7 日,第 5 版。
⑨ 江华缙:《预防霍乱宣传周广播演讲词》,《大楚报》1940 年 7 月 19 日,副刊。
⑩ 《对卫生当局的两点建议》,《大楚报》1943 年 1 月 21 日,第 2 版。

力量对汉市卫生管理的参与明显减少，但种痘一项得以保留。见诸记载的有，1938年和1939年，武昌红十字在汉口中华区义务种痘，由各界联合会发给证明，①市民可凭此领取安居证。1939年因日伪采取严格的注射措施，全城哗然，当时就有媒体建议分请外国在华医院协助注射，以缓解紧张关系："想各外籍医院，素以慈善为本，况事属纯为公共卫生，决不可拒绝也。若此不苟不懈之举，人民焉有不放心乐意注射者，而不逞分子之奸计，亦可不攻自破矣"，②但因日本介意在华其他列强势力插手，此议未曾实行。

（2）海陆检疫。武汉为长江要津，日伪卫生当局对往来武汉的轮船和乘客实行严格的海上检疫。如1941年夏，长江下游出现霍乱疫情，伪汉口市卫生局对下游各埠进港轮船一律消毒，以防霍乱波及本市。③虽然明令除传染病医院外，其他医院诊所一律禁止收容霍乱病人，且医生、邻人等都负有报告义务，但日伪当局还是不放心，特别组织了检病班，派出医师每日逐户进行查验，富士由纪称这一举措"实现了一种陆地检疫"。④

对疫区人、物的进出，日伪当局也做了严格管制，进出路口配备有日本军部哨所及检诊班，居民出区须持军特务部宪兵队及防疫队之特许证书或市政府证明书，且"非经喷雾消毒及踏盘消毒后不准入市区"。⑤禁止由疫区带出粮食，青菜出区须经检诊班消毒。⑥另外，疫区粪便消毒后就地掩埋，禁止外运。⑦这些措施给人民生活带来极大不便，但同时疫病流行范围也得以控制。

（3）其他措施。日伪当局采取的另一项防疫措施是检便。除对饮食从业人员的大便检验由季检变为月检，⑧赴长江下游旅行者必须出示五日内

---

① 《武昌红十字会继续义务种痘》，《武汉报》1939年2月25日，第3版。
② 《市民向市府建议关于市政四点》，《武汉报》1939年5月1日，第2版。
③ 《外埠来汉进港商轮一律施行消毒》，《武汉报》1941年6月22日，第3版。
④ 〔日〕富士由纪：《战时上海的霍乱预防运动》，余新忠主编《明清以来的疾病、医疗和卫生——以社会文化史为视角的探索》，三联书店，2009，第152页。
⑤ 《市民应注意事项》，《武汉报》1942年9月20日，第2版。
⑥ 《防疫队布告》，《武汉报》1939年7月13日，第3版。
⑦ 《实施紧急处置》，《武汉报》1942年9月20日，第2版。
⑧ 《汉口特别市政府卫生局旅栈业卫生管理规则》，《汉口特别市政府公报》第24期，1940年。

检便证明才能购买车船票，①隔离区居民也被强制参加检便，据称，捞取粪缸大便作假的市民刘三，复查时果已感染霍乱。②

老鼠和苍蝇分别为烈性传染病鼠疫和霍乱的传播媒介，为此，沦陷时期伪汉口市卫生局每年都采取给价购买的方式，鼓励市民灭鼠灭蝇。③1942年，卫生局收买活鼠，每头给价日金1角，死鼠每头给价日金5分，并购制捕鼠器，转发各保甲借给市民使用。活鼠收足万只后用于解剖研究之用。当年3~4月蝇类出蛰之时，卫生局以每百头1角的价格收买冻蝇，至夏令，又以每百头5分的价格收买夏蝇。是年汉市发生霍乱疫情，10月，卫生局主持举行了一次灭蝇运动，市民所捕捉苍蝇由各卫生事务所给价收买，逐日汇送焚化。④

其他诸如武昌至汉口之间断绝轮渡交通、⑤病者家门口撒石灰消毒并为标志、⑥焚烧疫尸和检便三次无菌方可出院等措施，⑦也都执行得非常严格和彻底。对家犬除免费登记外，还施以狂犬病预防注射，为达到普及，"函警局及保甲挨户查问"。⑧

日本军方几乎参与了沦陷时期武汉防疫的全过程，"一切进行事宜，端赖友邦陆军及各医务机关协助办理"。⑨这使得武汉防疫带有浓重的殖民色彩。对此，饭岛涉先生指出，"传染病的抑制被利用到殖民地的正当化方面，所以，具有直接介入人们的身体和健康状态的程度较高的特征"。⑩富士由纪则揭示，"对日军来说，为了维持军队的功能和占领地区的秩序，不能不重视传染病的流行。而且，日本方面还有牵制和对抗国际机关和其

---

① 《市民应注意事项》，《武汉报》1942年9月20日，第2版。
② 《市防疫检便严密》，《武汉报》1942年10月1日，第2版。
③ 《买死老鼠》，《大楚报》1940年11月22日，第5版；《捉苍蝇》，《大楚报》1941年3月2日，第5版。
④ 《汉口1942年的环境卫生管理》，《汉口特别市政府四周年市政概况·卫生》（1943年），武汉市档案馆：bB13/7。
⑤ 《三镇航行暂停》，《大楚报》1939年8月8日，第3版。
⑥ 《实施紧急处置》，《武汉报》1942年9月20日，第2版。
⑦ 《隔离病院病人先后痊愈出院》，《武汉报》1939年8月28日，第3版。
⑧ 《家犬登记注射，饬即挨户查问》，《武汉报》1940年8月18日，第3版。
⑨ 《本年秋季种痘实施完毕，尚未发生天花患者》，《大楚报》1940年12月4日，第5版。
⑩ 转引自〔日〕富士由纪《战时上海的霍乱预防运动》，余新忠主编《明清以来的疾病、医疗和卫生——以社会文化史为视角的探索》，第139页。

他国家对传染病拯救事业的意图"。①

2. 民众反应

最初，日伪当局强制办理防疫注射遭到了抵制。1939年7月，"中华区"谣言四起，或谓无论男女均当街注射肛门、乳部、臀部，或谓注射后会绝嗣，或谓会变成哑巴。② 对此，伪警察总监局和伪卫生局先后登报澄清，"预防注射，在前党府时代，每年咸由市府照例举办，今竟以时局关系，一般愚民，听信至稽谣言，发生误会，相率视为戒途"，"此在往岁党政时代，每届暑期，亦必举行防疫注射一次"，以强调承袭前政府行为来缓解民众的不安和猜疑。③

猜疑导致对注射的观望和规避，从1939年5月至1942年7月，冒名代注和买卖注射证事件频频发生。④ 被查出后除补注外，伪造者将按伪造公章罪或扰乱防疫行政秩序定罪。⑤ 如1940年，汉阳防疫组注射处第20组书记傅孚民私窃注射证89张出售，为人揭发。⑥ 1942年，日伪警方又查获同丰里某号颜料商刘慕先、五金业同业公会主席林博斋等冒用伪造注射证明书。媒体对此指责："今乃有社会知识分子，竟作出此自暴自弃之举……不智孰甚。"⑦

日伪当局以饮食接客业与市民大众接触机会最多，对相关从业人员的检便极为严格。1941年1月由季检改为月检后，作伪事件频频发生。如老明记等食品店员工，以泥土混充粪便，被勒令停业三天。⑧ 汉景街242号

---

① 〔日〕富士由纪：《战时上海的霍乱预防运动》，余新忠主编《明清以来的疾病、医疗和卫生——以社会文化史为视角的探索》，第141页。
② 《社会局卫生科实行强迫注射》，《武汉报》1939年4月29日，第3版。
③ 《警监部注射注意事项，市府令社会局饬遵》，《武汉报》1939年6月6日，第3版；《兴亚声中，当局急起防范》，《武汉报》1939年7月5日，第3版。
④ 《转售防疫证无赖偿铁窗》，《武汉报》1939年5月29日，第3版；《中华区乞丐出卖注射证》，《武汉报》1939年7月13日，第3版；《伪造防疫证诈财被密查化妆破获》，《武汉报》1939年10月14日，第3版；《穷极无聊想入非非伪造注射证被获》，《武汉报》1940年5月16日，第3版；《法租界发现伪造防疫注射证》，《江汉晚报》1942年7月23日，第4版。
⑤ 《伪造防疫注射证，汉法院依法惩办》，《大楚报》1940年5月16日，第7版。
⑥ 《汉阳防疫组书记私窃注射证出卖》，《武汉报》1940年8月28日，第3版。
⑦ 《伪造防疫印章，饱偿铁窗风味，以身试法者当头棒喝》，《江汉晚报》1942年7月24日，第1版；《法租界小苏州食品店，为伪造防疫证接洽处》，《江汉晚报》1942年7月28日，第4版。
⑧ 《检便之弊》，《大楚报》1941年7月27日，第6版。

之普利商店，送验王、许二人粪便，同属一样。汉景街 177 号鲁顺泰饼店，检验所送三人粪便相同。① 4 月检便时，中山路 1141 号馒头店刘天钦，万安巷 83 号赵云记理发店赵云青，以他人粪便充混等。② 对防疫注射的猜疑因时局变动而起，但也有市民对人工免疫认识不足的原因："观本市之防疫注射与普遍种痘，且多须强而后者，足证尚乏卫生常识。"③

上述情况似乎在逐渐发生变化。1940 年 4 月以前，武汉市传染病院所收病人，完全系各机关强制收容，4 月 15 日天花病人雷细文自行来院，之后陆续自发来就诊者达 42 人，伪卫生局认为这是市民对防疫有了一定认识的好现象。④ 1942 年 10 月防疫注射期间，又有记者报道："市民本年均能自动前往就近各班请求注射与种痘，几每历一处，即挤满要求注射种痘市民，较之去年，市民规避防疫注射，直不可同日而语。"⑤

有意思的是，1944 年春，脑膜炎流行，"市民纷纷自动的做起预防工作来……在路上，差不多都可以碰到一些戴口罩的人"，不仅摩登女郎、文明学生戴着口罩，"还有一些小贩们，也戴上了口罩，一面叫唤着，而声音又透不出来，呜呜呜的弄得怪不好听。而且，挑着一副担子，带着口罩，不伦不类，弄得满不像一回事"。⑥ 在日伪殖民的高压政策下，武汉普通市民也逐渐接受了各种近代防疫措施。

抗战胜利后，在瘟疫易于流行的季节到来时或外地有疫情信息的报道后，汉口出现了学校、机关、团体及工厂等函请卫生当局前来为职工学生进行牛痘和霍乱疫苗注射的现象。⑦ 这在以往任何时期的资料中都未曾出现过，反映了某些群体的防疫观念确实有了一定提高。但如果注意到抗战胜利后种痘及接受霍乱注射人数整体上是锐减的，如 1947 年春，汉口的种痘率"恐不及十分之一二"，⑧ 就可说明，民众并未真正接受这些所谓的科学防疫措施。

---

① 《检验粪便严禁顶替搪塞》，《大楚报》1941 年 9 月 16 日，第 5 版。
② 《饮食接客业职工检便时发现伤寒菌》，《武汉报》1941 年 5 月 2 日，第 3 版。
③ 《关于举行卫生运动大会之管见》，《武汉报》1941 年 5 月 9 日，第 3 版。
④ 江华缙：《预防霍乱宣传周广播演讲词》，《大楚报》1940 年 7 月 19 日，副刊。
⑤ 《虎疫势焰未除，市民踊跃注射》，《武汉报》1942 年 10 月 8 日，第 2 版。
⑥ 《脑膜炎蔓延期中，口罩满天飞》，《武汉报》1944 年 3 月 15 日，第 2 版。
⑦ 《1946 年度防治天花》，武汉市档案馆：72-1-162。
⑧ 《种痘与防疫》，《大同日报》1947 年 3 月 24 日，第 1 版。

另外，据亲历武汉沦陷时期日伪殖民统治者的回忆，1939年武汉霍乱流行，日伪人员以"大兵之后必有大疫"为口实，掩盖占领初期"卫生无人过问，疫病蔓延极快"的事实。而全面封锁疫区、以粗暴方式对市民进行消毒和注射的根本原因，是"为免疫病传染给日侨"，以及避免传染给日军造成非战斗减员。① 另一口述者则认为，1943年秋武汉的霍乱是日军细菌实验所致，"1943年秋，日本人张贴布告，向市民收购老鼠、蚊子、苍蝇等。一些居民信以为真，到处捕捉以换钱补贴家用。就这样不久，爆发了名为虎列拉和登革热的瘟疫，死难者难以计数"。② 武汉沦陷时期爆发的重大霍乱疫情，其真正原因或有其他解释，但回忆者对疫源的猜度，也可说明武汉沦陷时期市民对殖民卫生统治的复杂认知。

3. 变通和改良

日伪在沦陷城市采取的极端防疫措施在技术和效能上虽为学者所认可，但也有一些措施，实际并未考虑执行的有效性和适用性。比如1939年发生霍乱疫情时，日伪军政当局要求市民及摊贩对蔬菜进行消毒，一般民众既无相关知识又无经济能力，无法做到。而禁止粪便外运，不仅影响了民间粪业，疫区还无足够场地消纳大量排泄物。1944年，脑膜炎流行时日伪卫生当局劝导市民以盐水漱口，这在实行食盐管制的沦陷区很难施行。③

武汉日伪卫生当局的防疫措施在实践中根据三镇实际情况，也有所调整。如对逾期不注射者，原拟以妨碍公共卫生罪拘局罚办，因不具可操作性，执行时只能采取送卫生队补注。④ 鉴于1939年霍乱起因于饮用不洁水源，伪卫生局曾下令禁止居民饮用江河之水和井水，但武汉市江岸地方并无自来水装置，伪卫生局只得变通为允许将江河水以白矾过滤，煮沸后饮用。⑤ 是次霍乱期间，日伪当局曾规定发现霍乱地段须停止饮食业，但考虑到一部分人因此失掉生业可能会演变为社会问题，日方长野中佐建议，由西村部队对饮食从业人员予以检验，疫情缓解时无毒无菌者即可及时恢

---

① 秦特征：《日军在武汉的罪行》，《武汉文史资料》2005年第8期。
② 张国基：《我曾是日寇的精神虐待试验品》，《武汉文史资料》2005年第8期。
③ 《脑膜炎蔓延期中，口罩满天飞》，《大楚报》1944年3月15日，第2版。
④ 《市民注射限期届满，检无注射证者，一律拘局予以罚办》，《大楚报》1940年6月16日，第7版。
⑤ 《汲饮江河水，卫局拟定变通办法》，《大楚报》1940年5月31日，第7版。

复营业。① 因为严防霍乱的关系,日伪当局还曾严禁在街头摆摊卖冷饮,但考虑到骤然一律禁止,将使失业人数激增,因此决定有选择性的取缔,使经营凉食者也可以从容改业。② 另外,三镇的举措也有所区别。比如,汉口为预防时疫对屠户实行统制,③ 而汉阳则准许私宰。④

三 沦陷时期武汉的日常卫生管理

瘟疫重在平时预防,也即包括医疗救济、传染病管理、环境卫生、妇婴卫生、学校卫生、医药管理、卫生教育、生死统计等在内的日常卫生管理。如果日常卫生管理严格的话,那么,"最显著的就是,减少疾病死亡,改善国民体格,延长人民寿命,增进工作效率,充裕国家经济,充实国防力量,直接能保障民族的健康,间接能促进国家的建设"。⑤

1. 环境卫生管理

沦陷时期汉口街道清扫和垃圾清运归伪卫生局管理,相应取缔事项由伪警察局协助,沟渠疏通则由伪工务局负责。1940年2月,伪卫生局从伪社会局接收清洁事务所五所及车马运渣所,并将清洁卫生所改为卫生事务所,招考了若干卫生员,经公共卫生人员养成所训练后分配至各所工作。⑥ 另由各处业主共同雇人管理里巷卫生,管巷人受保甲及警察署、卫生事务所卫生员监督,负责巷道、沟渠以及明沟、便池、厕所的疏浚、洗刷、打扫和损坏报告,以及各里巷尘芥箱的保管,并监督及纠正居民乱倒垃圾的行为,监督各里巷倒粪的时间和地点等。⑦

国民政府所设垃圾箱,因用时过久及战争毁损,大多已破旧不堪。伪卫生局要求各商店住户自备小型木质渣箱一口,集聚尘芥,再由卫生事务所派清洁夫于每日上午10时至下午4时摇铃搜运。⑧ 街道垃圾箱则由卫

---

① 《员工检便统计》,《武汉报》1941年6月22日,第3版。
② 《贩卖清凉饮食业者可从容另谋生计》,《武汉报》1939年8月1日,第3版。
③ 《断绝私宰,宰户汤锅,一律拆除》,《武汉报》1939年6月2日,第3版。
④ 《汉阳屠户,暂行自宰》,《武汉报》1939年6月21日,第3版。
⑤ 《卫生行政简单吗》,《健康导报》1947年4月16日,第1版。
⑥ 《市卫生局今日起接收清洁事务所》,《武汉报》1940年2月1日,第3版。
⑦ 《取缔各里巷管理人,市府实施新订办法》,《武汉报》1940年8月21日,第3版。
⑧ 《搜运市区垃圾每日摇铃一次》,《武汉报》1940年12月22日,第3版。

局负责添置，1940年添置固定尘芥箱200个，铁筋洋灰尘芥箱124个，设于各个街口。①

垃圾原由车马运渣所统一运往城外堆积，此方式难以消纳数量众多的生活垃圾，因此1940年伪卫生局招募罗福记在汉市建成垃圾焚毁厂五处，即第一卫生事务所在操场角空地，第二卫生事务所在延寿桥左侧空地，第三卫生事务所在府西四路水淌空地，第四卫生事务所在铁路外熊家台，第五卫生事务所在铁路外惠民桥水淌。②

"武汉自事变后，马路上灰尘满积，尤以汽车多如过江之鲫，每值车马驰过，则尘头飞起，有如大雾，虽经清道夫竭力扫除，仍属无效，行人咸感不便。"鉴于此，1941年伪卫生局聘用某公司制造马车8辆，每辆造价日金千元以上，③又有日军某部赞助军马20匹，组成洒水马车队，此外，汉口配备了6辆洒水车，以为街道洒水压尘。④

1941年伪卫生局办理春季大扫除运动时，局长王大德曾宣称："本市自事变以后，各街巷堆积渣滓很多，经去年春秋两季之扫除，业已搬除净尽，各住户平常所出渣滓，亦逐日照常搬扫无余，所以这次扫除，特别注意各家室内清洁。"⑤ 由此可知，汉口市环境卫生自1940年秋季已进入日常管理程序。

在公私厕所及便池的管理方面，1940年内先后添建公厕12所，又订立私窖登记规则和管理改良办法，由卫生事务所负责监督执行。对私窖较多、最为污秽的"中华区"，伪卫生局饬各私窖主成立粪窖清理事务所，自行整理改进。⑥

时人对沦陷时期伪卫生局工作的批评，主要集中在环境卫生管理上。舆论认为伪卫生当局的清洁工作存在偏重外表的弊病，"大马路上还像回事，中华区和偏街小巷就别有天地"。⑦ 1943年大扫除后，也有市民反映，大水四巷垃圾、炭渣、粪便等堆积如山，"此次全市大扫除，业经数日，

---

① 王大德：《一年来本市卫生行政之回顾》，《大楚报》1940年4月20日，第9版。
② 《全市将建五所垃圾烧毁厂》，《武汉报》1940年12月28日，第3版。
③ 《市卫生局定制洒水马车》，《武汉报》1941年1月2日，第3版。
④ 《防止尘土飞扬，置备洒水车》，《武汉报》1940年7月24日，第3版。
⑤ 王大德：《春季大扫除市民注意事项》，《大楚报》1941年4月1日，第3版。
⑥ 王大德：《一年来本市卫生行政之回顾》，《大楚报》1940年4月20日，第9版。
⑦ 《且说卫生》，《大楚报》1941年4月26日，第3版。

复不及此"。① 公厕肮脏也为时人诟病，有人指出，"汉口有数的几个公共厕所里，简直难找到几个是干干净净的"。② 原因是卫生局监管不力，"厕所筑成的前几天，内部装设，油漆全部一新，清洁无比，兹后因缺乏公役打扫，于是厕所之内，破坏不堪一言，门板脱落，玻窗敲碎，粪便各成一堆，臭气冲鼻难挡"，建议效仿战前做法，雇佣香烟摊贩负责厕所清洁。③

抗战胜利后，人们对武汉沦陷时期卫生管理批评最多的仍是环境不清洁。"日本人实在太脏了，七年来的垃圾，他们大概从来没有扫除过，所以现在到处都可以看到一堆堆的垃圾和一群群的苍蝇。"④ 如前所述，实际上伪卫生局在街道清洁问题上并非全无建树，抗战胜利后武汉三镇垃圾充斥，有伪卫生局后期管理松懈以及收复时空袭轰炸的原因，而主持战后重建者也有不能推卸之责，"汉口垃圾粪污等类，在敌伪盘踞时期，就已充斥街头，生蝇造蚴，作恶多端。胜利之后，此类秽物，又得天独厚，安然健在，且有改头换面特别繁荣模样"。⑤

2. 饮食物管理

饮食可谓是市民生活须臾不可离之事。饮食的售卖，涉及城市公共卫生。因此，日伪统治武汉时，也非常重视对饮食物的管理。

汉口的夏季，空气闷热而滞重，冷饮业格外发达，汉口因此而被戏称为"冰棒市"，然而其冷饮质量却十分堪忧。1940 年，伪卫生局对市面出售的冷饮进行抽查，结果冠生园、复兴、华达、云记四家所制 10 种果露，仅冠生园一种尚属合格，"其余各种均含细菌太多，品质不良，贮露之瓶，尤不清洁，均不适于饮用"，上述食品商因此遭到查封。⑥ 冰品品质相对被认可的是冰淇淋，1941～1942 年，美的和元记两厂出产的冰淇淋经受住了日军利根部队的检验，获准营业。⑦ 水晶宫、浣花、松鹤、普利等厂的制

---

① 《大水巷垃圾成堆，大扫除未蒙光临》，《大楚报》1943 年 12 月 4 日，第 4 版。
② 《公共厕所的卫生问题》，《大楚报》1943 年 1 月 19 日，第 2 版。
③ 《公共厕所》，《大楚报》1941 年 3 月 7 日，第 4 版。
④ 谢冰莹：《新生的汉口》，《和平日报》1945 年 11 月 30 日，第 4 版。
⑤ 东方怪：《当心虎疫》，《汉口报》1946 年 7 月 19 日，第 3 版。
⑥ 《严禁妨碍卫生果露》，《武汉报》1940 年 11 月 11 日，第 3 版。
⑦ 《汉口特别市卫生局民国三十年四月份重要工作月报表》，《汉口特别市政府社会、财政、教育、公用、工务、卫生等局重要工作月报表》，武汉市档案馆：8 - 566 - 1；《汉口特别市政府成立四周年市政概况》（1943 年），武汉市档案馆：bB13/7。

造设备也达到合格要求。1943年8月,伪卫生局的月报显示,本月清凉饮食品检验合格一户,计冰淇淋一种。①

冷饮中最廉价、最畅销的是刨冰,其制作只需一刨一架,几盏玻璃杯,几块冰砖;成本低、营业盛。1942年夏季,汉口仅后花楼华清街及新市场附近,即有93家之多。但刨冰最不卫生,因其冰料多为天然冰,另添加糖精等有毒素的原料。② 酸梅汤也是一种颇受普通市民欢迎的夏令平价饮品,30年代由北方南迁者带到武汉,1936年汉市开始将酸梅汤纳入清凉饮料登记品种,但实际推行可能效果不佳,如1941年时,相关营业者"皆抗旨不呈请登记检验,自由发卖"。③ 刨冰、酸梅汤等平价饮品,无固定制作场所,售卖流动性强,监管难度大,即使在抗战胜利后的复员时期,武汉卫生当局也未能实现完全严格的监管。

肉类食品是这一时期卫生当局食品监管的另一重要对象。1940年7月,汉口市屠宰场的一份病畜检验单显示,肺充血、胃肠炎、肺脏炎为待屠宰猪、牛所患最主要疾病,此外有些猪、牛还患有囊虫病等对人体有极大危害的寄生虫病。上述检验结果显示了加强肉类饮食检病的必要性。然而,此前汉市屠宰场一直隶属财政局,便于征税是建立屠宰场的重要原因。1940年10月,出于卫生检查的需要,屠宰场转由卫生局办理,反映了关注点从财政税收转向食品卫生的根本性变化。④

3. 其他卫生管理

武汉沦陷时期,日伪当局为维护城市公共安全,保障驻汉日军及日侨的身体健康,对医药资格审查、妓女性病检治、市民卫生教育等方面也有着力。

(1)医药审查

武汉沦陷前,国民政府所办医院全部西迁,私立医院或停办,或转入租界应诊。教会医院中普爱医院继续营业,协和医院、天主堂医院则为日

---

① 《汉口特别市政府卫生局工作报告》(1943年8月),《汉口警察局、财政局、工务局、教育局、卫生局、经济局、粮食局、社会福利局的工作报告》,武汉市档案馆:8-569-1。
② 《告嗜冷饮者》,《中国晚报》1948年8月15日,第2版。
③ 《汉口特别市政府卫生局民国三十年五月份重要工作月报表》,《汉口特别市政府社会、财政、教育、公用、工务、卫生等局工作月报表》,武汉市档案馆:8-566-1。
④ 王大德:《一年来本市卫生行政之回顾》,《大楚报》1940年4月20日,第9版。

军接办。沦陷时期，根据伪卫生局的调查，1939年底时武汉计有医院诊所40余家。① 沦陷前武汉有88家药房，因西迁和战乱歇业，沦陷初期武汉仅存19家药房。1940年虽恢复到83家，但多数资本较少。中西药品因来源不畅，美药停售，德药断源头，唯日药大肆倾销，1939~1943年，每年汉口输入的日药达40万日元之巨。一些奸商趁机滥制成药，甚至制配假药。②

为保障市民医疗安全，伪卫生局恢复了战前的医药从业资格审核制度，加强了对假冒药品的取缔。③ 1939年6月，日伪卫生当局组织成立中医审查委员会，对中医从业人员进行考核。④ 同时，对未经审核的医药从业人员进行处理，中医康明达等10名，医师严少怀等4名，助产士武健杰等3名，镶牙生等6名及中药商60家，梅神父医院1所，均因未遵章注册领照被通报。⑤ 但总体上，上述医药审查仅限于华人，对在武汉行医的日本人以及日本药商、药店，如重松药房等，伪武汉卫生局并无管理之权。

(2) 妓女检治

时局巨变下社会畸形的发展，受经济环境压迫，从事娼业者明显增多，"根据非正式统计，本市花柳病者之指数，已远较战前为高。治标除厉行禁止私娼活动外，即为按期施行验毒"。⑥ 汉口市妓女检治所成立于1940年5月12日。妓女按等级确定月检次数，检查内容包括一般检查和局部生殖器检查、血清检查、细菌检查等项，轻者门诊，重者住所治疗。对沦陷时期妓女检治工作，张超在《民国娼妓问题研究》中总结为重视检治、务实高效。不过，他同时指出，服务于军政人员的性需要，防止花柳病传染，是伪武汉特别市卫生局重视妓女检治的主因。冯武在《1950年代武汉娼妓改造研究》一文中，补充了日伪检治妓女还有虚构社会繁荣假象以及保证市府妓捐税收的两个目的。

但客观来讲，30年代各城市的废娼运动已陷入困境，曾担任汉口传染

---

① 《本市中西医业勃兴，医院诊所四十余家》，《武汉报》1939年12月3日，第3版。
② 刘明森主编《武汉医药行业志》，中国医药科学出版社，1991，第92页。
③ 《成药需经化验，卫生局将取缔假冒药品》，《武汉报》1944年7月17日，第2版。
④ 武汉地方志编纂委员会编《武汉市志·卫生志》，武汉出版社，1993，第537页。
⑤ 《医药业从业人员，卫生局分别取缔》，《大楚报》1941年3月26日，第5版。
⑥ 《本市私娼问题，希望当局设法改善》，《武汉报》1940年2月1日，第7版。

病院院长的张运汉即譬喻，"便池之不能尽去于屋宇，犹妓女之不能禁绝于社会，昭然明矣"。①伪卫生局承认并检治公娼，一定程度上也是对战前国民政府消极抑娼政策的继承。另外，据冯武的考察，抗战胜利后武汉和娼妓有关的政策，"从内容上，我们明显得看出有伪政府时期政策的模仿痕迹，在很多规定上甚至存在着惊人的相似"。②对汉口沦陷历史的考察中，娼妓问题既是社会问题又是政治问题，对卫生局的妓女检治工作，如何在民族情感、社会道德及公共健康三者之间获得一个相对中肯的认识，还需要我们将之放在民国甚至整个近现代史中去考量。

（3）掩埋浮棺露尸及火葬

露尸主要有因病冻饿以及受灾而死的无主人员，1940年伪汉口市政府曾设尸棺掩埋委员会，专司掩埋尸棺及打捞浮尸各事。鉴于尸棺掩埋会办理不善，为节省经费，1941年1月，尸棺掩埋委员会并入车马运渣委员会，③尸棺掩埋相关事务归并运渣车马管理处办理，并将该处改称运埋事务所，设打捞处，打捞江、汉两水浮尸。1941年，共计掩埋尸棺6117具，打捞江汉浮尸117具。④

受"身体发肤受之父母，不敢毁伤"观念的影响，传统中国形成入土为安的风俗，火葬仅在佛教界和部分少数民族存在。近代传染性瘟疫的频发以及西式防疫制度的传入，火葬进入卫生管理的视野。战乱后的武汉，市民往往在市区附近随地土葬，甚有暴露尸棺者。倒毙及溺毙之尸体被收集后，初由卫生局指派医师检查，各卫生事务所消毒后，运往汉阳仙女山公墓掩埋。⑤1942年7月火葬场建成后，尸棺即改用火葬。同时卫生局订有火葬规则，接受市民申请火葬，并且因传染病死亡者可免费火葬，无主尸棺可随时送往火化。从火葬场开幕至是年底，共计焚化尸体5009具，其中市民申请者20具，传染病死者105具，其余都是无主尸棺。⑥虽经市政

---

① 张运汉：《对于妓女问题之商榷》，《卫生月报》第2期，1929年。
② 冯武：《1950年代武汉娼妓改造研究》，华中师范大学硕士学位论文，2008，第35页。
③ 《市尸棺掩埋会裁撤》，《武汉报》1941年1月6日，第3版。
④ 《1941年汉口市掩埋尸棺及打捞浮尸》，《汉口特别市政府三周年市政概况·卫生》（1942年），武汉市档案馆：bB13/6。
⑤ 《路倒死尸，数字惊人》，《武汉报》1941年12月6日，第3版。
⑥ 《汉口市1942年火葬与浮尸露棺处理》，《汉口特别市政府四周年市政概况·卫生》（1943年），武汉市档案馆：bB13/7。

当局以卫生、节约提倡和宣传,①但实际可见市民对于火葬还普遍缺乏认识。

(4) 卫生教育

清洁运动始于北伐时的武汉,为适应节令和气候,一般在夏秋各举行一次。时人将中国人口死亡率的增高,归因于政府没有提倡卫生运动。②沦陷时期,汉口的卫生主管者即以"由个人卫生讲求,推而至于社会各阶层对于卫生方面之自动改善,无为而治"作为推行卫生运动的目标。③

1939年,伪武汉卫生局曾举行全市清洁扫除运动,历时10天,将市区内陈积及新倒垃圾除扫尽净。1940年又开展了霍乱宣传周活动,呼吁市民注意夏季卫生。不过,伪汉口市卫生局长王大德认为,"以上两种运动,不过是为一种最必要最紧要的事情来向市民宣传一下,提倡提倡而已"。为尽快提高民众公共卫生意识,伪汉口市卫生局特于1941年举行卫生运动大会,大力宣传"卫生运动是复兴民族的一种运动,要生活向上就要热烈参加卫生运动,要作现代的国民就要切实负起卫生运动的责任;卫生运动是一切社会运动的基础,须集中各个人的力量来转移社会恶浊风气;卫生运动要用科学知识破除一切坏习惯"等,以此教育市民应重视公共卫生。④

不过,"一般民众,终年终日,逃难流亡,其所得之少许能见诸行动的卫生知识,早已付诸东流"。⑤战前黄金十年经卫生界、教育界专家的倡导,本已逐渐在武汉市民心中萌生的近代日常卫生观念因为战乱而淡漠。沦陷初的几年,虽在形式上恢复了卫生教育运动,但战时状态下,也仅是虚应故是,难以深入推进。

(5) 卫生统计

这一时期,伪卫生局继续办理战前各项统计,并不断细化和制度化,如"特制定市民生死统计规则,及出生死亡证、死产证、死亡诊断书,于二十九年五月公布施行,并由警察局转饬各分局随时分别详查"。⑥

---

① 《市卫生局提倡火葬》,《武汉报》1944年1月18日,第3版。
② 《市卫生运动大会化妆游行预演颇佳》,《武汉报》1941年5月4日,第3版。
③ 《市卫生局三十年度施政方针概述》,《大楚报》1941年1月31日,第4版。
④ 《市卫生运动大会化妆游行预演颇佳》,《武汉报》1941年5月4日,第3版。
⑤ 《民族健康运动中谈卫生教育》,《华中日报》1946年9月30日,第6版。
⑥ 王大德:《一年来本市卫生行政之回顾》,《大楚报》1940年4月20日,第9版。

四　武汉沦陷时期卫生管理的殖民性和市政属性

1939～1945年的武汉卫生管理，是武汉近代卫生行政发展史上的一个特殊阶段。该时期内武汉卫生行政由日本控制，伪政府负责执行，因而，维护日本在华统治的殖民性和"以华治华"保持城市发展的市政属性并存。武汉沦陷时期的卫生管理从整个卫生行政发展脉络上讲，也因其特殊性而更为复杂。

与京津及上海等城市在抗战初期陷落即由日军直接管控，以致卫生措置多是应急性的暂时行为，在费资巨大的卫生试验所、医院及学校卫生等方面几无建树不同，日军进入武汉后，中日战争已进入相峙阶段，日本调整战争策略，主要通过扶植伪政权"代管"来占领城市，因而伪卫生当局，尤其是伪汉口特别市卫生局在卫生基础建设工作方面显得相对积极。伪汉口市卫生局长王大德曾自豪地称，该局虽处于社会环境及人力、财力种种困境中，"然仍于无法之中，打破困难，首于市立医院、传染病院、妓女检治所等，力求设备之完善与健全，计实用于设备方面者，仅市立医院开办费约500,000元，每月经费平均约40,000元，至传染病院开办费2,454元，改造院舍费11,000元，每月经费5,590元，细菌研究所开办费289,000元，其余妓女检治所及各卫生事务所经临等费，尚不在内"。① 经过一系列基础的建设，汉口卫生事业"种种均略具规模，是故事变后八年来之卫生基础均以此确立矣"。②

当然，日伪当局卫生行政上的举措以维护殖民统治为出发点，客观上的发展难以掩盖其根本的殖民性质，王大德在抗战胜利后对自己在大是大非上犯的错误追悔不已："岂知敌人欲灭我整个民族，何爱我一市人民，特借此（防疫）慈善事业之名，以行其麻醉政策之实。"③ 此也正如罗芙芸所指出的，日伪在沦陷区的防疫政策主要出于理性的考虑，"与保证城里每个人喝上没有病菌的饮用水相比，为成千上万人接种霍乱疫苗对日本军

---

① 王大德：《武汉特别市防疫卫生设备之过去与现在的比较观》，《大楚报》1940年7月17日，第7版。
② 《湖北省高等法院汉奸更审》，湖北省档案馆：7-3-2769。
③ 《汉奸王大德》，湖北省档案馆：7-5-344。

队而言是一项更为简单的计划"。① 不过，伪卫生当局的中国从业者与红十字会等慈善团体参与卫生事务，其出发点也很复杂。王大德在自我申辩时称，担任伪职一是为敌所迫，二则在倾城之后，作为医生，他以职业技能为市民生存和市政发展做了一些事情，这些事情并无害于国家和人民，甚至，在相关卫生问题上，通过与日军协商，也尽量为市民争取到了一些变通办法。② 三年刑期是这位卫生局长为自己的根本性错误付出的代价。

日本对武汉殖民统治的残酷任何时候都应铭记，沦陷给武汉卫生事业带来的曲折和打击是巨大的。抗战胜利后的调查显示，武汉卫生事业在战争中元气大伤，战前十年黄金时代汉口积累的卫生建设成果被消耗殆尽，大量的医务人员逃离，汉口市立医院、天主堂医院、梅神父医院、普爱医院、协和医院等医院的房屋、设备多为战火摧毁，人们原来积累的一点近代卫生观念也因乱世而漠然。不过，从武汉卫生发展脉络看，这一时期卫生管理的某些技术性和物质性的成效还是应该承认的。具体来讲，公共卫生人员养成所训练卫生行政技术人员，如药剂士，"实属创举，成绩斐然"；③ 抗战后以上伪职人员被剥夺公职，但一般技术人员仍予留用。传染病院在战前为临时性质，1939年12月伪卫生局在汉正街清远巷，建立了常设的传染病院，并将其定为法定传染病的唯一治疗机构，"汉口之有传染病隔离医院当以该院为矫矢"。④ 另外，由于1945年登革热流行，伪市立医院的工作一直未曾中断；屠宰场转由卫生机关管理，实现了管理目的的根本性转变。卫生管理上，沦陷时期的妓女检治比抗战前增加了治疗的步骤，抗战后在治疗上更切实。瘟疫预防上，从疫苗注射到疫情报告、疫情调查、隔离消毒、患者检验、治疗及愈后复检，实现了防疫的程序化。抗战胜利后，省卫生处长兼汉口市卫生局长卢镜澄接收了大量日伪卫生物资，明细列诸档案。⑤ 可以说武汉卫生的复员建设，一定程度上是在"用

---

① 〔美〕罗芙芸：《卫生的现代性》，向磊译，江苏人民出版社，2007，第300页。
② 《湖北省高等法院汉奸更审》，湖北省档案馆：7-3-2769。
③ 《卫生人员所药剂士班本月九日毕业》，《江汉晚报》1942年6月7日，第4版。
④ 《修建传染病院开始兴工》，《武汉报》1939年5月29日，第3版。
⑤ 《湖北省政府复员工作报告》（1946年2月），《新湖北五年建设计划》，湖北省档案馆：18-3-163。抗战后在接收物资分配上存在弊病，如原卫生试验所器械等划归省医学院和省卫生处，汉口市卫生试验所和市立医院在重建后都没有培养细菌的设备和化验药品的能力，检验饮食物的设备也不足，这和沦陷时期先进的化验设备和技术形成反差。

敌伪的物资，来建设新的湖北"。①沦陷时期，对武汉来说是一段难言的伤痛，正视历史，不仅需要追记城殇，更要反思过往，如此方能避免再遭苦难。

作者：路彩霞，湖北省社会科学院文史研究所

① 《用敌伪的物资，来建设新的湖北》，《华中日报》1945年11月11日，第3版。

改革开放后中国城市雕塑的发展
——以京、津、沪、渝为例

王 鹤

内容提要： 中国城市雕塑在改革开放以后获得空前发展，鉴于直辖市的建设情况更具代表性，本文对北京、天津、上海和重庆四大直辖市做个案分析，进而梳理中国现代城市雕塑的发展脉络及其存在的问题，以期从一个侧面反映改革开放后中国城市面貌。

关键词： 改革开放　城市雕塑　直辖市

在当代中国，城市雕塑主要指室外开放空间中的雕塑艺术形式。这一称谓本是中国独创，同类雕塑在国外通常对应为公共雕塑、环境雕塑等。城市雕塑这一称谓的出现与普及，从一个侧面说明了中国城市雕塑的大规模发展与城市化进程的联系比许多国家更为紧密。因此，不在城市史的视野中去考察中国城市雕塑的演进几乎是不可能的。在中国诸多城市中，京、津、沪、渝四大直辖市不但具有雄厚的经济实力，还拥有开阔的国际视野和雄厚的人才储备，因此在城市雕塑发展的质与量上都处于国内领先地位。同时由于直辖市的雕塑主管部门可自行制定城市雕塑发展计划并拨付预算，因此发展步幅较大，在中国城市中具有代表性意义。以这四大直辖市为视角观察中国现代城市雕塑发展的规律，既是对以时间线进行观察的凝练和升华，又能够集中反映中国城市雕塑发展中存在的问题，以便提出有针对性的解决方案，进而提升中国城市雕塑建设水平，繁荣人民精神文化生活并强化中国文化软实力，为中华民族伟大复兴做出贡献。

一 北京： 先行者与资源集中

作为中华人民共和国的首都，独一无二的政治地位使得北京市在发展城市雕塑上能够得到相对雄厚的资金支持，同时很多带有国家意志的大型城市雕塑项目会落户北京。与此同时，北京还坐拥历史悠久的中央美术学院和许多经验丰富的雕塑家，以及与海外文化界广泛交流的机会。因此从新中国成立到改革开放的近30年间，北京无疑是国内大型城市雕塑数量最多，建设规模最大的城市。倾全国财力、集全国雕塑精英智慧的《人民英雄纪念碑》浮雕、农展馆大型组雕等都是其中的代表。

1982年，北京和上海被中央批准为最早开展城市雕塑建设的两个试点城市，因而在新时期的城市雕塑建设领域也走在全国前列。首都城市雕塑艺术管理小组成立后，一大批早期城市雕塑开始出现于北京市各类公共场所中。其中，正义路小品雕塑是北京最早实施的城市雕塑项目，参与的艺术家有曹春生、司徒兆光等，一系列兼具传统美感的小品雕塑设置于绿地中，呈现出与环境结合的初步倾向。今天看来这些作品可能并不出众，但在初创时实可谓开风气之先。从此之后的30多年间，北京城市雕塑大致按照以下几条主线发展并取得今天的成绩。

1. 大体量城市雕塑在城市要冲的早期尝试

在经过早期"边边角角练兵"方针之后，新成立不久的首都城市雕塑艺术委员会制定了更具魄力的"占领要冲，当仁不让"的方针，一批意义相对重要的城市雕塑开始在重要的城市节点建设，最早的一件就是由著名雕塑家潘鹤、王克庆、郭其祥、程允贤合作创作的位于长安街复兴门的《和平》。在表现全民族共同纪念主题方面，大型城市纪念碑群《卢沟桥抗战纪念碑群》取得了相当高的艺术成就。这是以青铜铸造的多座纪念碑组合而成的超大型组雕，悲壮苍凉，气势雄浑，具有较高的艺术价值。这些作品由于题材富有历史感，形式上兼具现代性和民族性特征，因而成为北京城市雕塑的地域特征之一，在全国范围内也具有一定代表性。

2. 人像雕塑的发展与公共艺术的早期尝试

青铜铸造的具象人物雕塑是中国雕塑界具有坚实基础的创作种类，

因此在北京的现代城市雕塑建设中，这种传统艺术形式的效果也得到最大限度的发挥。1990年前，北京开展了一系列在政治、文化领域具有突出贡献的人物雕塑创作，包括政治家《孙中山像》（北京中山公园）、《李大钊像》（李大钊陵园），文化、艺术、教育界人士《蔡元培像》（北京大学）、《闻一多像》（清华大学）等。这一系列人像雕塑创作完善了北京市公共环境的人文氛围，起到了纪念革命先辈和弘扬革命文化精神的社会功用。

1995年以后，北京也开始在公共艺术范畴内开展人物雕像创作，其特点是以普通人物为表现对象，以工作、学习中的瞬间为场景，作品设置于开放性的公共空间，以拉近公众与艺术的距离。其中的代表作就是1999年设置于著名商业街——王府井大街的《艺人》，建成后即成为游人合影留念的知名场景。相对于深圳市的早期公共艺术《深圳人的一天》，北京市在公共艺术早期建设中的思路相对传统，这显然与北京作为政治中心的地位密切相关。

3. 大型运动会的拉动作用

作为首都，北京市得到大型活动举办权的次数无疑在国内城市居于前列。1990年亚运会和2008年奥运会在北京的举办，为这座城市留下了丰厚的文化遗产。其代表就是亚运村雕塑群和奥林匹克中心雕塑群。从早期由北京雕塑工厂创作的《熊猫盼盼》开始，此后，从完全具象的《遐思》《小憩》，到半抽象的《接力》《斗牛》，再到完全抽象的现代派雕塑《动律之韵》等，都出自这两届大型运动会。北京的成功经验证明，对中国这样一个既缺少城市雕塑传统，也相对缺少雕塑艺术自觉的国家来说，大型运动会对雕塑建设的拉动作用非常明显，并将在中国城市雕塑建设制度高度完善和实现初步艺术自觉之前继续发挥作用。

4. 管理机制等基础工程的建设

城市雕塑建设中，建设制度和后期管理维护是看不见的基础工程和软性因素，对城市雕塑的科学发展起着至关重要的作用。北京由于城市雕塑建设起步较早，因此也就更早面临管理不规范导致劣质城市雕塑出现的状况。为此，北京市规划委员会于2004年4月发布《关于开展北京市城市雕塑普查的通知》，并进行了为期7个月的调研。调研结果显示，至2004年底，"北京拥有城市雕塑1836座，10米以上的大型城市雕塑作品139座，标志性的有 47 座。其中，15 座城市雕塑被评为最差"。① 一部分未经过审批的北京城市雕塑已经被拆除。相关的经验也已经为其他省市汲取。

同时，在调研结果的基础上，北京市规划委还公布了 2004～2014 年《北京市十年城市雕塑发展规划》，强调要在遵循北京城市总体规划的基础上，"以南北轴线为经纬，六大区域为构架，形成多辐射、多层面的城市雕塑体系"。② 这是北京城市雕塑发展与规划紧密结合的标志，虽然在国内晚于深圳、长沙、上海等城市，但从近年的情况来看在避免重复建设、提高城市雕塑质量方面依然取得了不小的成就。

5. 问题与思考

综上所述，出于资源集中等原因，北京市在改革开放后的中国城市雕塑发展中占据"开风气之先"的地位，多方面的尝试与多年的快速发展不但丰富了北京城市雕塑的种类和面貌，还为国内其他城市摸索出了一定的经验。

但是，北京城市雕塑经过将近 30 年的快速发展，已经显露出总体数量较多，未来建设空间局促的问题。一个数据的变化能很清晰地显示北京城市雕塑的发展趋势，如上文所示，北京市 2004 年第一次城市雕塑普查时拥有城市雕塑 1836 座，而根据北京市规划委员会的最新数据，在 2012 年第二次普查时已增至 2512 座。③ 这两个数字的对比显露出近年来北京城市雕塑发展速度已经相对放缓，进入更注重质量，更关注与城市总体发展相融合的新阶段。

二　上海：追赶者与体制创新

上海是中国清代最早开埠的城市。由于存在外国租界这一特殊的社会政治现象，它比国内大多数城市更早接触到现代城市雕塑的脉搏。第一次世界大战结束后，上海公共租界工部局和欧美公众捐资兴建了带有典型希

---

① 王丽辉：《北京城市雕塑普查报告：城雕将步入有序规划》，《中华建筑报》2004 年 12 月 31 日。
② 王丽辉：《北京城市雕塑普查报告：城雕将步入有序规划》，《中华建筑报》2004 年 12 月 31 日。
③ 殷双喜等：《"十大丑雕"引发的热议与思考》，《中国美术》2013 年第 2 期。

腊风格的胜利女神像，基座上镌刻了所有从上海启程并最终牺牲在第一次世界大战战场的士兵的姓名。但该作品和大多数同类欧美作品都在日本1941年侵占上海后被拆除。因此1949年新中国成立后，上海虽然经济发达，社会发展水平较高，但其实是在相对空白的基础上开始进行城市雕塑建设的。出于多种原因，上海城市雕塑领域长期处于缓慢的发展状态。"1989年有关机构曾就上海城市雕塑现状进行普查，发现全市在1949年至1979年的三十年中，只建造了40余座室外雕塑。"[①] 上海现代城市雕塑发展的分水岭是2004年城市雕塑规划的颁布。因此下文将从2004年之前与之后两个部分论述上海的情况。

1. 1979~2004年城市雕塑与公共艺术的平稳发展

在传统写实人物肖像方面，上海拥有丰富的政治、历史、人文题材和深厚的创作资源。中国文化名人方面最具有代表性的是位于虹口公园的《鲁迅像》（作者萧传玖），外国文化名人肖像中最知名的当属1987年落成于上海市岳阳路的《普希金》。1993年落成于外滩的《陈毅像》（作者章永浩），因为纪念对象的知名度与位置的重要性而拥有极高知名度。

部分来自广州、北京等雕塑创作发达城市的雕塑家，对上海城市雕塑如何继承传统和突破创新做出了贡献，有代表性的当属广州美术学院雕塑家潘鹤创作于上海龙华烈士陵园的半抽象作品《英雄少年》《无名氏》等。与前者的肃穆相比，北京清华美术学院雕塑家李象群1994~1997年于上海体育场主题花园创作的《永恒的旋转》在造型手法上就显得更为活泼和国际化。

在形式抽象的不锈钢雕塑方面，上海也紧跟时代步伐，1990年落成的《五卅运动纪念碑》《玉兰印象》《韵律》《创世纪》等都是同时期中国大陆抽象雕塑的代表作。上海国际体操中心的《结》（作者余积勇）由于形式新颖更是获得了较大的知名度。

上海对公共艺术形式的探索与广州等城市基本开始于同一起跑线上，创作于1999年的《打电话的少女》（淮海中路，作者何勇）就是开风气之先的此类作品，深得市民喜爱，可惜于2000年被盗。

[①] 朱鸿召：《上海城市雕塑的现状与出路》，《建筑与文化》2006年第3期。

2. 2010 年上海世博会的拉动作用

与北京举办 2008 年奥运会的意义相仿，2010 年在上海举办的世界博览会成为快速提升上海城市雕塑总体水平的机会之一。世博会雕塑项目采用了相对新颖并与国际接轨的建设方式，即面向全球的方案征集、策展人制度的引入、永久性与非永久性作品的结合等。国家招标活动由上海世博会事务协调局和上海城市规划管理局主持，由选出的策划团队根据世博会相关主题、设置环境来决定雕塑主题以及聘请何种风格的艺术家具体实施。方案征集吸引了来自美国、法国、意大利、俄罗斯、澳大利亚、古巴、日本等国家艺术家的注意，招标方案包括主要出入口雕塑、雕塑艺术长廊、雕塑广场和沿江雕塑景观带四个项目，总数为 200 件左右。实际上，在 2010 年 4 月世博园区雕塑落成时，总数明显少于 200 件。总体而言，上海世博会雕塑的建设基本实现了上海世博会事务协调局副局长黄健之的设想："在世博会上，雕塑艺术作为文化建设的一种载体，不仅可以美化世博会园区环境，提升园区文化内涵，并且对世博会主题的演绎、理念的推广起到巨大的作用。"

3. 管理机制等基础工程的建设

上海的城市雕塑规划工作与北京同时起步。2003 年上海市规划部门对城市雕塑建设状况进行统计，结果显示："全市城雕总量达到 1037 座。按当时上海的户籍人口 1341 万或城区面积 1500 平方公里计算，相当于每 1 万多人或 1.5 平方公里才拥有一座城雕——经专家和市民评议结果认为，其中 80% 为平庸之作，10% 为劣作，10% 为优秀作品。"[①] 正是在这一调研基础上，上海市政府得出结论："上海城市雕塑缺乏总体规划，重要公共空间缺乏有力度的城雕作品；缺乏精品力作，没有出现能代表上海国际大都市形象的城市雕塑。"[②] 2004 年正式批准的《上海城市雕塑总体规划》指出，到 2020 年，要在居住社区、企事业单位和街头公园等建成各类城市雕塑 5000 座。如此之大的建设规模一时间使上海城市雕塑引起世界瞩目。

上海城市雕塑规划编制工作最大的功绩在于，理顺了上海城市雕塑建

---

① 朱鸿召：《上海城市雕塑的现状与出路》，《建筑与文化》2006 年第 3 期。
② 李鹏：《城市雕塑走进规划时代》，《中国花卉报》2004 年 9 月 16 日。

设的机制，体现了建设过程中的民主决策特征。改革后，上海城市雕塑建立了"三层两级"管理体制和"四位一体"运作机制，两级主要是市和区两级城市雕塑管理机构，三个层面主要是以上海市城市雕塑委员会为主的决策层，以市雕塑委员会办公室为代表的推进层和以城市雕塑艺术委员会为主的咨询层："四位一体"主要指的是在每项工程中都有创作主体（雕塑家）、评审主体（城市雕塑艺术委员会）、推进主体（市雕塑委员会办公室）和评议主体（广大市民）。[①] 对上海城市雕塑的可持续发展来说，这种既充分借鉴了海外"百分比艺术"等先进经验，又立足中国国情的城市雕塑建设机制的建立，应当比单纯建成一到两件精品力作具有更大的意义。

4. 问题与思考

如上所述，上海市出于地理、经济、政治等多方面原因，在城市雕塑发展上走出了一条与北京截然不同的道路，比如更多依靠内生资源发展，更多依靠管理体制创新来发掘潜力等。特别是规模宏大的城市雕塑规划，在令文化界人士和艺术家在对政府的重视和投入感到欣喜之余，也不禁担忧艺术创作规律与城市雕塑发展规划之间可能产生的矛盾。如上海油画雕塑院雕塑家何勇在接受《艺术生活》专访时谈道："城市雕塑确实需要一个整体的规划，但公共艺术应该还是一个城市文化建设的范畴，硬性的规定与弹性的生长空间如何共融，可能还需要作进一步的思考，文化是需要长期积淀的。现在都在呼吁要出精品力作，艺术家们也愿意出精品，但是艺术精品不是想出就能出的。无论对于一座城市，还是对于一位艺术家，这都需要一个不断探索和长期积累的过程。"[②]

事实上，规模较大的城市雕塑规划是一种有中国特色的现象，很大程度上带有城市建设品质提升过渡时期的特征。综观世界范围，优秀城市雕塑往往是国民出于对雕塑的自发需要与雕塑家艺术创作自觉的产物，并经历了严苛的艺术内在规律的优胜劣汰，才得以名扬世界。过于强调短时间达到空前的建设规模，不但无法留出公众消化吸收的时间，而且很有可能徒然消耗财力，甚至无法给后来的艺术家留出足够的空间，从而破坏城市

[①] 建轩：《北京、上海：提升城市雕塑建设水平，打造城市雕塑精品》，《城乡建设》2008年第1期。

[②] 向阳、云雁：《有多少雕塑可以重来——上海城市雕塑众说纷纭》，《上海艺术家》2004年第3期。

雕塑可持续发展中的代际公平，造成不利影响。

三　天津：务实者与双核布局

天津是一座有着辉煌近代历史的城市，但是在新中国成立后历经曲折，还曾被划拨河北省 8 年，因此经济发展速度一度受到制约。经济状况决定城市面貌，天津市区很难找到比《抗震纪念碑》历史更悠久的城市雕塑作品。天津现代城市雕塑主要在改革开放后获得较大发展，各类城市雕塑建设来源也难免芜杂。天津市规划局在 2003 年、2005 年和 2009 年组织了三次城市雕塑普查，发现天津中心城区城市雕塑共约 400 座，来源广泛、题材多样，艺术质量参差不齐。由于缺少北京那样的资金支持，天津市的城市雕塑发展更鲜明地体现出务实发展的特点。同时由于滨海新区的建设，天津城市雕塑还呈现出少见的双核布局，引发了一系列关于两个城区协调发展的新课题。

1. 大型活动的拉动

与北京和上海一样，举办大型赛事对天津城市雕塑的发展有着重要的推动作用。1995 年 5 月，第 43 届世界乒乓球锦标赛在天津举行，主题是"和平　友谊　繁荣　发展"。1992 年，为迎接世乒赛，天津开始动工兴建天津体育中心工程，掀起了天津市政工程建设的又一个热潮。一系列城市雕塑作为配套工程也在此时上马，除了位于天津体育中心的部分城市雕塑外，天津市规划局还计划在市内多个重要节点设置雕塑，位于天津市历史博物馆大门前的《斗转星移》就是其中最具代表性的作品。

另外，为了解决工业企业职工住房不足的问题，天津市于 1994 年启动了危房改造工程，市内六区先后拆除危陋平房 836 万平方米，新建住宅 2037 万平方米，惠及近百万市民，同时配套兴建了大批基础设施，美化了市容环境，得到群众一致赞扬和全国多方面的肯定。为了纪念这一宏伟工程，天津市于世纪之交开始招标建设大型危改工程纪念碑。六个区的方案历经多轮推敲，最终全部确定并计划用 1~2 年的时间落成，成为天津市城市雕塑方案发展历程上的又一高峰。

六个区中，危改攻坚战所在地——河西区谦德庄耸立起的河西区危改工程纪念碑《共创未来》成为代表之作。《共创未来》坐落于广东路人民公园旁，规划中仅有一块狭窄的三角地，周边建筑密集，具有很高的设计难度。因此作者选用了技术上最为复杂，对艺术家功力要求最高的组合人物与抽象立体造型结合的方案，确定后的人物组合既是对一个家庭的表现，又具有普遍性，能够在观赏者心中引发共鸣。

与河西区危改工程纪念碑相比，红桥、和平两区由于财力与可用土地有限等，纪念碑尺度较小，也没那么引人注目，河东、南开与河北的方案则不约而同使用了抽象造型的方案，带有一定的统一协调性。

2. 泰达新区纪念性城市雕塑群建设

与其他城市相比，天津城市布局带有鲜明的双核特色，即天津市区和天津经济技术开发区的共同发展。天津经济技术开发区（字头缩写 TEDA）是国家给予了优惠政策，于1984年成立的；当时还是一片令人望而生畏的盐碱性苍茫之地，在国家改革开放英明决策的指导下，以及在坚忍不拔的开拓者努力下，这里渐渐变为一个繁华的现代港口码头业与工商业中心。为了纪念这一壮举，泰达经济技术开发区先后兴建了四座纪念碑，成为天津城市雕塑建设中的亮点，并在国内享有盛誉。

（1）开发区建区五周年纪念碑——《垦荒犁》

在1989年开发区建区五周年之前，开发区管委会开始招标，并委托雕塑家设计开发区建区五周年纪念碑。雕塑家经过实地调研采风，感叹于TEDA人的拓荒精神，因此选择了经抽象化处理的垦荒犁作为整体造型，碑身主体与两侧副翼呈拱立之势，高低错落、富于层次感，体块浑厚有力，色彩对比鲜明，具有极高的艺术价值。碑身上镌刻了邓小平同志的题词"开发区大有希望"，象征着TEDA人顽强的奋斗精神与开发区的远大前景。雕塑当时选址于开发区洞庭路与新港四号路交口处，20年来一直是开发区的一道盛景，屡屡成为各类宣传材料中的"明星"。

由于开发区建成后一直在快速发展，因此《垦荒犁》周边环境变化较快，而纪念碑建设时代较早，周边景观、绿化带难以拓展，因此2009年，天津经济技术开发区基本建设中心在与作者协商后，对《垦荒犁》进行了新址重建工作，使《垦荒犁》在更开阔的空间中焕发出更强大的艺术魅力。

（2）开发区建区十周年纪念碑——《五洲擎天》

《五洲擎天》为纪念天津经济技术开发区建区十周年而创作，此时的开发区已凭借良好的基础设施建设与投资环境扬名海内外，在保持如《垦荒犁》般艰苦创业精神的同时，已展现出更大的雄心与魄力。位于第二大街与黄海路交口的《五洲擎天》不计基座则高 60 米，建成十余年来，一直是开发区当仁不让的地标性景观。

进入 21 世纪后，雕塑周边的交通环境变化巨大。而《五洲擎天》所在的环岛本身就是一种具有过渡性的交通控制手段，当车流量大到一定程度后往往被拆除，代之以高架桥或信号灯。但是《五洲擎天》由于艺术质量高，声名远播海外，因此市政工程设计人员专门设计了复杂的交通措施，以在解决交通拥堵问题的同时保证《五洲擎天》的物理与艺术寿命。

（3）开发区建区二十周年纪念碑——《四海同心》

在开发区建区二十周年纪念时，管委会方面选取了日本矶崎新设计事务所的地标性建筑设计方案。作品落成于天津开发区南海路与第二大街交口。这件作品的知名之处在于对新工艺的大胆运用，特别是特大型厚壁曲面铸钢件的铸造工艺流程控制，表面采用锌金属防腐喷涂，因此长期以来它都被视为中国近年来钢结构领域的代表工程之一。

（4）开发区建区三十周年纪念碑——《扬帆远航》

2014 年，由法国艺术家让·贝纳尔设计的作品《扬帆远航》在开发区第二大街与北海路交口处落成，雕塑继承了十周年和二十周年纪念碑的总体风貌，具有挺拔向上的形态。还着重使用了绿色环保节能材料。

3. 管理机制等基础工程的建设

与京、沪几近同时，天津市政府于 2008 年 2 月 1 日开始施行《天津市城市雕塑管理办法》（津政令 124 号），其中对城市雕塑做了精确定义，规定由市城市规划行政主管部门负责全市城市雕塑的监督管理工作，并由建设、土地、市容、园林、文化、教育、公安等部门予以协助，其中还详细制定了城市雕塑维护工作的归口单位，同时强调城市雕塑应受到保护，故意损毁城市雕塑者将由公安部门依法惩处，对城市雕塑的依法拆除与迁移等情况也做了相应的规定。这部《城市雕塑管理办法》的出台为解决城市雕塑与城市经济、人文环境协调发展制定了详尽的规则，为今后处理城市雕塑类似情况提供了依据，起到良好效果。

在国内直辖市中，天津市制定城市雕塑规划方案的时间较晚。《天津市中心城区城市雕塑总体规划（2010~2020 年）》于 2010 年制定，规划范围为天津市中心城区,并提出了总体规划布局结构为"两心、两轴、两区、一环、多点"。

4. 问题与思考

客观地说,对天津这样一座总面积1万多平方公里、总人口超过1200万的大城市而言,现有城市雕塑的数量、题材、规模和投资力度都还有待丰富和加强。如何借鉴京、沪的先进经验,进一步引入外地或海外智力、资本、技术,加快天津城市雕塑发展,打造能够在国际上代表天津国际化大都市形象的精品力作,应当是迫在眉睫的事情。

与此同时,在积极开展城市雕塑规划建设的同时,如何尊重艺术客观规律,积极保护现有城市雕塑也应得到天津城市雕塑建设管理部门的关注。城市雕塑保护不力的案例在天津中心城区出现较多,如天津市《聂士成纪念碑》一度维护不佳,引起前来瞻仰公众的反感及舆论关注。① 这些现象不但影响了天津城市雕塑追赶北京、上海的努力,而且在相当程度上打击了艺术家的创作热情。相比之下,负责泰达城区城市雕塑管理工作的泰达基本建设中心则在后期管理上有更多科学之举。

由此也引出天津城市雕塑发展要面对的第三个问题:在未来如何平衡城市双核的发展,既要放权允许新区在建设和管理上先行先试,又要保证中心市区和新区的建设不脱节,能够整体反映天津城市的风貌。从天津市城市雕塑规划仅限于天津市中心城区这一点来看,两个城区的协调发展还任重道远。

四 重庆——后来者与争议话题

重庆是中国四大直辖市中最年轻的一个,有山城美誉,在国民党统治时期诞生过以江姐为代表的地下共产党员顽强斗争的英雄事迹。这种独特的自然与人文环境使重庆现代城市雕塑发展呈现出颇为独特的面貌,特别是在历史革命题材方面成就巨大,《歌乐山烈士群雕》等早期城市雕塑精品还获得过大奖。但是近年来重庆城市雕塑发展速度相对滞后,据统计,截至2010年,重庆主城区仅有城市雕塑300余座,且呈现出分布不平衡、

---

① 胡然:《谁让民族英雄聂士成"蒙羞"?》,《天津日报》2011年4月11日。

总体质量不高等问题，为此重庆已开始尝试开展编制城市雕塑规划、组织重点题材作品征集等活动，以求短时间内提升自身文化形象。

1. 以《歌乐山烈士群雕》为代表的重大题材早期成就

重庆现代城市雕塑的第一个高潮是20世纪80年代初的《歌乐山烈士群雕》。这件作品集中表现了牺牲在国民党"军统"特务重庆集中营中九位烈士的形象，九位烈士中有男女老幼，以作为牺牲于此的烈士代表。特别值得一提的是，该作品由重庆全市少先队员集资修建，共青团重庆市委、重庆市教育局和文化局在建设中发挥了主导作用。该作品获得了1987年中国首届城市雕塑最佳作品奖，成功体现了重庆在革命题材创作领域的深沉积淀。与此题材相近的知名作品还有《抗战阵亡将士纪念碑》、渝中区的《重庆大轰炸群雕》、人民广场的《和平1945》等，以著名历史人物为题材的代表性作品有渝中区的《周恩来》《邹容》等。

2.《记忆山城》与网络评选的争议

与《歌乐山烈士群雕》取得的成就相比，近年来另一件重庆城市雕塑的声名远播却引起极大争议。这就是入选2012年网评"十大丑陋雕塑"的《记忆山城》。该作品表现了重庆主要景观之一的吊脚楼，网友多认为其缺乏形式美感。而美术评论家则认为网友不了解重庆吊脚楼的历史文化，也就不能理解这种创新手法，争论仍在进行中。这件作品的作者为雕塑家郭选昌，作品选用重庆最富有地域特色的吊脚楼建筑形式作为基础构成语言来进行创作，2005年还获得了"全国城市雕塑年度大奖"。但是《记忆山城》在"十大丑陋雕塑"这一带有民间自发性质却知名度颇高的评选中被评为第二名，作者对此颇为不满，认为"一群毫不负责的人做了件很不靠谱的事情"，[①] 全国各地也有很多艺术评论家和雕塑家支持作者的主张。

这一争论在一定程度上反映了中国艺术界和大众间所谓的"草根精英之争"。但可能更多与中国雕塑常识普及不够、"雕塑人口"少有直接关系。比如另一件入选"十大丑陋雕塑"的重庆作品——永川的《美女入浴》其实只是短时间的宣传噱头而非具有艺术目的的城市雕塑，但因为其立于公共空间中也"入选"，同样的情况还见于丑陋雕塑网评中得票数靠

---

① 陈涛：《城市"丑"雕的草根精英之争》，《北京日报》2013年1月10日。

前的重庆丰都鬼城雕塑，其实它们都不属于真正意义上的城市雕塑。这一问题其实在中国各地普遍存在，只有靠艺术家和艺术评论家加大相关知识普及力度，增加中国"雕塑人口"才能早日解决这一问题。

3. 管理机制等基础工程的建设

面对城市雕塑发展相对滞后，与北京、上海等直辖市差距较大的现状，重庆市于2011年开始筹划《重庆市城市雕塑建设规划》和《重庆市城市雕塑建设管理办法》这样的城市雕塑可持续发展基础工程。① 2011年重庆市城市雕塑建设委员会还发布了《关于城市雕塑设计制作严格执行认证管理的通知》。深圳、北京等城市的经验都证明，在经济、科技发展速度加快，城市面貌变动较大，城市雕塑建设与城市硬、软环境联系日渐紧密的背景下，城市雕塑规划的编制和城市雕塑管理办法的有效执行能够显著改善城市雕塑建设环境。同时，重庆市城市雕塑建设领导小组还组织了一些重点城市雕塑建设方案公开征集活动，经过2010年底的公示，有十件作品开展深化设计并相继落成。②

4. 问题与思考

当前对重庆而言，必须直面如何利用城市雕塑表现地域特色，以及在学术性与通俗性，在所谓的"精英"与"草根"之间求得平衡的问题。比如，有重庆学者认为美女、吊脚楼等都是体现鲜明重庆文化特色的形式元素。③ 但是网评丑陋城市雕塑事件中以此为题材的作品纷纷入选，需要各界进行深入思考。另有学者就此指出，地域性元素使用过频可能引发适得其反的效果："从重庆街头雕塑可以看出，以塑造美女各色形姿的雕塑比比皆是。据说这是重庆以美女和火锅打头的十大名片的前两位——实际效应恰恰相反，美丽经济已不是太新鲜的词——以重庆过度渲染的美女雕塑而言，可以揭露在任何时代都惊人一致的深层想法，或者说是弗洛伊德所说的潜意识。"④ 总而言之，由《记忆山城》《生命》入选丑陋雕塑评选可以引发我们思考一系列的问题："网民的评选结果是否公正？——城市雕塑发展的焦点是什么？城雕与公共艺术未来如何发展？有哪些亟待解决的

---

① 项菲菲：《我市将立法规范城市雕塑》，《重庆日报》2011年3月28日。
② 刘浪：《十项创意方案 征求市民意见》，《重庆日报》2010年10月23日。
③ 张北坪：《运用"加减乘除"法 建设公共文化景观》，《重庆日报》2008年5月2日。
④ 孙胜银：《城市景观雕塑的现实问题批判》，《南京艺术学院学报》2010年第1期。

问题和建设性提案?"① 这些思考既对重庆市有价值，也是中国城市雕塑发展事业在今后需要特别加以注意的。

结　语

综上所述，京、津、沪、渝四座直辖市以其不同的发展道路和面貌，很好地概括了中国改革开放以来城市雕塑迅猛发展，但也暴露出较多亟待解决问题的这一面貌特征。今后，四座城市依然担负着不同的任务，比如京、津可能更多需要考虑如何在京津冀协同发展的背景下，与河北省加大合作力度以谋求资源共享和又好又快的发展。上海市在继续追赶国际潮流的同时，需要思考在政府主导的建设部门之外，是否还要更多依靠市民自身的艺术需求与艺术自觉来发展城市雕塑。重庆则面临着地域性与现代性、国际化之间取舍的纠结与矛盾。在很大程度上，这四座城市在此后10~20年内解决问题的努力，将决定中国城市雕塑发展的面貌和走向。从这个角度来讲，在城市史的视野中审视这四座城市过去30余年的发展将被历史进程证明是非常有意义的。

作者：王鹤，天津大学建筑学院

---

① 殷双喜等：《"十大丑雕"引发的热议与思考》，《中国美术》2013年第2期。

抗战前天津反日运动群体探析

任吉东　毕连芳

内容提要：近代以来，伴随着日本对外扩张政策的实施，中日民族矛盾日益加深。天津社会各阶层掀起了多次反日运动，反日团体纷纷成立，举行反日游行演讲，发起抵制日货活动，而参与运动的群体呈现出各自旗帜鲜明的阶级意识与行业特色。

关键词：天津　反日运动　群体意识

近代以降，随着日本对外扩张野心的逐步升级，中日之间的矛盾愈演愈烈，中国人民的反日运动也成为近代反帝爱国运动中最主要的斗争形式之一，它是中日民族矛盾逐渐尖锐的产物，也是近代以来中国民众的民族国家观念逐渐觉醒、自发自觉地抵御外侮的外在行为表现。

天津作为中国北方的重要商埠、九国租界的所在地，是日本发动侵华战争的墙头堡和"阴谋的策源地"，自然也是全国反日运动的前沿阵地和重要组成部分。关于天津反日运动的研究著述甚丰，成果主要有两个方面：一是早期的研究多以革命史为主线，集中于中国共产党领导下的学生和群众运动等政治领域，如南史的《天津的五卅反帝运动》，姚洪卓的《抗日战争前夕天津人民的抗日救亡运动》等；[①] 二是近年来的研究多从经济史、社会史的角度出发，关注抵制日货的团体和行为等，如周石峰、金普森的《南京十年时期津沪商人罢市之特征与成因》，周石峰的《近代商

---

① 南史：《天津的五卅反帝运动》，《历史教学》1965年第5期；姚洪卓：《抗日战争前夕天津人民的抗日救亡运动》，《历史教学》1985年第4期。

人与民族主义运动（1927~1937）》，① 以及林开明、李淑英的《天津反日会与抵制日货运动》，王倩的《天津反日会研究》，② 但这些研究对象多为参与者，研究内容多为对运动进程的梳理，目前还缺乏对反日运动参与者所属群体进行分类剖析的研究。鉴于此，本文拟对抗战前天津反日运动的组织形式、活动特点做一个系统的梳理，在此基础上揭示学生、商人、工农及政府等社会阶层对反日运动的态度与行为选择，多维度地认识反日运动的复杂性实质。

一

20世纪初最早的反日运动爆发在1908年，日本抗议其私运军械的邮轮"二辰丸"被截留，香港华人由此掀起了为期8个月的反日货运动；第二次反日运动爆发于1909年，起因是反对清政府与日本签订《安奉铁路节略》；第三次反日运动是在1915年，起因是反对日本提出的"二十一条"；第四次反日运动在1919~1920年，起因是日本要求"继承"德国在山东的权利；第五次反日运动是在1923年，起因是中国政府照会日本政府要求收回"旅大"遭到拒绝；第六次反日运动在五卅运动期间；第七次反日运动是1927~1929年日本制造"济南惨案"引发的；第八次反日运动是1931年"九一八事变"引发的。而在这期间，一些小规模的地方性的反日运动也此起彼伏、不绝于耳，可以说20世纪初期的中日关系，几乎是在反日运动中度过的，"中国近数十年来的历史，可说得没有一页，没有一行不被反日运动的鲜血，染得殷红！"③

在历次全国性的反日运动中，天津都扮演了重要的角色。虽然包括天津在内的北方城市当时"在军阀压迫之下，民众不能自由组织"，④ 但天津各界民众仍然以各种形式积极参加抵制日货、游行集会等活动，并组建反

---

① 周石峰、金普森：《南京十年时期津沪商人罢市之特征与成因》，《浙江大学学报》2005年第1期；周石峰：《近代商人与民族主义运动（1927~1937）》，浙江大学博士学位论文，2005。
② 林开明、李淑英：《天津反日会与抵制日货运动》，《天津文史资料选辑》第78辑，天津人民出版社，1998；王倩：《天津反日会研究》，辽宁师范大学硕士学位论文，2010。
③ 凌云鹏：《反日运动与日本对华贸易》，《思想月刊》第3期，1928年，第11页。
④ 《反日大会成立》，《大公报》1928年8月23日，第7版。

日团体，由此掀起了轰轰烈烈的反日救国运动。

1. 组织反日团体，发动游行、讲演。在日益深重的民族危机面前，国人逐渐意识到团结的力量，开始自觉地组成各种反日团体，发挥集体的力量。"谁能打倒日本帝国主义？只有千千万万革命民众组织的力量，只有民众的组织力，才是永久可靠的真实力量。"①

一些简单易行的团体组织成为民众首选，如救国十人团，该组织最早于五四运动时期在上海成立。此后，各省纷纷成立救国十人团，并在上海成立中华救国十人团联合会。"每十人为一团，推一代表曰团代表（以团为单位）。十团公推一代表曰十代表，百团曰百代表，千团曰千代表（以千为止）。"② 鉴此，爱国人士也纷纷以行业、性别等为单位，组建各种类型的救国团体，其中从1918年至1932年天津组建的反日团体多达数十种，成员包括了从学生、工人到商人、知识分子、妇女，乃至于乞丐等多方人士。

表1 1918~1932年在天津成立的反日团体

团体名称	成立时间
留日学生救国团天津支部	1918年7月
救国十人团	1919年5月
天津学生联合会	1919年5月16日
天津河北商学会	1919年5月17日
天津女学联合会	1919年5月17日
女界爱国同志会	1919年7月
女子十人团	1919年7月
花子爱国会	1920年2月
天津坚决救国会	1922年
青年自强团	1922年
坚久爱国会	1922年
跪哭团	1922年
南仓救国团	1922年

---

① 存统：《反日运动与民众组织》，《革命评论》第3期，1928年，第38页。
② 天津地方志编修委员会办公室、天津图书馆编《〈益世报〉天津资料点校汇编（一）》，天津社会科学院出版社，1999，第153页。

续表

团体名称	成立时间
商界扶危团	1922 年
无影舍生团	1922 年
妓女劝导团	1923 年
救国牺牲团	1923 年
抵制日货公民会	1923 年
天津印刷工界救国团	1924 年
少年学会	1924 年
旅津宁津同乡会	1924 年
良心救国团	1924 年
志诚救国团	1924 年
布包同业会	1925 年
南开大学沪案后援会	1925 年
青年援沪团	1925 年
大沽口赤心救国团	1925 年
讨张排日团	1926 年
天津反日会	1928 年
天津各学校救国联合会	1931 年
宝坻各界反日救国会	1931 年
天津市妇女救国会	1932 年
反日急进会	1932 年
各业工会救国联合会	1932 年
商民救国会	1932 年
励志救国会	1932 年
妇女救国会	1932 年
商民救国会	1932 年
民众救国会	1932 年
工会救国会	1932 年
教育救国会	1932 年
青年救国会	1932 年
东北义勇军后援会	1932 年
各界救国会	1932 年
妇女抗日五人团	1932 年

资料来源：本表相关资料出自《〈益世报〉天津资料点校汇编（一）》。

这些团体成立后，往往会举行反日游行、集会和演讲，以求扩大反日宣传，号召更多的民众参与。在这方面学生通常成为主力军和先行者，如津东何家庄国民学校学生闻山东交涉危急，"乃由该校学生等组织学生游行团，游行本村及邻村等，每至大街小巷，且进且唤，欲使人人尽知国耻，共起御侮……查该校学生均系六岁以上，十五岁以下之青年，似此热心爱国，尤属可钦"。① "是以商界有抵制日货之会，学界有游行演说之团。"②

2. 开展抵制日货运动。抵制日货运动是对民众反对日本侵华最为直接的行为表现和感情宣泄，它的目标就是要通过经济抗争的手段来达到减轻乃至于消除日本对中国的威胁。诚如时人所说，"我们武力未充实，未能即以实力解决纷争之先，惟有对日经济绝交，永远不购用日货，实为制日人死命之唯一良法"。③

根据当时的统计，日本在24年（1907~1930）间对中国出超达26亿日元之巨。"1907年暴日对我贸易出超不过二千余万日元，至1919年以后，暴日对我贸易，出超竟达一万万日元以上，由此可见暴日对我经济侵略之突飞猛进矣。"④ 天津作为对日贸易的重镇，早在开埠之初就有日本商业势力渗入，甲午战争之后，日本凭借不平等条约，大肆向天津倾销商品、抢占市场，1919年五四运动前后，日本商品已占天津市场上商品供应量的80%，基本保持了独占天津的态势。⑤ 正如学生救国团天津支部劳动部宣言指出的那样，"国势之倾危伴由国货之停滞，国家富源日竭，外货由是激增，长此以往，将致膏血为人吸尽，而大命随之以倾，所谓经济亡国之祸，事有必至"。⑥

因此在抵制日货上，天津各界纷纷要求全体市民从个人做起，"提倡国货，宁死不买仇人的货物。自己的住屋，不许仇人贴广告。存款在仇人

---

① 《〈益世报〉天津资料点校汇编（一）》，第157页。
② 《〈益世报〉天津资料点校汇编（一）》，第158页。
③ 雷震：《日本之大陆侵略及其应付方法》，中央大学社会科学研究会编《对日问题研究》，南京书店出版社，1932，第29页。
④ 朱冠骞：《九一八以后暴日对华经济之回顾与前瞻》，《反日特刊》第3期，1932年，第16页。
⑤ 李华彬主编《天津港史（古、近代部分）》，人民交通出版社，1986，第142页。
⑥ 《〈益世报〉天津资料点校汇编（一）》，第149页。

的银行，应立刻提出，并不得使用仇人的银行纸币"。①

在校学生则制定了抵制日货规章："1. 本校学生平常日用之物不许买日本货品；2. 本校学生吸食之纸烟不许用日本纸烟；3. 本学校内所使之货币不许用日本货币；4. 本学校所用之学校用品须要求校长不许买日本货品；5. 本校学生出门不许到日本租界游玩；6. 本校各学生之家中服用物品亦须与学生一致。"②

社会各界人士也纷纷采取各种措施，响应抵制日货，如恩义成号，"商等既系国民一份子，亦应尽爱国之天职。除将敝号所有日货一律检出抛毁，誓不再用仇货"；和平医院，"从前敝院所有药料有由丸二、兄弟、广济堂、寺田等东洋药房购来者，自今日起，凡日货一概不买不卖，即自此停止营业，亦在所不惜"。同时，"组织国民实业总公司。某省某地某种原料出产最富，即于某省某地设立制造相宜某种物品之工厂。各工厂均受成于国民实业总公司"。③

这些活动取得了一定的成效，"（日本）对华北输出跌落颇速，因华北反日运动最烈之故"。④ 根据时人的统计，"自去年九月以降至今年（1931年——引者注）一月止，五个月间，日本对我国北部、中部、南部及香港之输出贸易所受平均损失，实较上年同期间减少百分之六十一，其中……北部减少百分之四十九，像这样惊人的数目，也就足以撼杀暴日对华的经济势力了。此外还有暴日对我消极方面的损失很多，如航业之停顿、工厂之停产、货物之囤积，其损失之大，更有出人意外者"。⑤

二

作为近代以来勃兴的爱国民众运动，反日运动的参与阶层遍及商界、学界、妇女界、工界等，不同阶层的群体因其本身所特有的属性而在反日运动中扮演了不同的角色，表现出旗帜鲜明的群体意识与行业特色。

---

① 《〈益世报〉天津资料点校汇编（一）》，第153页。
② 《〈益世报〉天津资料点校汇编（一）》，第155页。
③ 《〈益世报〉天津资料点校汇编（一）》，第153页。
④ 《反日声中之中日贸易》，《钱业月报》第8卷第9号，1928年，第9页。
⑤ 朱冠骞：《九一八以后暴日对华经济之回顾与前瞻》，《反日特刊》第3期，1932年，第17页。

1. 学生群体表现突出。在内忧外患的境况下，"以天下为己任"的知识群体往往成为社会运动和变革的先声，这是最容易唤起民族主义的一个群体。作为近代反日运动的生力军，他们在历次运动中冲锋在前、立场坚定，"试一检阅过去的爱国运动，如五四、五卅、五三，所见到的奔走呼号、集会演讲，尽是些学生"。① 以至于世人感叹："诸学生游行时步伐整齐，气象严肃，每至人众之处，停立演说，愤慨激扬。其一种勇武之气概，尤令人望而起敬，将来挽我国于将亡者，其在此青年学子欤？"② 青年学生因受新式教育中国家主义及民族意识的启蒙，成为反日运动的先锋。作为具有民族国家观念的先觉者，他们也通过反日运动来唤醒普通民众的民族国家意识，"五四青年学生国家认同的形成，便呈现一个因爱国而反日，进而又借助反日而达到宣传爱国思想，从而最大限度地唤醒普通民众民族自觉意识的过程"。③

2. 商人团体鱼目混珠。对近代一直受列强资本压迫、在夹缝中求生的商人群体来说，他们以自身的利益为考量，在一定条件下是有可能萌发民族主义情感的。但是以方便自己获取利益或者至少利益不能受损为基础，这种求利的本能，使得他们在近代内忧外患的环境下很难不计利害地、长期地参与反日运动。"听说中国的商人大都是属于买办阶级，而买办阶级是根本没有民族观念的，又听说抵制日货，绝对不能指望于商人。"事实上的确如此，"自反日会成立，提议对日经济绝交后，大会有十四日起，不许日货进口。此讯传出后，外埠各地，深虑日货不能来华，乃乘此存货尚未售罄之际，纷纷来沪采办大宗日货运往各地备售"。④ 而在天津，因为反日运动的开展，要求检查日货和强迫商家登记，由此引起了日货商人的反抗，"卒至大请愿、大罢市，数千人保卫市党部……商人的反抗动作，不算不激烈了"。而在这些商人背后，"军阀官僚、土豪劣绅、买办阶级，是站在一条战线，所以日货商的反抗举动，表面上虽甚简单，背后未必没

---

① 钱振海：《反日运动中之学生使命》，《抗日救国》第1期，1931年，第15页。
② 《〈益世报〉天津资料点校汇编（一）》，第155页。
③ 马建标：《由"反日"而"爱国"：五四时期青年学生国家认同的形成》，《上海青年管理干部学院学报》2011年第3期。
④ 志骞：《反日运动与商人》，《血钟》第2期，1931年，页码不详。

有土豪劣绅做帷幄中人,而军阀官僚未必不予以同情,做无形的赞助"。①

3. 工农群体尚未觉醒。受到列强和本国封建势力、资产阶级以及官僚系多重压迫的底层群体,仍旧处于零散和孤立的状态,他们的积极性和力量难以有效地调动和凝聚。时人也指出:"手足精壮的短衣阶级并未参加,即有之,也只如五卅时有大都市工人的活跃,至于占中国土地最大面积的农村,却不见动静。这不是极其值得注意的现象吗?中国工农占全人口百分之九十以上,他们如不觉醒,就是全民族不觉醒,我们可以这样说……爱国运动仅仅是学生的运动,那么在整个社会的观点上说,这运动的性质是上层的,是浮面的,是没有根的,是不着地的,它底前途是昙花一现,是寿命短促的。过去的反日抵货都是例证。"因此,"只有将反日运动尽量的扩大深入到工农大众方面去,造成工农大众的觉醒,即造成整个民族之彻底的觉醒,才可以根本解决反日运动之任务"。②

4. 政府立场游离不定。在近代政局动荡、分崩离析的环境下,作为名义上代表国民与外国政府打交道的中央政府,实际上只是官僚体系或者社会上层集团与外国的交往,而不是整个民族国家对另一个民族国家的交往。缺乏广泛民族主义支撑和全民拥护的、有威信的统治集团很难为了维护"民族利益"而独自长时间挑战列强。1928年前的北洋政府一直以反日运动掣肘者的面孔出现,"政府的当局,完全是一班卖国求荣丧心病狂帝国主义走狗的军阀,他们不但不帮助民众的反日,反来压迫民众的反日……一般革命的青年,为了检查日货竟被军警捉将官里去"。③ 如直隶教育厅厅长王章祜,以学生代表阮湘等"前因抗议中日军事协定条件,废学回国,业已返津组织救国团,此种行动谓其秩出教育范围,昨已指令该生等迅将此等名义取消,刻日东渡继续就学,以维教育而资取缔"。④ 1928年后的国民政府则利用反日运动来顺应民意、缓解国内压力,并作为对日交涉的筹码,如济南惨案后的反日运动,"这次排日是在国民党的主导下进行的,国民政府也予以协助,排日运动公然成为中国政府的政务之一,

---

① 长年:《天津反日风潮之所感》,《检阅周刊》第7期,1928年,页码不详。
② 钱振海:《反日运动中之学生使命》,《抗日救国》第1期,1931年,第16页。
③ 俞蔚然:《过去反日运动失败的原因和今后应有的觉悟》,《抗日特刊》第1期,1931年,第30页。
④ 《〈益世报〉天津资料点校汇编(一)》,第149页。

成为国民党党务的重要组成部分"。① 但这种支持是有限度的,当反日运动超出其管制,或对日交涉结束后要向日本示好时,立场就会截然相反,如在 1932 年 5 月 5 日签订的《中日停战协定》中,日本要求取缔一切反日事件,随后国民政府就发布密令,训令全国各地方政府,解散一切反日抵货团体。②

三

厄内斯特·盖尔纳言及民族主义时指出,"爱国主义作为一种情绪,无非是国家主权等抽象原则被违反时引起的愤怒感,或者得到实现时带来的满足感。而民族主义运动,亦为此种情绪所推动而成"。③ 反日运动参与者的复杂性和表现的分歧化恰恰验证了这种理论。

从参与对象的结构上来看,无论是领导力量还是参与阶层,都是从自身政治立场、经济利益、个人情感出发来选择、权衡反日运动的领导方式和参与度。而不同的主体在运动中所起的作用不同,虽然社会参与者都是以"反日"作为共同的旗帜,但是参与者不同的社会成分和职业地位决定了其参与动机和参与程度,相较于学生阶层的无私无畏,商界则常常夹在"爱国"与"私利"的矛盾中,而政界多表现为首鼠两端,在"反对外强"与"控制民众"间摇摆不定,在这种多重阶层的背景下,反日运动不仅仅是作为一种民族意识和爱国情感的表达,更成为一种受政党和某些利益集团利用的工具,以及一种国家外交的武器和转移国内矛盾的手段。也正因如此,像争夺运动领导权这样的、因利益而产生分歧的现象自然就会存在。④

但总体而言,这一时期的反日运动对中国社会仍产生了深远的影响,

---

① 〔日〕长野朗:《日本と支那の諸問題》,东京"支那"问题研究所,1929,第 29~30 页。
② 佚名辑《淞沪和战纪事》,沈云龙主编《近代民国史料丛刊》第 2 编第 89 辑,台北,文海出版社,1932,第 93~95 页。
③ 〔英〕厄内斯特·盖尔纳:《民族与民族主义》,韩红译,中央编译出版社,2002,第 1 页。
④ 冯筱才:《在商言商:政治变局中的江浙商人》,上海社会科学院出版社,2004,第 192 页。

"是一个从'反日'走向'抗日'的过程,是近代中国面对日本帝国主义侵略下所采取的一种惯常选择,也是近代中国民族国家构建中不可或缺的因素之一"。① 一是,日本在华资本遭受了一定程度的损失,中日贸易也呈现下降趋势,为国内民族企业的发展提供了契机,这一时期中国棉纺织业、面粉业、橡胶业等均有发展,大部分国货产品取代日货占领了中国市场。二是,反日运动在一定程度上揭露了日本帝国主义侵略的野心,促进了中华民族意识的觉醒,进一步唤醒社会各阶层的爱国主义和民族主义意识,为此后的反日爱国斗争和抗日战争做了思想上的准备,抗日民族统一战线开始成为中国近代史不可逆转的趋势。

作者:任吉东,天津社会科学院历史研究所
        毕连芳,河北师范大学法政学院

---

① 刁成林:《近代中国的反日运动研究(1927~1937)》,西安交通大学硕士学位论文,2012,第60页。

·空间结构与环境变迁·

地名与日常生活的政治[*]
——以福州历史上的地名兴替为中心

罗桂林

内容提要：地名是人们感知和理解外部世界的基本方式，是人与空间建立特定联系的重要手段。不同的群体基于各自的立场，往往具有不同的地名观，形成"土名"和"正名"并立、"一地多名"或"一名多地"共存的现象。对地名的研究，有助于深入发掘蕴涵于日常生活之中的政治文化逻辑。福州历史上的城门名、街巷名和弄堂名，分别代表着三种不同的地名生产与变动机制：城门名由官方主导，传递着正统的价值观，起着维护政治权威和强化官方统治的作用；街巷名则是官方与民间长期博弈的领域，呈现出"正名"与"俗名"二元并存和互相竞争的态势；弄堂名是"土名"的世界，官方无意也无力对"土名"的生产和使用加以干涉。福州地名的个案研究，有助于深化对日常生活中的政治逻辑的理解。

关键词：福州　地名　俗名　土名　地名政治

一　引言

地名是人们对特定空间中的自然物或人文地理实体的专有名称，人们

---

[*] 本文曾提交南开大学中国社会史研究中心于 2015 年 10 月 31 日至 11 月 1 日主办的"中国史上的日常生活与物质文化"学术研讨会，感谢评论人范莉莉女史的宝贵意见。本文系江西省高校人文社会科学研究项目（LS1009）、江西省社会科学规划项目（11LS16）的阶段性成果。

通过生产和使用地名传达某种价值，形成对外部世界特定的感知和理解。通过地名的生产和使用，"空间"转化为"地方"。不同的力量基于各自的利益追求，形成不同的地名观，在地名领域展开竞争。对地名现象的研究，有助于发掘其中的政治文化内涵。

地名学界很早就开展了相关研究，在地名标准化、全国地名普查、古代地名考释等方面成果显著，尤其在地名学史和地名学源流方面进行了重要的梳理工作。① 总体而言，20世纪的地名学研究主要关注地名本身的内涵与流变，而较少透过地名探讨其后的社会历史过程。近年来的地名研究呈现出"批判性"转向，地名背后涉及的社会文化过程，尤其是与政治权力之间的交互机制，成为地名研究的核心议题。② 例如，陈蕴茜对民国时期"中山"在公共空间的使用进行研究，探讨了"意识形态日常化"的问题。③ 黄雯娟从国家权力的面向切入，研究台南市、台北市街道命名或更名的机制，探讨政治权力与地名变更之间的互动关系。④

批判性的地名研究在中国目前还处于起步阶段，具有很大的潜力，既有的研究也极富启发性。但总体而言，这些研究主要站在官方的角度，考察历史上地名更替与政治嬗变之间的互动关系。在这些研究中，官方无疑是地名变化的主导力量，民众影响在相关研究中却很难被看到。笔者认为，地名作为一个特殊的公共领域，各种力量都可能在其中表达立场。毋庸置疑，在某些层面上，官方发挥着主导作用；在另一些层面，各种力量可能呈现彼此胶着的状态；而在犄角旮旯或巷头弄尾等场合，普罗大众才是地名的主导者。这也意味着，地名研究想要有新的突破，必须实现"自上而下"与"自下而上"两种研究视角的结合。

以往研究对官方主导作用的过分强调，正是视角过于单一的结果。要

---

① 孙冬虎、李汝雯：《中国地名学史》，中国环境科学出版社，1997；华林甫：《中国地名学源流》，湖南人民出版社，1999。关于新中国成立以来地名学的发展概况，可参看杨欣烨《近60年来中国地名学发展概观》，《学习月刊》2013年第16期。
② 关于批判地名学的理论与实践，可参看叶韵翠《批判地名学：国家与地方、族群的对话》，台北《地理学报》第68期，2013年。
③ 陈蕴茜：《空间重组与孙中山崇拜——以民国时期中山公园为中心的考察》，《史林》2006年第1期；陈蕴茜：《民国中山路与意识形态日常化》，《史学月刊》2007年第12期。
④ 黄雯娟：《命名的规范：台南市街路命名的文化政治》，《台湾史研究》第21卷第4期，2014年12月；黄雯娟：《台北市街道命名的空间政治》，台北《地理学报》第73期，2014年。

实现"自上而下"与"自下而上"两种视角的结合，必须更多地注意街巷以下的地名更替，甚至需要从弄堂、胡同的层面着手观察地名的变动。在这一点上，董玥关于民国时期北京胡同"命名的权力"的研究虽然简短，却很有启发性。董玥发现，民国北京官方主导的胡同更名运动，表面上剥夺了胡同居民在胡同命名中的发言权，实际的情况是尽管"地图上已经修改了名称，很多人还是会坚持用老名字来称呼他们的胡同"。在这场"口语与书面名称之间的竞争"中，官方并未最终胜出，多年以后，"政府提供的街道名称表，变成了与它们要指示的胡同毫无关系的一纸空文，一个脱离现实、徒添困扰的命名系统"。① 这说明，在考察地名时，必须将官方和民间的命名放置于一起，综合研究二者各自的角色和相互的作用。本文的研究也表明，无论是城门的"俗名化"，还是街巷名的二元博弈，抑或是弄堂的"土名"世界，官方从来无法独占对地名的命名权与使用权。

人们使用地名往往是在"自然而然"的状态下发生的，历史文献中对地名的记载也十分分散而零碎，这些都反映出地名的本质所在：地名不是什么"重大事件"，但它却潜藏在人们的日常生活中，须臾不可离之；它对社会生活的影响潜滋暗长，却持久深刻。因此，通过深入考察地名的历史进程，有可能发掘出蕴涵于日常生活中的深刻的政治逻辑。本文以福州为个案，主要依据地方历史文献，特别是宋淳熙《三山志》、明万历《福州府志》和清《榕城考古略》《福建省会城市全图》等，细致梳理其中涉及的三类地名，即城门名、街巷名和弄堂名的命名规则和更名方式，分析官方与民间在地名领域的交互作用，探讨潜藏于地名中的日常生活的政治逻辑。

二 城门的命名与更名

福州是中国历史文化名城，长期以来一直是福建地区的政治文化中心，有两千多年的建城史。早在西汉初年，闽越王无诸就建立了冶城。此后随着地方开发的加速与政治进程的深入，城池不断扩展，规模日大，经历了从汉"冶城"到晋"子城"、唐"罗城"、五代"夹城"、宋"外城"和明清"府城"等阶段。

---

① 董玥：《民国北京城：历史与怀旧》，三联书店，2014，第64~70页。

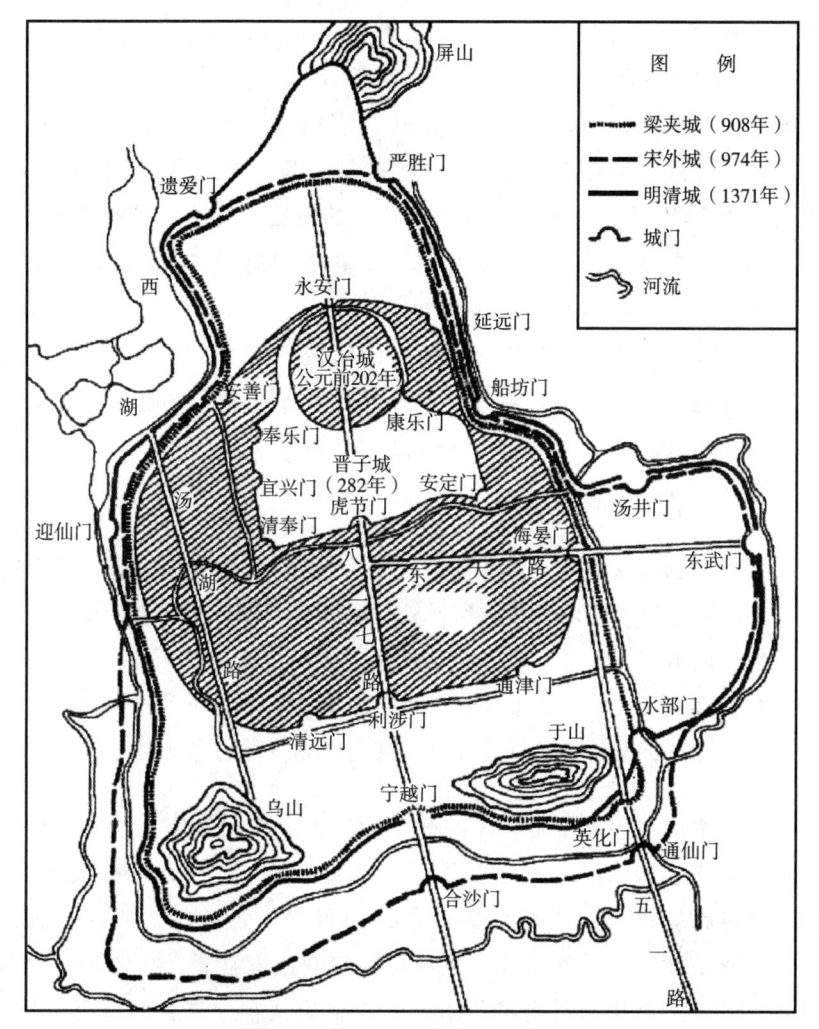

图 1 福州古代城垣变迁示意图

注：该图"外城"东北的"船坊门"，据淳熙《三山志》、乾隆《福州府志》、《榕城考古略》等地方史志，当为"船场门"之误。具体可参见梁克家的淳熙《三山志》卷4《地理类四》，福州市地方志编辑委员会整理，海风出版社，2000，第37页；乾隆《福州府志》卷4《城池》，《中国方志丛书》第72册，成文出版社，1967，影印本，第58页；林枫辑《榕城考古略》卷上《城橹第一》，黄启权点校，福州市地方志编纂委员会，2001，第3页。

资料来源：福州市地方志编纂委员会编《福州市志》第2册，方志出版社，1998，第6页。

如图1所示，在五代"夹城"建成之前，福州城池范围呈现出不断增大的趋势。五代以后福州城池范围才大致定型，五代"夹城"、宋"外城"

和明清"府城"都是在以"三山"① 为支点的空间中进行布局的。明清"府城"是由驸马都尉王恭在五代"夹城"和宋代"外城"的旧基上重建的。该城北跨王山，南绕乌石山和于山，有东门、西门、南门、北门、水部门、汤门和井楼门等7个城门，"广袤方十里"，高2丈1尺有奇，厚1丈7尺，周3349丈。城上还建有数量众多的敌楼、警铺、堞楼和女墙。清顺治年间，总督李率泰又将城墙增筑至2丈4尺高、1丈9尺厚，城上还设有窝铺、炮台、垛口、马道等设施。②

高大的城墙、密布的哨所和按时启闭的城门制度，严密地规范了市民的生活和作息，形成一种与乡村很不相同的生活模式。19世纪中期来华的美部会（American Board Mission）传教士卢公明（Justus Doolittle）对福州高大的城墙有深刻的印象。

> 福州包围在城墙中，有七个高大的城门，天亮开启，天黑关闭。从高耸的城门楼上可以观察和控制城门的进出。城墙上相隔不远就有一个哨所。城墙六至八米高，四至六米厚，用石料和夯土筑成，墙体内外两面铺石块或砖块，墙头上有花岗石的垛口。城墙全长约十一公里，墙头上可以行走，乘轿子转一圈可以观察到多姿多彩的市区内外景象。③

高大延绵的城墙产生了巨大的视觉冲击，显示出官方统治在城市生活中的重要意义。城墙之内的空间规划与建筑格局，也同样无声地提示着官方的重要存在。福州城内的重要地段，分布着上自总督、学政和藩臬二司，下至福防厅、闽县和侯官县等一套完整的地方官署，构成了一大城市景观。从清末"保甲总局委员"胡东海绘制的《福建省会城市全图》④ 可以看到，沿着城内的南北主干大街"宣政街—南大街"⑤，分布着布政使

---

① "三山"指越王山（又名屏山）、乌石山（又名道山、乌山）、九仙山（又名于山、九日山）。参见乾隆《福州府志》卷5《山川》，《中国方志丛书》第72册，第80~83页。
② 乾隆《福州府志》卷4《城池》，第54页。
③ 〔美〕卢公明：《中国人的社会生活》，陈泽平译，福建人民出版社，2009，第2页。
④ 胡东海绘《福建省会城市全图》，鼓楼前陈文鸣刻坊清刊本，芝加哥大学图书馆藏。
⑤ 《福建省会城市全图》中的"南大街"，在其他地方文献中有时也称为"南街"。参见万历《福州府志》卷5《城池》，《日本藏中国罕见地方志丛刊》，书目文献出版社，1991，第37页；乾隆《福州府志》卷4《城池》，第64页；民国《闽侯县志》卷5《城池》，民国22年（1933）刊本，第3b页。

衙门、总督衙门、学政衙门、文庙、侯官学、侯官县等机构，沿着城内东西走向的主干大街"西门大街—新街"，则分布着按察使衙门、盐道衙门、粮道衙门、万寿宫等官方衙署或祠庙，它们构成了城市的"地标"。

这些作为"地标"的大型公共建筑，通过"占领"公共空间而有形地生产复制政治权威，同时又以官方命名和更名将主流的价值观无形地渗入居民的日常生活中，地名成为灌输官方意识形态的"权力的毛细管"。在历次的建城运动中，官方都热衷于为城门命名和更名，以达到灌输意识形态和强化政治权威的作用。

"子城"自西晋太康三年（282）始建后，城门就经历了频繁的更名。"子城"的南门，在宋知州严辟疆于大中祥符九年（1016）重修后，又重新"名之"以"虎节门"；南门外的"还珠门"，即"旧龟头门"，由五代闽国创立，至北宋由严辟疆改为还珠门；东南门"安定门"也由"闽王审知作，严侍御辟疆更名"；东门即"康泰门"，原名"东康门"，由王审知修建，后北宋知州元绛重建，"更今名"；西门"丰乐门"，是"原罗城门"，先由严辟疆更名为"乐输门"，后来"拓子城"与罗城交会，"遂为子城门"，"建炎间，建寇攻城，恶'输'字，更今名"。① 相关情况如表1所示。

表1 福州"子城"七门宋以前名称变化情况

宋 名	曾用名	备 注
虎节门		双门。大中祥符九年，严侍御辟疆新"名之"。嘉祐四年，元给事绛重作。熙宁二年修。政和六年，黄尚书裳重修。
还珠门	镇闽台、龟头门	双门。旧龟头门，伪闽龙启元年作，严侍御辟疆改今名。宝元二年，范都官亢修。政和六年，黄尚书裳修。绍兴七年，居民火，拆榜以襄之，寻重立。
安定门		闽王审知作，严侍御辟疆更名。今梁间有"八月庚戌树立"六字，乃闽王时篆，至是修。政和六年，黄尚书裳重修。
康泰门	东康	梁乾化二年八月十九日，闽王作，名东康。治平元年，元给事绛重作，更今名。上有楼，名东山。

---

① 梁克家：淳熙《三山志》卷4《地理类四》，第32~33页。

续表

宋　名	曾用名	备　注
丰乐门	乐输	旧罗城门。初，严侍御辟疆更名"乐输"，以近都仓也。至是拓子城，遂为子城门。建炎间，建寇攻城，恶"输"字，更今名。淳熙改元，郑提刑良嗣重修。
宜兴门		旧子城门也。嘉祐八年，元给事绛作。至是拓子城，不撤。今仍存。
清泰门		

资料来源：梁克家：淳熙《三山志》卷4《地理类四》，第33页。

从表1可以看出，这些城门无论是命名还是更名，都表达出强烈的强化中央政治权威和推行社会教化的政治意愿。例如，虎节门外的"重关"还珠门，为五代闽国所建，原名"镇闽台"，该名缘于"是门当薇垣前数百步，上为楼台阙，其下分两途，屹立闽越通衢，一方之镇系焉"。该门"初名'龟头'，意与'归投'者音合，图维得众"。可见，无论是"镇闽台"还是"龟头门"（归投门），都形象地表达出闽国割据一方的政治抱负。宋统一全国后，"借伪削平"，此类名称显然已与强化大一统的时代要求不相符。知州严辟疆遂将此门"更曰还珠"，"盖取汉孟尝守合浦，德政所感，去珠复还之意"。① 通过这一更名，五代割据的历史终结，大一统的政治进程得以确认。

"子城"之后是"罗城"，由王审知始创，周回"四十里"，原设十余门，在梁克家所处的南宋初年仍有七个"大门"。② 该七门在唐宋之际也普遍经历了由官方主导的更名运动，力图传达主流的价值标准。在此后的城池扩建中，这些城门大多被废弃，有些则改为他用，只有通津门继续以城门的形式留下来。值得注意的是，这些城门的名称有些出现了"俗呼"（俗名），表达出民众对城门文化之"草根式"理解。具体情况如表2所示。

---

① 林枫辑《榕城考古略》卷上《城橹第一》，黄启权点校，福州市地方志编纂委员会，2001，第10~11页。
② 梁克家：淳熙《三山志》卷4《地理类四》，第34页。按，原文称"门今存者六"，笔者核对全文，"六"当为"七"之误。

表2　福州"罗城"七门名称变化情况

唐名	宋名	俗名	备注
福安门	利涉门	—	政和五年灾,此门遂废。
通津门	通津门、兼济门	津门	祥符九年,严辟疆改名兼济。康定二年,沈邈复旧名。唐时罗城唯此门今尚存。
清平门	海晏门	鸡鸭门	—
通远门	延远门	—	在今贡院前。
济川门	永安门	—	在怀安县治后,今名永安境,今钱塘巷内。
安善门	安善门	—	在今北后街营尾地。
清远门	清远门	鸭门	熙宁拓子城,遂自金墉桥以南皆无城,门亦废。在今鸭门桥。

资料来源：林枫辑《榕城考古略》卷上《城橹第一》,第12页。

表2显示,通津门、海晏门、清远门等三城门,除了拥有官方的标准名称,还出现了民众习用的称呼（"俗呼"）。如果说其中的通津门"俗呼津门"还只是字面上的简化,并无意义上的根本性转换的话,那么,将海晏门俗呼"鸡鸭门"和将清远门俗呼"鸭门",则似乎表明民众以"俗呼"表达了对城门文化的另一种理解,即以直接、实用而朴素的方式,将官方在城门命名中力图表达的严肃的政治理想消解殆尽。实际上,海晏门、清远门早在宋代就已有"鸡鸭门""鸭门"的"俗呼"。① 这也意味着对城门的政治文化的理解,很早就有不同的声音,民众以"俗呼"的方式,习而不察却有力地渗入官方的地名文化。

此后,五代"夹城"、宋"外城"相继兴建,城门也都经历了频繁的命名、更名过程。例如,五代"夹城"南面的宁越门,初由王审知命名"登庸",后唐长兴二年（931）又由王延钧改名"闽光",入宋以后,知州严辟疆再将该门改名为"宁越"。宁越门的几度"更名",显示出城门文化与政治更替的高度一致性。再如,"夹城"西北的遗爱门,"旧名升山",后以北宋名臣元绛知福州,有惠政,当其"移尹南京"时,"父老请于府,愿以公之政绩名之,遂更今名"。② 遗爱门的更名寄托着官方致力于社会教化的政治理想。

---

① 梁克家：淳熙《三山志》卷4《地理类四》,第34页。
② 梁克家：淳熙《三山志》卷4《地理类四》,第34-35页。

综上可知，从"子城""罗城"到"夹城""外城"，城门的命名或更名都是具有高度象征性的政治文化行为，在城门的命名或更名过程中，官方标准的意识形态得以表达。也正是通过对这一过程的主导，官方才能在一定程度上独占对城市空间和秩序的解释。然而，宋以前福州城门频繁更名的现实似乎也意味着，与城门的频繁更名一样，附加于其上的政治文化价值也很难在地方社会中留下深刻的烙印。实际上，官方以城门的命名或更名来传递某种价值观的做法，有时显得相当"一厢情愿"，常常无法得到民众的认同。"俗名"的出现就表明，民众在官方的标准解释之外，往往还有自己关于城门文化和城市空间的理解。

宋以前官方对城门的命名由于过度强调意识形态色彩，可能令城门名本应具备的方位指示功能大大降低，城门名有时只是某种价值符号而已，这也使得城门名很难在此后的地方历史中产生深刻的影响。在宋元时期一度开展"堕城"运动和明初普遍"更筑"城墙之后，福州的许多旧城门被废置不用，逐渐消失，"盖其时（宋）诸城虽堕，而各门楼尚存也。元时复废堕，明初更筑今城，乃非复旧观矣"。①随着旧城门的消失，旧城门的名称也很快销声匿迹。

与之形成鲜明对比的是，明清福州"府城"的城门名却在此后沿用数百年，甚至在近代拆除"府城"城墙之后，这些城门名仍然通过各种方式延续下来。笔者认为，这应当与明清"府城"的命名规则之重大转变有关。从表3可以看出，明清"府城"的城门命名中，过度的意识形态色彩被抛弃，城门名本应具备的方位指示功能得以恢复。

表3 福州"府城"七门的命名情况

今 名	曾用名	备 注
南 门	宁越门	宋增筑外城所改之宁越门也。或曰即古登庸门。形势视诸城独壮。
北 门	遗爱门	即旧北夹城之遗爱门也。其曰遗爱者，以郡守元绛得名也。
东 门	东武门、行春门	即旧外城之行春门也。本名东武，宋郡守严辟疆改为行春。
西 门	迎仙门、怡山门	即北夹城之迎仙门也。《三山志》："门外通怡山。梁时王霸升举，故名。亦名怡山门。治平元年，郡守元绛所作。"

---

① 林枫辑《榕城考古略》卷上《城橹第一》，第14页。

地名与日常生活的政治

续表

今　名	曾用名	备　注
水部门	水步门、利津门	即旧南夹城之水部门也，在城东南。《三山志》："夹城东南美化门，门内水步门，在临河务美化门内。"按：水步门一名利津门，盖夹城东南之内门也。
汤　门	汤井门、安边楼门	在城东迤北，即旧外城便门之汤井门也。《三山志》："外汤路，即安边楼门也。"
井楼门	船场门	在东北，即旧外城之船场门也。《三山志》："即临江楼门，内有井曰七穿井，门以此得名。"

资料来源：林枫辑《榕城考古略》卷上《城橹第一》，第3页。

从表3可以看出，明清"府城"七门虽然都是在旧城门基础上重建的，但在命名规则上与旧传统截然不同。① 七城门的命名不再标榜意识形态，而是从实用的功能出发，以具体的方位指示作为命名的基本标准。这使得"府城"的城门名实用易记，十分契合民众对地名的使用习惯，与前述"俗名"的直接、朴素和实用的特征也有异曲同工之妙。正因如此，福州"府城"的这套命名系统能够在此后长期沿用，数百年不变。②

三　街巷命名中的博弈

城墙和城门虽然划定了城市的基本范围，但确立城市基本格局的，却是城中纵横交错的街巷。如果说历史上城门的命名和更名是由官方主导的话，那么，城内街巷的名称更替和二元并存，则呈现出官方与民间角逐、"正名"与"俗名"长期并存的态势。在街巷地名这一领域中，"自上而

---

① 关于明清福州"府城"在城门命名规则上的这一重大转变，其内在原因是什么，目前笔者尚未掌握充分的材料，无法进行深入的分析，待考。感谢中央民族大学黄义军教授、《东岳论丛》王戎编审的提醒。
② 即使是在城市面貌发生了极大变化的当代，也仍然可以看到明清"府城"的城门名在福州当地的地名系统中留下的深刻印迹。例如，在20世纪80年代初编印的《福州市地名录》中，就登载了当时仍在使用的，诸如"东门街道""东门居委会""东街""东街街道""东街口""东大路""东水路""水部街道""水部居委会""北大路""南门兜""西门兜"等，与"府城"各城门有关的地名（参见福建省福州市地名办公室编印《福州市地名录》，1982，第70、73~75、85、130、149~150页）。

下"与"自下而上"两种命名规则一方面互相竞争,另一方面却能长期并存,这反映出城市政治文化的二元特征。

福州府城街巷的形成,与历史上的城池扩张和重建是同时发生的。据图1可知,福州历史上的城池重建,都围绕同一条南北中轴线展开。每一次的城墙扩张与重建,城中的街巷并未受到破坏,而是不断地扩张和分化。随着宋以后福州城墙范围的相对固定,街巷的布局也大致稳定下来,"历经宋、元、明、清,街坊虽有一些增多,但基本上没有太大的变化"。①

福州城内的街巷,大致可以分为"街"和"巷"两个层次,前者构成了城市空间的基本骨架,后者则将城市空间进一步细分,使之趋于"细胞化"。明清时期,闽县、侯官县均为福州府附郭,两县依"鼓楼—宣政街—狮子楼—南街"构成南北中轴线的分区治理。"宣政街""南街"等十多条"街",搭建了福州府城的基本空间格局。

> 城中之街十有二。② 自鼓楼前达于还珠门曰宣政街。还珠门达于南门曰南街。宣政街之右曰新街（今按察司前——引者注）。南街之右曰后街。横鼓楼之南,西达于西门曰西门大街。折而北,达于北门曰北街（府治之西,俗名土街）。北街之左曰北门后街。还珠门之外折而东,达于东门曰东街。南达于故津门城曰仙塔街。北达于井楼门曰井楼门街。达于汤门曰汤门街。仙塔街折而西曰馆前街（福星坊内）。③

"街"大多与府城的7个城门相通,是联系城内外的主要通道。其中,"宣政街—南街"通南门,"井楼门街—仙塔街"通井楼门,"北街""北门后街"通北门,"西门大街""东门大街""汤门街"分别通西门、东门、汤门。至清代,另一些以"街"命名的通衢也兴起。清末绘制的《福建省会城市全图》还列出"水部门街""河西街""河东街""城边街"等。此外,清末地方文献《榕城考古略》中还收录有"府直街""柏衙前街""贡院前街""渡尾街""开元寺街""卫前街"等街名。④

"街"是城内的交通干道,观瞻所系,官方对其命名相当重视,街名

---

① 张天禄主编《福州市地名志》,海潮摄影艺术出版社,2004,第234页。
② "二"字原误作"三"字,核校上下文,径改。
③ 万历《福州府志》卷5《城池》,第37页。
④ 林枫辑《榕城考古略》卷中《坊巷第二》,第34、46、49~50、53页。

往往传达出官府的政治理想与价值标准。如"宣政街"之得名，即缘于元代肃政廉访司署设于该处，"故亦称肃政铺"。"东街"即"东门大街"，"通衢数里，达于东，旧称左通衢"；入宋以后，为纪念宋代福州的第一个状元许将，又将"左通衢"改为"凤池坊"。"馆前街"的得名，缘于五代"闽时内有五州诸侯馆也"；至宋朝，因"屯田郎中湛俞隐居于此，三召不起"，该街更名为"旌隐坊"；到元代，又因"宣慰使魏天祐寓坊内"，街名再改为"福星坊"。①

与上一节论及的城门名类似，街名所欲传达的价值观和意识形态似乎并未为民众所接受，在官方标准的街名之外，"俗名化"随之而至。例如，最具教化意义的宣政街，"俗称鼓楼大街"；馆前街几经更名，政治教化色彩浓厚，但在清代，常见的称呼却是"军门前街"。即使意识形态意味并不突出的新街、北街、仙塔街等，也被民众以更加易记和更为实用的方式"俗名化"。例如，新街"今称按司前街"；北街（北门大街）"俗名新街，又呼土街，以新辟未及砌石，故名"；仙塔街也称"新塔街"，"以塔而得名也，闽时呼新路口"；南街中的"自安泰桥至于南门"之一段，"今称学院前"。这些"俗名""今名"的出现似乎意味着，在民众关于街名的日常用语中，官方过度突出的意识形态色彩很难获得民众的认可，"俗名"表达了民众自己对于街巷空间的理解。

总体上看，明清时期官方标准的街名大致能遵循方位指示的原则，意识形态色彩显得较淡。在明清时期的十余条"街"中，大多数都有明确的方位指示功能。如"南街""南后街""东门大街""西门大街""北街""北门后街""井楼门街""汤门街""水部门街""河西街""河东街""城边街"等街名，都十分易记，指示明确。这也是这些街名能够长期稳定、为官民各界乐用的内在原因。

"街"搭建了城市的基本骨架，而"巷"则将各"街"联络起来，构筑了密致的城市网络。"巷"分布在城市各处，纵横各异，长短和大小不一，数量很多。据记载，万历年间福州府城的"巷"有104条。② 到清末，福州府城内的"巷"共有260条，具体情况如表4所示。

---

① 林枫辑《榕城考古略》卷中《坊巷第二》，第34~35、45页。
② 万历《福州府志》卷5《城池》，第37~38页。

表 4　福州府城内的坊巷情况

闽县		候官	
段　别	巷　数	段　别	巷　数
中　段	9	中　段	3
东　段	37	东　段	1
南　段	23	南　段	49
旗界段	37	西　段	42
北　段	41	北　段	18
合　计	147	合　计	113

资料来源：郑祖庚纂修《闽县乡土志·地形略一》，清刊本，第245a～250b页；郑祖庚纂修《侯官乡土志》卷5《地形略上之一》，清刊本，第18a～20a页。

福州的"巷"有时指次于"街"的交通道路，有时也由一段面积适中、相对独立的巷弄及其两侧的屋宅组成。因此，"巷"有时也被称为"坊""里"。与相对"遥远"的"街"相比，城市居民对"巷"的感受无疑更加真切，"巷"构成了城市居民的基本生活空间，在居民的经济生活和文化认同中扮演着重要的角色。

与对"街"的命名一样，历史上官方也热衷于对巷名的介入。"巷"的出现首先缘于官方主导的筑城运动，因此，对"巷"的命名在早期应当也是以官方为主体的。但在此后的历史进程中，随着街巷社会的逐渐成熟，巷名的更动变得频繁，在官方标准的巷名之外，往往还存在多种其他巷名，显示出在巷名领域中多种力量竞相发声的现象。兹将《榕城考古略》中有关福州府城"鼓楼迤东直南隅"的相关巷名摘引，列为表5。

表 5　清末福州府城"鼓楼迤东直南隅"的巷名情况

巷（坊）名	亦称（一名）	今名	俗名（俗称、俗呼）	旧名（古称、初名）	备　注
东衙巷	大东衙				旧为闽时官廨所，有东总门。今皆为民居。
庙巷				万岁巷	旧名万岁巷，古有万岁寺，又有陈古灵祠，今祠、寺俱废。
沿河东巷		玄坛河沿			今名玄坛河沿，以内有玄坛庙也。

续表

巷（坊）名	亦称（一名）	今名	俗名（俗称、俗呼）	旧名（古称、初名）	备注
大龙湫巷			龙湫巷	左院巷	古称左院巷，宋时司理列署于此。
连桂坊巷		厂巷		梳行	以宋给舍黄唐佐居之，刘延康以其兄弟登科建坊，名连桂坊。
花巷			梅枝巷	使旌坊巷	《闽都记》名使旌坊巷，以宋李任漳郡守，乡人荣之，故名。俗呼梅枝巷，今名花巷，以通百花务也。
通贤境巷			境巷		内有通贤里社，故名。有庙祀赵真君。
织缎巷				嘉荣坊	
南营					古驻泊营也。宋时将卒自他所调集者居此，有横冲、百胜、捉生诸营，环坊隅以居，铃辖监押领之，此其旧址也。
朱紫坊				新河	以宋通奉朱敏功兄弟四人居之，朱紫盈门，故名。
兴贤坊			府学前	进德	在府学街口。初名进德，宋政和中更名兴贤。
花园巷					在闽县学口。花园者，以宋时为参政陈鞾芙蓉园别馆也。明初籍于官，其园遂废。
祠山巷		福履营	草履营		祠山者，以于山旧有祠山庙，在平远台下，祀西汉末吴学、张渤也。俗名草履营，今改为福履营。
东城边巷			总管前		俗称总管前，以内有南离总管庙也。

资料来源：林枫辑《榕城考古略》卷中《坊巷第二》，第34~40页。

表5罗列的虽然只是福州府城的部分巷名，但足以表明当时城内"一地多名"情况之普遍。表5列出的14条"巷"中，除了2处（南营、花园巷）仅记载1个地名外，其余12条"巷"中每条至少有2个地名，"一地两名"或"一地三名"的情况相当普遍。这些地名以各种不同的形式存在，除了官方的标准地名，还包括"俗名""俗呼""俗称"；既有"旧名""古称""初名"，也有"今名""亦称""一名"等。《榕城考古略》中，这种"一地多名"的情况十分常见。这意味着

各种力量在地名领域中展开竞争与互动，表面上悄无声息，内中却暗潮涌动。显然，在这个场合官方已不再是街巷命名的唯一参与者，甚至不再是主导力量，各种力量都参与到这一竞争性领域中来，试图表达自身对坊巷空间的理解。

综合来看，福州巷名的出现和发展是在一个相当长的时期内进行的，各时期官方对坊巷的命名原则也存在很大差异，这就使福州的巷名显得相当庞杂，形成多个层次。因此，考察各种力量在地名领域的竞争时，应该分别从不同的层次展开。

一般来说，那些自身具备明确的方位指示功能，并且意识形态色彩相对淡薄的地名，因明确实用，官民都乐于接受，故很少有"俗名""亦名"等情况存在。例如，北门附近的华林坊，"以寺而得名也"；华林坊以南的"大模下"，得名则缘于"里有大树"；华林坊以北、越王山西麓的"北库巷"，则因明弘治以来该地建有武备库而得名；① 等等。

在官方推出的标准巷名中，多数实际上具备一定的价值倾向。有些地名有可能遭到"俗名化"，有些则似乎长期延续下来，为民众所接受。《榕城考古略》收录的大量地名中，许多始终记载着官方的主导作用，这一过程似乎并未受到其他力量的挑战。例如郎官巷、三牧坊和丽文坊的命名史。

（郎官巷）在杨桥巷南。宋刘涛居此，子孙数世皆为郎官，故名。陈烈亦居此。内有孝子坊，为国朝何旭履立。②

（三牧坊）宋名太平坊，以内通太平寺为名；一名枋门。绍兴末，朱倬拜右丞相，尚书王师心为改太平公辅坊。明正德间，以里人知府何频、知州何冈、知县何继周兄弟，更名三牧坊。③

（丽文坊）在广节营东。宋名丽景。明移贡院于此，改名丽文。为贡院之通衢。④

综观上述三巷的命名史可以发现，尽管历史上三巷都经历了多次更名，但巷名传达的价值却并未改变，而且，似乎每一次的更名都强化了其原有的

---

① 林枫辑《榕城考古略》卷中《坊巷第二》，第58页。
② 林枫辑《榕城考古略》卷中《坊巷第二》，第41页。
③ 林枫辑《榕城考古略》卷中《坊巷第二》，第45页。
④ 林枫辑《榕城考古略》卷中《坊巷第二》，第50页。

政治文化意义。官方或士绅在命名和更名过程中,无疑起到了主导作用。

在福州的巷名系统中,这类完全由官方主导,而无其他声音存在的情况并不多见。通常情况下,一条坊巷在官方标准地名外,还有其他地名,因此,"一地多名"或"一名多地"的情况是常态。表5表明,福州地名中"一地多名"十分普遍,而实际上,"一名多地"也不乏其例。例如:以"尚书里"命名的地名就有两处:一是位于南后街附近的文儒坊,"旧名山阴巷,初名儒林,以宋祭酒郑穆居此,改今名,又以明总制张经居此,署尚书里";二是通水部门的河西街,"一名尚书里","巷以明尚书林文安瀚居此,因名"。① 再如福州城内还有两处"花巷",一在南大街附近,原名"使旌坊巷","以宋李任漳郡守,乡人荣之,故名","俗呼梅枝巷,今名花巷,以通百花务也";② 另一处"花巷"称"小花巷",在南后街附近,"即杨桥河沿西巷也"。③

无论是"一名多地"还是"一地多名",都表明在前现代福州的坊巷命名中,并非依"地名标准化"原则进行的,其运行与变动趋势必须从自身逻辑中探讨。口语和书面语的分离,尤其是方言和谐音等因素,使福州的巷名距"标准化"的要求甚远。如蔡奇巷"俗讹为彩旗巷",秘书巷"俗讹为篦梳巷"等。④ 这些例子中,因谐音而遭到"改造"的地名,其意义已经面目全非。民众以谐音改造原巷名是否有意为之,这已很难探讨,但毫无疑问的是,经改造后的地名,在字面意义上已完全抛弃了原地名的含义,传达出民众认同的某种价值。

在民众改造官方标准地名的实践中,对原地名进行简化是另一种常见的形式,简化的对象一般是那些不涉及明确价值指向的巷名,体现了民众对地名的实用性的追求。例如,位于南大街附近的通贤境巷"今但称境巷";闽浙总督署附近的虎节河沿"亦曰沿河西巷";宣政街附近的大龙湫巷"今俗名龙湫巷";沿河东巷"今名玄坛河沿,以内有玄坛庙也"。⑤

当官方标准地名带有较强烈的意识形态色彩时,"俗名"便往往具有

---

① 林枫辑《榕城考古略》卷中《坊巷第二》,第46、61页。
② 林枫辑《榕城考古略》卷中《坊巷第二》,第35页。
③ 林枫辑《榕城考古略》卷中《坊巷第二》,第61页。
④ 林枫辑《榕城考古略》卷中《坊巷第二》,第46页。
⑤ 林枫辑《榕城考古略》卷中《坊巷第二》,第34~35、40页。

"去价值化"的作用，地名本应具备的方位指示功能得到还原。例如，位于府学街口的兴贤坊，"初名进德，宋政和中更名兴贤"，但被"俗称"为"府学前"。① 与"进德坊"或"兴贤坊"浓厚的意识形态色彩不同，"府学前"这一巷名追求的是明确的方位指示功能。再如双门西外的登俊坊巷，"古名右通衢，宣和间更名春风楼，一名丰盈坊"，该巷官方的历次更名都有类似的价值追求，但民众以该地"西通杨桥"而以"俗名杨桥巷"称之。在民众的日常生活中，"杨桥巷"这一"俗名"的方位指示功能远远高于"不知所云"的"登俊坊巷""春风楼"或"丰盈坊"。② 此外，"塔巷"取代"修文坊"，"石井巷"取代"清泰坊"，"竹林境巷"取代"仁庆坊"等，也同样是基于此。

  （塔巷）旧名修文。宋知县陈肃改名兴文，后改文兴。今呼塔巷，以闽时建育王塔院于此也。③
  （石井巷）旧名清泰坊。有苏公井一，因名。
  （竹林境巷）宋名仁庆坊。有竹林通应庙。相传龙井有金鳞隐见其中，岁旱祷之，即雨……按，庙今为里社，而井犹在庙中。④

有些"俗名"与官方的标准巷名在价值观方面会产生尖锐的矛盾。例如北街西的"淳仁里"，"旧名晏公坊"，据称，"晏公坊"之得名缘于"晏公海神，滨海多祀之，义取海晏"。⑤ 无论是"淳仁"的社会理想，还是"海晏"的政治抱负，都符合官方主流的价值标准。然该巷的"俗呼"却是"择日街"。⑥ 据福州著名文史专家郑丽生的考证，该"择日街"是一条以择日行当为主的街巷，"国初尚有择日馆四五家，皆林氏子孙"。⑦ "择日街"这一"俗呼"直观地体现了该处的行业分布特点，呈现出与官方的"淳仁"或"海晏"完全不同的价值立场。再如南后街附近的闽山巷

---

① 林枫辑《榕城考古略》卷中《坊巷第二》，第36页。
② 林枫辑《榕城考古略》卷中《坊巷第二》，第40页。
③ 林枫辑《榕城考古略》卷中《坊巷第二》，第41页。
④ 林枫辑《榕城考古略》卷中《坊巷第二》，第45页。
⑤ 林枫辑《榕城考古略》卷中《坊巷第二》，第57页。
⑥ 林枫辑《榕城考古略》卷中《坊巷第二》，第61页。
⑦ 《郑丽生文史丛稿》上册，海风出版社，2009，第100页。

中的小巷"梯云里",长期以来又被称为"洗银营"。①"梯云"无疑代表了官方和精英知识群体的文化品位,"洗银"则是民众价值观的直白表露,这两种价值观显然是对立的。晚清福州著名乡绅梁章钜的次子梁丁辰,曾在家道中落时移居洗银营,他对这个充满"铜臭味"的地名很不以为然,曾撰"银无可洗,云尚能梯"一联以自励。②该联对仗工整,宛如天成,体现了士绅对自我的期许和对民众价值观的鄙视。

在标准的巷名遭遇"俗名化"的同时,抱有强烈道德责任感的士绅和官员也热衷于对不符合主流价值标准的"俗名"进行纠正,形成"俗名化"与"正名化"的互动。例如,位于南街附近的"祠山巷","以于山旧有祠山庙"而得名,该庙"祀西汉末吴学、张渤也",是祭祀先贤的场所。但巷名承载着的这一层教化意义并不为民众所认同,民众以"俗名草履营"将其政治文化意义完全消解。有趣的是,官方又将"草履营""改为福履营",试图通过某些关键字词的改动,实现地名意义的根本转变。③再如"三坊七巷"中的"吉庇巷",宋代有"耆德魁辅坊",缘于里人郑性之"以暮年登科拜相,闾里表曰耆德魁辅坊"。该巷又"俗呼急避",巷据《闽都记》记载,该"俗名"的产生也与郑性之有关。

> 性之致仕,建耆德魁辅。闽俗腊日祀灶,性之微时,是日,贷肉于巷口屠者之妻,屠者归,而大恚,入其舍,取熟肉以去。性之画一马题诗其上,焚以送灶,云:"一匹乌骓一只鞭,送君骑去上青天。玉皇若问人间事,为道文章不值钱。"后以殿元,积官江西安抚使,加定[宝]章阁待制,昼锦归第,气势烜赫。屠者睋而视之曰:"郑秀才至是耶!"性之令缚至庭,数其罪,缚杀之。自是出入巷无行人,因名其巷为急避。④

其他资料也记载:"郑显时,侵渔百姓,至夺其屋庐,以广居宅,有被逼抑者,遂自杀于此。""急避巷"作为地名,承载着坊巷的历史记忆,不断提醒着人们在势宦权贵与普通民众之间存在的阶级鸿沟与深刻矛盾,

---

① 林枫辑《榕城考古略》卷中《坊巷第二》,第61页。
② 陈钦尧:《福州联话》,海潮摄影艺术出版社,2005,第170页。
③ 林枫辑《榕城考古略》卷中《坊巷第二》,第39~40页。
④ 林枫辑《榕城考古略》卷中《坊巷第二》,第41页。

这无疑不利于坊巷社会内部的认同。可能正是这个原因，在官方或士绅的主导下，"急避巷"的俗名"今改吉庇"。官方以谐音改造地名的例子还有："醋巷""亦曰富巷"，"画眉巷""今称范仪巷"，等等。[①] 谐音法不仅在民众改造官方标准地名的"俗名化"中被使用，在官方和士绅发起的对"俗名"的"正名化"中也同样被采用。

福州街巷命名构成了一个竞争性的领域，各种力量都试图在其中发声，借以表达自身对城市空间的看法和立场，由此形成"一地多名"的普遍化现象。这一现象的长期延续，也意味着各种力量在这一领域的较量呈现胶着之势，难分胜负。在这一领域，官方并不具备对地名的主导权，标准地名经常遭到"俗名化"的挑战；而"俗名"的流行一旦超出主流价值的底线，官方又经常发起"正名化"运动，对"俗名"进行改造。在这一循环不息的命名博弈中，两种价值观既长期对峙，又相互交流；既相互配合，也彼此替代，表现出复杂的互动机制。这也意味着在街巷命名领域，"正名"和"俗名"互相竞争的同时却能长期并存，形成街巷地名的二元化现象。

四 弄堂的"土名"世界

如果说福州的城门命名主要由官方主导，街巷命名体现出"正名"和"俗名"二元并立的话，那么，福州的弄堂名则完全是一个"土名"的世界。在福州，"街""巷"之下还有一个被称为"弄"或"衕"的空间单位。"弄"一般指小于"巷"的通道，有时也指通道两侧的建筑。"弄"在"巷"之间搭建起了"毛细管"式的联系，其作用看似平常无奇，但城市居民须臾不能离之，它为整个城市建立起最基层的、便利的沟通渠道。

在福州府城，"街"和"巷"是城市的主要交通网络，引人注目，其数量也一直处在官方的严密监控之下；与之形成鲜明对比的是，"弄"因为极为平常而容易被人忽略，且因数量庞大，官方从未对"弄"进行深入的统计。官方对"弄"的忽略，反映出传统社会城市管理的某些重要特征，即当局对某些"重大"城市事务保持严密的监控，而对大量"细碎"的实务则采取放任态度。这反映在城市地名领域就是：官方努力主导对

---

① 林枫辑《榕城考古略》卷中《坊巷第二》，第56~58页。

"城门"等重要场所命名的过程，在街巷名方面努力与"俗名"竞争，而在弄名方面则既无兴趣也无能力全面加以干涉。

正因为如此，弄名的形成与演变过程具有自发的特点，反映出城市居民朴素的生活逻辑和价值取向。相关历史文献往往以"土名"来称呼此类地名，形象地说明了在弄名领域，存在着民间自发自主和官方无意插手的现实。由于存世的文献主要出自精英之手，很难窥探历史上弄堂"土名"的全貌。笔者努力通过相关资料，尤其是借助历史地图的记载，试图探讨福州弄堂"土名"的某些侧面。本节主要依据清咸同年间"保甲总局委员"胡东海绘制的《福建省会城市全图》，考察弄堂土名的命名特征，探讨在弄堂土名领域中的权力交互机制。与相关地方志书和乡土文献的记载一样，《福建省会城市全图》登载的地名主要是城门名和街巷名，对弄堂地名的记载很少。但该地图出于推行保甲的实际需要，对弄堂地名的登载已相对关注。

从地图中可以看到，弄堂与街巷相比，一般位于较为偏僻的位置，往往在官方的登记册中没有名字。只有少量的弄堂，有幸在《福建省会城市全图》中留下了地名信息。综合这些地名信息，可以看到这些弄名特别突出方位指示功能，其表达方式十分朴素直接。例如，位于巡抚衙门附近的"吴厝衕""施厝衕"（图2）和井楼门大街右的"孙厝衕"（图3），都以"某厝衕"命名，标示出具体的姓氏、人群与社区的密切关系。

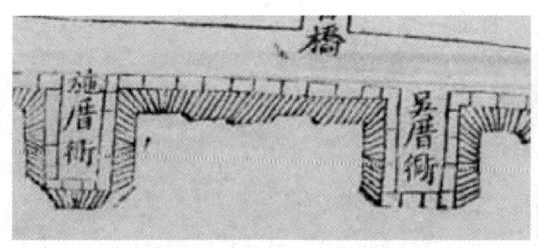

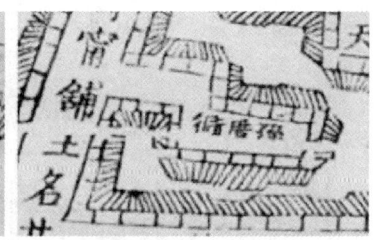

图2 吴厝衕、施厝衕（在巡抚衙门附近）　　图3 孙厝衕（在井楼门大街右）

弄堂土名有时也以某些人工建筑、自然标志或地貌特征为名，具有很高的方位指示价值。例如位于太平街以南、白塔以西的"转湾衕"（图4），将该弄的地理特征直观地表现了出来。位于西门大街南的"水衕"（图5）、"井衕"（图6）和鳌峰书院南的"井衕"（图7），则将弄名指向城市居民关心的取水问题。

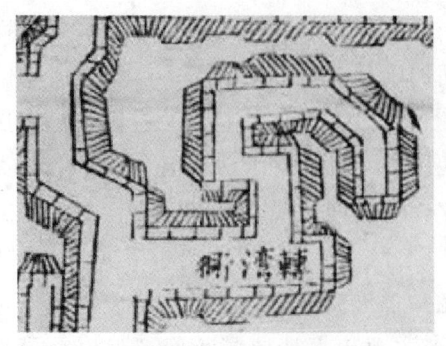

图4 转湾衖（在太平街南、白塔西） 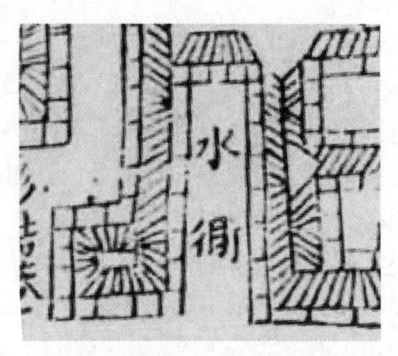　　图5 水衖（在西门大街南）

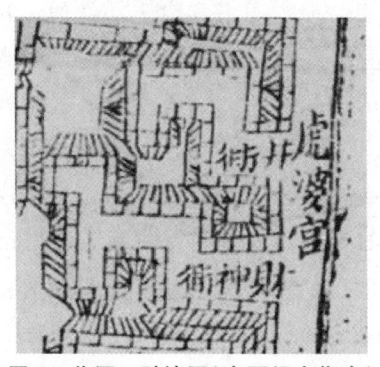

图6 井衖、财神衖（在西门大街南） 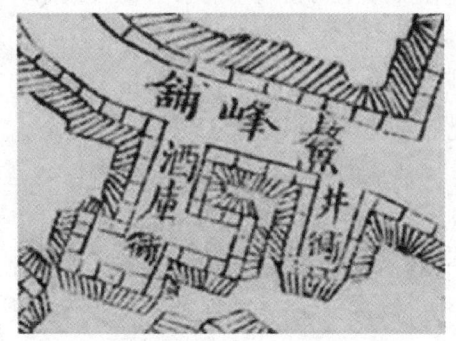　　图7 酒库衖、井衖（在鳌峰书院南）

西门大街南的"财神衖"（图6）和东门大街南、仙塔街西的"财神衖"（图8）都明确指向其中的财神庙。

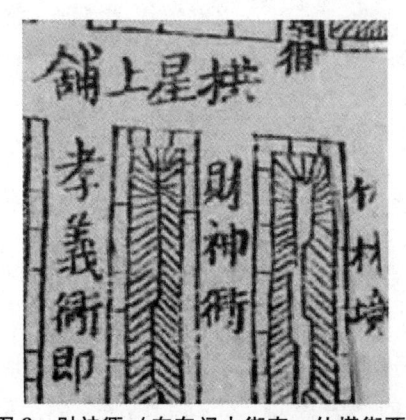

图8 财神衖（在东门大街南、仙塔街西） 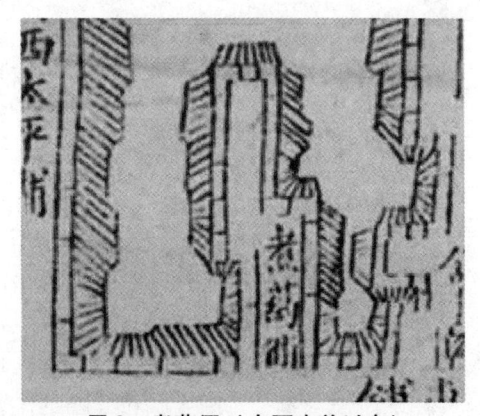　　图9 煮药衖（在西水关以东）

此外，弄名也常以本社区的重要行业或重要的经济现象为指示对象。如鳌峰书院南的"酒库衖"（图7），可能与弄里人家从事酿酒业有关。虽然"酒香不怕巷子深"，但在巷弄名称上带个酒字，想必对生意的推进有所帮助。再如西水关以东的"煮药衖"（图9）、东门大街南的"打铁衖"（图10）、西门大街北的"扁担衖"（图11）等，都十分具体地指向本社区的主要行业与经济现象，一目了然。

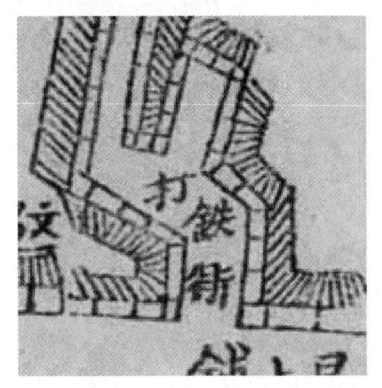

图 10　打铁衖（在东门大街南、仙塔街西）　　图 11　扁担衖（在西门大街北）

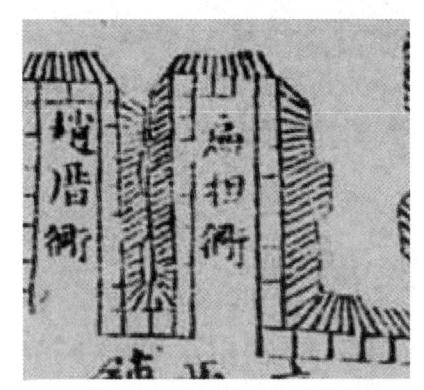

在城市地名的日常使用中，城门名和街巷名面对广大的人群，避免重名带来混淆常常是地名管理工作的主要任务（尽管如此，传统时期"一地多名"或"一名多地"的情况仍然十分常见）。与城门名和街巷名不同，经常接触弄堂地名的人群往往是特定的，范围相对较小，因此官方也无法对全城的弄堂土名进行"标准化"处理。其结果是，在城市众多的弄堂土名中，"一地多名"或"一名多地"的情况必定更为普遍。《福建省会城市全图》对此就有不少记载。例如，地图中登记了 2 个"井衖"：一在西门大街南（图6），一在鳌峰书院南（图7）；2 个"财神衖"：一在西门大街南（图6），一在东门大街南、仙塔街西（图8）。另外，在东门大街南有"打铁衖"（图10），在西门大街南又有"打铁巷"（图12）。

弄堂土名是城市居民在日常生活实践中自发形成的，追求实用、朴实、直接（如"猴衖"，见图13）。这在官方或士绅眼里，有时就显得不够"雅驯"。在少数场合，官方和士绅也会努力对弄堂"土名"进行"雅化"。例如，北街东的"善馀衖"（图14），本是夹道坊东的"小径"，"循

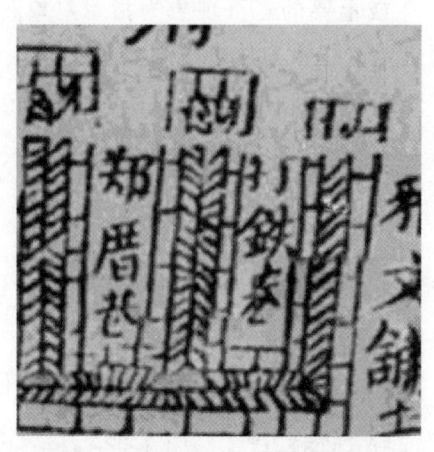

图 12　打铁巷（在西门大街南）　　　　图 13　猴衕（在华林寺南）

府狱墙,通府西郎［廊］",其"俗名""本为鳝鱼弄"。① "善馀弄"显然是对"俗名鳝鱼弄"雅化的结果。一经"雅化",意义完全转换,原本草根味十足的弄名"登堂入室",成了经典的注解。② 再如双抛桥南"土名"为"王厝园内"的弄堂,也被雅化成"文锦铺"（图15）。

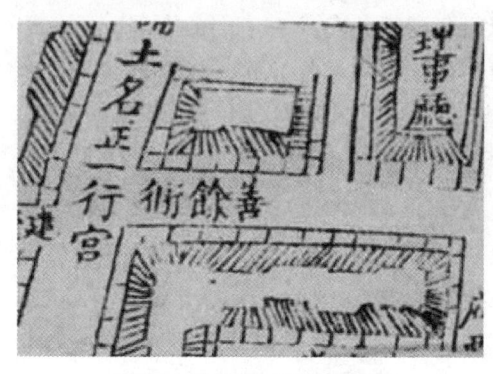

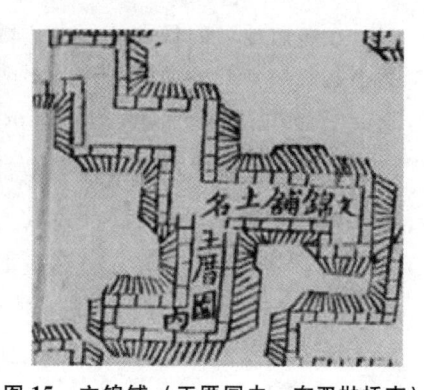

图 14　善馀衕（在北街东）　　　　图 15　文锦铺（王厝园内,在双抛桥南）

弄堂土名出于众人之口,在日常使用中都以方言表达,这也导致方言用字（土字）在土名中大量存在。这对于那些习惯通过规范性的文字来建构和强化权力的官方和士绅而言,显然是极大的障碍。此类障碍的存在,

---

① 林枫辑《榕城考古略》卷中《坊巷第二》,第57页。
② "善馀"典出《周易·坤·文言》："积善之家,必有馀庆；积不善之家,必有馀殃。"

保证了弄堂土名长期以来在使用和发展中的自发特征，往往使那些试图改造"土名"的人望而却步。直到 1980 年，福州市地名办公室在地名普查过程中，还遇到此类问题的困扰。

  在 1980 年地名普查中，我市发现从《新华字典》和《现代汉语词典》内查不到的地名方言用字和生僻字共有 10 个：垱、垅、圻、墘、塅、硋、模、砶、磼、楄。①

这些方言用字各有特定含义，当地人清楚，而外人却完全不知所云，很难以规范的汉字进行书写记载。例如，"垱"在福州方言中有两种意思，有时表示"小土堤"，有时表示"土堆"；"墘"字为"边沿"之意；"硋"指"陶器"。经过反复研究讨论，福州市地名办公室依据政策和相关部门的意见，次年制定了对这些方言用字的规范化处理意见。（如表 6 所示）

表 6　福州市地名办公室对方言用字的处理意见

原　　字	字　　　　义	处理意见
垱	土堆	墩
	小土堤	垱
垅	丘田	垄
圻	丘地	丘
墘	边沿	墘
塅	田间小埂	塍
硋	陶器	硋
模	树	树
砶	烧陶器等物的建筑物	窑
磼	传说古时有十四个石匠在乌尾德山采石定居，因纪念十四人一条心打石为生，故取"德"字去"彳"加上"石"字而成	磼
楄	木名	楄

资料来源：根据福州市地名办公室《关于福州市地名方言用字和生僻字处理情况的说明》（1981 年 8 月 21 日）的附表简化。

---

① 福州市地名办公室：《关于福州市地名方言用字和生僻字处理情况的说明》（1981 年 8 月 21 日），《福州市地名录》，第 325 页。

弄堂土名长期以来的自发状态，可以从内在原因和外在环境两方面来解释。它一方面适应了社区民众使用的需要；另一方面各种因素也限制了官方开展大规模的"雅名化"或"正名化"运动。"土名"的发展逻辑与成长特点显示，传统社会的地方事务中，尤其是在弄堂名这类最平常的"日常生活"领域，官方的介入极为有限。福州弄堂土名的发展特征表明，即便是在福州这类省会城市，官方权威看似无处不在，但对大量的城市事务实际难有作为，在弄堂地名这类最贴近"日常生活"的领域中，官方既无兴趣也无能力发挥过多的作用。弄堂地名的"土名"特征，显示出在城市社会的底层和日常生活层面，存在着一股潜流，它看似平常，却持续有力，实质性地引导着地方政治的发展方向。

五　结论

地名是特殊的公共领域，各种力量在这里交汇，从各自的立场出发，形成各异的命名特色。地名又是一种重要的文化资源，命名是对这一资源占有的表现，更名则集中体现了对地名资源的激烈争夺，反映出复杂的社会关系演进特征。福州历史上地名的兴替，为我们观察此类复杂的社会历史进程提供了很好的个案。

福州城区经过千百年的开发，形成了丰富的地名遗产，经层层积累而构筑起庞杂的体系。总的来看，城墙城门等重要公共建筑的名称，最受各界瞩目，其命名或更名也容易产生强烈的社会效果。在历次的建城运动中，官方热衷于主导城门的命名和更名过程，以期达到灌输意识形态和强化政治权威的作用。但官方过度强调意识形态色彩，也可能令城门名本应具备的方位指示功能降低，民众有时也会以"俗名"的方式，表达自身"草根式"的理解。

与城门名主要由官方主导不同，街巷名领域普遍存在"一地多名"的情况，"正名"与"俗名"长期并存，其实质是官方与民间在地名领域的激烈竞争。"自上而下"与"自下而上"两种命名规则在此长期互动，既竞争又并存，反映出城市政治文化的二元特征。

街巷之下，还存在数量庞大的弄堂，弄堂最贴近于城市居民的生活，官方对弄堂既无意也无力深入干预。这就使得弄堂地名长期处于自发自主的状态，反映出城市居民朴素的价值观和生活逻辑。

在上述三种层次的地名领域中，城门名主要由官方主导，街巷名存在"正名"与"俗名"的二元并立，弄堂名则以"土名"为特征长期自主发展。官方与民间在地名领域既有各自的位置，也有频繁的交集。主导城市政治发展方向的力量，并不只有官方一极，草根社会往往如潜流一般，看似平淡无奇，却持续有力地参与到地方政治的发展进程中。对福州地名的历史考察，从某个侧面揭示了蕴藏于日常生活中的政治逻辑。

综上，本文主要以城门名、街巷名和弄堂名为焦点，展开对福州历史地名的考察。这种举例式的分类法，有利于从类型学的角度整体地把握福州的地名历史，但显然无法穷尽当地的所有地名。因篇幅所限，尚有大量的地名并未纳入本文的考察范围内。其他还有一些重要的历史地名，诸如"三山"、三元沟等城内外的自然地理实体，桥梁、官署、祠庙、园林等重要的或具有方位意义的人工建筑等；其地名的生产和变动机制也都需要做进一步的梳理和考察。

作者：罗桂林，南昌大学历史系

公共空间与民国上海知识群体的
精神生活建构（1927～1937）

胡悦晗

内容提要：图书馆、书店与书摊是民国上海知识群体从事图书阅读与消费活动的城市公共空间。图书馆不仅承担阅读功能，还兼具社会交往等功能。福州路、北四川路等城市新兴地带以售卖新式出版物为主的书店与城隍庙地带以售卖线装书、古籍为主的书铺和书摊之间产生了明显的新旧之隔与等级之分，它们面向的顾客群体也有所不同。当书籍的阅读与消费跨越知识群体与非知识群体的边界时，知识群体通过对旧书、旧书铺与书摊的歌颂，建构自身所拥有的知识资本，使自身与普通市民群体相区隔。在上海知识群体的书籍消费活动中，以书会友与在商言商的两种交易方式既体现出近代上海图书出版市场古风犹存的一面，也反映了近代上海图书市场开始以市民为主要消费对象，传统"回头客"比例降低的一面。知识分子个体所处阶层位置的差异不仅塑造了知识群体内部截然不同的书籍消费习惯，也开启了现代中国精英知识群体与边缘知识群体渐行渐远之端。

关键词：公共空间　知识群体　场域　精神生活

在布尔迪厄（Pierre Bourdieu）看来，知识群体在知识场域中占据决定性地位。这里所谓的知识场域，指特定的机构和市场的发源地，其中，艺术家、作家以及学者竞争有价值的资源以便获得对其文学艺术创造以及学

---

* 本文系教育部人文社科青年基金项目"生活场域与阶层再生产——以民国时期北京、上海知识群体为例（1927～1937）"（项目编号 13YJC840015）的阶段性成果。

术或科学研究工作的合法性的承认。① 民国时期的北京，集中了全国第一流的国立大学和教会大学，是近现代中国知识生产和学术生产网络的枢纽。② 知识群体有国家建制化的最高学府和接近政治权力的各种关系网络借以存身，并可在一个知识与体制相结合的高层次上体现个体价值和发挥群体影响；而近代的上海恰恰相反，拥有的是一个体制外的国内最发达的出版市场。③ 因此，近代上海知识群体，与作为文化观念的承载体——书籍——直接关联的文化生活是他们作为知识群体最具特性的生活内容之一。

明清时期的城市中，书籍在私人藏书楼中存放，在坊间书肆中流通。清末民初，江浙地区的地方精英与清廷合作，逐步开始建立讲求"公共性"的新式藏书机构。④ 民国时期各种公共图书馆先后建立。伴随新式出版业的发展，图书馆、书店与书摊，是现代城市中书籍存放与销售流通的主要场所。作为现代城市文教事业的一个重要空间，图书馆负载着对公众进行知识普及与文化教育的作用。书店与书摊，则是遵循市场规律运作的出版业最主要的图书销售终端。这几个与书籍有着密切关联的城市空间，是知识群体文化生活最重要的几个空间。其中，每一个空间的功用与特征都有所不同，知识群体根据各自不同的偏好择其所需。基于此，本文拟透过上述几个城市文化空间，考察上海知识群体的文化生活。

一 图书馆——知识群体的公共阅读空间

民国以来，为普及教育，除加强学校教育外，还特别重视社会教育，故各种通俗图书馆、公共图书馆、教育馆等社教设施纷纷成立，数量日增。馆藏的内容，亦由深奥趋于实用，尤其是五四运动及平民教育运动以后，收藏的图书种类不再限于珍本、秘本、孤本、钞本等，而渐以一般读

---

① 〔美〕戴维·斯沃茨：《文化与权力——布尔迪厄的社会学》，陶东风译，上海译文出版社，2003，第256页。
② 许纪霖：《都市空间视野中的知识分子研究》，《天津社会科学》2004年第3期。
③ 叶中强：《从知识体制中心走向自由媒体市场——"新月派"文人在上海》，《史林》2008年第6期。
④ 参见徐国曦《江浙地区藏书机构转型之研究（1901~1930）》，台湾中央大学硕士学位论文，2006。

者的需要为主，讲究实用性。① 时为学生或低级职员的青年知识群体，由于经济条件低下，难以拥有私人藏书，更不敢奢望有自己的书房，故图书馆对他们而言，是一个理想的公共阅读空间。近代上海都市人口的剧增引发了巨大的阅读需求。与出版业蒸蒸日上的发展相呼应，政府也在公共文化设施方面有所作为。清末民初，就已有上海平民书报社、通俗宣讲社附设图书馆、江苏省教育会附设图书馆、松坡图书馆、南洋公学图书馆等各种私立图书馆及藏书楼。较具规模的如南洋公学图书馆，"前临操场，其建筑分四层……校外人惟星期六星期日可入阅，余供本校师生参考之用，来宾有介绍者得入内参观"。② 1927年后，上海被划为特别市，执政者有意建造一所市立图书馆，"于市中心区域，划定行政区域，以一部分为文化设备之用，除体育场、博物馆外，并议建图书馆一所，以为市民学艺上研究观摩之资，自民国二十二年八月其着手筹备，至二十五年五月一日始告成立"。新建的上海市图书馆"自于二十五年五月一日成立后，至六月八日先行开放阅报厅及儿童阅览室，九月一日起，全部试行开放。每日到馆阅览人数，至为拥挤"。③ 1934年出版的《上海导游》列举了上海市内的各主要图书馆：上海市商会图书馆、天主堂图书馆、江海关图书馆、地质研究所图书馆、松坡图书馆、社会科学研究图书馆、明复图书馆、工部局洋文图书馆、科学社图书馆、市图书馆。④

17~18世纪，欧洲许多国家出现了一种要建设吞揽一切图书的图书馆的乌托邦计划。这类包罗一切人类迄今所写就文献的图书馆、百科全书和大字典，是启蒙时代的几项最重要的文化事业。⑤ 而将所有图书都包含在一个图书馆的企图，暴露了现代性初期的文人在文化问题上的一个内在张力：能够包罗所有图书的普世图书馆只可能是非物质性的，如目录，而作

---

① 严文郁：《中国图书馆发展史——自清末至抗战胜利》，台北，中国图书馆学会，1983，第46页。
② 《南洋公学图书馆》，商务印书馆编印《上海指南》卷3《公共事业》，1922，第17~18页。
③ 《上海市图书馆及博物馆》，上海市年鉴委员会编《上海市年鉴》，中华书局，1937，第A3~5页。
④ 中国旅行社编《上海导游》，国光印书局，1934，第210页。
⑤ 张伦：《罗歇·沙蒂埃〈书写文化与社会：书的秩序（14~18世纪）〉》，《中国学术》2002年第1期。

为物质性存在的图书馆则是有限的，只能包括已知知识总体的局部。这种张力从一个侧面也体现着现代性计划的总体张力。① 商务印书馆下属的东方图书馆因其规模宏大的图书收藏与系列文库和教科书的出版，不仅承担着上海最大的公共图书馆之职，还颇类启蒙时代欧洲图书馆的现代性总揽方案。许多知识分子都对该图书馆有深刻的记忆。据董涤尘回忆，图书馆在编译所最高一层，"所藏图书相当完备，供编译所备用的古今中外各种参考用书，已相当丰富，凡中外包括西文日文最新出版的书，往往能及早购进"。② "除善本另有手续外，是予取予求没有限制的。"③ 沈百英甚至认为"图书馆藏书丰富，要什么有什么"。④ 胡愈之认为自己一生中"读书主要是在商务读的"。⑤

然而，近代上海的其他各级图书馆建馆之初就没有如此的雄心壮志。这些图书馆藏书情况各有不同，知识分子可以根据自己的需要选择。有些图书馆尽管藏书较少，但却给知识分子带来闲聊的意外收获。唐弢回忆了自己穿梭于几个图书馆之间的情形：

> 邮局的工作时间短，又比较集中，我利用这个便利，经常跑图书馆。邮政工会在福生路（武进路的支路）办了一个，藏书本来不多，大革命失败，稍有意义的都被清理掉了。附近宝山路上，却有个藏书丰富、全国闻名的大图书馆——东方图书馆。离我住处更近，还有河南路桥的市商会图书馆。我消磨于这三个图书馆的时间，比到邮局上班还要多。从《国粹丛书》到《南社丛刻》，东方图书馆都有全套，但借书手续麻烦，最方便的是工会图书馆，却又借不到什么。借不到就闲聊。它给我的唯一好处是：我从借书人口中，听到了许多邮政工人在三次武装起义中的故事……要弄到一本好书很费事，图书馆里进

---

① 张伦：《罗歇·沙蒂埃〈书写文化与社会：书的秩序（14～18世纪）〉》，《中国学术》2002年第1期。
② 董涤尘：《我在商务印书馆编译所工作时期的片断回忆》，商务印书馆编印《商务印书馆史资料之三十三》，1985，第11页。
③ 丁英桂：《回忆我早年试编两种中学历史课本参考书的出版经过和现在的愿望》，商务印书馆编印《商务印书馆史资料之十八》，1982，第15页。
④ 沈百英：《我与商务印书馆》，蔡元培等：《商务印书馆九十年：我和商务印书馆》，商务印书馆，1987，第287页。
⑤ 胡愈之：《我的回忆》，江苏人民出版社，1990，第6页。

步书借不到。①

图书馆所藏报纸杂志上刊载的各种信息对于待业在家，生活难以为继，迫切需要求职的知识分子而言十分重要。一个笔名为秋岳的知识分子无法忍受失业在家坐立不安的煎熬，就到图书馆看报纸：

> 决定了去看报，上图书馆里去看报。虽则到那里要枉跑许多腿，但是在老枪报贩那里揩油，总得挨气，讨厌你穷瘪三弄皱了报，没有主顾……本来，穷小子还要看什么报，没钱就配不上看的。跑进图书馆，那里的确恬静得多。②

此外，上海一些颇具特色的学校图书馆也成为知识分子时常光顾之地。始建于1986年的上海南洋中学，其图书馆藏书源于校长王培孙先生的私人藏书。在清末民初时，南洋中学图书馆内藏有王氏先人所藏多种古籍与哲学、历史、政典、方志、文学、笔记及珍贵的藏本佛经等约4000种图书。图书馆甚至还藏有一部分西文图书，分设中文阅览室和西文阅览室。南京国民政府时期，图书馆经过改造与扩建，其藏书量不断增加。黄炎培就曾多次去该馆翻阅图书。1928年4月底至5月初，黄炎培就频繁去该馆翻阅有关边疆与地方志方面的图书：

> 晨，至南洋中学，访培荪、天放，参观图书馆。③
> 至南洋中学图书馆阅书，饭于培孙、天放所。
> 至南洋中学阅书。
> 在南洋中学阅书提要：《中山沿革志》、《使琉球实录》。④
> 至南洋中学阅书：《中山传记录》、《读史方舆纪要》、《平定台湾纪略》。⑤

---

① 唐弢：《我与杂文》，中国社会科学院文学研究所总纂，傅小北、杨幼生编《唐弢研究资料》，知识产权出版社，2010，第85页。
② 秋岳：《如此生活》，余之、程新国编《旧上海风情录》上集，文汇出版社，1998，第503页。
③ 中国社会科学院近代史研究所整理《黄炎培日记》第3卷，1928年4月24日，华文出版社，2008，第65页。
④ 《黄炎培日记》第3卷，1928年4月26、28日，5月1日，第66页。
⑤ 《黄炎培日记》第3卷，1928年5月3日，第67页。

然而，上海的图书馆毕竟良莠不齐。国立交通大学图书馆条件优越，"馆内的桌椅，都是极漂亮的木料做的，馆内的工程书籍当然很多，线装珍本与英美小书也是应有尽有"。① 而一些私立大学因办学条件过于简陋，给知识分子带来极大不便。1927年，萧公权留美归来，居沪六个月。其间经介绍，先后在被他视为"野鸡大学"的私立南方大学与国民大学任教。由于学校没有图书馆，他对这段任教经历颇有抱怨："我知道在这样的学校里任教，不是长久之计。学校没有图书馆，使我陷入无书可读的苦境。我由美国带回来的一些书只能作'温故知新'之助，不是取之不尽的学问渊薮。同事当中很少可与切磋的人，使我更有离群索居之感。"②

一些怀有革命热情的左翼知识分子试图在小范围内创办私人图书馆。1930年代，同在银行系统任职的楼适夷与应修人就做了此尝试。

> 算盘、银元、钞票，使我们感到衷心的厌恶，周围唯有金钱能支配一切的处境，更使我们对人生怀着美梦的青年，发生呕吐似的感情。十几个在同样环境中受同样苦恼的青年，由贪婪的求知欲和服务文化的热情，大家组织了一个读书会，创立一个小小的图书馆，大家捐书捐钱，利用业余时间，把藏书无条件地出借。我们就是在这一工作中互相结合起来，常常一起工作到深夜，然后每人挟一大叠邮包，送到邮局里去寄给借书人……馆址也从铜臭的商业区搬到比较有文化气息的北四川路。工作广泛地发展开来，会员一下子增长到三四百人，藏书上升到上万册，经常有上千人的借读者。③

图书馆也会偶尔作为左翼知识分子的接头地点。1932年，金丁到上海后，通过赵铭彝找到周起应，赵铭彝"在四马路附近一间书局里做编辑，

---

① 黎东方：《有意思的四个年头》，陈明章编《学府纪闻——国立交通大学》，台北，南京出版有限公司，1981，第93页。
② 萧公权：《上海六个月》，氏著《问学谏往录》，台北，传记文学出版社，1972，第81页。
③ 楼适夷：《记湖畔诗人应修人》，秦人璐、孙玉蓉选编《文人笔下的文人》，岳麓书社，1987，第356～357页。

他为我和起应约好，准时在马斯南路的一个图书阅览室见面"。① 朱正明回忆自己加入左联时与组织谈话的情形，"当时左联另一位同志，约我在蚂蚁图书馆见面，我们在一个幽暗的角落里，合坐在一条长凳上，秘密交谈一次"。②

二 新旧之别——四马路的书店与城隍庙的书摊

晚清开埠以后，许多口岸城市都发生了原有老城区以外的新兴城市空间之规模与繁荣程度日渐超越老城区并成为新的城市中心的变化。楼嘉军在其研究中指出了晚清至民国时期上海城市空间的变化：

> 开埠以前，与社会经济发展现状相对应，上海传统文化及娱乐业主要集中在城隍庙一带。1840年代以后，随着租界的建立和国内外商贸活动的发展，租界内以西方近代城市娱乐样式为主的娱乐场所繁荣程度和发展势头逐渐盖过上海老城区，以至到了19世纪中晚期，上海近代城市娱乐的中心开始跨越洋泾浜由老城厢向租界地区转移，在空间上表现为由老城区向英租界的广东路、福州路和南京路渐次北移的轨迹。③

然而，尽管民国时期北京与上海的城市空间都发生了类似的变化，但在北京，这一变化并未引起城市文化空间的转变。由于缺乏上海新兴繁荣的现代出版业市场，民国时期北京的图书市场延续明清时期北京城的特点，多集中在以庙会与集市为主的琉璃厂及其附近的厂甸一带，且多为售卖文房四宝、线装书的古旧书店，成为民国时期北京的学院知识分子及文人频繁光顾之地。④ 而作为近代中国出版业与传媒业最发达的城市，上海

---

① 金丁：《有关左联的一些回忆》，中国社会科学院文学研究所左联回忆录编辑组编《左联回忆录》（上），中国社会科学出版社，1982，第185页。
② 朱正明：《在左联时期》，《左联回忆录》（上），第424页。
③ 楼嘉军：《20世纪30年代上海城市文化地图解读——城市娱乐区布局模式及其特点初探》，《史林》2005年第5期。
④ 自清代中叶起，北京的书店和字画、文具等逐渐集中在琉璃厂一带，百余年来形成了文化市街。同时，每年春，厂甸有集市，书店和其他商业都在此设摊。参见（清）孙殿起辑《琉璃厂小志》，北京古籍出版社，2001。

城市空间的变化体现在文化空间层面上即是，越来越多以售卖各种中西文新式出版物及二手书为主的书店集中在福州路与北四川路等新兴的城市繁华地带，而城隍庙一带则成为以售卖线装书、古籍为主的书铺与书摊的集中地。新兴书店与传统书铺及书摊三者并存，共同构成了上海最主要的文化空间。相较于旧书业，新书业由于具有资金周转快、利润高、更便于短线作业、面向顾客群体更大等特点，吸引了一大批怀揣各种目的的文人与商人投身其中。随着中国政治中心的南移，出版业的盈虚消长也出现了变化，上海的新书业获得了发轫勃兴的机运。①"此地书店，旋生旋灭，大抵是投机的居多。"② 时人有感于上海出版业鱼龙混杂、良莠不齐的状况，道："间尝默计沪上数年来之出版物，崭然名著固不乏人，而移甲就乙、断鹤续凫，标新立异以眩世者，实滔滔皆是。"③ 沈从文回忆："时上海小投机商人，因此都来开书店，办杂志……趁热闹都来印行新书。"④ "上海地方好像一天热闹一天，昨天走到四马路去看看，所有书店皆是大门面极其热闹可观，许多年轻人皆样子怪可怜在那里买书看。"⑤ 高长虹也提及，"近年来几家旧的小书局似乎渐觉冷落，代之而起的是由新读书人自己办的书局逐渐增加"。⑥ 陈望道在致友人汪馥泉的信中提及当时上海的书店，"新近开的又近十家，如金屋、阳春、晓山、人间、爱的、真美善、嘤嘤、爱文、南华等"。⑦

上海出版业的老前辈朱联保和包子衍在回忆中将1930年代福州路及北四川路一带的各个书店依次述及：

> 在福州路上，自东而西，店面朝南的，有黎明书局、北新书局、

---

① 凌宇：《沈从文传》，北京十月文艺出版社，1988，第230页。
② 鲁迅：《致李霁野（1929年7月8日）》，《鲁迅全集》第12卷《书信》，人民文学出版社，2005，第194页。
③ 陈伯熙：《说沪上书肆》，陈伯熙编著《上海轶事大观》，上海书店出版社，2000，第183页。
④ 沈从文：《我到上海后的工作和生活》，《沈从文全集》第27卷，北岳文艺出版社，2009，第224页。
⑤ 沈从文：《复王际真（1930年1月18日）》，《沈从文全集》第18卷，第41~42页。
⑥ 高长虹：《小书局》，氏著《走到出版界》，上海泰东书局，1929，第18页。
⑦ 陈望道：《致汪馥泉（1928年6月2日）》，孔令镜编《现代作家书简》，生活书店，1936，第165页。

传薪书店、开明书店、新月书店、群众图书杂志公司、金屋书店、现代书局、光明书局、新中国书局、大东书局、大众书局、上海杂志公司、九州书局、新生命书局、徐胜记画片店、泰东书局、生活书店、中国图书杂志公司、世界书局、三一画片公司、儿童书局、受古书店、汉文渊书肆等;店面朝北的,有作者书社、光华书局、中学生书局、勤奋书局、四书局门市部、华通书局、寰球画片公司、美的书店、梁溪图书馆、陈正泰画片店、百新书店等,可见文化街上,书店确实是多的。在弄堂内、大楼内的,还不在内。在苏州河以北四川路一带,可说是第二条文化街,那地方除商务印书馆分馆外,有新知书店、群益出版社、良友图书印刷公司、水沫书店、天马书店、春野书店、南强书店、大江书铺、湖风书局、创造社出版部等十余家,而且都是在三十年代前后,出版进步书刊的。①

从上述回忆中可以看出当时分布在福州路与北四川路一带的新书店在密度与规模上都处于上海图书市场的中心地位。如果说北四川路文化街主要是因政治弱控而形成,福州路文化街的形成则缘于鳞次栉比的茶楼、酒肆、书场、妓院等娱乐场所的繁荣为书报业提供的无限商机。② 除此之外,在靶子路、虹江路还有不少以卖廉价中西文教科书及古旧书为主的旧书店。而文学史家阿英则详细描述了城隍庙一带以书铺、书摊为主构成的旧书市的情形:

> 你去逛逛城隍庙吧。……你可以走将出来,转到殿外的右手,翻一翻城隍庙唯一的把杂志书籍当报纸卖的"书摊"。……再通过迎着正殿戏台上的图书馆的下面,从右手的门走出去,你还会看到两个"门板书摊"。……在城隍庙正门外,靠小东门一头,还有一家旧书铺……如果时间还早,你有兴致,当然可以再到西门去看看那一带的旧书铺;但是我怕你办不到,经过二十几处的翻检,你的精神一定是很倦乏的了……③

---

① 朱联保:《近现代上海出版业印象记》,学林出版社,1993,第6~7页。
② 陈昌文:《近代上海出版业与都市社区的互动》,《学术月刊》2004年第7期。
③ 阿英:《城隍庙的书市》,转引自范用编《买书琐记》,三联书店,2005,第42~43页。

上海城隍庙一带的书铺与书摊，无论是其门面大小还是店面设施均既无法同开设在四马路等繁华路段的新式书店相比，也无法同江浙一带以售卖文房四宝及古籍善本为主的传统书市相比。为了维持售价的低廉，他们的营业场所不得不因陋就简，旧书店大多利用弄堂和屋脚铺起他们的店面；旧书摊大多在壁角和转弯处，放几个木板钉成的书架，插上旧书便算数了。①

书店与书摊、书铺里也并非仅有图书买卖行为。内山书店对于上海左翼知识分子起到的作用众所周知。白色恐怖严重的时候，在内山书店不仅可以买到进步书籍，左翼知识分子还可以像在东京逛神田旧书铺一样，在书店看书、聊天、借打电话，甚至约朋友见面。② 鲁迅更是把内山书店当作自己日常活动的主要场所之一。③ 知识分子也会在书店中偶遇，相识，进而建立交往关系。"有一天，王淑明偶然与诗人雷溅波在一家书店里相遇……我向他表示了自己对于'左联'的向往和爱慕。"雷溅波还介绍王淑明认识徐懋庸。④ 而个别书店的女性店员，也会引起文人习气浓厚的知识分子的注意，从而使其增加光顾的次数，大有"醉翁之意不在酒"的味道。郑伯奇回忆了"颇好作狭邪游"的郁达夫带他去一个外国书店看店中一位外国女店员的经历：

> 有一次，他带我到虹口的一个外国旧书店去过，目的是除了观赏旧书以外，还想观赏书店的那位灰眼金发的法国女郎。他知道我读过法文，叫我跟那女郎讲法国话。不料在年轻的陌生女子面前，我简直格格不能开口。以后他再没有叫我同他到那里去过。⑤

不但书店与书铺、书摊之间有新旧之隔，且在书店内部也有无形的等级之分。商务印书馆、中华书局等大书店在给人以气势宏伟、琳琅满目之

---

① 公怀：《旧书业在上海》，吴健熙、田一平编《上海生活（1937～1941）》，上海社会科学院出版社，2006，第158页。
② 夏衍：《懒寻旧梦录》，三联书店，1985，第135页。
③ 关于1930年代鲁迅在内山书店的主要活动，参见王晓渔《鲁迅、内山书店和电影院——现代知识分子与新型媒介》，《同济大学学报》2006年第3期。
④ 王淑明：《我与"左联"二三事》，《左联回忆录》（下），第443～444页。
⑤ 郑伯奇：《怀念郁达夫》，转引自秦人路、孙玉蓉选编《文人笔下的文人》，岳麓书社，1987，第165页。

感的同时，也以其庞大的阵势与昂贵的价格构筑起门槛壁垒，让人望而生畏，无形中将那些文化场域中的弱势者拒之门外，以至于曹聚仁撰文指出，"商务、中华那几家大书店的势利眼，只重衣衫不重人"。① 在书籍的上架排列上，"把一切书籍高高地搁在架上，架前立着'店员'，在店员之前又深沟高垒似的造了黑漆漆的高柜台，不用说买书的人不能够纵览书的内容，连小学生去买书也像进了裁判所一样"。② 而一些中小规模的新书店则通过简洁朴实的店内装潢等给读者营造出一种亲近感。30年代中期，时为中学生的黄裳第一次在四马路买书时对于商务、中华等大牌书店"不无'宫墙数仞'之感，只能怀着肃然的心情进去参观，那里的书许多看不懂，更多的是买不起"。③ 而位于宝山路宝山里的开明书店则让他眼前一亮，"店面里是一片明亮的、生气勃勃的景象，新书多而印制精美，绝无大书店出品那种老气横秋的面目"。④ 至于旧书店及书铺与书摊，其店面装潢较新书店简陋许多，图书的摆放也不像新书店那样整齐划一，往往任由顾客随意浏览翻阅，这反而令顾客感到轻松自在。开设在福州路的传薪书店，由于店老板徐绍樵大大咧咧的个性，书架上的书东倒西斜，长短不齐，台上、地板上乱七八糟都是书，甚至同一部书散乱放在几处，有别于新书店里井然有序的状态。然而正因如此，读者在这里可以随意挑书、乱翻乱扔，不受拘束，较为随便，尤其是一些年轻贫穷的读者，更愿意到传薪书店买书。有一些喜欢淘旧书的老顾客，一有工夫就溜达到传薪书店，甚至每天不去转一转，好像少了点什么一般。⑤

因此，书店、书铺与书摊三者主要面向的顾客群体有所不同。分布在福州路与北四川路一带的中西文书店日渐成为出版业从业者、文学青年、大学教师等新型知识群体的光顾之地，而主要分布在城隍庙一带的书铺与书摊则成为作家、报人等具有传统文人特征的知识群体的淘宝之地。夏衍

---

① 曹聚仁：《书的故事》，钟敬文等编《书斋漫话》，中国友谊出版公司，1998，第59页。
② 谢六逸：《大小书店及其他》，《大江》创刊号，1928年10月15日，署名谢宏徒，题名《篇末》，收入《茶话集》时改为此名。
③ 黄裳：《关于开明的回忆》，中国出版工作者协会编《我与开明》，中国青年出版社，1985，第44页。
④ 黄裳：《关于开明的回忆》，《我与开明》第44页。
⑤ 高震川：《上海书肆回忆录》，秋禾、少莉编《旧时书坊》，三联书店，2005，第70~71页。

开始以翻译为职业之后,"就经常到北四川路底内山书店去买书"。① 由于日本的汉学医药书籍较多,以行医为职业的陈存仁"常到北四川路'内山书店'去买日本的汉医书"。② 鲁迅购买的各种外文图书很大一部分也由内山书店提供。1930年代在上海从事美术编辑工作的蔡若虹回忆道:"四马路的书店街是我们常去的地方;虹口的内山书店更是我们每星期必到之所,因为这个日本书店有许多介绍西方美术的图书画册,可以随便翻阅,不买也不要紧。"③ 朱生豪在上海时,最常去的是四马路和北四川路上的书店。④ 30年代的徐迟"到北新书店去买鲁迅,到现代书店去买戴望舒……外国书贵些,买外国书就上旧书店或旧书摊去买"。⑤ 冯雪峰一到上海,就去逛北四川路魏盛里的内山书店和在海宁路及吴淞路一带的日本旧书店;"望舒(戴望舒——引者注)到上海,就去环龙路(今南昌路)的红鸟书店买法文新书"。⑥ 施蛰存"到上海,先去看几家英文旧书店,其次才到南京路上的中美图书公司和别家书店"。⑦

而如周越然、阿英、唐弢、郁达夫等带有传统文人特征的知识群体则热衷于光顾书铺、书摊及旧书店。唐弢"一有闲钱,也常常去逛书摊。城隍庙是每星期要去的"。⑧ 除了四马路与城隍庙两个较大的图书市场外,三马路上也有不少旧书店与书铺。陈存仁"每天下午诊务完毕,总要抽出一些时间,到三马路一带旧书铺去搜购旧书,兴趣浓厚"。⑨ 郁达夫更是对旧书情有独钟。陈翔鹤回忆起同郁达夫在一起的日子,"总爱一同跑旧书店,逛马路……而上旧书店的时候更特别多"。⑩ 从叶中强制作的郁达夫1926~1927年在上海的生活日程表可以看出,郁达夫在买书上投入了大量时间,

---

① 夏衍:《懒寻旧梦录》,第134~135页。
② 陈存仁:《银元时代生活史》,广西师范大学出版社,2007,第214页。
③ 蔡若虹:《上海亭子间的时代风习》,河北教育出版社,1999,第63页。
④ 吴洁敏、朱宏达:《朱生豪传》,上海外语教育出版社,1989,第76~77页。
⑤ 徐迟:《我爱书店》,转引自范用编《买书琐记》,第56页。
⑥ 施蛰存:《最后一个老朋友冯雪峰》,《新文学史料》1983年第2期。
⑦ 施蛰存:《最后一个老朋友冯雪峰》,《新文学史料》1983年第2期。
⑧ 唐弢:《生命册》上,中国社会科学院文学研究所总纂,傅小北、杨幼生编《唐弢研究资料》,第41页。
⑨ 陈存仁:《银元时代生活史》,第89页。
⑩ 陈翔鹤:《郁达夫回忆琐记》,中国社会科学院文学研究所总纂,王自立、陈子善编《郁达夫研究资料》,第84页。

甚至在其为追求王映霞而前往杭州的短暂行程中，也要去杭州旧书铺一览。兹将该表中郁达夫的买书活动部分摘取出来，抄录为表1。

表1 郁达夫在沪（及杭州）期间买书活动（1926年12月27日至1927年2月16日）

日 期	时 间	活动地点	事 略
1926年12月30日	不详	街上	去各旧书铺买书
1927年1月4日	午后	北四川路、伊文思书铺等	访友、闲步、买书、饮酒、醉后访友
1927年1月5日	中午及午后	五方斋、古物商处、艺大宿舍	午餐、购旧杂志、会友
1927年1月7日	傍晚至夜	艺大宿舍、旧书铺	饮酒、读小说，逛旧书铺、买书
1927年1月12日	中午及午后	"市内"（当为租界）一饭店、书铺、出版部	请客、买书、阅信
1927年1月13日	傍晚至夜	四马路一酒家、澡堂、书铺、友人家	喝酒坐观世态、沐浴、逛书铺、与友彻谈
1927年1月20日	傍晚至夜	书铺、北四川路、大马路酒馆、尚贤里、大世界	购旧书、散步、喝咖啡、饮酒、再访王映霞、听戏
1927年1月24日	中午及午后	杭州旧书铺、杭州站	购旧书、独立风雪中候王映霞不遇
1927年1月28日	中午及午后	出版部、城隍庙旧书摊、茶楼	接成仿吾信、逛书摊、喝茶看落日
1927年1月31日	晨	五方斋、中美书店	因躲避索钱人而外出、早餐、购外文书
1927年2月6日	午后	北四川路影院、书摊	看电影、购书刊
1927年2月12日	晨	吴淞路	购杂志
1927年2月12日	午后	书店、出版部	购书刊
1927年2月14日	午后	友人家、书店	通知友人将在大东旅社开房间、购旧书及外文书
1927年2月15日	午后	外国书铺	购外文书

资料来源：此表据《郁达夫在上海的一张生活日程表》摘录制作，参见叶中强《上海社会与文人生活（1843~1945）》，上海辞书出版社，2010，第389~397页。

从表1中可以看出，郁达夫的日常生活中，买书占了相当大的比重。

在短短一个半月的沪居生活中，买书活动就占了15天之多，平均每3天就有一次买书活动。而在这些买书活动中，注明逛旧书铺或书摊，并购买旧书及旧杂志的就有8次之多。郁达夫对旧书的偏好可见一斑。

三 "旧"的偏爱——知识群体认同感的建构

尽管许多知识分子既光顾新书店也光顾书铺与书摊，但四马路一带的新、旧书店与城隍庙一带的书铺、书摊两者主要顾客群体的不同，使得后者一方面被视为面向中低经济收入、在文化资本场域中处于弱势地位的底层知识群体的场所；另一方面被视为更具内涵与文化素养的饱学之士的乐园，具有那些位于四马路与南京路上的新书店无法替代的人生体味。左翼文学史家阿英对护龙桥、城隍庙一带的书市颇有好感：

> 这一带是最平民的了。他们一点也不像三四马路的有些旧书铺，注意你的衣冠是否齐楚，而且你只要腰里有一毛钱，就可以带三两本书回去，做一回"顾客"；不知道只晓得上海繁华的文人学士，也曾想到在这里有适应于穷小子的知识欲的书市否？无钱买书，而常常在书店里背手对着书籍封面神往，遭店伙计轻蔑的冷眼的青年们，需要看书么？若没有图书馆可去，或者需要最近出版的，就请多跑点路，在星期休假的时候，到这里来走走吧。①

阿英这段带有个人倾向性的描述反映出他隐匿在文字背后的民众立场，也道出了城隍庙书市所面向的顾客群体有别于四马路的书店这一客观事实。而叶灵凤强调的则是对旧书店的偏爱。有别于新书店以销售新书与畅销书为主，旧书店及书铺、书摊上的书多是已经退出流行商品销售渠道的陈旧之书，这使得顾客在这些地方需要花费大量的闲暇时间，才能从中拣选出自己喜好的图书。在叶灵凤看来，逛旧书店具有新书店无法替代的功能和收获。

---

① 阿英：《城隍庙的书市》，转引自范用编《买书琐记》，第41页。

每一个爱书的人，总有爱跑旧书店的习惯。因为在旧书店里，你不仅可以买到早些时在新书店里错过了机会，或者因价钱太贵不曾买的新书，而且更会有许多意外的发现：一册你搜寻了好久的好书，一部你闻名已久的名著，一部你从不曾想到世间会有这样一部书存在的僻书……对于爱书家，旧书店的巡礼，不仅可以使你在消费上获得便宜，买到意外的好书，而且可以从饱经风霜的书页中，体验着人生，沉静得正如在你自己的书斋中一样。①

在旧书铺与书摊上销售的书籍不但根据年代、版本及纸质的不同而价格相异，并且生客与熟客之间价格也有不同。

书价的标准，大概是元版刻本每部二元，明版刻本竹纸最多，每部一元五角上下，要是宣纸印的才能卖到一元七八角；清代的刻本，稀见的卖一元一二角，普通的刻本都在一元以下，这是他们对熟客的标准书价。每一部书多数是四册六册。多的有二十四册四十册等，那么价钱就不同了。②

购买旧书无疑在经济上更为划算。施蛰存坦言："英美出版的新书价高，而卖英文书的旧书店多，故我买的绝大部分是旧书。"③ 一个笔名为公怀的知识分子也提及："因为欢喜看书，而购买力又薄弱的缘故，所以在战前我总趁着例假日子，到城隍庙或西门一带去淘旧书。出了低廉的代价，同样可以买到需要的书籍，稍为旧一些，又有什么关系呢？"④ 相较于西门，城隍庙的旧书铺更是一个实惠的淘宝之地。唐弢回忆30年代在上海的生活时谈道：

当时上海卖旧书的地方除汉口路、福州路外，还有两处：城隍庙和老西门。这两处离我居住的地方较远，不过书价便宜，尤其是城隍庙。护龙桥附近有许多书摊，零本残卷，遍地都是，只要花工夫寻

---

① 叶灵凤：《旧书店》，转引自范用编《买书琐记》，第59~60页。
② 陈存仁：《银元时代生活史》，第89页。
③ 施蛰存：《最后一个老朋友冯雪峰》，《新文学史料》1983年第2期。
④ 公怀：《旧书业在上海》，吴健熙、田一平编《上海生活（1937~1941）》，第156页。

找,总不会毫无所得。因此碰到星期天或者假日,只要身边有一两块钱,我便常常到那儿访书去。①

凡勃伦(Thorstein B. Veblen)指出,有闲阶级所标榜的"有闲"的、既有的成就多是"非物质"式的产物,这类"非物质"迹象是一些准学术性的或准艺术性的成就和并不直接有助于人类生活进步的一些处理方式、方法及琐碎事务方面的知识。② 宋元明清以来民间出版业的蓬勃兴起,使得书籍的传播与流通日益大众化。而清末民初伴随机械化印刷等技术的普及运用,促成了现代出版业的发达。这一方面使图书的种类日益繁多,所面向的读者也逐渐扩展至社会各个阶层;另一方面也使得图书由过去作为文人士大夫的专属象征转而与人们的日常生活密切相关。二三十年代的上海,城市市民开始成为图书市场消费的主体。《创造周报》出版以后受到青年人的喜爱。"从每到星期日,在上海四马路泰东书局发行部门前的成群结队的青年学生来购买《创造周刊》的热烈,便可窥得一个梗概。"③《生活日报》的主编邹韬奋当时已经注意到报社每天贴在门口的"号外"让"数千成群的读者静悄悄仰着头细细地看着"。④ 在这种情形下,逛书店并非只是读书人的专有行为。当书店与书籍都进入读书人与非读书人的日常生活时,读书人如何寻找新的有别于其他阶层的行为方式以构筑其作为读书人的身份认同感?很显然,在城隍庙的旧书店、书摊前细细观摩、浏览比在四马路的书店里走马观花需要更多的闲暇时间,而且旧书店与书摊上,这些人文艺术方面的图书只有在具有一定文化积累的读书人眼里才是宝贝,在以实用技术与体力为生的普通市民眼里不过是一堆破烂。一个懂得读旧书、懂得欣赏旧书的人必定是有文化、有素养、有阅历的人。因此,知识群体通过对旧书、旧书店及书铺、书摊的歌颂来达到维护自身与其他群体相区隔的目的。这或许是尽管许多知识分子既光顾新书店也光顾旧书铺与书摊,但在他们所留下的关于书的回忆性文字中,多半是津津乐

---

① 唐弢:《我和书》,转引自范用编《买书琐记》,第134页。
② 〔美〕凡勃伦:《有闲阶级论》,蔡受百译,商务印书馆,2007,第38页。
③ 陈翔鹤:《郁达夫回忆琐记》,中国社会科学院文学研究所总纂,王自立、陈子善编《郁达夫研究资料》,第86页。
④ 邹韬奋:《韬奋新闻出版文选》,学林出版社,2000,第346页。

道于旧书铺、书摊上的种种趣闻以及对旧书的赞颂，而鲜见对新书、新书店的描述的一个内在原因。1927 年《申报》的一篇文章里，作者通过将新书与旧书做对比，认为旧书具有历经时间沉淀之后的价值，相比之下，颇多受商业利益驱动出版的新书则大有误人子弟之嫌：

> 书之良莠不齐，亦正如人之良莠不齐。读新书如交新友，读旧书，如友古人。旧书之价值，大都已得前贤之论定，其能存于今者，必有不磨之处。新书之价值，则未经论定者居多。甚有以营利为目的者，专选淫书小说以诱惑青年。青年读之，如交损友，欲其品性之不堕落也难矣。①

在《人间世》的一篇文章里，作者认为新书仅仅适合于无聊消遣时阅读，而旧书的好处在于从反复品读的过程中得到感悟，这种感悟不仅是读"过目就忘"的肤浅新书所没有的，并且还同阅读者本身的年龄和阅历直接相关。

> 旧书的好处在不厌重读。对于心所爱好的旧书，不是仅读一二过便满意，有时需要读二三十过也不一定……有时因学业和年龄的关系，同是一个人，同是读一本书，往往前后会生出殊异的味品……读了一篇杰作，你大前年读后不觉得怎样，轻轻地把它放过去，没有深切的引起共鸣；而今年读了，却字里行间像有一种魔力，打动你的心弦……也有些旧书，有时青春时代读后以为了不得的杰作，到了中年就没有这样感觉……时下出版的新书……我以为无论什么时候都可读，因为只把眼睛一页一页地溜过便好了，委实无须择时与地……新书我也想读，无聊时批览也是无妨，闲里光阴尽可看消遣，其与旧书差异者，只不过仅看一遍便没兴致再看加一两过而已。②

一个笔名为遴伯的知识分子描绘了自己搜集旧书、美术画片的痴迷与陶醉过程。在这个过程中，对旧书、画片的搜集、归类、擦拭、整理、摩挲、翻阅，都因主体将基于兴趣和灵感而生的行为作用于书籍这一客体而

---

① 觉：《择书如择友》，《申报》1927 年 3 月 9 日，第 2 版。
② 陈炼青：《谈读旧书》，《人间世》第 28 期，1935 年 5 月 20 日，第 20~23 页。

具有了艺术的味道,令读书人感受到"一言难尽"的愉悦:

> 我就利用我的"性之所近",一有空的时候,就到旧书店中,冷货摊上,搜买旧书及美术画片,久而久之,居然旧书满橱,画片盈箱,我于工作之后,便将桌子揩净,手洗洗,将画片拿出来,用放大镜将他们细细欣赏一番,看到出神的时候,真觉得自己也在画中,趣味之佳,真是一言难尽,有时遇着与历史有关系的,我就把历史书翻出来,查考事实,与他们印证印证。有时把旧书翻开,将所欢喜的中诗或西诗读读,说也稀奇,读过之后,快慰之心,便油然而生了。这种娱乐的方法,无形中可增长些知识学问,同时精神上又可得些安慰![1]

然而,沉溺于旧书堆里固然能令读书之人时时有醍醐灌顶之愉悦和顿悟,但其不仅与现世之功名利禄的行径相隔甚远,且时时令文人知识分子处于囊中羞涩的窘境。郁达夫既对诗集文选之类的旧书爱不释手,同时也慨叹了在乱世纷争的时代中读书无用。

> 四顾萧条,对壁间堆叠的旧书,心里起了一种毒念。譬如一个很美的美人,当我有作为的少年,她受了我的爱眷,使我得着了许多美满的饱富的欢情,然而春花秋月,等闲度了,到得一天早晨,两人于夜前的耽溺中醒来,嗒焉相对,四目空觑,当然说不出心里还是感谢,还是怀怨。啊啊,读书误了我半生荣达。[2]
>
> 从北风寒冷的北四川路上走回家来,入室一见那些破书旧籍,就想一本一本的撕破了它们,谋一个"文武之道,今夜尽矣"的舒服。[3]

四 市道之交——以书会友与在商言商

书店,尤其是新书店的书,往往遵循现代出版业的销售规律,按市场

---

[1] 遯伯:《直觉得我自己也在画中》,《生活周刊》第2卷第48期,1926年,第365页。
[2] 郁达夫:《日记九种·村居日记》,1927年1月3日,胡从经编《郁达夫日记集》,陕西人民出版社,1984,第36页。
[3] 郁达夫:《日记九种·村居日记》,1927年1月20日,胡从经编《郁达夫日记集》,第50页。

行情统一定价，少有讨价还价的余地。而旧书店及书铺、书摊上的书，多为通过不同渠道几经流转而来，一方面价格有很大的回旋余地，另一方面，这些旧书以买卖的方式转到读书人手中，使得读书人既能够享受到"物美价廉"的喜悦，又不必像收到作为礼物的赠书一样有欠人情之累。旧书店及书铺、书摊由此成为买书人与卖书人博弈往来的场所。憧憬着觅得好书时的惊喜的读书人在旧书店与书铺、书摊上流连停驻、乐此不疲，待发现好书后与卖书人之间切磋交往，成为民国时期上海文化空间里一道别样的风景线。与书籍相关的消费与收藏，也是知识分子群体最重要的特性之一。因此，书籍的购买、消费与收藏，是考察书与人之间关系的三种主要面向。

周越然在一篇小文中提及卖书人的两个称呼："'书估'者，售书人也，恶名也，另有美名曰'书友'。"① 这两个称呼反映了作为书商的卖书人的二重性。书商处在金钱与文化、生意与学问、娱乐与道德、地区间文化与地方文化的"十字路口"上，体现了商品社会中的两难与矛盾。② 一部分较有文人特性的书商自身对书籍具有高度的个人兴趣，其经营书业的行为并非仅仅是买卖行为，更有以书会友、寻觅知音的意味。陈乃乾在关于旧上海图书界的回忆中提及了位于三马路惠福里弄的博古斋书肆的老板：

> 主人柳蓉春，苏州洞庭山人，外号人称"柳树精"。虽未尝学问，但勤于研讨，富于经验，且获交于江建霞、朱槐庐诸前辈，习闻绪论，遇旧书，入手即知为何时何地所刻，谁家装潢，及某刻为足本，某刻有拖误，历历如数家珍。家本寒素，居积至小康，每得善本，辄深自珍秘，不急于脱售。夜深人静时，招二三知音，纵谈藏书家故事，出新得书，欣赏传观。屋小于舟，一灯如豆，此情此景，至今犹萦回脑际也。③

短短数语，勾勒出一位痴迷于故纸堆的文人书商的鲜活形象。这种文人书商多是性情中人，对于书的定价并不与市场规律完全合拍，由此导致

---

① 周越然：《余之购书经验》，秋禾、少莉编《旧时书坊》，第282页。
② 〔美〕高彦颐：《闺塾师——明末清初江南的才女文化》，李志生译，江苏人民出版社，2005，第45页。
③ 陈乃乾：《上海书林梦忆录》，秋禾、少莉编《旧时书坊》，第90~91页。

读书人在此类书店不时能够发现远低于市场价格的好书，颇为惊喜。北四川路的添福记书店就给叶灵凤留下了不少有趣的回忆：

> 时常喝醉酒的老板正和他店里的书籍一样，有时是垃圾堆，有时却也能掘出宝藏。最使我不能忘记的，是在三年之前，他将一册巴黎版的乔伊斯的《优力栖斯》和一册只合藏在枕函中的《香园》，看了是纸面毛边，竟当作是普通书，用了使人不能相信的一块四毛钱的贱价卖给了我。如果他那时知道《优力栖斯》的定价是美金十元，而且还无从买得，《香园》的定价更是一百法郎以上，他真要懊丧得烂醉三天了。①

更有一些原本是文人作家的知识分子下海，在图书市场中弄潮。谢澹如有一时期在虹口老靶子路口开了一家专售外文书的旧书店。从爱跑旧书店到自己下海开旧书店，澹如的书癖之深，可以想见了。② 素有"海上才子"之称的邵洵美也曾开办过一家金屋书店，并发行自己编辑的杂志。如此在读书人与卖书人两种身份之间游弋穿梭，也只有在近代上海这个图书出版业空前发达的城市才可为之。

而另一些书商则在商言商，在经营书业的过程中使用多种销售方式乃至于坑蒙拐骗等伎俩，以获利为根本目的。"这里的有些书店老板而兼作家者，敛钱方法直同流氓，不遇见真会不相信。"③ 由于旧书的流通市场有别于新书，加之旧书面向的顾客群体十分有限，多为从事相关工作及研究或对此有嗜好之人，即"识货之人"，有强烈的购买意图，书商在讨价还价过程中常常坚持不让步。阿英有一次在城隍庙书市想买一部合订本《新潮》。书店老板开口即"一只洋"，在议价过程中毫不松口，并道出了坚持此价格之缘由：

> 我说，"旧杂志也要卖这大价钱吗？"于是他发议论了："旧杂志，都是绝版的了，应该比新书的价钱卖得更高呢。这些书，老实说，要买的人，我就要三块钱，他也得挺着胸脯来买；不要的，我就要两只

---

① 叶灵凤：《旧书店》，转引自范用编《买书琐记》，第59~60页。
② 叶灵凤：《爱书家谢澹如》，《叶灵凤文集》第4卷，花城出版社，1999，第61~62页。
③ 鲁迅：《致李霁野（1929年7月8日）》，《鲁迅全集》第12卷《书信》，第195页。

角子,他也不会要,一块钱,还能说贵么?你别当我不懂,只有那些墨者黑也的人,才会把有价值的书当报纸买。"争执了很久,还是一块钱买了。①

一些书商坚持书不"贱卖"尚属"君子爱财,取之有道",一些书商则看到读书人在书摊前对着心仪之书伫立良久时,趁机哄抬价格,以坑人之嫌从中获利。周越然年轻时购书,"与他人完全相同,即常常站立于铺面之前,向架上呆看是也"。② 这种将自己的购买意图外露得一览无余的方式让他吃了不少亏。他的一位好友在购书时由于"以为世间孤本,不独细审藏印,细阅批校,且高声朗诵原书,而又以最不宜出之口者向我盘诘,结果:书估索价一百二十元,而张君一口还六十元……此书真值十三四元而已"。③ 这些经历使他后来在总结购书经验时首先强调的就是不能过于暴露自己的购书意图:

余所得购书经验,有极重要而适合一般收买古书者之采用者,兹以十余字包括之曰"一遇好书,立时买定,不可一看再看,迟疑不决"。不善购书者,往往乱翻书叶,研究版本,既欲读其文字,又欲考其藏章。如有友人伴往,则又彼此作默默语,商讨优劣。书估见此情形,虽明知书不尊贵,亦必索价高昂,因汝已表示欲购之意或羡慕之心也。研究版本,研究藏印……均应于家居闲暇之时为之。购书之时,只可察其大体,绝不可详加讨论。④

有些书店对于顾客要求购买的书迟迟不给回复。柳亚子在致家人的书信中抱怨:"文明书店买的书,连回音也没有,同告阴状一般,真是可恶之至!"⑤ 有些书商不仅服务态度恶劣,还采取"杀熟"的方式向老主顾借钱,并以各种理由拒绝还钱。

---

① 阿英:《城隍庙的书市》,转引自范用编《买书琐记》,第39页。
② 周越然:《余之购书经验》,秋禾、少莉编《旧时书坊》,第283页。
③ 周越然:《余之购书经验》,秋禾、少莉编《旧时书坊》,第285页。
④ 周越然:《余之购书经验》,秋禾、少莉编《旧时书坊》,第285页。
⑤ 柳亚子:《致柳无非、柳无垢》(1930年5月18日),上海图书馆历史文献中心近代文献部编《柳亚子家书》,岳麓书社,1997,第403页。

公共空间与民国上海知识群体的精神生活建构（1927～1937）

昔年海上有某某旧书铺，索价较他家为高。倘主顾还价不称，或稍作轻视语或讥刺语，则店员群起与之争辩。倘主顾不识相而不默然而退，则店员肆口谩骂，或竟推之出门，作欲打之势……书估尚有一种恶习，即向老主顾借钱是也。余有因借钱而反受人骂者。某书估年老而贫，一日来余家告我云，"我要到通州去收书，没有本钱，想问你先生通用二百元。收到的书，献给你看。"余曰，"我今天钱不多，你拿一百二十元去罢。借票要写的，利钱不要。"此"公"一去之后，非独书不见面，连人亦不见面。后来再三查问，始知在邑庙摆摊。余向之要钱，曰"请待几天"。向之要书，曰"现在没得"。如是者三四年。①

尽管书籍，尤其是人文艺术类书籍，是高雅文化的象征，但书籍的买卖行为又是一个以个人利益为出发点的最世俗不过的交易。对于购书过程中如何应对书商开价居高不下的情况，周越然总结了一套与市井小民日常购物过程中讨价还价如出一辙的应对方式：

让逊法——用此法者，可向书估云："书是好的，价是贵的，可惜我没有能力，否则一定要买"；讥刺法——用此法者云："那你吃亏了，价钱太便宜。我从前买的那一部，还不及这本好，尚不止此数呀"；直拒法——此法最妥，用之者可云："对不起，请你收藏了罢"——言时应将册数粗粗一点——"我没有意思买这种书。"②

虽然上海旧书市场上颇多尔虞我诈，但对于熟客，书商大体还是采取与北京旧书市场类似的惯例做法：

书坊铺中，每一种书都有一种定价，标价不问多少，我们熟客总是照上面所列的标准，重新讨价还价。我自己把买到的书编成一份目录，凡是目录中尚未列入的书，每一种都想买，因此在各旧书坊，无人不熟，无一家不相识，在书坊中把看中要买的书堆在一旁，翌日书

---

① 周越然：《余之购书经验》，秋禾、少莉编《旧时书坊》，第 289 页。
② 周越然：《余之购书经验》，秋禾、少莉编《旧时书坊》，第 285～286 页。

坊中人便会把它送到我诊所来。①

上海图书市场的繁荣好景不长。30年代中期以后，国际金融危机与中日战争的阴云日益密布，使国内的图书市场整体逐渐呈现萧条颓靡之势。面对时局的动荡，生活在北平的顾颉刚在日记里感慨："时局如斯，聚书兴趣已完全打消。"② 而"一·二八"战火更是给商务印书馆等出版机构带来了巨大浩劫。尽管战事过后的几年里，上海的消费市场仍然给人以繁荣之感，但已难掩图书业的一蹶不振。一位此前生活在上海，毕业于复旦公学的女士与丈夫新婚旅行时路过上海时即感觉，"上海，除了书店玻璃橱内的书籍不如两年前蓬勃了以外，一切都好像没多大变动"。③

图书业整体萧条的后果之一便是买书人日益减少，由此导致旧书市上读书人与卖书人之间对于书籍的默契与融洽之感的减少。读书人日益为生计奔忙，无暇在旧书店及书铺、书摊上流连忘返，卖书人面对日益冷清的铺面，怅然若失之感油然而生。30年代城隍庙一家以卖旧西书和关于新文化书为主的书店里，其较有学术修养的掌柜在面对凋敝的图书市场时难掩内心的失望之情：

> 近来他的论调却转换了，他似乎有些伤感。这个中年人，你去买一回书，他至少会重复向你说两回："唉！隔壁的葆光关了，这真是可惜！有这样长历史的书店，掌柜的又勤勤恳恳，还是支持不下去。这个年头，真是百业凋零，什么生意都不能做！不景气，可惜，可惜！"言下总是不胜感伤之至，一脸的忧郁，声调也很凄楚。④

在上海知识群体的回忆中，则时常可见对上海书店与书市里书商及店员的种种描述。抛去回忆性文字本身的美化及丑化，从中可以窥见30年代北京与上海两个城市的差异在书店与书铺、书摊中的反映。光顾北平书市的知识群体多为市内各大高校的教员及部分自由写作者。这些人通常拥有

---

① 陈存仁：《银元时代生活史》，第89页。
② 《顾颉刚日记》第2卷，台北，联经出版社，2000，第7页。
③ 子秋：《从广州到苏州——蜜月旅行随笔》，程德培、郜元宝、杨扬编《良友随笔（1926~1945）》，上海社会科学院出版社，2004，第16页。
④ 阿英：《城隍庙的书市》，转引自范用编《买书琐记》，第39页。

稳定的工作和稳定的经济来源,与书商之间大体上是费孝通所谓的乡土社会格局中的"熟人网络"关系,这使得书商需依靠更加人性化的服务才能吸引这些回头客。而前文已提及,30年代上海图书市场的消费主体是城市市民,知识群体只是其中一部分。因此,四马路的书店及城隍庙的书铺与书摊很大程度上面对的是一个城市社会中的匿名顾客群体,上海图书市场中知识群体"回头客"的比例比北平要低,并且上海的知识群体多需要以忙碌的工作来获得经济收入,难以像北平的学院派知识群体一样有闲暇时间从容地在旧书市中踱步。

五 嗜书如命——知识群体的书籍消费

凡事不宜贪,若买书则不可不贪。

——(清)张潮,《幽梦影》

本来,有关本业的东西,是无论怎样节衣缩食也应该购买的,试看绿林强盗,怎样不惜钱财以买盒子炮,就可知道。

——鲁迅,1936年7月7日致赵家璧

作为文化资本的拥有者,知识群体与书籍之间的天然结盟由来已久。在知识群体看来,买书与借书截然不同。只有将书购买后,使之成为个人私有,他们才能感受到独有的快乐。夏丏尊坦言积累书的过程给人带来的快感:

> 我不喜欢向别人或图书馆借书。借来的书,在我好象过不来瘾似的,必要是自己买的才满足。这也可谓是一种占有的欲望。买到了几册新书,一册一册地加盖藏书印记,我最感到快悦的是这时候……据说,任何爱吃糖果的人,只要叫他到糖果铺中去做事,见了糖果就会生厌。自我入书店以后,对于书的贪念也已消除了不少了,可是仍不免要故态复萌,想买这种,想买那种。这大概因为糖果要用嘴去吃,摆存毫无意义,而书则可以买了不看,任其只管插在架上的缘故吧。①

---

① 夏丏尊:《我之于书》,氏著《平屋杂文》,百花洲文艺出版社,2005,第159~160页。

因此，即便可能会遭遇书商的种种销售伎俩，知识群体在买书方面仍然是慷慨解囊。经济条件宽裕的知识群体自然不缺买书之钱。在沪江大学任教的蔡尚思说："由于沪江大学教师住宅宽大，我一到校，便购许多大部头的图书，并添了不少家具。"① 叶公超在暨南大学任教时期，"北平北京饭店楼下 Vetch 的书店，上海的别发公司，都是他经常照顾的地方。做了图书馆长，更是名正言顺的大量买书"。② 更有少数家境殷实的知识分子在买书方面有高于常人的需求。自从有新文化出版物出版以来，不论是刊物还是单行本，谢澹如必定每一种买两册，一册随手阅读，一册则收藏起来不动。③

而那些经济条件不太好的知识分子生活日用并不宽裕，他们买书的开支占其日常开支相当大的比重。王伯祥于1922年进入商务印书馆工作后，"纂辑余闲，惟亲简编，不数载而积书盈室，上帖承尘，旁障素壁者，皆节用勤搜之所获也"。④ 随着子女之增多，家累之日重，经济水平可以说日渐下降，然而他的购书癖却日渐养成了。⑤ 赵景深的儿子赵易林回忆："父亲一生俭朴，不吸烟、不喝酒，他的收入除家用外，多半用于买书。"⑥ 夏丏尊也谈及："二十年来，我生活费中至少十分之一二是消耗在书上的。我的房子里比较贵重的东西就是书。"⑦ 朱生豪做翻译时，月薪70元大洋。"按月给大姑母三十元钱，余下的除了必需的生活费用，几乎都花于买书。"⑧ 柔石来上海之前，就已经"买书的欲望很强烈，有钱，不是付饭费，就买书了，因此经费更形窘迫！"⑨ 初抵上海时，尽管得到《大同日

---

① 蔡尚思：《最值得我回忆的沪江》，沪江大学校友会编《沪江大学纪念集》，出版社不详，1986，第25页。
② 梁实秋：《叶公超二三事》，秦贤次编《叶公超其人其文其事》，台北，传记文学出版社，1983，第76页。
③ 叶灵凤：《爱书家谢澹如》，《叶灵凤文集》第4卷，第62页。
④ 叶圣陶：《书巢记》，杨耀文选编《我的书斋生活：文化名家谈读书录》，京华出版社，2008，第29页。
⑤ 王湜华：《王伯祥传》，中华书局，2008，第37页。
⑥ 赵易林口述、王岚整理《赵景深与书二三事》，《档案春秋》2005年第11期。
⑦ 夏丏尊：《我之于书》，氏著《平屋杂文》，第160页。
⑧ 吴洁敏、朱宏达：《朱生豪传》，第76页。
⑨ 柔石：《致西哥（1925年9月18日）》，赵帝江编《柔石日记》，山西教育出版社，1998，第142页。

报》每月 20 元的接济，但"零用与购书费，还一文无着也"，① 后经济状况好转，"每月收入约四十元，但"书籍每月总要十元（一星期前，我买了一部大书，价就十八元）"。② 尽管买书时常给这些经济条件处于中下层的知识群体带来生活窘境，然而他们又无法割舍对书籍的喜好，因此时时面临买或不买的两难处境。阿英道出了个中滋味：

> 旧书的价格都是可观的，价高的有时竟要占去我一个月或两个月的生活费，常常使自己的经济情况陷于极端困难，而癖性难除，一有闲暇，总不免心动，要到旧书店走走。瞻仰前途，我真不知将如何是了！③

有的知识分子甚至因为买书而同妻子发生争执。尽管妥协的时常是知识分子本人，但对书籍爱不释手的读书人之天性使得他们面对好书的时候，仍无法抑制将其收入囊中的愿望和冲动。

> 虽在极穷困的时候，我宁可把吃客饭、坐电车的钱省下来买旧书看。为了这件事，妻几次同我吵过。其实屋小，没处去放，我只得答应妻以后决不再买。可是这信约守不到三天，又给我破坏了，唯一的原因，就是我在旧书摊看到了合意的书，仍是不肯不买。④

面对用自己辛劳所得的积蓄换来的一部部书，知识分子也难掩背后的艰辛之慨叹。在买书上开销巨大的郑振铎感叹这些书的来之不易。

> 我的所藏的书，一部部都是很辛苦的设法购得的；购书的钱，都是中夜灯下疾书的所得或减衣缩食的所余。一部部书都可看出我自己的夏日的汗，冬夜的凄栗，有红丝的睡眼，右手执笔出的指端的硬茧和酸痛的右臂。⑤

---

① 柔石：《致西哥（1928 年 9 月 13 日）》，赵帝江编《柔石日记》，第 149 页。
② 柔石：《致西哥（1928 年 10 月 25 日）》，赵帝江编《柔石日记》，第 151 页。
③ 阿英：《海上买书记》，转引自范用编《买书琐记》，第 53~54 页。
④ 公怀：《旧书业在上海》，吴健熙、田一平编《上海生活（1937~1941）》，第 156 页。
⑤ 郑振铎：《永在的温情》，《文学》第 7 卷第 5 期，1936 年 11 月，第 758 页。

更有一些时为学生的年轻知识分子，因为经济条件的低下，为买一本自己想要的书而经受道德伦理上的自责，留下心理的创伤。时就读于上海华童公学的唐弢，有一次和父亲同往商务印书馆，想要购买一本刚出版的《辞源》。当被店员告知定价4元后，尽管父子俩都对如此高的价格感到吃惊，但父亲终于在儿子坚决的购买愿望下让步。

> 他终于从腰包里吃力地摸出四块钱，数了两遍，颤巍巍地递到那个店员的手中……我的鼻子一阵酸，热泪夺眶而出……我见到了自己的心，多么冷酷的心呵！那天晚上，我一个人回到在亲戚家借住的那间小阁里，再也抑制不住的感情，放声大哭……我为贫穷痛哭，为父亲的衰迈痛哭，为自己的任性痛哭……出于内疚，处于强烈的自我谴责的心情，在开头两个多月漫长的时间里，我几乎连碰都不去碰一碰，它使我痛苦，我的创伤太深了。①

1930年代，读书会在青年中间相当流行。工厂、学校、大商店都曾有过这类组织。② 这些知识分子采取多人筹措的方式共同买书，相互借阅，集体阅读。他们要么初入职场，处于社会中下层，经济状况难以支撑其以个人能力买书；要么是对于眼前的现实环境感到不满。30年代身为上海一家邮政局员工的唐弢因背负沉重的经济负担，于是"发起组织了一个读书会，参加者有学徒、店员、邮差……办法是每人每月出二毛钱，集合起来买书，轮流阅读，或者找个安静的地方一个人朗读，大家屏息静听"。③

当代社会学者认为"消费文化"系指现代社会中，透过消费以达到身份分化和市场区隔的文化。在这种文化氛围中，个人的品位不仅反映消费者的社会位置，也反映消费者的社会价值观和个人的生活方式。④ 越是社会上层的精英分子，越倾向透过消费的形式，亦即购买特殊的商品，来标

---

① 唐弢：《我的自修生活》，中国社会科学院文学研究所总纂，傅小北、杨幼生编《唐弢研究资料》，第60页。
② 唐弢：《回顾——重读鲁迅先生的几封信》，中国社会科学院文学研究所总纂，傅小北、杨幼生编《唐弢研究资料》，第52页。
③ 唐弢：《浮生自述》，《新文学史料》1986年第4期。
④ 〔英〕戴维·贾里、朱莉娅·贾里：《社会学辞典》，周业谦等译，台北，猫头鹰出版社，1998，第135~136页；巫仁恕：《品味奢华——晚明消费社会与士大夫》，中华书局，2008，第205~206页。

示自己的身份地位，于是形成特殊的消费文化。① 作为文化资本的拥有者，无论是家财万贯还是两袖清风，知识群体都不遗余力地购买各种书，以显示其占有文化资本的正当性。然而，在书籍的消费过程中，上层精英知识群体不仅经济条件较为优越，无衣食之忧，且他们从事的职业多半处于文化资本场域的上层地位。双重的有利条件使他们不仅可以随心所欲地进行书籍消费，而且开始将原本为知识载体的书籍视作象征稀缺资源的收藏品以满足其高于常人的占有欲。这种以经济资本为基础的书籍消费行为由于局限在小众的精英阶层范围内，固化了他们自身亚群体内部的认同感，使他们日后更加倾向于"阳春白雪"式的知识积累与文化传承。而经济条件较差的中下层边缘知识群体则在买书过程中时常遭受道德伦理上的自责，这种自责让他们更加感到世道之艰难与书籍的来之不易。他们的经济条件使他们在文化资本的占有上输给了上流精英知识阶层，从而导致他们日后将文化传播转向普罗大众，身体力行地倡导走出书斋、学以致用、改变社会。

结　语

在布尔迪厄看来，占据文化资本的知识分子，作为观念与符号的生产者，在知识与文化的场域中斗争、分化，并发展出一套各异的生活习性及其表述话语。本文的研究发现，上海知识群体的精神生活围绕着图书馆、书店与书摊等新型城市公共空间展开。图书馆因其丰富的藏书及报纸杂志上的各种时效信息，既成为知识分子知识储备的最佳场所，又为待业在家、生计所迫的知识分子提供了职业参考，甚至成为左翼知识群体从事革命活动的接头地点。民国时期上海经济与社会发展在城市空间的变化之一，是以售卖各种中西文新式出版物及二手书为主的书店集中在福州路与北四川路等新兴城市繁华地带，而以售卖线装书、古籍为主的书铺与书摊则集中在城隍庙一带。读书、逛书店已非读书人的专有行为，城市市民开始成为图书市场消费的主体。知识群体通过诠释发生在书店、书摊的买书、藏书、读书等行为，既建构出他们区隔于外部普通民众的文化资本，

---

① 巫仁恕：《品味奢华——晚明消费社会与士大夫》，第206页。

又显示出他们内部基于经济与社会地位的差异所导致的在文化场域内的不同位置。尽管上层精英知识群体与中下层知识群体都不遗余力、倾其所有建构文化资本，争夺文化场域的主导权，但其所处的阶层位置使他们具有截然不同的生活习性，由此导致这两个群体文化价值取向的差异，是现代中国精英知识群体与边缘知识群体渐行渐远的肇端。

作者：胡悦晗，杭州师范大学历史系

清代柳条边外城镇火灾研究*
——以满文档案为中心

綦 岩

内容提要：本文以国家第一历史档案馆藏《军机处满文录副奏折》等满文档案为中心，与正史、地方志和报刊资料相互印证，梳理并分析了清代柳条边外城镇火灾的特征、原因，火势扩张的因素与态势，进而总结火灾对旗人、民人生活的危害以及衙署损失的情况，探讨火灾的惩罚措施与接济方式，提出适合于柳条边外城镇特征的火灾预防措施。

关键词：满文档案 火灾 清代 柳条边 城镇

火是人类文明的标志，同时也是人类所要面对的各种灾难中产生时间最早、发生频率最高、危害范围最广的一种灾害。"灾"字上半部分象征了半穴居或者早期的地面建筑，这说明火灾伴随着人类发明的房屋建筑而出现；"灾"字下半部分为火，而不是水、风、虫，可见，火灾在众多灾害中对人类生命财产安全危害之重。

近年清代灾荒史的研究成果颇丰，有关火灾研究的成果并不多见且多集中于消防管理方面。其中，朱凤祥根据《清史稿》总结了清代火灾空间分布特征，分析了火灾的危害以及原因，但采用的史料单一，论及的现象笼统，不具有系统性和代表性。[①] 周允基、刘凤云指出，清代的消防组织由属于官府的巡城官兵与属于民间的"水会"两大系统组成，行政、军

---

* 本文系 2013 年吉林师范大学研究生创新科研计划项目"清代东北满族语言与文化"（项目编号：201317）、2015 年黑龙江省社会科学研究规划重点项目"渤海、金源、满洲历史文化传承关系研究"（项目编号：15ZSA01）的阶段成果。

① 朱凤祥：《论清代火灾的空间分布及其危害》，《商丘师范学院学报》2009 年第 7 期。

事、消防的一体化管理是清代消防组织的特点。①张家玉、刘正刚利用《申报》，以晚清广州地区为例解释了晚清广州火灾高发的原因，并指出防御火灾的措施，无论是救火工具还是善后赈济都逐步由传统方式向近代化过渡。②丁小珊认为清人的消防意识、防火法令、管理机制都与古代消防管理一脉相承，消防管理使行政、军事、消防治安一体化并与社会自身管理并存，到了晚清，由于城市的快速发展，不管是消防意识还是法治，都增添了更具体、更有序的内容。③

清初东北实行"封禁"政策，以明辽东长城为基础修建柳条边、设置路票禁止蒙汉人民入内围猎、畜牧、采集人参。柳条边"南起凤凰城，北至开原，折而西至山海关接边墙，周一千九百五十余里。又自开原威远堡而东，历永吉州北界至法特哈，长六百九十余里，插柳结绳以定内外"，④分别于康熙三年（1664）、康熙十四年（1675）、康熙十八年（1679）、康熙十九年（1680）、康熙三十六年（1697）进行了五次展边，其中康熙二十一年（1682）基本确定了柳条边"人"字形结构和各边门位置。柳条边不仅是军事防御、生产方式、行政区划和民族隔离的界标，还是不同文化类型的界线。清代柳条边外冬季漫长、寒冷干燥，森林广布，居民以卖柴火为生；龙兴之地，首崇满洲，故火灾无论从产生原因还是从惩罚措施，甚至抚恤赈济上都有其自身的特征。本文以满文档案为中心，对清代柳条边外火灾问题进行深入分析，以为清代东北史研究及其火灾防治工作提供借鉴。

一 满文史料举要

清代记载柳条边外火灾的传统史料按时间顺序可分为两个阶段，前一阶段以正史和地方志为主，例如《清实录》《盛京通志》《永吉县志》等；随着近代化的出现，报刊等舆论传媒方式的产生，《申报》（上海）、《大

---

① 周允基、刘凤云：《清代的消防组织与救火工具》，《故宫博物院院刊》2002年第6期。
② 张家玉、刘正刚：《晚清火灾及防御机制探讨：以广州为例》，《安徽史学》2005年第3期。
③ 参见丁小珊《清代城市消防管理研究》，四川大学硕士学位论文，2006。
④ 蒋廷锡等纂（康熙）《大清一统志》卷32《关隘》。

公报》(天津)及本埠报刊成为后一阶段的主要媒介。

《军机处满文录副奏折》《乾隆朝寄信档》《清代黑龙江衙门档案》《宁古塔衙门档案》等满文档案,虽与传统汉文史料都记录了同一个柳条边外火灾事件的经过,但满文档案相对精准,并且在一定程度上弥补了汉文史料的缺失。

例如,嘉庆十一年三月(1806)吉林城大火。汉文史料仅有寥寥几笔,《永吉县志》卷3记:"延烧房屋几三分之二,各衙署尽毁";《吉林史迹》记:"火烧船厂,一次大火把城内房屋烧毁八千多间,吉林城几乎被大火洗劫一空。"而《军机处满文录副奏折》中《奏吉林乌拉城失火烧销将军副都统署官房折》对失火的时间地点记载非常详尽:①

三月二十三日亥时西城门外木匠铺失火,(ilan biyai orin ilan ulgiyan i erinde wargi hoton duka i tulen mooi faksi puseli ci tuwa turibufi)风甚大甚急,火势向四方展开;(edun zhachi amba tuwa hahi ofi . duin ici badarame yendefi)旧户司、右翼学校、街上堆铺、放置人参的营房,臣秀林所住的官房、臣达达禄所住的官房四十二间全部被烧。总共烧毁官房二百一十九间。旗人和民人居住的房屋和商业出租的房屋,除了小房屋外,烧毁主要房屋八千四百八十九间;(boigon bedere fiyeten. das' huuwan zhebule tacikuui boo gindana giyai zhuche i zhergi alban boo. orhoda kuuwaran i boo. aha siolin tehe alban boo tofonhon giyalan . aha dalu i tehe alban boo dehi zhuwe giyalan yooni deizhibuhe. uheri deizhibuhe alban boo zhuwe tangguu zhuwan uyun giyalan)照例除了动用一万九斛余粮食外,还动用多余的八千仓粮食,旗人和民人限期五年偿还原来的各项损失;(kooli songkoi emu tumen uyun hule funchere zheku achinggayara tulgiyan zhai fulu zhakuun minggan calu zheku be achinggiyafi. inu huusai urse de unchafi. suzhan aniya bilagan bilafi toodabufi da hachin de zhukibufi)重建方面,所有被烧官房,以官银修建,官兵居住的被烧的房屋借支赏赐俸粮修建,商业店铺的房屋不修建,旗人、民人住房每间借支三十两白银。(alban i mengggun achinggayafi weilebume. tehe boo deizhibuhe hafan chooha shuruchi de fulun chaliyan

---

① 《奏吉林乌拉城失火烧销将军副都统署官房折》(嘉庆十一年四月二十),中国第一历史档案馆藏《军机处满文录副奏折》:03-0197-3698-032。

shangname zhuwe bufi boo arabume. huudai peseli boo be arame muterakuu huusai irgen sede giyalan tome guusita yan menggun zhuwen bufi arabure zhalin)

《奏报黑龙江地方失火情形折》记录有：①

乾隆六年四月十六日戌时，因风大草房失火，齐齐哈尔城南门外商人们的铺子和房屋被烧，官兵们得知后努力营救。结果，商人们的铺子和房屋三百三十间、军人们居住的房屋六十四间一并被烧，无人员伤亡。四月正好是本省农忙时，房屋被烧，军人们不能及时耕种，要求即刻查办该事件。黑龙江将军属下旗主仔细查明禀报，主事闻后调查火灾。黑龙江将军处理火灾时想起官仓所藏，命苏克苏等地军人把每年收缴的粮食按内部礼仪给予处理。除失火受伤人员外房屋被烧的军人劳力被疏散。(abkai wehiyehe i ningguchi aniya duin biyai juwan ninggun i idahuun eride. amban meni tehe chichigari hoton zhulergi dukai tulergi huudai ursei puseli booci tuwa turibufi elben i boo edun amba ofi. amban meni beye hafase choohai urse be gaifi huusutulame aitubuhi huudai ursei pusei boo be ilan tangguu guusin gese choohai ursei tehe boo be ninju duuin giyan deizhibuhe, niyalma umai edebuheko. kimchime baicaci amban meni emu golo duin biyade zhing usin weilere erin, boo dejibuhe. choohai urse beye tomoro be fachihiyashambime geli bahafi usin weilerakuu oci. uthai gazhilabure de isinara be dahame. amban be harangga guusa ezhen de afabufi getukeleme boolabufi ezheku hafan docibufi baichame tuwafi. amban meni be wesimbufi siden cang de asaraha achara be tuwame ichihiyara, chooha sukishu sei aniyadari dairafi baiha zhekui dirgici kooli songkoi ichihiyame bufi . boo deizhibuhe choohai ursei huusun be saraburechi tulgiyen tuwa turibuhe niyalma edebuheko bihe gingguleme donzhibure wesimbuhe)

---

① 《奏报宁古塔城外失火烧毁店铺近五百间折》（嘉庆十一年五月二十日），中国第一历史档案馆藏《军机处满文录副奏折》：03－0197－3101－008。

《乾隆朝寄信档译编（满文）》记录有：①

（乾隆三十年）三月二十四日，吉林地方失火，共有官房、旗民房屋被烧二千余间。其中官房动用官银修补；官兵住房借义卖仓粮所得银两修补；商铺房屋若原主无力修补，则借给官银修补等，具奏请旨前来。吉林乌拉，二十八年曾经失火，烧房二千七十余间，今又失火烧二千一百余间。由此可见，该地房屋必系接连无甚间隔，且墙壁薄而矮，救火甚难，一旦失火，即导致多间被烧。这次修建，宜当虑及此情，以防火灾。著将此信寄给恒禄，此次建房，应将房屋墙壁建高建厚，留有间隔，以便于救火。如此，一旦失火，亦不致连及一片。吉林地方之人，三载失火两次，烧房诸多，兵民修建时，未免拮据，应如何酌情借给银两修建之处，著交恒禄等，照二十八年之例办理外，其中若有被烧房屋物品颇多，而需施恩者，著恒禄等查明具奏请旨。(ilan biyai orin duin de girin i bade tuwa turibufi alban i boo guusa irgesei tehe boo uheri juwe minggan funchere giyalan deizhibuhebi . alban i boo be alban i menggun achinggiyafi weilebure . hafan choohai boo be zhurangga chalu i zhahu unchaha menggun zhuwe bufi weilebure huudai puseli boo be da niyalama weileme muterakungge bichi alban i menggun zhuwe bufi weilebure . zhergi babe hese be baime wesimbuhebi , girin ula de orin zhakukuuci aniya tuwa turibufi , zhuwe minggan nadanci funchere giyalan , boo dezhibuhe bime te geli tuwa turibufi juwa minggan emu tang-guu funchere giyalan , boo be dezhibuhe be tuwaci ururakuu tabai boo ge-mu sirabume weileme giyalan las' ha akuu bime . fu fazhira geli nekeliyen fakalan ajtubure boo mangga ofi. teni emgeri endebuhe de uthai utala giyalan boo dezhilibure de isibuhebi . ere mudan boo weilere de inu giyan i ere zher-gi bade bodofi tuwa de endebure be seremsheme weileci achambi. erebe hen-glu sede zhasafi . ere mudan boo weilere de boo fazhiran be deken zharamin obume chargifi giyalame giyalame weileme aitubure de zha be bodome weile-bukini . uttu ohode uthai tulude edebure hachin bihe seme inu ainaha seme

---

① 中国第一历史档案馆编《乾隆朝寄信档译编（满文）》第6册，岳麓书社，2011，第44~46页。

emu igiri tutala giyalan boo dezhibure de isinaraku ombi . girin i urse ilan aniyai dolo zhuwe mudan tuwa turibufi, utala giyalan boo dezhibuhe be dahame , chooha irgese dasame weilere de fachihiyashara hachin bisire be bolzhaci ozhorakuu . afabufi adarame alihame faksalame menggen juwe bufi weilebure babe henglu sede afabufi gemu orin zhakuuci alginiya i songkoi ichihiyambi ci tulgiyen erei dorgi aika deizhibure boo. jaka hachin labdu geli isibume shangnaci achangge bici henglu se getukeleme baichafi)

《奏报宁古塔城外失火烧毁店铺近五百间折》记录有：①

（嘉庆十一年）宁古塔此地四月初一戌时城东门外街背面商铺失火，富登阿带领官兵一面保卫衙门库房，一面救火。因为大风火势蔓延，虽然使用各种方式但不能抵御，转到第二天丑时火才被灭。衙门库房和旗民们租用的店铺，总计四百九十八间逐一被烧。经查，副都统属下令按新定例，失火人被打鞭一百，带枷三个月。收取租金的商业店铺被烧，直到秋天，旗民们虽然没有盼望到他们的西侧房子重建，但经副都统查明，按临街处置。（ningguta i bade duin biyai ice uzhu i idahuun erinde. hoton dergi dukai tule giyai amargi ufa puseli ci tuwa turibufi . fudengga bi hafan chooha be gaifi . emu dergi yamun namun be karmatame emu dergi tuwa hahi ofi badarame yendefi ai hachin aitubucibe fuhali alibume muterakuu huurgimen dahai jai inenggi ihan erinde isinafi teni tuwa be mukiyebume ilibuha yamun chooha namun aitun alban boo yooni umainaho . damu guusai irgese tuurigen gaire puseli boo be uheri duin tanggu uyuzhu zhakuun giyalan dezhibuhe seme kolazhihabi. ahasi baci harangga meiren zhanggin de bithe zhabubufi ice toktobuha kooli songkoi tuwa turibufi irgen be tanggu shuwarkiyan tantafi ilan biyai selhen etubufi turigen gaire huudai puseli boo deizhibuhe guusai irgen ursei dorgi bolori erinde isinafi cheni wargiyan i boo arara echehe akuungge bici. harangga meiren i zhanggin be getukeleme baichafi zhaka ahasi girin be i wesimbuhe songkoi)

---

① 《奏报宁古塔城外失火烧毁店铺近五百间折》（嘉庆十一年五月二十日），中国第一历史档案馆藏《军机处满文录副奏折》：03 - 0197 - 3101 - 008。

以上三条史料时间较早,分别为乾隆六年、乾隆三十年、嘉庆十一年,且涉及地区典型,范围广,分别为齐齐哈尔城、吉林乌拉城、宁古塔城。

二 清代柳条边外城镇火灾的特征

清代是火灾高发时期,既有人为因素又有自然原因,笔者通过对正史、地方志、报刊,特别是满汉文档案的整理,发现涉及清代柳条边外城镇火灾事件共 46 例,这些史料记载的均为较严重的火灾,其中雍正朝 2 例、乾隆朝 11 例、嘉庆朝 3 例、道光朝 1 例、同治朝 4 例、光绪朝 20 例,宣统朝 5 例。这些火灾具有以下特征。

第一,失火时间多为夜间,失火地点多集中于城镇,而且城镇经济越繁荣,火灾危害性越大。康熙年间,为防御沙俄入侵,加强对科尔沁蒙古族人以及边疆少数民族的管理,清政府在柳条边外不断设治、建城。随着城镇的建设,驻防兵丁与民人集聚于此。乾隆年间经济发展,新设治的城镇趋于稳定,又逢"相对温暖期",[①] 移民人口增长,商业店铺不断增多,火灾隐患重重。其中人口密集、经济较发达的吉林城共失火 17 次之多,仅乾隆朝就失火 9 次(见表 1)。总的来说,伴随近代化进程的步伐,城镇人口增加,用地紧张,建筑密集,加上新生产方式的采用等造成了火灾较易发生。

第二,失火原因多样,人为因素居多。[②] 46 次失火案例中,同治十一年(1872)三月,伊达里(今吉林省伊通满族自治县)"火山喷发导致石子飞滚山下,焚死二百余人"。[③] 光绪二十七年(1901)九月,珲春"野火延烧以致长林丰草之间,蔓延无际,广袤数十里"。[④] 仅上述两例是自然灾害引起的火灾,其余均为人为因素所致。同治朝以前失火均为生活生产过程中用火失慎引起,多集中于商铺,例如乾隆六年四月:

---

① 綦岩:《清代黑龙江地区城镇研究(1644~1860)》,黑龙江大学硕士学位论文,2013,第 28 页。
② 《战争火灾在发生次数和危害程度往往高于意外的建筑火灾》,周允基、刘凤云:《清代的消防组织与救火工具》,《故宫博物院院刊》2002 年第 6 期。
③ 《申报》同治十一年四月初二日。
④ 《申报》光绪二十七年十月十五日。

表 1 清代柳条边外城镇镇火失火次数与时间

城镇	吉林	齐齐哈尔	阿勒楚喀	宁古塔	瑷珲	双城堡	伊达里	五常堡山河屯	巴彦苏苏	长春府	绥化县	哈尔滨	伯都讷	呼兰	珲春
次数	17	4	4	1	3	1	1	1	2	1	1	5	1	1	1
时间	雍正十年、十三年；乾隆六年、七年、二十四年、二十八年、三十年*、四十年、五十年、五十年、嘉庆十一年；光绪十六年、三十年；宣统二年、三年	乾隆六年、嘉庆十一年、光绪二十七年、二十九年	乾隆四十三年；同治五年、十二年；光绪三年	嘉庆十一年	道光五年；光绪二十六年**	同治五年	同治十一年	光绪三年	光绪二年、十七年	光绪二十四年	光绪十七年	光绪三十一年***；宣统二年、三年	光绪三十三年	光绪三十三年	光绪十七年

注：* 乾隆三十年吉林城失火 2 次，一次为四月，烧毁官房旗民房屋 2100 余间；另一次为五月，烧毁官房民房 4941 间，损伤男、妇 3 名。
** 光绪二十六年瑷珲失火 2 次，一次为三月，俄军放火烧毁大黑河屯，另一次为七月，俄军改占瑷珲古城，烧毁全城，仅剩魁星楼。
*** 光绪三十一年哈尔滨失火 3 次，其中十一月，中东铁路大楼、铁路局矿物处被烧；十二月，俄国外阿穆尔军司令部被烧。

齐齐哈尔城南门外商人们的铺子和房屋被烧；① （chichigari hoton zhulergi dukai tulergi huudai ursei puseli booci tuwa turibufi）

嘉庆十一年三月，吉林城

西城门外木匠铺失火；② （wargi hoton duka i tulen mooi faksi puseli ci tuwa turibufi）

嘉庆十一年四月，宁古塔

城东门外街背面商铺失火；③ （hoton dergi dukai tule giyai amargi ufa puseli ci tuwa turibufi）

同治朝后随着清王朝统治力的减弱，农民起义军、马贼猖獗。同治五年（1866），"王起、马傻子起义军扑双城堡，署双城堡总管率兵二百余人，在城郊与义军相遇，清军大败。起义军被商民迎入城中，踞数十日，焚署劫狱"，④ 阿勒楚喀 "农民起义军头领马国良火烧衙署"，⑤ 光绪三年（1877）五常堡山河屯"马贼焚掠"，⑥ 巴彦苏苏 "'马贼'蹿扰，并闯入备困林子集镇，焚毁营汛公署"；⑦ 近代以来俄国侵略者对中国边疆地区骚扰不断，纵火焚城。光绪二十六年（1900）三月"俄军放火烧毁大黑河屯"，⑧ 七月"俄军强占我江东64屯，杀戮中国居民七千人，掠夺财物，烧毁村舍"，⑨ "俄国兵进攻瑷珲，到处放火"，瑷珲古城几乎被烧毁，仅剩魁星楼，光绪

---

① 《奏报黑龙江地方失火情形折》（乾隆六年五月初二日），中国第一历史档案馆藏《军机处满文录副奏折》：03-0172-0758-008。
② 《奏吉林乌拉城失火烧销将军副都统署官房折》（嘉庆十一年四月二十日），中国第一历史档案馆藏《军机处满文录副奏折》：03-0197-3698-032。
③ 《奏报宁古塔城外失火烧毁店铺近五百间折》（嘉庆十一年五月二十日），中国第一历史档案馆藏《军机处满文录副奏折》：03-0197-3101-008。
④ 李鸿文、张本政编《东北大事记》（上），吉林文史出版社，1987，第122页。
⑤ 《阿城县志》，黑龙江人民出版社，1988，第10页。
⑥ 《黑龙江历史编年》，黑龙江人民出版社，1989，第277页。
⑦ 李鸿文、张本政编《东北大事记》（上），第169页。
⑧ 《爱辉县志》，黑龙江人民出版社，1986，第505页。
⑨ 《哈尔滨历史编年》，哈尔滨人民出版社，2000，第4页。

二十七年三月绥化上集厂"俄兵三百人……烧房九间",① 六月"黑龙江省城及外六城被俄兵焚毁",② 烧毁房屋十余间。面对俄军的入侵与压迫,当地人民不断抗击并焚毁俄国侵略者的办公大楼;光绪三十一年(1905)十一月和十二月,哈尔滨愤怒的工人"在一个月零六天的时间里,连续四天火烧铁路局及总工厂大帐房"。③ 光绪三十二年(1906),"俄国外阿穆尔军区司令部"被烧。

此外,上文提及,火灾扩张的主要原因是建筑物"接连无甚间隔,且墙壁薄而矮"。④

柳条边外地区长期"封禁",植被丰饶,"该处木值价贱,墙壁皆系木造",⑤ "道路狭窄,草房较多",⑥ 失火时节多为春季,"风大草房(elbeni boo edun amba)",⑦ 容易延烧。

第三,驻防官兵是救火的基本力量,政府主导赈济的全过程。板木结合的房屋结构与木板铺砌的道路是救火时的最大阻力。救火过程中,道路泥泞,不便行走,给消防官兵带来极大不便。

第四,接济方式,依旧先例,因势而定;对旗人、民人的抚恤力度高于对商人的抚恤力度。乾隆六年,齐齐哈尔"四月正好是农忙时,房屋被烧,军人们不能及时耕种……处理火灾时想起官仓所藏,命苏克苏等地军人把每年收缴的粮食按内部礼仪给予处理"。⑧ 乾隆三十年,吉林乌拉"官房动用官银修补;官兵住房借义卖仓粮所得银两修补;商铺房屋若原主无力修补,则借给官银修补……照二十八年之例办理外,其中若有被烧房屋物品颇多,而需施恩者……"⑨ 嘉庆十一年,吉林乌拉

---

① 《黑龙江历史编年》,第303页。
② 《黑龙江历史编年》,第304页。
③ 哈尔滨师范学院历史系编《三十六棚:哈尔滨车辆工厂史》,黑龙江人民出版社,1980,第31页。
④ 《乾隆朝寄信档译编(满文)》第6册,第45页。
⑤ 《清高宗实录》卷1402,乾隆五十七年闰四月己卯条。
⑥ 《清高宗实录》卷1378,乾隆五十六年五月庚辰条。
⑦ 《奏报黑龙江地方失火情形折》(乾隆六年五月初二日),中国第一历史档案馆藏《军机处满文录副奏折》:03-0172-0758-008。
⑧ 《奏报黑龙江地方失火情形折》(乾隆六年五月初二日),中国第一历史档案馆藏《军机处满文录副奏折》:03-0172-0758-008。
⑨ 《乾隆朝寄信档译编(满文)》第6册,第45页。

"照例除了动用一万九斛余粮食外,动用多余的八千仓粮食,旗人民人限期五年偿还原来的各项……被烧官房,以官银修建,官兵居住的被烧的房屋借支赏赐俸粮修建,商业店铺的房屋不修建,旗人、民人住房每间借支三十两白银"。①

由此可知,清代柳条边外城镇失火后,清政府对于官房动用官府银两修建;官兵居住房屋支赏赐俸粮修建;旗人民人房屋借支银两限期偿还;对于商铺的房屋不借支银两,至火情严重者,国家酌情处理。清末,社会募捐赈济火灾的方式出现,宣统三年四月,吉林城大火后各界热心人士慷慨赈捐,"昨有周君祉庭联络同乡,拟招募吉林火灾赈捐,特为谒见民政司宋友梅司使暨魁星阶观察,恳求鼎力提供,并禀商一切办法。闻已承宋、魁两君首肯,日内即组织公会,集资劝募,并拟电请瑷珲道姚观察、兴东道徐观察、呼伦厅王司马赞助一切,以资集腋成裘,广施拯救,想各界之热心慷慨者,当不乏人也"。②

三 清代柳条边外城镇火灾的危害

首先,大火焚烧旗人民人房屋,给民众的生命财产造成严重损失,这是火灾最普遍的危害。据满汉文献统计,清代柳条边外因火灾烧毁房屋少则几间,多则千余间。其中最严重的是吉林城,乾隆朝中期,"吉林地方之人,三载失火两次,烧房诸多,兵民修建时,未免拮据"。③ 嘉庆十一年,"旗人和民人居住的房屋和商业出租的房屋,除了小房屋外,烧毁主要房屋八千四百八十九间"。④ 宣统三年,"三百年平镐旧址化为灰烬,烧廿一小时,绵延十余里,毁房五万间"。⑤ 除官房外,"大小商铺七百二十四户,居民正附户二千四百零三户,统计被焚烧房屋一万零九百九十间"。⑥ 具体如表2所示。

---

① 《奏吉林乌拉城失火烧销将军副都统署官房折》(嘉庆十一年四月二十日),中国第一历史档案馆藏《军机处满文录副奏折》:03-0197-3698-032。
② 《大公报》(天津)宣统三年五月初二日。
③ 《乾隆朝寄信档译编(满文)》第6册,第46页。
④ 《奏吉林乌拉城失火烧销将军副都统署官房折》(嘉庆十一年四月二十日),中国第一历史档案馆藏《军机处满文录副奏折》:03-0197-3698-032。
⑤ 《大公报》(天津)宣统三年四月十四日。
⑥ 《大公报》(天津)宣统三年五月十七日。

表2 清代吉林城火灾焚毁旗人民人房屋数量

时间	焚毁旗人和民人房屋状况	参考文献
雍正十年（1732）	一千余间	《清世宗实录》卷107，雍正十年
乾隆六年（1741）	满兵三千余户，其中穷苦者一千一百八十五户，甚穷苦者六百七十八户	《清高宗实录》卷155，乾隆六年
乾隆二十四年五月（1759）	旗民草房七百一十七间，食物口粮焚毁殆尽	《清高宗实录》卷586，乾隆二十四年五月己丑条
乾隆二十八年六月（1763）	旗房四十三间，民房一百九间	《清高宗实录》卷688，乾隆二十八年六月辛丑条
乾隆三十年四月（1765）	官房旗民房屋二千一百余间	《寄谕吉林乌拉将军恒禄等旗民被火房屋之修建著照二十八年例办理》，《乾隆朝寄信档译编（满文）》第6册
乾隆三十年五月（1765）	官房民房四千九百四十一间，损伤男妇三名	《清高宗实录》卷859，乾隆三十年五月丁酉条
乾隆五十六年五月（1791）	官署旗民房四千余间	《清高宗实录》卷1378，乾隆五十六年五月庚辰条
乾隆五十七年闰四月（1792）	旗民住房三千间	《清高宗实录》卷1402，乾隆五十七年闰四月巳卯条
嘉庆十一年三月（1806）	旗人和民人居住的房屋和商业出租的房屋，除了小房屋外，烧毁主要房屋八千四百八十九间	《奏吉林乌拉城失火烧销将军副都统署官房折》，《军机处满文录副奏折》
光绪十六年三月（1890）	房屋二千五百三十八间，兵民住房铺户三百六十户，内铺店行八九处	《申报》光绪十六年四月二十四日；《清德宗实录》卷331，光绪十八年五月乙未条
光绪十七年三月（1891）	街面铺户四十家，十一惨罹是劫	《申报》光绪十七年三月十五日
宣统二年八月（1910）	第八区界内锦城坊街路南胡同门派四十七号秦常贵土娼，受灾四户，烧毁板房十五间	吉林省民政司《火警报告》第19号，宣统三年四月

续表

时间	焚毁旗人和民人房屋状况	参考文献
宣统三年四月（1911）	三百年平镐旧址化为灰烬，烧廿一小时，绵延十余里，毁房五万间；除官房外，大小商铺七百二十四户，居民正附户二千四百零三户，统计被焚烧房屋一万零九百九十间	《大公报》（天津）宣统三年四月十四日、五月十七日

本文第一部分的满文档案中提及的均为在历次火灾中损失最为严重的城镇，除上述吉林城外，齐齐哈尔城，乾隆六年四月"商人们的铺子和房屋三百三十间、军人们居住房屋六十四间"① 一并烧毁；宁古塔城，嘉庆十一年四月，"旗民们租用店铺总计四百九十八间逐一被烧"。②

其次，大火焚烧衙署等政府办公场所与公共服务场所，导致重要案牍化为灰烬，给政府办公和后世的历史研究带来极大不便。例如，乾隆七年（1742）四月，吉林城烧毁"衙署官兵房屋数百间"；③乾隆四十三年（1778）闰六月，"阿勒楚喀副都统衙门失火，焚烧档案、盔甲"；④嘉庆十一年三月，吉林城大火中，虽"立刻让官兵分散牢狱监禁的有罪之人。衙门各类事务和物品、死亡士兵、适用的档案皆向城外迁移，尽力抢救（nergin de hafan chooha be dendefi gindana de horiha weilehe niyalma. yamun de asaraha eiten alban zhaka hachin. chooha akuura. dangse achaga be gemu hoton tulen guribume tucibufi）"，但"旧户司、右翼学校、街上堆铺、放置人参的营房、臣秀林所住的官房、臣达达禄所住的官房四十二间全部被烧。总共烧毁官房二百一十九间"；⑤同治五年（1866）二月，"农民起义军头领马国良率队攻（阿勒楚喀）城，火烧衙署。被烧毁之副都统衙署、满官

---

① 《奏报黑龙江地方失火情形折》（乾隆六年五月初二日），中国第一历史档案馆藏《军机处满文录副奏折》：03-0172-0758-008。
② 《奏报宁古塔城外失火烧毁店铺近五百间折》（嘉庆十一年五月二十日），中国第一历史档案馆藏《军机处满文录副奏折》：03-0197-3101-008。
③ 《清高宗实录》卷164，乾隆七年四月庚子条。
④ 《清高宗实录》卷1061，乾隆四十三年闰六月戊戌条。
⑤ 《奏吉林乌拉城失火烧销将军副都统署官房折》（嘉庆十一年四月二十日），中国第一历史档案馆藏《军机处满文录副奏折》：03-0197-3698-032。

学、课税局等处，于同治十年依旧观修复";① 同治十二年五月，阿勒楚喀地方失火，"由城南土围门外。延烧围内民房及衙署监狱官房共烧毁房间七千有零";② 光绪十六年四月，吉林城"将军住房、果子楼、电报局、督捕司各官所烧毁无存";③ "司库旧存赏发《开国方略》、《盛京通志》、《渊鉴类函》等书、前因测绘吉林舆图"被焚毁。④ 宣统三年四月，吉林城署外东西北三面房屋皆已焚烬，医院、图书馆、巡警、电报两局均被波及，高等审判、检查两厅及吉林省狱连烧。

四 清代柳条边外城镇火灾的惩罚方式与防范措施

清代延续前代对失火的惩罚措施，在《大清律例》中对"失火"及"放火故烧人房屋"有明确的规定："凡失火烧自己房屋者，笞四十。延烧官民房屋者，笞五十。因而致伤人命者，杖一百。罪坐失火之人。若延烧宗庙及宫阙者，绞。社，减一等。若于山陵兆域内失火，杖八十，徒二年。延烧林木者，杖一百，流二千里。若于官府公廨及仓库失火者，亦杖八十，徒二年。主守之人，因而侵欺财物者，计赃以监守自盗论。其在外失火而延烧者，各减三等。若于库藏及仓廒内燃火者，杖八十。其守卫宫殿及仓库，若掌囚者，但见起过，皆不得离所守。违者，杖一百。"⑤ 其中第382条"失火"中附有例文："失火延烧官民房屋，及官府公廨、仓库失火等案，各照本律笞，杖充徒定拟。应否赔修亦照律办理外，失火延烧官民房屋，如数至一百间者，加枷号一个月，至二百间者，加枷号两个月。若延烧官府公廨、仓库失火及官民房屋三百间以上者，加枷号三个月，均于失火处枷示。"⑥

清代柳条边外火灾惩罚方式主要有：（1）交部察议，乾隆三十五年五月，吉林城"大火延烧官房民房四千九百四十一间，损伤男妇三名"，"火

---

① 《阿城县志》，第10页。
② 《清穆宗实录》，同治十二年五月癸丑条。
③ 《申报》光绪十六年四月二十四日。
④ 《清德宗实录》卷331，光绪十八年五月乙未条。
⑤ 上海大学法学院编《大清律例》，天津古籍出版社，1993，第566页。
⑥ 《大清律例》，第567页。

班成员及该处协领、参领、水手、营官、同知等职名造册送部，分别严加议处，并请一并交部察议"。① （2）罚俸，嘉庆十一年三月，吉林城屡次失火，"失火第四次降官罚俸禄半年，第五次降官罚一年俸粮（tehe boo deizhibuhe duichi zhergichi wesihuun hafasi de. hontoho aniya fulun. suzhachi zhergici fusihuun hafan chooha shururi sede emte aniya fulun caliyan be inu）"。② （3）鞭刑带枷，嘉庆十一年四月，宁古塔城失火，498间房屋逐一被烧，"按新定例，失火人被打鞭一百，带枷三个月"。③ （4）降级，同治十二年五月，阿勒楚喀失火，围内民房及衙署监狱官房共烧毁7000间，烧毙民人8名，"著一并交部议处。被灾衙署监狱八旗兵房及各项官所并著饬令该副都统等筹款照例赔修寻兵部议。海英应降一级留任。乌勒喜布等降一级调用"。④ （5）革职，光绪三年七月，马贼焚掠五常堡山河屯，"协领志超闻警回家躲避，清廷下令革职，永不叙用，委参领双全革职发配，佐领吉升阿摘去顶戴花翎"。⑤

面对火灾频发的现象，惩罚仅为权宜之计，警示后人。而发现火灾隐患，及时解决，完善消防设施，制定法令并提高人们的防范意识才是避免火灾再次发生的根本。以吉林城为例，乾隆七年四月失火后，"著行文鄂弥达，将救火诸器具，俱妥协备办"。⑥ 乾隆三十年四月失火后，总结延烧原因，决定隔绝可燃物，并下令"此次建房，应将房屋墙壁建高建厚，留有间隔，以便于救火"，⑦ 以此法预防火灾，一旦失火，亦不致连及一片。乾隆五十六年五月失火后，考虑到吉林城道路狭窄，草房较多，遇到大风易导致官署旗民房被烧，政府决定"修盖房舍展宽二三尺，大所草房皆盖瓦房"。⑧ 宣统三年四月铁铺失火殃及全城，损失惨重，政府"修订建筑章程，取缔房屋制度，酌留宽大马路，并将从前木棚木路一切引火之陋制，

---

① 《清高宗实录》卷859，乾隆三十五年五月丁酉条。
② 《奏吉林乌拉城失火烧销将军副都统署官房折》（嘉庆十一年四月二十日），中国第一历史档案馆藏《军机处满文录副奏折》：03-0197-3698-032。
③ 《奏报宁古塔城外失火烧毁店铺近五百间折》（嘉庆十一年五月二十日），中国第一历史档案馆藏《军机处满文录副奏折》，03-0197-3101-008。
④ 《清穆宗实录》，同治十二年五月癸丑条。
⑤ 《黑龙江历史编年》，第277页。
⑥ 《清高宗实录》卷164，乾隆七年四月庚子条。
⑦ 《乾隆朝寄信档译编（满文）》第6册，第45页。
⑧ 《清高宗实录》卷1378，乾隆五十六年五月庚辰条。

概行改革"。① 随着西方先进消防器械的传入，清代柳条边外预防火灾的方式由巡更管理、防火宣传向水会备水龙随时待命的方式转变。官办消防组织在晚清出现，从事救火的驻防兵丁也开始向消防员过渡。

　　清代柳条边外城镇位于边疆地区，森林密布，人口稀疏，火灾不同于京师或边内城镇，火灾多为用火失慎延烧而起，未有故意纵火情形。道路狭窄且遇水泥泞，阻碍了救火工作的开展。焚烧的房屋以旗人、民人住房为主，虽户数不及京师，但延烧全城。其接济标准比京师降低许多，如"和亲王府失火，深为廑念，著加恩交广储司银赏给一万两，以资修建"。清代东北"开禁"后，② 柳条边外城镇不断增多，大量移民涌入，从事垦殖与商贸活动，城镇人口增加，职业开始分化，火灾突发现象也随之频繁。

作者：綦岩，吉林师范大学历史文化学院

---

① 《大公报》（天津）宣统三年五月二十日。
② 《清高宗实录》卷332，乾隆十四年正月乙卯条。

政治性、日常性与现代性：
民国苏州公园与城市生活*

张笑川　路仕忠

内容提要："苏州公园"是苏州第一个现代公园和民国时期最主要的公园。作为新兴城市公共空间，政府和士绅意图以之教化和规训民众，而民众和社团则将其作为展演的舞台。公园作为一个社会活动空间和想象空间，成为民国时期苏州市民体验现代性的场所。

关键词：民国　苏州公园　日常生活　现代性

作为一种近代新兴城市公共空间，公园已引起城市史学者的关注，[①] 但

---

* 本文受到江苏省社科基金项目"民国苏州城市史研究"（项目编号：13LSB003）和苏州科技学院研究生科研创新项目"公园与民国苏州城市日常生活"的资助。

[①] 参见熊月之《张园：晚清上海一个公共空间研究》，《档案与史学》1996 年第 6 期；《晚清上海私园开放与公共空间的拓展》，《学术月刊》1998 年第 8 期；《外争权益与内省公德——上海外滩公园歧视华人社会反应的历史解读》，《学术月刊》2007 年第 10 期；《近代上海公园与社会生活》，《社会科学》2013 年第 5 期。李德英：《城市公共空间与社会生活：以近代城市公园为例》，《城市史研究》第 19 辑，天津社会科学院出版社，2000；《公园里的社会冲突——以近代成都城市公园为例》，《史林》2003 年第 1 期；《公共空间与大众文化：以近代成都少城公园为例》，姜进、李德英主编《近代中国城市与大众文化》，新星出版社，2009。陈蕴茜：《论清末民国旅游娱乐空间的变化——以公园为中心的考察》，《史林》2004 年第 5 期；《日常生活中殖民主义与民族主义的冲突——以中国近代公园为中心的考察》，《南京大学学报》2005 年第 5 期；《空间重组与孙中山崇拜——以民国时期中山公园为中心的考察》，《史林》2006 年第 1 期。陈晶晶：《近代广州城市活动的公共场所——公园》《中山大学学报（社会科学版）》2000 年第 3 期。戴海斌：《中央公园与民初北京社会》，《北京社会科学》2005 年第 2 期。〔美〕史明正：《从御花园到公园——20 世纪初北京城市空间的变迁》，《城市史研究》第 23 辑，天津社会科学院出版社，2005。关于公园研究的理论反思，参见戴一峰《多元视角与多重解读：中国近代城市公共空间——以近代城市公园为中心》，《社会科学》2011 年第 6 期；崔志海：《近代公园理论与中国近代公园研究——读〈都市与公园论〉》，《史林》2009 年第 2 期。

是仍然有很大的研究空间。周锡瑞就提出这样的问题："它们的日常功能呢？这些公共设施在什么情况下向有身份的女性开放？当时的家庭也会和我们今天一样全家到公园游玩吗？在公共体育设施缺乏的情况下，当时的公园是如何承担公民个人健身的功能的？比如说，中国人是从什么时候开始在公园打太极拳？当时人们到公园游玩时的衣着是什么样的？显然，那时和我们今天很不一样。当时的城市精英总是想尽办法，拒下层人民于公共设施之门外，比如穷人、乞丐和扒手。公园游客的阶级构成是怎么样的？当时的产业工人有没有时常结伴到公园游玩？"① 以上的问题其实是对公园在城市日常生活中扮演角色的拷问，也显示了这一问题仍有待探究。本文即以"苏州公园"为例，尝试探讨公园在民国时期苏州日常生活中所扮演的角色，希望通过公园展现民国苏州城日常生活的一些侧面。

一　从皇废基公园到苏州公园

清代苏州城既是府城，也是长洲、元和、吴县三县治所和江苏巡抚驻地。在城市功能上，既是区域政治中心，又是江南经济中心，甚至具有"超地域中心城市"的地位。② 19 世纪中叶以后，随着交通优势的丧失，受太平天国战争的破坏、上海的崛起、传统经济的衰退与新式经济的缓慢发展以及思想观念的保守等因素的影响，苏州面临衰落的窘境，城市面貌也日渐衰败。③ 近代苏州呈现出人口拥挤、公共卫生差、市民生活贫困的社会状况。

苏州的状况其实也是近代中国城市的普遍状况，这与当时欧美国家及日本城市面貌形成鲜明对比。为改变中国城市景观和匡正社会风气，很多人将目光投诸公园建设之上。他们认为公园是"都市之花""城市肺腑"，"故伦敦、柏林、巴黎、维也纳、纽约、东京暨他诸都会，莫不设有公园"，"至若国中都会，无一完全公园，非特方诸东西列强，大有逊色。其

---

① 〔美〕周锡瑞：《重塑中国城市：城市空间与大众文化》，《史学月刊》2009 年第 5 期。
② 王卫平：《明清时期江南城市史研究：以苏州为中心》，人民出版社，1999，第 144 页。
③ 何一民：《中国传统工商业城市在近代的衰落——以苏州、杭州、扬州为例》，《西南民族大学学报》2007 年第 4 期。

于国民卫生上及娱乐上，亦太不加之意哉"。① 就"娱乐"而言，他们认为"盖人生于世，除做正当业务外，常要求兴趣以娱其生活，彼等因无正当的娱乐，故有此低下的逸乐。今欲使彼等免于罪戾，对症下药，首在创设图书馆与公园"，"地方具此二者，岂独可使人民不为非且足以增进彼等之智、德、体、美诸育也"。② 民国以后，随着"社会教育"概念的提出，公园作为广义的社会教育机构之一，更是受到政府和社会各界人士的重视，被认为增进民智民德的有效工具。

苏州虽然号称"半城园亭"，但皆为私家园林。进入民国后，因社会动荡，大部分园林毁坏废弃，除拙政园、狮子林等少数园林对外收费开放外，大多数园亭名胜残破失修，凄凉满目。因城内缺少公共纳凉之地，人们出游大都选择虎丘、石湖等地，但均相对偏远，而传统私家园林由于产权归属、身份受限制等，相对远离普通市民。建设免费向市民开放的公园，遂纳入地方政府和士绅的计划。

1909年，苏州士绅张一麐首次倡议筹建公园。他认为要造福桑梓，应先从社会教育入手，遂与当地士绅蒋懋熙、孔昭晋、冯守之等人联手，筹款建设公园与图书馆，并制定规则十余条。③ 但因张一麐离苏赴任，未及实行。1919年，地方士绅再次倡议建造公园，计划中公园包括图书馆、会堂、音乐厅等设施。④ 是年，由吴县劝学所所长潘振霄主持，择定在皇废基东部营建，初名"皇废基公园"。皇废基相传为吴子城故址，元末为张士诚太尉府一部分，士诚兵败，府第焚毁，明代至清末大部沦为荒地，义冢累累，称"皇废基"。太平军败后，北端建"咸丰庚申殉难一千一百数十人墓"，同治十年（1871）设"栖流所"。南部有池沼，地较疏旷。为筹集资金，1920年，苏州士绅贝理泰接洽已故颜料商人奚尊铭遗孀黄氏，由其子士尚、士菁捐资5万元，用于修建公园图书馆。⑤ 1920年由劝学所、教育会发起，组成以苏州市公所董事长蒋炳章、吴县临时行政委员会委员汪仲周、教育局长潘振霄等人为主要成员的百人筹备小组，拆庙迁墓，开

---

① 黄以仁：《公园考》，《东方杂志》第9卷第2号，1912年8月1日，第1~3页。
② 《地方自治亟需举办的两大事业》，《申报》1925年4月2日，第12版。
③ 张一澧：《张一麐生平》，上海书店出版社，1998，第91页。
④ 苏州市地方志编纂委员会编《苏州市志》第1册，江苏人民出版社，1995，第684页。
⑤ 《捐款建设图书馆》，《申报》1920年6月4日，第7版。按：奚尊铭于1919年1月去世。

始施工。关于公园设计方面，苏州工专土木科学生负责测绘平面图，交由上海公董局法国园艺家若索姆（Jaussaume）规划设计。筹备小组按设计结合中国造园风格破土动工，浚池植树。① 1920年11月，吴县教育会会同公益事务所修筑围墙，圈定公园基地。② 1921年，公园图书馆开始动工建设，③ 1922年9月，先在园中部荷池南建成图书馆，馆东侧临池建东斋茶室，西南角建西亭茶社。园东南辟池名"月亮"，池边修廊，紫藤翳密，又植树4000余株。1925年8月1日，公园图书馆首先开放。④

1927年3月21日，北伐军攻克苏州后成立吴县临时行政委员会，下设民政、财政、公安、公益、教育、实业、交通等七局。4月，吴县公益局续组公园筹备委员会，成员基本为政府官员，如交通局考工课主任许霆先、公益局娱乐课主任徐孟荄等。从1927年4月23日至8月5日，筹备委员会召开了数次会议，总管公园筹款、规划、建设、开幕及行政等大小事务。⑤ 1927年8月1日，南部建设初步告成，公园正式开放。同月，公园被苏州市政筹备处接收管理，续建水禽馆、音乐亭，在中部荷池上架三曲朱栏桥等，但北部依然荒凉。1929年，叶楚伧、钱大钧、孙铁舟等应市政府之请，积极筹款以开发北部。1930年，公园归教育局管理，成立北部建设委员会，继续开凿北部池塘，植荷养鱼，栽植树木，并于土山顶建四面厅一座，名"民德亭"。至此，公园北部初步建成，并与南部贯通合一。1932年，园内树立肖特义士纪念碑。1932年10月，为促进公园发展，教育局又组织设计委员会，其人员基本为前公园筹备委员会原有人员。⑥ 1934年9月，公园管理处实施整顿计划，在北部建成公共学校园、添置座椅，整理中山林、商店、茶园等地。⑦ 抗战时，公园碑厅及图书馆被日寇炸毁，一度为日军养马场。后虽开放，景物荒凉，喷水池只剩一泓泥水。

---

① 苏州园林管理局编《苏州园林》，同济大学出版社，1991，第140页；沧浪区志编纂委员会编《沧浪区志》，上海社会科学院出版社，2006，第120页。
② 《建筑公园之动议》，《申报》1920年11月13日，第8版。
③ 《建立县立图书馆》，《申报》1921年8月8日，第12版。
④ 《行将开幕之苏州图书馆内容》，《申报》1925年7月31日，第9版；《苏州图书馆开幕纪》《苏州图书馆正式开幕》，《申报》1925年8月3日，第11版。
⑤ 《公园筹备会展期一日》，《苏州明报》1927年4月25日，第3版；《公园筹备委员会之临时会议》，《苏州明报》1927年8月7日，第3版。
⑥ 《教育局促进公园发展》，《苏州明报》1932年10月8日，第2版。
⑦ 《公园整顿计划》，《苏州明报》1934年9月2日，第7版。

1946年，北部建平房四间为康乐馆，名"涵社"，屋前辟网球场。1947年5月，更名"吴县中山公园"，并在莲花池东建"裕斋"，辟为"前进图书馆"，民德亭后澄虹桥北建叶楚伧纪念碑坊，造"楚伧林"，恢复肖特纪念碑。至苏州解放时，公园未全恢复，曲桥坍圮，仅存桥柱。1953年6月苏州市政府拨款重修，命名为"苏州公园"，俗称"大公园"。自建园至今，公园始终保持南半部花坛、喷泉规则式，北半部山水自然式的中西合璧格局。

清末宣统年间，于今文庙西侧曾开辟"植园"，为讲求农事之所，兼供民众游眺纳凉及品茗点心，但很快改设苗圃，一般不向游人开放。1931年在北局建小公园，但面积甚小，由大公园管理员兼管，可视之为苏州公园的一部分。1979年，东园建成，为新中国成立后苏州建设的第一座新型综合性公园。因此，苏州公园为苏州第一座现代公园，也是民国时期苏州最重要甚至是唯一的公园。①

二 教化：政府与士绅的政治意图

近代中国公园自始即不仅是一个简单的休闲娱乐场所，还承载着社会教育的功能，这一点从苏州士绅张一麐等首倡者的意图可看出，筹建者的身份和管理机构亦明显显现出公园的教育属性。如筹建过程中，吴县劝学所、教育会以及教育局长皆是主要成员。公园内设图书馆更凸显了公园的教育功能。1930年5月苏州市与吴县合并，县教育局与建设局就公园隶属问题，曾产生争执。建设局认为，就公园性质而言应归建设局；而教育局则认为公园属于教育事业之扩充，应属于教育局。后经县长调停，公园由建设局设计施工，而工程完竣后归教育局管辖。② 此后，教育局设苏州公园管理处，范云书任管理处主任。另设管理员若干名，负责公园建设、运营以及管理北局小公园事务。直至新中国成立初期，仍是市政府教育局接管。

在时人看来，公园中的奇花异草不仅能增长市民的见闻知识，且"园

---

① 《苏州市志》第1册，第684~687页。
② 玲玲：《苏州公园得主之争执》，《大光明》1930年5月19日，第4版。

中一花一草，一禽一鱼，均有自然活泼之妙，人游其中，而美感自生。美感生而道德心亦因之而生也"。① 故此，公园每年11月前后举办鱼菊展览会，参展品不仅有公园自产菊花、金鱼，且有苏州中学、苏州美专、万百户巷俞宅、槐树巷徐宅及吴县公款公产处等十余家所供鱼、菊，甚至北平等地皆有金鱼参会。② 公园亦根据时令不定期举办2月梅花展览会、3月兰花会、6月莳花展览会，均事先四处征集。其目的是通过展览，陶冶市民情操，丰富民众生活情趣。③

比较而言，对于公园的"教化"功能，士绅阶层侧重于"教"，强调图书馆等设施在公园中的地位，目的是"教"平民为公民；政府则更注重于"化"，意图"化"公民为党民。这一点在1927年国民党北伐军进入苏州后表现得尤为明显。从推广三民主义体系到其延伸出的新生活运动，这一系列行动都试图将民众完全纳入自己的统治之下，这种统治不仅表现为在公园内设立园警，④ 更试图通过对公园这一空间具体而形象的利用、控制，塑造自身的权威与合法性。孙中山塑像被树立在图书馆旁，形象高大，于"园外车路中即可望见"。⑤ 孙中山逝世三周年纪念日时，在园中种植总理纪念林。⑥ 市党部宣传部在公园电线杆上油漆标语，⑦ 国民党吴县党务整理会为纪念两位为党牺牲的同志，曾拟将公园里的民德亭更名为烈士亭，并制一匾悬挂，以资纪念。⑧ 正如陈蕴茜所指出的，公园"表面上以休闲娱乐空间的形式出现，实际上却是国民党实施统治、民众接受国家意识形态教化最隐秘的空间，是国家权力空间化的载体"。⑨ 在公园这个公共空间里，通过建筑物、纪念碑的修建以及它们的命名，时间变得看得见、摸得着，且在公园中的集中展现比分散在都市中更容易被民众注意到，公

---

① 《公园可以养成市民之道德心》，《申报》1926年1月4日，第11版。
② 《苏州明报》1929年11月10日，第2版；《公园将陈列菊花金鱼》，《苏州明报》1932年10月24日，第2版。
③ 《公园莳花展览》，《苏州明报》1931年6月6日，第2版。
④ 《公园筹备会临时会议》，《苏州明报》1927年7月24日，第3版。
⑤ 《公园中大兴土木》，《吴语》1927年5月23日，第2版。
⑥ 《今日总理逝世纪念》，《苏州明报》1928年3月12日，第3版。
⑦ 《公园筹备会临时会议》，《苏州明报》1927年7月24日，第3版。
⑧ 《公园民德亭纪念烈士》，《苏州明报》1932年12月19日，第3版。
⑨ 陈蕴茜：《空间重组与孙中山崇拜——以民国时期中山公园为中心的考察》，《史林》2006年第1期。

园的种种影像也会在他们的心目中留下深刻的印象。一个比较明显的例子是美国飞行员肖特在苏州狙击日机时牺牲，各界议为其立纪念碑。纪念碑选址初有四地：火车站、北局小公园、虎丘及公园。经讨论，火车站虽地处要冲，但旅客往来匆忙，细心观摩的机会不多；小公园已有林则徐纪念碑，且地方狭小，亦不适合；虎丘多为古迹，建设新式建筑，破坏古迹整体感；而苏州公园北部，风景明秀，游客众多，最为适宜，遂选址于公园。① 1933年，在公园北部安置废旧大炮一尊，为中国古战器展览，以激励市民。② 1934年国民政府宣布推行新生活运动，公园理发店墙上，亦漆上"礼义廉耻"四个大字及其解释。③ 甚至公园中燃放的焰火，也蕴涵着政治符号，焰火的花样有纪念塔、中山舰、南京城、北伐胜利、中山遗像等形状或字样，时人评曰："足以唤起民众，共同谋自由平等之目的。"④

大略而言，从1927年国民党北伐军进入苏州，在相对强势的新型国家政权扩展统治的过程中，公园的教化功能也出现了一定的转向，从士绅阶层侧重于"教平民为公民"，转变为党治国家所主导的"化公民为党民"。公园建设过程中，士绅群体悄然隐退。在1929年的一次苏州市政府邀集名流筹议开发公园北部的茶会上，"尚多请而未到者"，⑤ 孙铁舟倡言劝募资金，但响应者不是太多。苏州小报称这次募捐为"绑架式"募捐。⑥ 虽说小报有吸引人眼球的成分，但也在一定程度上看出此时士绅对公园建设持消极态度。

三 展演：社团与民众的日常利用

公园的基本功能毕竟是休闲、娱乐，在这里，公园展现出它日常性的一面。相比于政府和士绅们关注公园的规训和教育功能，普通市民更多将其作为展演的舞台。各类社会团体多以在公园举办展览会或其他活动来宣

---

① 道听：《孝脱亭地址问题》，《大光明》1932年4月16日，第2版。
② 陇中：《中军旧炮在公园》，《大光明》1933年8月16日，第4版。
③ 不易：《闲话公园》，《吴县晶报》1935年7月21日，第3版。
④ 垂露：《游园小记》（下），《苏州中报》1927年8月5日，第2版。
⑤ 《纪昨晚公园之宴》，《苏州明报》1929年8月17日，第3版。
⑥ 黑猫：《孙铁舟公园绑票》1929年9月1日，第3版。

扬自己的主张。如，1929年，程瞻庐等文人在公园西亭创办"西亭谜社"，每逢新年张灯悬挂谜联，盛极一时。① 苏州著名书画家曾有同庚会组织，会员五十同庚之年，特在公园中建筑"同庚厅"，以示纪念。② 为提倡民众艺术，上海美专苏籍在校生盛暑天在公园图书馆举办画展，时人称道："暑期公园本为文人纳凉避暑之所。值兹画展开幕，来宾更添雅趣。图书楼头，裙屐上下，门限为穿矣。"③ 公园电影院亦组织表演活动，白克门夫妇曾登台表演"掌上舞"。④ 1930年9月，公园举行第一次同乐会，演讲、音乐、电影、魔术等并举，目的是给市民指引一种正当娱乐。⑤ 在公园里，亦常见军士、警察在其中演练。⑥ 为提倡国货，管理处在公园举办国货展览会。⑦ 1932年，苏州士绅李根源、张一麐感慨国学不振，在公园图书馆组织"国学研究会"，并多次请章太炎假座公园图书馆讲学，影响颇大。⑧ 1934年11月，为宣传防空知识，苏州初中童子军曾在公园举行防空避灾警备演习。⑨ 当地著名文人陈石遗、邓孝先、费仲深、蔡巽堪、吴九珠、江隽之、林肖崙、陈渭之、庞次淮、宗十戴等常雅集东斋，时称"东斋十老"，他们的吟咏，曾刻成《东斋酬唱集》传世。1937年，"八一三"淞沪会战爆发，苏州各界成立抗敌后援会，会址即设在公园图书馆，张一麟担任主任委员，各界人士纷纷参加，那时的苏州公园里，抗日歌曲响彻云霄，慰劳物品源源不绝，人来车往，显出一派同仇敌忾的景象。在公园东斋前常有中山大学学生宣传队演讲，听其演说者"莫不赞成"，"无不为其动容"。⑩ 自东斋西亭收归自营后，开放为民众茶园，曾试办说书，演讲民

---

① 江更生、朱育珉：《中国灯谜辞典》，齐鲁书社，1990，第398页。
② 碧螺：《同庚建亭在公园》，《吴县晶报》1935年8月22日，第4版。
③ 《公园画展定期开幕》，《苏州明报》1931年7月17日，第2版；之关：《读画舟记》，《大光明》1931年7月26日，第3版。
④ 《公园电影院之舞讯》，《苏州明报》1929年1月5日，第3版。
⑤ 《公园之第一次同乐会》，《苏州明报》1930年9月12日；《公园中之同乐大会》，《苏州明报》1931年4月16日，第2版。
⑥ 垂露：《游园再纪》，《苏州中报》1927年8月20日，第2版；碧翁：《捉迷藏》，《吴县晶报》1932年8月1日，第4版。
⑦ 郁郁：《国展会之铜帐钩》，《大光明》1931年12月26日，第3版。
⑧ 靡靡：《李根源舌战金震》，《大光明》1932年11月1日，第3版。
⑨ 《防空避灾警备演习》，《苏州明报》1934年11月24日，第6版。
⑩ 俞醒楼：《公园畅游记》（上），《苏州中报》1927年9月2日，第2版。

族英雄。① 公园甚至某种程度上承担着民族尊严的再生功能,有人言公园应在门口标示:"外国人与犬不得入内",衣着中山装者,方许通过。②

四 体验:娱乐和空间的现代想象

苏州公园不仅是政府的规训工具和民众的展演舞台,更是苏州市民体验和想象现代性的重要空间。

民国时期苏州"鸳鸯蝴蝶派"作家顾明道在他的小说《花萼恨》里,写实地描述了1930年代时髦青年男女在苏州公园见面的场景。

> 高其达到了园中,忘记和克家约定在哪一处相见,只得漫无目的地打圈子。好在公园并不过大,总能遇见的。他渐渐走到公园图书馆前,见馆左花径旁有一对青年男女并肩移步而来。他一见这套淡灰哔叽的新式西装,便知是克家。立即迎上去,双目很留神地察看那和克家同行的女子:身材长短和克家仿佛,似乎女的丰盈一些。身上穿着绯色软绸的夹旗袍,外罩着白色的短大衣,手里挟着一个大皮夹,脚踏漆皮高跟鞋,姿态甚是秀丽。他不由暗暗点头。这时他已走近克家身边了,彼此是有心的,所以他瞧见了克家,而克家也已瞧见了高其达。大家一举手说声"哈啰!"立定身子,又点点头。克家便问其达兄从哪里来。
> ……
> 秀芝很自然地叫一声密司脱高。慌得高其达连连鞠躬。于是三人走在一起,又绕了一个圈子,走至东斋,这是一个啜茗憩坐的所在。三人遂拣一雅洁座位一同坐下。堂倌泡上三壶香茗。克家吩咐拿三瓶橘子水来。那时候金牛牌橘子水最初在苏流行,时髦的女士多喜欢吃这个。堂倌遂去开了三瓶橘子水,用三根麦柴管插在瓶内,请三人吃。大家喝着橘子水,闲谈一切。
> 他们谈的都是些娱乐之事,卢秀芝对于外国电影明星尤其熟悉,连他们的家世也都讲得出来。因为伊对于一切西片无不一一观看,又喜读各种影讯和电影日报,自然熟得如数家珍了。高其达也是个有电影癖的

---

① 《公园东斋西亭开放为民众茶园》,《苏州明报》1936年5月12日,第7版。
② 一安:《游公园者的话》,《苏州中报》1927年8月10日,第2版。

人，三人在一块儿很谈得来。将近吃点心的时候，克家又喊了三盆虾仁炒面。用点后，卢秀芝要去看电影，克家问高其达可要同去一观。①

以上这段场景描述中，学生、摩登女郎、电影、汽水、洋式用语等现代摩登事物毕集，大致体现了时人对于公园的感受。

在报纸上，人们也极尽艳美之词来描述苏州公园，公园像是一个建立在传统苏州社会之外的桃花源。时人推测公园游人心理，"公余休息者"约为1/5，"闲谈乘凉者"约为1/5，"约友商事者"约占1/5，"走马看花"（指男女互相观赏）约占3/10，"实行交际者"（"吊膀子"）约占1/10。②不管人们来此目的为何，在这个新兴的公共空间里，人们感受到的都是不同以往的新奇体验。

1. 新娱乐与新消闲

对于近代中国人来说，去公园并不仅仅是为了放松，倒更像是为了娱乐。③而且这是一个不同于以往、充满现代新奇气息的娱乐之地，《苏州中报》记者感叹道："此地有图书之馆、电影之院、东斋西亭、华羽三民，更有理发之所、鲜果之肆。若夫园林点缀，则有茅亭小舍，河池古墓。回想五六年前，皇废基正一片荒凉，今也火树银花，城开不夜，是市民之福，亦诸委员热心进行之功也。"④其中，公园电影院的开幕便集中展现了这种现代气息。电影院的开幕式完全模仿欧美风格，请《风流少奶奶》主演韩云珍来苏亲自担当司仪。时髦女性、以现代都市里的男女情感纠葛为主要内容的影片联合当红影星共同造成的轰动效应显而易见，苏州各大报纸争相报道，赞韩云珍"在骨子里"，有"吹气胜兰之效"，众多市民期待能一睹其风采，"是日三四时许，门前已出客满之牌，而观者仍接踵而来"，"观众拥挤，不堪言状。有一老妇携一小孩，为开幕时因座椅挤倒，尽至跌仆，大呼救命，后来者依然要看，不要命一般的横冲直撞进来"。⑤

---

① 顾明道：《花萼恨》，上海春明书店，1948，第83、84页。
② 茂夏：《公园游人的心理推测》，《苏州中报》1927年9月9日，第2版。
③ 〔美〕李欧梵：《上海摩登——一种新都市文化在中国，1930~1945》，毛尖译，北京大学出版社，2001，第38页。
④ 垂露：《游园小记》（上），《苏州中报》1927年8月4日，第2版。
⑤ 一熊：《公园拾趣》，《苏州中报》1927年8月19日，第2版；立客：《公园电影院开幕纪》，《明晶》1927年8月3日，第3版。

人们对于观影过程的重视,甚至超过了电影本身,有记者写道:

> 幕开矣……韩女士服装俱作淡红色。记者于怪声极叫中但见她的嘴唇动了动,鞠躬而退。后询之坐于台前的某君,据云只闻四句,大致为:"我从上海来到苏州,来参与开幕礼。时间很晚,抱歉的很。"轰轰烈烈的明星开幕礼,于此四语后,宣告结束。①

可以看出,人们更像是把这个开幕过程,想象成一种盛大的仪式,至于仪式的具体内容,倒不比仪式本身更为重要。《苏州明报》副刊《明晶》上,有苏州本邑人感叹道:"苏州大变了。……苏州花园是多了,却没有公园,是地方上一个缺憾,现在也居然兴办起来。有了公园不算,公园里还开办一个公园电影院。像这样正当的娱乐越多,是社会的好现象。"②

公园电影院也成为男女新式交往的场所。据称,电影院开始实行"男女分座","但是等到电影开映,电灯熄灭,便有人走到女宾座内去,交头接耳了"。③后来,随着市民的反对,也就取消了这一禁令,不再男女分坐。同时,公园影院的设备仪器、管理运作、宣传广告以及时髦的影片内容均体现出现代化的气息。④但很快,随着其他影院的相继设立,公园电影院开始落伍,据称,"只可给妇孺们赏鉴",且常需以艳舞为招牌吸引观众。⑤虽然公园电影院积极求变,如引进外国巨片或国产有声片,但已无法与大光明电影院、苏州大戏院等新建影戏院的布置、设备和招待相抗衡,"公园电影院既没有御寒的火炉的设置,又没有高贵的热水汀的装置","外边一望,真是难说。一片的瓦砾场、烂泥堆,七高八低,寸步难行"。⑥这样一来,公园电影院就没有了优势,只能停业。

公园中的农场、商店和茶寮(东斋、西亭)为市民主要的消闲之所。

---

① 立客:《公园电影院开幕纪》,《明晶》1927年8月3日,第3版。
② 老凋:《囍》,《明晶》1927年7月24日,第6版。
③ 霜古:《公园观影记(续)》,《苏州中报》1927年7月29日,第2版。
④ 李斌、曹燕宁:《苏州电影放映的现代化研究——以公园电影院为例》,《苏州教育学院学报》2011年第4期。
⑤ 莉莉:《中国影片之前途》,《大光明》1930年7月31日,第4版。
⑥ 赖布作:《剧联社的朋友们(一)》,《大光明》1933年1月31日,第4版;霜古:《公园观影记》,《苏州中报》1927年7月28日,第2版。

民国时期所谓农场，"乃一比较菜馆为小，点心店为大之不中不西小食店"。①在公园中有自由农场、合作农场及自由农场开辟之三民商店。三民商店体现出浓厚的商业气息，其下设的气枪部之广告词充分利用了政治术语招揽生意。

来此养心怡情中锻炼目光，愿所以明射击之术，废去极低微之铜元三枚，以显胜手，则国民革命之精神在焉。②

这种活动的具体操作过程为："取绿豆一粒入气枪中，能将所持立之香烟射倒，则中彩；不能，取一陈皮梅。"其实质更似"公园特辟之赌博场"。③后见天气炎热，饮茶啖冰的人渐渐增多，三民商店遂将气枪部改为咖啡部，出售汽水。很多公子哥和时髦女郎便在此啖冰消暑，开招风评月的"圆桌会议"。④小报描写道，这些摩登姑娘"倩步淡淡地走到了西亭的凉棚下，把这轻盈的身子，坐到椅子上，泡了一壶白菊花，租了几张小报看着"或"进以纸冰，红樱小口，翕然开合。当冷沁贝齿时，游其舌尖，以舒娇息"。⑤这种类似于茶馆的小店，客人们在里面更多的是闲聊，常见的话题则是摩登女郎的身体、屁股。⑥针对这一情况，公园管理员范云书曾决定在东斋或电影院每星期办音乐会一次，以便"调涵人之品性"。⑦

公园为消暑胜地，每至溽暑，"东斋一室，啜茗者座为之满。甚至四周空地上，亦为茶客所占据。以故欲得一席地，颇非易事。且一茶甫上，茶资先给，盖其用意，深恐茶客拥挤，茶费漏收"。⑧西亭繁华之期，从5月至8月，有人吟诗，"何处晚凉宜小憩，闲敲棋子爱西亭"。⑨更有名流如费仲深，每日清晨，在公园东斋，茗茶消闲，有时独坐小憩，有时会友

---

① 乡下人：《贵族化之农场》，《大光明》1930年8月6日。
② 波痕：《趣广告》，《明晶》1927年8月8日，第3版。
③ 一熊：《公园拾趣》，《苏州中报》1927年8月19日，第2版；恨世：《公园小评》，《明晶》1927年8月8日，第3版。
④ 清风：《陶醉之公园》，《大光明》1930年7月31日，第4版。
⑤ 抱芬：《谁是天上安琪儿》，《吴县晶报》1932年7月8日，第3版；毛郎：《毛郎消夏录》（一），《苏州明报》1928年7月12日，第3版。
⑥ 抱芬：《三种摩登的屁股》，《吴县晶报》1932年7月11日，第4版。
⑦ 清风：《陶醉之公园》，《大光明》1930年7月31日，第4版。
⑧ 柳桥：《公园见闻录》，《明晶》1927年8月3日，第3版。
⑨ 金孟远：《公园纳凉杂咏》，《苏州明报》1931年8月23日，第3版。

于此，对坐论谈。① 苏州文人周瘦鹃曾这样写道：

> 约了一二友好，就近到公园里去赏荷。在东斋后面的大荷池旁边品茗清谈，而两眼却贪婪地不住地飞到荷花上去，饱餐它们的秀色。我于公园的荷花，一向是很有好感的，因为它们全作桃红色，比了粉红十八瓣娇艳得多。打一比方，活像"醉酒"里的杨太真，玉颜双酡，撒娇撒痴的模样，真是美极了。我在茗边微吟着唐代诗人卢照邻"浮香绕曲岸，园景复华池"的名句，边吟味，边欣赏，留连了好久才恋恋不忍地舍去。②

有人评论道："所谓品茗者，多如过江之鲫，叫嚣扰人，不可片刻居。招凉不足，助热有余。"又言，"莅园者之目的，无不曰逭暑而来。实则逭暑之外，固别有目的。否则火热如东斋，何茶客满坑满谷，挥汗如雨而不知顾耶"。③ 从这个意义上讲，人们更多的是到公园寻求一种体验，一种对新奇事物和美好生活的向往。

2. 新女性与新舞台

公园为各类都市新女性展现新生活方式提供了舞台，苏州公园中最为人瞩目的非女性莫属。据地方小报称，时髦女郎是公园里的主角，她们穿时兴的衣物，大胆展现甚至裸露自己的身体美，引领着时尚的潮流，"方领露其胸，短袖出其肩。巨臀徐动，跟跟跄跄。乳峰并甩，徘徊电灯下。雪肤粉肉，隐约可见"。④ 在这里，女性的身体以前所未有的姿态成为公开凸显的个人表征，女性不再吝于表露自己的美色，而大方地将她们的美丽展现出来，斗艳争风，⑤ 甚至"装以橡皮制之假奶，以壮观瞻；另有戴墨镜以示美丽者"。⑥ 每当夕阳西落，华灯初张时，"公园道上，裙屐联翩，绿茵丛中，花枝招展"。⑦ 显然，这在当时还是需要很大勇气的，"奇异装

---

① 灏父：《费仲深品茶东斋》，《大光明》1933年9月8日，第3版。
② 周瘦鹃：《苏州游踪》，金陵书画社，1981，第130页。
③ 恨世：《公园小评》，《明晶》1927年8月7日，第3版。
④ 顾顾：《公园花絮录》（上），《苏州中报》1927年8月9日，第2版。
⑤ 抱芬：《谁是天上安琪儿》，《吴县晶报》1932年7月8日，第3版。
⑥ 代代：《公园上市》，《吴县晶报》1935年7月9日，第3版。
⑦ 公寿：《适卢漫墨》，《苏州中报》1927年8月3日，第2版。

束之妇女，径来如梭，然类多束胸"。① 很多人也疾呼世风日下，甚至公安局也明令取缔奇装异服。② 但是，新的生活潮流显然难以遏制，据称，一些传统大家庭里的年轻女子在家里穿普通的鞋子衣裙，在去公园的路上，换上高跟鞋、时髦衣服，然后在回家的路上找一僻静处又换回原来的装束。③ 以至于在很多时候，人们回忆起公园，最先想起的便是当年的摩登女郎，由此而发出今不如昔的感慨。

据小报点评，公园里的女性分为三种：一是货真价实的贵族小姐；二是媚俗的模仿者；三是妓女。④ 第一类指的是最先接触现代文化的女学生和经常赴沪甚至有机会出国的闺阁名媛，她们为其他女性提供一种审美标准，最直接的体现是衣着服饰和优雅举止。这种女郎被称为"真正"的摩登小姐，在当时有蒋大（蒋织云）及"三四姑娘"（蒋四，名蒋士云，叶四，名叶良珍，以及邹四等）等，这些女郎在市民眼中是社会钦慕之名人，是"社会之花""苏州皇后"，⑤ 小报形容道："衣香一路引蜂狂"，"叶四肉香满公园"。⑥ 这些女性常出没于各种娱乐场所，"韵事艳屑，喧腾于报章间"，甚至《申报》记者求其拍照而不得。⑦ 据称，以上诸人先后离苏，"我人于啜茗公园时，不无有人面桃花之感也"。⑧ 另有贝瑗贞小姐，"含韶凝秀，绰约嫣艳"，因居住在护龙街以北，所吸香烟被称为"护北红唇牌"香烟。⑨

第二类摩登女郎，即前一类女性的模仿者，被称为"桂花姑娘"，她们为了赶上潮流，穿一些质量较次、价格低廉的衣物。报纸对这类摩登姑娘，态度明显不同，甚至有点刻薄。《吴县晶报》编辑抱芬就曾计算这些"桂花女郎"的"身价"：

---

① 垂露：《游园再纪》，《苏州中报》1927年8月20日，第2版。
② 果人：《取缔奇装异服》，《大光明》1931年7月14日，第3版。
③ 适：《中途纳履》，《大光明》1931年8月19日，第4版。
④ 抱芬：《小公园里三枝花》，《吴县晶报》1932年6月26日，第3版。
⑤ 吴寿公：《苏州女子点将录》，《大光明》1930年8月9日，第3版；骨人：《叶良珍重申前誓》，《大光明》1930年8月13日，第4版。
⑥ 不易：《闲话公园》，《吴县晶报》1935年7月21日，第3版。
⑦ 海棠：《芳影未许冯人留》，《大光明》1930年7月15日，第4版。
⑧ 独手：《公园巡礼》，《大光明》1934年7月9日，第4版。
⑨ 了了：《贝瑗贞雀屏重张》，《大光明》1931年5月21日，第4版。

印花小马夹一件,四角二分。着肉短裤一条,三角五分。新式开胯印度绸旗袍一件,四元八角六分。长筒跳舞丝袜一双,七角五分。跑鞋一双九角二分,宽紧带一付两角,再加六只八开烫一烫头发。眉毛画的细长,嘴唇涂的血红,脸子抹得雪白。还有一点常识,天热不能抹胭脂。……总计以上一篇账,不折不扣,货真价实实在在只有八元一角。①

后来经仔细计算,认为"只须四块半钱"。② 第三类女郎——妓女,亦是公园常客,因为审美情趣的变化,不少妓女也打扮成时髦女郎、女学生的模样,以便更好地招揽顾客,"娉婷倡妓,卖其风骚,色中饿鬼,见之莫不垂涎三尺",③ 使公园一度成了"变相的人肉市场"。④

苏州著名小报《大光明》曾以公园为场景刊载了系列漫画,颇能展现公园在当时苏州社会生活中所扮演的角色和它在时人心目中的形象。漫画《饥渴》反映了男性对摩登女郎的垂涎,⑤ 而漫画《岗位》的场景则是公子哥拦截女性。⑥ 这从侧面反映了男性对于摩登女郎的态度,这些摩登女郎身边永远都不会缺少西装革履的摩登青年,"浪荡公子"。据小报载,这些男子如狂蜂浪蝶般尾随女性,"仿佛如卫队之罗列",⑦ 油头粉面像苍蝇般跟着摩登女郎飞来飞去。⑧ 如公园图书馆馆员贝平权女士,遇异性数人,"初逗以词色,继竟包抄而环攻,恣意嘲笑。贝难之,回步急避,则若辈亦亦步亦趋,左右遇阻,急切难摆"。⑨ 交际花叶良珍亦因不胜烦扰,屡次发誓不再涉足公园,但"言犹在耳,而叶四之踪迹,忽重现于芳草碧茵之公园"。⑩ 这在一定程度上可以看出公园与这些摩登新女性的密切关系,公园是这些时代新女性展示自我的新舞台。

---

① 抱芬:《摩登小姐活现行》,《吴县晶报》1932 年 7 月 2 日,第 4 版。
② 绳美:《陶醉了心灵的公园》,《吴县晶报》1932 年 8 月 10 日,第 4 版。
③ 顾顾:《公园花絮录》(上),《苏州中报》1927 年 8 月 9 日,第 2 版。
④ 抱芬:《变相的人肉市场》,《吴县晶报》1932 年 7 月 23 日,第 3 版。
⑤ 《饥渴》,《大光明》1930 年 8 月 30 日,第 4 版。
⑥ 《岗位》,《大光明》1930 年 9 月 5 日,第 3 版。
⑦ 独手:《公园巡礼》,《大光明》1934 年 7 月 9 日,第 4 版。
⑧ 绳美:《陶醉了心灵的公园》,《吴县晶报》1932 年 8 月 10 日,第 4 版。
⑨ 骨人:《教育局是公园之租界》,《大光明》1930 年 6 月 16 日,第 4 版。
⑩ 骨人:《叶良珍重申前誓》,《大光明》1930 年 8 月 13 日,第 4 版。

其他的漫画则从不同角度,揭示出公园在男女新式交往方式中所扮演的角色。题名《进步》的漫画是几个穿皮鞋的男人围绕着一位脚着高跟鞋的女郎,① "进步"是男女衣着的"进步",更是交往方式的"进步"。漫画《现代青年 ABC》和《滑稽连环画》展现了新式的男女交往方式,《现代青年 ABC》反映的是青年在学校中、公园中、旅馆中的恋爱场景,② 而后一幅漫画讲述姐妹俩都坠入爱河,而到给对方介绍自己男友时,才发现居然是同一个人。③ 其中公园是这些交往方式必不可少的一环。漫画《公园中》则是对以"公园"为代表的现代生活方式的一种反思,在漫画的"附言"中将"园内"世界与"园外"世界加以对比,强调了公园在现实生活中区隔阶层和生活空间的意涵。④ 在《吴县晶报》上,有读者来信问编辑如何去交女朋友谈恋爱,编辑在答读者来信时强调,"不要在公园或娱乐场所偶然通话的女子堆里去寻"。⑤ 以上漫画和言论,都展现了公园作为一个新式空间,在近代都市生活中扮演的复杂角色和都市人对它的复杂体验和想象。

无论如何,在女性走进公园的同时,也意味着走出了家门,进入了社会。社会舆论和人们的包容度也随之发生变化,男女平等、恋爱自由、婚姻自由这样的新式观念也随之不断深入。时人评论道:"近来社交公开,非男向女,乃凤求凰",⑥ 可见公园给陌生男女提供了公共活动空间。公园亦为女性提供了就业岗位,如公园电影院开业前发布的启事上,曾招聘女职员为招待员。⑦ 而贝平权女士供职于公园图书馆儿童借阅部,也引发了当时人们对走出家门工作的女性的思考,有评论说,如果女子没有职业,则男女平等、妇女权利等无法得到保障,因为"举凡一切衣之食之之供,无不仰给于男子"。⑧ "是以女子欲求平等,当首先谋其经济之发展"⑨。正

---

① 《进步》,《大光明》1930年9月8日,第3版。
② 《现代青年 ABC》,《大光明》1931年3月29日,第3版。
③ 《滑稽连环画》,《大光明》1932年7月3日,第4版;6日,第3版;9日,第3版;12日,第4版。
④ 《公园中》,《大光明》1929年9月4日,第4版。
⑤ 《恋爱的园林》,《吴县晶报》1932年8月1日,第4版。
⑥ 俞醒楼:《公园畅游记》(上),《苏州中报》1927年9月2日,第2版。
⑦ 《苏州公园电影院启事》,《苏州明报》1927年7月1日,第2版。
⑧ 遥闲:《女子当有职业》,《吴县晶报》1932年9月24日,第4版。
⑨ 海棠:《苏州女子职业前途》,《大光明》1930年6月1日,第3版。

因如此，人们称贝女士为"新女子中之模范"。① 在这里，我们不能说女性完全取得了同男性平等的地位，但至少在公园这个新兴公共空间里争得了一席之地。

五 结语

正如熊月之所云，近代中国公园是中西文化混合并存的特殊状态下，休闲活动空间、社会活动空间、政治活动空间的重合。② 苏州公园作为苏州最早的公园和民国时期苏州最重要的公园，集中展现了苏州现代城市公共空间的成长历程。苏州公园不仅仅是一个放松身心的休闲场所，更是集娱乐、教育、商业、文化和政治多种内容于一体的城市公共空间，它既是政府和士绅规训、教育民众的工具，也是民众和社会团体展示自身的舞台，不同利益、不同目的的集体和个人合力塑造了苏州公园的复杂形象。

苏州公园更为苏州市民体验和想象现代性提供了场所。各种新式社会活动、娱乐与休闲活动以及社交活动在公园中集中呈现，使苏州公园成为当时日常生活的关注中心，而出没其中的社会名流、摩登女郎、交际花等新式人物，电影、咖啡、汽水等新鲜事物，以及各种新式观念和新潮生活方式以此为据点渗入市民日常生活之中。正是在各种新型公共空间的潜移默化中，苏州的城市生活悄然发生改变。

作者：张笑川，苏州科技学院历史系
路仕忠，苏州阳山实验中学

---

① 海棠：《苏州女子职业前途》，《大光明》1930年6月1日，第3版。
② 熊月之：《晚清上海私园开放与公共空间的拓展》，《学术月刊》1998年第8期。

·社会阶层与文化教育·

成都皮影戏的城市记忆与想象[*]
——兼论皮影戏的生存空间问题

李 龙

内容提要：在清末民国的数十年间，仿川剧而走向舞台化、游走于街市堂会而趋于大众化、舞动于茶馆戏园而走向精英化的成都皮影戏，作为市民生活的一个重要象征，具有特别显著的城市文化意味。然而，这也为成都皮影戏的衰落埋下了伏笔。随着新兴娱乐方式的渐趋流行，成都皮影戏终于还是成为这座城市的过客。消逝只是时代进化的必然结果，历史的假设只是记忆与想象的基础，皮影戏的生存空间实际上并不在于真实的城市与乡村，而只能取决于它的受众。

关键词：成都 皮影 城市 乡村 记忆

当"非物质文化遗产保护与传承"日渐成为一个固定搭配的时候，人们也许会忽视历史的自然选择功能，而寄希望于通过"人定胜天"的巨大勇气去构建一些关于历史的当代记忆与想象。在这个过程中，皮影戏经常被当作一种"珍贵"的文化遗产，而得到社会的广泛关注。许多人在关于皮影戏生存空间的思考中，自然而然地把它定位为农村文化的代表，忽略了皮影戏曾经的城市传统。成都皮影戏实际上就是城市皮影戏的典型代表。在清末民国的数十年间，成都皮影戏在这座它赖以存在并以之命名的城市绽放了最为耀眼的光芒。但是，从高峰到低谷似乎就在一夜之间。成都皮影戏在经历过短

---

[*] 本文系国家文物局"成都—中国皮影博物馆馆藏皮影文物的保护研究"项目（2007176－12/25）、四川省教育厅人文社会科学项目"四川文化产业发展与非遗保护的互动机制及实践路径研究"（13SB0212）的阶段性成果。

暂的繁华之后，迅速地走向了衰落，一种长期并不可逆的衰落。以成都皮影戏的繁华与没落为观察对象，很多人也许会简单地把皮影戏的衰落归结为城市的娱乐转向，叹息其城市化之路，但是，事实到底如何？似乎可以有更加多元化的思考。同时，成都皮影戏的繁华与衰落，也是中国传统社会大众文化近代变迁的重要组成部分，对于研究中国传统文化的历史、变迁与未来发展具有重要的案例性意义。

一　成都皮影戏的城市记忆

皮影戏，又称为灯影戏，是中国传统戏剧的典型代表，它是汲取民间的影子嬉戏、方士的"弄影还魂术"与佛教的"变文俗讲"而形成的一种综合性民间艺术。一般认为，皮影戏最早出现于两千多年前的西汉。汉武帝非常思念死去的宠妃李夫人，便命方士李少君、李少翁为其招魂，以至于陕西影戏业一般均奉李少君、李少翁为祖师。① 在这里，最早的皮影是以一种具有宗教功能的巫术形式出现的，来源于宫廷。同时，在民间艺人的世代口传中，还有更多关于皮影起源于宫廷的传说，如唐明皇、唐太宗、后唐庄宗、被憋死的小太子与庄王爷的传说，虽有附会之嫌，但是不可完全忽视皮影源于宫廷的可能性。② 由此可以说，皮影戏因其宫廷来源本身就具有城市文化的传统。宋代经济发展，城市繁盛，城市人口增多，市井文化发达，使适应市民文化要求的瓦肆逐渐兴盛。瓦肆则为皮影戏的兴盛提供了绝妙的舞台。专门的剧本、纯熟的技艺、知名的艺人、痴迷的观众、完备的影偶、精细的镂绘、专业的组织等因素使得皮影戏迅速成为一种非常流行的城市大众娱乐形式。

自明代开始，皮影戏逐步地方化，全国范围的影戏系统、流派似乎也正在酝酿、组合过程之中。入清以后，影戏进一步与各地方剧种、曲艺融合，吸收其声腔音乐、表演程式等，全面迅速地完成了地方化的进程，也由此进入鼎盛阶段。③ 皮影戏流行于全国，形成南、北两大影系流派。北影以陕西

---

① 李乔：《中国行业神崇拜》，中国华侨出版公司，1990，第415~416页。
② 李龙、匡翼云：《祖师传说、艺人记忆与行业历史——影戏社会传说的综合整理与解析》，《中央戏剧学院学报》2010年第3期。
③ 张冬菜：《中国影戏的演出形态》，大象出版社，2008，第6页。

皮影与滦州皮影为代表，南影则以四川皮影为魁首。四川皮影，又以成都皮影最具特色，风格鲜明。成都皮影戏，民间艺人一般称之为"京灯影"，有说来自北京城，又有说来自于陕西，也有说是本地"土灯影"与陕灯影结合的产物。虽然目前尚不能确定成都皮影戏具体的起源时间，但是，至少在清代中后期，它已经非常盛行了。由于成都特殊的市井文化氛围，皮影戏在成都天然地具有了城市娱乐的风格。除了超过其他省区之"精备"影偶，成都皮影的城市风韵还主要表现在川剧化、大众化与茶馆化等方面。

（一）川剧化

成都皮影的川剧化，主要是指成都皮影的锣鼓、剧目、唱腔，以及皮影人物服饰、道具等方面都与川剧无异，甚至在很多方面还对川剧有所超越。[①]成都灯影戏完全仿用川剧调，有昆、高、胡、弹、灯五种声腔，以高腔与胡琴腔为主；锣鼓伴奏也与川剧无异，完全采用川剧伴奏；影人、道具雕刻，一般按照川剧脸谱、道具形式设计，戏剧程式化程度非常高。因此，周询总括性地描述：成都皮影的冠服器具"悉雕如戏场所用者"，衣帽花纹，及生、旦、净、丑之面孔"悉与戏剧无异"，及至唱工及锣鼓管弦，也"无一不与戏剧吻合"。[②]

川剧能演的剧目，皮影戏基本上也能演，甚至川剧不能演的剧目，皮影戏也能演。成都皮影戏剧目非常丰富，向有"唐三千，宋八百，演不完的三、列国"之说，演出剧目以三国、说唐、杨家将等历史剧为多，全戏班通常可演剧200出以上。有些大戏难以演出的场面，用灯影演出就特别合适，如"封神榜要腾云驾雾，法宝飞腾这些场面，和雷震子双翅腾空，土行孙出没地下，申公豹反接人头，哪吒足踏风火轮等，看大戏就莫如看灯影有趣。至于孙悟空闹地府、闹龙宫、闹天宫和七十二变等戏，灯影演来格外出色"。[③] 各种神话、童话和传奇故事，均是成都皮影戏所擅长的。在这些神

[①] 皮影身法在川剧中的广泛运用，则可以看作成都皮影对川剧超越的重要内容。皮影身法以模仿皮影动作为特点，给人以平面的感觉，又有夸张、稚笨的特点，表演起来别有情趣，是川剧丑角常用的表演技法之一。川剧《佘塘关》《郑板桥买缸》中均有皮影身法的灵活、巧妙运用。参见王定欧、杜建华、刘昌锦《川剧绝活》，四川美术出版社，2007，第84~86页。

[②] 周询：《芙蓉话旧录》，四川人民出版社，1987，第64页。

[③] 冯树丹：《四川戏剧轶史》，内部资料，1992，第137页。

话、传奇剧目中，又以《雷峰塔》（弹戏）与《诛仙阵》（昆腔）两出最富特色。皮影戏《雷峰塔》分上、下两本，上本为《收红蛇》，下本为《凌云渡》。江玉祥注意到川戏虽也有《凌云渡》的剧目，但是由于难以处理非常神奇的场景以及青儿小红裸身作战的情节有伤风化等，极少演出。相反，皮影演出这个剧目则非常容易，通过艺人的娴熟操作技能与特制的"光董董"（即裸身）影偶，则可以完整表现各种神奇变化场景，并使观众不会感到庸俗。①《诛仙阵》，又名《三闯碧游宫》，取材于《封神演义》，分《三进碧游宫》《三教大破朱仙阵》两场，"从广成子到现在，虽然大戏灯影都演，并且都是用一个剧本，唱的昆腔。但大戏只能演前半本，演到通天教主三次变脸，发怒摆阵而止。从没有一个大戏班敢演下半本破阵一些场面的，而灯影戏则可以一次演完，并且以破阵一本最为精彩，压得着场"。② 这些都是灯影戏胜过大舞台戏的地方。

此外，成都皮影艺人基本上是大戏演员。清末民国时期，成都皮影戏兴盛至极，"声调绝佳者，不亚于大戏班"。③ 知名的灯影班子有万公馆、旦脚红卿、天乐班、长乐班、长清班、春乐图、福临图、钧雅班、笙雅班、钧天乐、九成班、大顺班、金声班、玉升班、同春班、同庆班、同乐班、咏霓班、同咏霓裳班、吉乐班、金玉班、文新班、鸣盛班、洪椿班、玉泉班、瑞霓班，以及文武社、清音阁、竞成俱乐部与虎幄音乐社等，灯影表演者有提线子的邹建堂、罗元清、李少南、唐麻子、周子全与游华斋，唱旦角的咕噜、罗告化、浣花仙、黄金生、周甫臣，唱生角的毛良臣、刘润生、徐建安、杨万宾，唱大面的鲍翼如、周克生、炭花麻子、王廷福，以及宋润生、贾培之、唐焕廷等，则为成都灯影戏的代表人物。其中，浣花仙、贾培之、宋润生、徐建安等均为川剧史上的重要人物。浣花仙本名李少闻，小名元春，祖籍陕西，生长于成都。少年时期特别喜好听围鼓，并参与座唱。后拜灯影同庆班琴师罗元清为师，并与贾培之随九成班在成都演唱灯影，时间达七八年之久。至1915年，才以"浣花仙"为艺名正式"下海"，在成都锦新舞台演唱川戏。④ 从唱灯影到登台正式唱川剧，浣花仙的经历深刻地表明了

---

① 江玉祥：《中国影戏》，四川人民出版社，1992，第304~305页。
② 冯树丹：《四川戏剧轶史》，第137页。
③ 傅崇矩：《成都通览》上册，巴蜀书社，1987，第296页。
④ 成都市地方志编纂委员会编《成都市志·川剧志》，方志出版社，1997，第250~251页。

灯影与川剧的关系。

（二）大众化

成都皮影戏的大众化，主要是说皮影戏日渐成为成都人民日常生活的一个重要方面，主要表现为街头皮影表演的兴盛与过街影戏的出现等。川剧化程度高，形式简单灵活，众多优秀的戏班与演员，使成都皮影在清末民国时期成为市井民俗生活必不可少的内容。1911 年，保路风潮刚刚在古老的成都掀开，葛寰中就抱怨到处都在谈铁路的事，因而请黄澜生说几件其他新闻来解烦，黄澜生则说："不关铁路而也在成都盛极一时的，仍然只有灯影戏。"①由此可见，在黄澜生的视野中，灯影戏与铁路在成都生活中是同等重要的话题。无独有偶，清朝末年应四川总督锡良之邀到成都出任教习的日本人中野孤山也注意到大街上拉场子、招揽听众看客的皮影师。② 虽然在中野孤山眼中，这些皮影师没有什么特色，但是它的记录至少从一个侧面告诉我们，街头拉场子的皮影表演非常普遍。

成都皮影之于成都人生活的最具符号意义的表现形式，可能当属过街影戏。清末民国时期，成都有一种特殊的过街戏。所谓过街戏，就是一种特殊的街头皮影戏，有一条街的居民集资雇请皮影班跨街扎了一座楼，下面可以过车马，戏班在楼上张幕表演，任何人都可以站在街上看戏。③ 这种过街影戏使用的道具当属成都皮影中的大皮影一类。实则，皮影的大型化，一定程度上也是城市环境要求的一种表现。观众众多，对视觉要求较高，促使皮影的调整变化。新中国成立后，北方地区的皮影大型化发展，在很大程度上是为了满足城市观众的需求。过街影戏还有一个非常值得关注的地方，那就是由一条街的居民集资演出，而任何人都可在街头看戏，这具有典型的公共文化活动的性质。这种公共性又更多地体现在各种庙会皮影演出上。清末民国时期，时逢上九会、娘娘会、土地会、月光会、牛王会、城隍会等庙会，必有皮影演出。如《四川风物志》载："每年三月娘娘会、八月土地会，也少不了它，总有四、五十处同时开台。"④ 成都每年的"清醮会"，"皆有会

---

① 李劼人：《大波》第 1 卷，人民文学出版社，2009，第 82 页。
② 〔日〕中野孤山：《横跨中国大陆——游蜀杂俎》，郭举昆译，中华书局，2007，第 121 页。
③ 冯树丹：《四川戏剧轶史》，第 137 页。
④ 《四川风物志》，四川人民出版社，1985，第 503 页。

底","会底丰者,则于本街庙内演戏,次则于街中抬台演灯影"。① 据成都皮影艺人陈继虞回忆,清醮会祈禳法事毕,必演一台"打叉戏",而后"灵官扫台",寓意驱逐鬼魅,保一方平安。②

公共性之外,皮影戏还是各种私人空间的重要娱乐项目。行会与会馆组织戏剧演出,以至于寿诞喜事等贺戏,均有灯影戏的身影。周询就在《芙蓉话旧录》中记述,成都人遇寿辰喜事,无余财雇大戏班演戏,或者需要在家中庆贺的,一般都会请演皮影戏娱宾,成都皮影戏因此成为"成都当日娱乐场中一特色也"。③ 此外,清末民国时期,成都还有许多著名的以影戏表演为基础的玩友组织,如竞成俱乐部、虎幄音乐社等。竞成俱乐部成立于20世纪20年代,位于青石桥南街的竞成园餐馆,以摆围鼓兼唱皮影戏为主,常年驻演于餐馆与新南门复兴桥的江上村茶社。徐建安、游华斋、刘润生均为其玩友。这种玩友组织,更多的是把皮影戏当作一种个人爱好,而具有较为显著的生活化意味。

(三) 茶馆化

成都皮影的茶馆化,是成都皮影戏市民生活化的一种重要符号表征,它主要是指皮影与茶馆生活的结合,以茶馆作为舞台,以灯影作为茶馆吸引物。作为市民日常生活的重要舞台,20世纪初,成都的茶馆既是娱乐消闲的场所,也是从事商业及社会政治活动的空间,因而以茶馆为中心探索特定转折时期城市社会、公众日常生活以及政治生活的演化和变迁,具有重要意义。④ 在清末民国的数十年间,所有的曲艺与戏剧都在成都茶馆中得见。相声、金钱板、评书、清音、杂耍、口技、扬琴、竹琴、大鼓书,以至于木偶戏、川戏都会在茶馆中演出。皮影戏也随之进入茶馆,开始有了固定的城市演出空间。1914年,成都水井街真武宫内的钧乐夜影茶园开张,上演皮影戏,由此大开影戏进入茶园表演之风。⑤ 其后,很多茶园在表演川剧或者其

---

① 周询:《芙蓉话旧录》,第63页。
② 江玉祥:《中国影戏》,第294页。
③ 周询:《芙蓉话旧录》,1987,第65页。
④ 王笛:《二十世纪初的茶馆与中国城市社会生活——以成都为例》,《历史研究》2001年第5期。
⑤ 戴德源:《果然皮里有春秋——成都灯影戏溯考》,《四川戏剧》1992年第5期。

他戏剧的同时，也开始表演皮影戏。到了1940年，虽然成都灯影戏已经开始衰落，但仍有两家茶馆附设灯影戏。①

当然，茶园中附设灯影表演说明了灯影居于附属地位。但是，由于灯影戏的社会影响非常大，喜好灯影的人非常多，专门的灯影戏园也出现在清末民国时期的成都。这种专门的灯影戏园还成为成都人特别重要的休闲文化空间。李劼人在他创作的小说中就曾提到成都的灯影戏园。楚用等一干同学，在疾风暴雨般的保路群众运动中，忙里偷闲，先去劝业场喝茶，"然后到新玉沙街清音灯影戏园听几折李少文［闻］、贾培之唱的好戏，锣鼓敲打得不利害，座场又宽敞，可以不担心耳朵"，日子过得好不惬意。② 清音灯影戏园，主要演出的应该是清音与灯影戏两种。在此驻场演出的李少闻（即浣花仙）主要唱旦角，贾培之唱花脸。在黄澜生看来，他们的表演"那真少有"，"恐怕大戏班上的那些唱丝弦的角色，都要退让三舍哩"。③

总之，适应城市生活的需要，成都皮影戏表现出川剧化、大众化与茶馆化的特征，从而使成都皮影戏具有更为显著的城市文化韵味。观众顾天成说："这回进城，大戏、灯影戏倒看得安逸。"④ 其已然把灯影戏与大戏等量齐观，而且只有进城才能欣赏到。可见，皮影成为城市生活的一个典型象征。甚至随着人们对于戏剧的教育与政治功能认识的深入，在地方戏改良的大潮中，皮影戏也被鼓励表演新的节目。⑤ 然而，皮影戏在深入地融入市民生活的同时，也为其衰落埋下了伏笔。

二 关于消逝的历史与想象

早在20世纪二三十年代，由于皮影戏的衰落，一些德国人开始在成都购买皮影，并把它们收藏于德国的博物馆。⑥ 与此同时，成都的灯影班也逐渐退出茶馆。据李跃忠的调查，20世纪30年代成都的"春乐园"灯影

---

① 成都市政府秘书处编印《成都市政统计·社会》，1940，第14页。
② 李劼人：《大波》第1卷，第41页。
③ 李劼人：《大波》第1卷，第82页。
④ 李劼人：《大波》第1卷，第94页。
⑤ 王笛：《茶馆——成都的公共生活和微观世界（1900~1950）》，社会科学文献出版社，2010，第125页。
⑥ 江玉祥：《中国影戏在德国》，《华夏文化》1995年第2期。

班在下东大街李锦伦茶铺内开了灯影园子,将影戏舞台搭在茶铺里,晚上唱戏,但是1932年就由于不能生存而解散了。①

皮影戏的衰落,一个最为表面的原因是电影等新兴娱乐方式盛行而引起的观众流失。1936年,黄炎培在成都看过灯影戏后,虽对成都皮影大加赞赏,但也非常担忧电影对于皮影的影响,有"银幕于今呈曼衍,一般灯影绝流行"②之语。根据金陵女子文理学院社会学系的调查,在总计522个被调查者中,87人的娱乐项目是看电影,而仅25人是看戏。③ 显然,看皮影戏的人更少,甚至可能在这些被调查者中就没有看皮影戏的人。到了1940年代,成都灯影戏"因受电影影响,兼本身不改良,已不堪闻问","操此业者,现仅有一硕果,仅存之唐焕廷但年岁已达八十余,生活维艰,每日两餐均靠徒众维持。月前忠烈祠西街润德茶园,曾演唱灯影,但不久又告歇业,可见此种玩意已不合时代需要。偶在附近城边庙宇因祈神还愿,可以见着此类灯影之演出,但看者亦若早晨之星廖廖无几耳"。④

电影的流行对于皮影戏的影响是显而易见的,但是,更为深刻的原因可能还在于时代的进化与皮影戏自身的徘徊不前,甚至是退步。笑百的一篇文章就认为:"现在这种戏没人看了,是什么缘故?一则因时代进化了,天演的淘汰,二则也不出人才。莫说唱得莫个好的就是连个提线子的也找不出一个提得好的来,谁还愿意去看它呢?所以,渐次的一天一天就消灭了。"⑤

实际上,成都皮影戏一直都在积极寻求复兴。从40年代开始到新中国成立后,许多有识之士在尝试改良这一传统戏剧形式,使之适合于时代的需求。1947年,《戏剧精英》上的一篇文章在提到了外国人重金征购成都灯影并运回该国博物馆陈列的事情同时,也注意到了娄仲光等人组织虎幄音乐社,试图复兴成都皮影,甚至满怀信心地认为成都灯影前途光明,复兴有望。⑥ 但是,成都灯影的复兴却并不如他们期望的那么容易。复兴

---

① 李跃忠:《影戏茶馆与中国影戏的生存》,《中华戏曲》2007年第1期。
② 杨燮等:《成都竹枝词》,四川人民出版社,1982,第155页。
③ 《成都市政统计·社会》,第26页。
④ 周芷颖:《新成都》,成都复兴书局,1942,第228页。
⑤ 笑百:《没落了的成都灯影戏》,《华西晚报》1941年8月2日。
⑥ 《近年来的复兴》,《戏剧精英》第6期,1947年。

成都皮影的努力一直持续到新中国成立后，由新政权力量主导实施，但是其取得的成就仍然非常有限。

社会生态的巨大变化、时代的新陈代谢，使成都皮影戏的观众群体日渐萎缩，这是成都皮影衰落的根本原因；新娱乐方式的冲击、后继乏人、缺少改变与吸引力，则是成都皮影戏消逝的直接原因。这种曾经大众化的娱乐方式已经不可避免地走向了"濒危"，甚至可以说，传统的成都皮影戏已经不可逆转地消逝了。成都皮影最终只是这座城市一段消逝的历史，种种复兴的努力终归只是构建这座城市生活的另类想象。成都皮影戏就这样成为城市的过客。与此同时，"过客"成为全国许多城市皮影戏的一个代名词。

三 城市与乡村的激辩

成都是四川省的政治、经济和文化中心，居于四川盆地的中心，城市文明发展史超过数千年，自建城伊始即未改城名，未迁城址。优越且相对封闭的自然地理条件，造就了成都城市经济的巨大繁荣，又促成了以成都为中心的独特的区域经济网络，产生充满生机和活力、好利好功、追求物质享受、追求自由发展的成都城市文化，因此，"作为我国内陆城市的典型"，成都城市文化"同时被赋予了历史性风貌和现实性品格两重特征，它既有生机勃勃的活力，又有闲静不迁的惰性"。[1] 成都城市文化的活力与惰性则共同构成了成都文化的传统性。直到晚清，这种传统性仍得到了良好的保存。正是这种保存，造就了成都城市文化在晚清民国时期的传统性繁盛。这一点在川剧、茶馆与休闲生活等市井文化中表现得特别显著。与城市文化生活的繁盛同步，成都普通民众的日常生活与大众文化也呈现出一种活跃的面相。

从 20 世纪初开始，成都民众的日常生活与大众文化不可避免地随着西方文化的契入而发生着巨大变化。这种变化"尽管不如沿海城市那样剧烈，但许多新的现象仍然在街头显现出来"，"外国商品和传教士的进入，

---

[1] 谭继和：《成都城市文化的性质及其特征》，《四川大学学报（哲学社会科学版）》1988 年第 3 期。

以及随之而来的西方文明模式，都不可避免地影响着城市社会生活"。①
"在变革过程中，街头文化的一些特征消失，但另一些新的因素出现了。一些宗教仪式（如祈雨）、大众娱乐（如木偶戏）、职业（如挑水夫）难以为继，但同时劝业场、购物中心、剧院、电力、路灯、自来水、汽车等接踵而来。"②

　　皮影戏作为大众文化的一个方面，在城市文化生活中起着特别的聚集作用。它把观众聚集在"亮子"前，把观众带入戏剧的情节冲突之中，从而塑造着城市文化。在这样的情境之下，皮影戏并不仅仅是一种戏剧，它更多地成为市民生活的标志。当然，它仍然更多的是大众的与下层的娱乐方式。20世纪初以后，西方文明模式对成都皮影戏产生了致命性的冲击。在电影等新兴娱乐方式的影响下，成都皮影戏日渐消失在城市空间之中，在新文化的对立面被历史无情地驱赶出市民生活。

　　城市总是社会变革最为激烈与快速的地方，乡村则展现出一种温和与迟缓的姿态。皮影戏在城市中取得生存空间之前，就已经频繁地往返于各乡村和城镇之间。在城市中，皮影艺人走街串户，活跃在大户人家的堂会、社区的庙会，以及茶馆之中，到在固定的茶馆演出与建立专业的皮影戏园的时候，已经是皮影戏在城市生活中的顶峰状态，也甚至可以说是原生态的绝响。皮影戏在城市中消逝以后，却在乡村继续存留了下来，甚至历经政治风潮而不灭。一些人也许会片面地认为，乡村才是皮影戏的生存空间，皮影戏天然就具有乡村性。亦如冯树丹所批评的那样，"从各省灯影戏发展的历史看来，灯影戏这一剧种，是符合我们这一个农业国家基层社会广大人民要求的一个剧种"。四川灯影另外一个失败的原因"是它只跟着舞台戏走，自力发展的地方太少。灯影戏班和艺人不知道面向基层社会去开拓自己的园地"，一心只想追随舞台艺人向城市靠拢，所以当园子戏靠拢市民生活时，它不可能得到同样的重视，"进无可恃，退无可依，因而盛年夭折"。③然而，乡村保存可能也只是时间的概念。进入21世纪，

---

① 王笛：《街头文化——成都公共空间、下层民众与地方政治（1870~1930）》，李德英、谢继华、邓丽译，中国人民大学出版社，2006，第157页。
② 王笛：《街头文化——成都公共空间、下层民众与地方政治（1870~1930）》，李德英、谢继华、邓丽译，第357页。
③ 冯树丹：《四川戏剧轶史》，第140页。

在全国，几乎没有了原生态乡村皮影戏的存在。相反，皮影戏却作为旅游业的吸引物，由于其主要游客的城市身份，而呈现出一种基于游客文化背景而产生的非乡村也非城市文化的面相，并不具有特别明确的文化真实性。换句话说，皮影戏，甚至其他所有非物质文化遗产类别，其生存空间与文化所属，最终都是由其"受众"决定的。

作者：李龙，成都博物院

近代大连城市多元文化特征及其影响

荆蕙兰　屈　宏

内容提要： 近代大连自建市起，就是殖民地性质的资本主义城市。城市人口的多样性和移民性，带来了城市多元的文化特征，它极大地影响了大连城市的起步与建设，以及经济社会发展乃至其近现代化进程。外来建筑活动和建筑审美，反映了大连城市建设的移民城市性质，这些建筑文化鲜活地体现了农耕文明与海洋文明的碰撞、吸纳和包容，一定程度上反映了那个时代科技进步的文化内涵。

关键词： 近代大连　多元文化　特色研究

城市是人类发展到较高社会阶段而产生的一种特殊聚落形态，在人口高度集聚、互动、扩散中不断产生推动社会进步和改善人口生存质量的先进文化是城市的本质所在。然而，不同社会环境和自然区位下的城市所形成的文化是不同的，也正是色彩纷呈、彼此迥异的文化特征使得各个城市形成自己的特色和魅力。近代大连在中国近代史上占有非常重要的地位，它是为数不多的"五方杂处，八面来风"的殖民地城市之一，也是少有的实行自由港制度的城市。虽然它产生较晚，但发展活力和速度却很惊人。多元的人口流动使大连建立起复杂多元、纵横交叉的城市文化结构。开展这类课题的研究很有价值。

一　大连城市的产生及其多元文化的呈现

城市作为人类生活聚落形态之一，伴随着文明的演进而不断发展。地

---

* 本文系 2011 年国家社科基金项目（11BZS083）和 2012 年国家社科基金重点项目（12AGL010）的阶段性成果。

域赋予了城市文化以基本色调，经过漫长的历史变迁，形成各城市文化形态的区域特征。大连在中国历史上一直是北方海上交通要道和海防战略要地。秦汉时曾划属辽东郡。在汉代初年只是一个小渔村，时叫"三山浦"。唐代改称"青泥浦"，明代称为"青泥洼"，清代又有东、西青泥洼之分。由于大连处于辽东半岛南端，海域辽阔、依山傍水，是一个天然的优良港湾，其优势很早就为列强觊觎。

1898 年清政府被迫与沙俄签订《旅大租地条约》。沙俄以不平等条约强占旅、大。1899 年，沙皇尼古拉二世下令建设达里尼市（俄语 Далъний，意距离彼得堡"遥远的"地方）。"达里尼"，基于"大连"的谐音与俄语"遥远的"一词相近。日俄战争后日本辽东守备军司令命令废除"达里尼"市，自 1905 年 2 月 11 日起改称"大连市"。俄国租借旅大地区后，利用大连湾不冻、深水、不淤等优越自然条件，决定在该处投资兴建港口，建立了一个远东地区的最大贸易商港。随后不久，沙皇宣布大连为"自由港"，此后，大连的港口和城市建设进展极快，迅速崛起为近代化城市。在此期间，来自各地的民工充实了大连居住人口，俄国人也越来越多。与此同时，沙俄为修建旅顺军事要塞，又从山东、河北招募了不少劳工，其中很多人从此居留不返，再次促进了这里人口的增长。在沙俄统治时期，大连地区总人口据信不少于 30 万。①

1905 年，日本打败沙俄，攫取了沙俄在大连的统治权，因城市濒临大连湾，故名之为"大连"。从 1905 年到 1945 年，日本"统治"旅大 40 年，按规划先后建设了海港多种码头、市政设施、飞机场、火车站、办公楼、银行、商店、医院、学校等公用建筑；在甘井子、南沙河口和五一广场北部建设了许多工厂；在南山、体育场、黑石礁一带建设了颇具特色的庭院式住宅，建成房屋面积 600 多万平方米。到 1945 年，大连市建成城区面积达 45.7 平方千米，市区人口达 70 万人。② 随着近代大连城市建设与工商业的发展，中外人口大批进入大连，表现出人口来源的多样性。大连人口的多样性也带来了大连城市文化的多元性。

文化的多元性，其实有包容、差异、融合的内涵，在漫长的历史演进

---

① 宋则行：《中国人口·辽宁分册》，中国财经出版社，1987，第 39 页。
② 睦庆曦：《中国近代建筑总览·大连篇》，中国建筑工业出版社，1995，第 2~3 页。

中容忍并欣赏差异性（difference）、多样性（diversity），标示着社会的进步。当下，中国许多大城市就忙于文化创新，广采博纳，使之走向健康、阳光、绿色，更加多彩多姿。

二 近代大连城市多元文化的特征

"移民"作为一个群体概念，进入城市后，往往因为地缘、血缘关系而聚居在一定区域。移民的生活形态、文化、价值体系、意识形态与原住民的差异，通过移民对城市空间的塑造，固化为不同的城市空间形态，表现为移民所聚居的区域与原有区域之间的差异。由于近代大连城市人口的多样性，所形成的城市文化也有多元化的特征。

（一）多种元素下的城市规划

大连城市的演变与俄、日的侵入密切相关。俄国和日本为了尽快实现自己侵略的目标，用"高标准""高速度"来规划和建设大连，一定程度上实现了大连城市的发展。这一方面昭示着侵略者傲慢的征服者的心理；另一方面，先进的城市规划设计理念也在这里得到展示。

1. 蛛网式道路骨架规划

沙俄统治下大连城市的总体规划，是典型的巴洛克形式，即蛛网式道路骨架。在交通枢纽处形成圆形或半圆形广场，最典型的是尼古拉耶夫斯卡娅广场（现中山广场，广场的中心点是大连市的中心点），设10条大街从广场向四周辐射；这些向四周放射出的多条干道，又连接各个中心，形成主要的交通视廊；各中心再向外拓展，分别有多条环路与放射路相连，形成蛛网式道路骨架。沙俄在大连的城市规划直接搬用了巴黎改建规划的模式，广场作为道路放射的点，其中心部分有重要的标志性建筑，作为道路的衬景。如宽阔的萨姆逊斯林荫大街及其延伸方向上配以自然美景，成为美丽的游览人行道。这种格局在城市形态上属巴洛克轴线系统，它的优点是为人们提供了灵活多变的道路选择，便于人们日常出行，也保证了城市交通的灵活与便捷。

2. 棋盘式道路系统

日本占领大连后，开始时并没有对已有的沙俄规划进行大的改动，而是采取向西发展、另辟新区的规划策略。新区规划在道路骨架、街廊划分、街道尺度上深受欧美近代规划理念的影响。在城市西部形成了方格网加对角线的道路系统，其经验取之于纽约和华盛顿的城市布局。如长者町广场（今人民广场）位于对角线道路的交叉点，成为西部地区的中心，是一个开阔的市政广场，这种城市形态具有很强的现代规划意识。这个规划不仅突破了俄国在规划上的风格，更重要的是将复古思潮也彻底打破了。这是大连城市发展史上的第二块里程碑；这次规划渗透了功能主义的城市思想，奠定了大连西部地区的布局格式。①到1924年整个市区的区域分布基本确立下来了。

(二) 欧洲古典与"和风"并存的城市建筑风格

1. 古典主义和折中主义的建筑风貌。沙俄在大连七年的租借期，虽不算很长，但是却为大连的城市建筑形态打下了根基，使大连留下了俄罗斯及欧洲古典建筑的历史身影，构成了大连城市的第一道层次。

沙俄在旅大地区的租借时期，规划和建造了一些建筑物。诸如教堂、官衙、学校、医院、银行、宾馆、剧院、会社、俱乐部、工厂、官邸和住宅。它们以其特有的时代特征表现着这个城市外来文化的历史特点。沙俄在大连的建筑形态，明显地反映出俄罗斯建筑风格的折中主义特点。一些建筑与俄国本土上的没有什么差别，大都表现为集中式构图，横三竖五的立面划分，各种古典柱式，穹顶、尖顶、高坡屋顶、尖券、圆券顶、半圆形山花、断裂山花；比例尺度粗大，造型坚实敦厚，建筑轮廓构成丰富的天际线。

2. 欧洲古典与"和风"并存的建筑风格。日本占领大连后，决定把大连作为自由港，继承俄国人原来的规划，进一步建设沙俄规划的市区，接着又将城市向西延伸。这时期的建筑是"和"与"洋"并存的风格。如满铁中央实验所、哥特风格的南满洲工业专科学校、古典复兴式的满铁图书馆等。这些建筑大多是日本建筑师设计的，但建筑形式普遍受西洋建筑的影响。洋风纷呈的建筑形态，是这个时期大连建筑形态的重要标志。它与

---

① 柳中权、睦庆曦：《关于大连未来城市形态的研究》，转引自大连市科技委员《软科学研究成果通报》（1992年），内部资料，第38~39页。

前一阶段"俄治"时期的以俄罗斯风格为主调的折中主义建筑有所不同。可以说，大连这个时期的建筑，不论创作思想还是建筑形态，都反映着西方古典复兴的思潮和仿效欧美洋风的做法。

总体来说，近代大连城市建筑形态，可以分成三个不同的历史时期，并形成了三道建筑层次。第一个时期是1898～1904年，即俄国租借时期，这一时期沙皇俄国的规划奠定了大连城市的基本形态。第二个时期是1905～1931年，即日本侵占前期，这一时期日本充实和扩大了大连的城市形态，发展和丰富了"俄治"时期的城市建筑形态。第三个时期是1931～1945年，即日本侵占后期，在这一时期日本人继续发展和扩大建筑规模，建筑形态继续发展。这些不同的建筑形态与特点，构成了大连特有的殖民地城市风貌。①大连城市也因此表现出极其浓厚的西方城市痕迹和特色。

（三）人口来源多样且外国人比例较高

城市是人创造的和以人工环境为依托的异质性人群共同体，城市的主体是人。随着近代大连的城市化，大批中外人口进入大连。居第一位的是中国人。居第二位的移民人口在1905年之前是沙俄；1905年之后，日本人取代了沙俄。日本吞并朝鲜后，朝鲜人向大连移居者也渐次增多，此外，大连还有少量欧美等国家的移居人口。②在大连的中国人中，山东人最多。1930年，大连城乡人口共39.6万人，其中中国人有32万人，而山东人为18.2万人，占全部中国人口的56.9%。此外，还有部分移民来自河北。由于大连城市环境优美，功能齐全，居住在这里的外国人除日本人和韩国人外，还有不少其他国家的人。当地政府于1922年3月的调查显示：大连市有俄国人、英国人、美国人、希腊人、德国人、法国人、奥地利人、荷兰人，总计156人。③综上，体现出大连城市人口的多样性特点。

在以山东人为主的国内移民大量涌入大连的同时，外国移民也不断膨胀着。在这些外国移民中，1905年前最多的外国人是俄国人，约占市民总数的8%。1905年后则是日本人。随着殖民统治的加深，在日本当局"大

---

① 李伟伟、王晋良：《特色与探索——城市建筑文化论》，大连理工大学出版社，1999，第25～36页。
② 沈毅：《近代大连城市人口略论》，《社会科学辑刊》1993年第2期。
③ 《侨居大连的欧洲人数》，《盛京时报》1922年5月10日。

连中心主义"政策的驱动下,日本在大连设立各类统治机构,大批日本雇员及其家属纷纷到来。仅 1907 年在大连设立的"满铁",就有日籍职工近万人。日本移民大部分居住于大连市内,这样就使得市区内日本人比重奇高。这一比重 1935 年为 36%,1939 年为 30%,1944 年为 25.47%。[①]这一期间,朝鲜沦为日本的殖民地,从 1908 年开始,朝鲜人口也大量移入大连地区,到 1945 年,关东州内已有近万名朝鲜人。[②]这一时期大连还有很多外国侨民,多为美、英、荷等国人及白俄罗斯人,绝大部分是商人。大连有如此高比例的外国人居住,显示出国际化程度的加深。

(四)"和风"的影响力在大连占统治地位

大连历经了俄日长达半个世纪的殖民统治,殖民特色较突出。与俄国及其他国家相比,日本在大连的统治时间最长,对大连的影响也最深,同样对大连的习俗影响也较大。日本由于把"关东州"作为其本土的一部分来经营和统治,在大连各方面都打上了日本烙印。大连和东北,成为日货的倾销地。大街小巷的商店里布满了日货,日式的服装、化妆品和其他生活日用品等是一些年轻人购物的首选。连在校学生的服装"日化"倾向也非常明显。"皆衣白衫白袜白鞋青裙。"[③] 这时期大连的市街名称也能反映出日本文化的控制力及影响力。殖民者按照政治的需要对市街道路予以新的命名。有的以参战舰艇的名称命名,如吉野町、浪速町、敷岛町等;有的以当时出征的海陆军司令官的姓氏命名,如山县通(日本大本营总参谋长山县有朋大将),有的以日本的一些地名命名,如伊势町、武藏町、加贺町等。

三 近代大连城市多元文化带来的影响

(一)外来文化影响下的市民习俗

1. 城市居民日常交往日趋简单化

在中国传统城市中社会分层较明确,等级森严,各阶层之间的交往很

[①] 黄海燕:《近代大连地区的人口变迁与社会发展》,《辽宁师范大学学报》1996 年第 1 期。
[②] 刘长新、张志堂:《大连人口》,东北财经大学出版社,1988,第 87 页。
[③] 《盛京时报》1932 年 5 月 23 日。

少，长幼尊卑和等级观念十分严格。社会交往中礼仪繁多，社会称谓也很烦。由于大连是新兴城市，由殖民者"一手打造"，移民又占很大比例，这种以血缘、地缘、业缘关系为纽带的交往习俗日趋淡化。受外来文化影响，大连人逐步接受新式礼仪，一些封建的仪礼如跪拜、请安等代之以握手、鞠躬。"老爷""大人"等称呼被废除，"先生""小姐"等新式称呼已十分盛行。婚礼、寿礼日趋简单。但这期间，由于特殊的环境，人们的一些礼仪受到殖民者的严格限制和规定，带有明显的强制性和被迫性。

2. 闲暇娱乐日渐西化和多样化

随着大连城市化步伐的加快，工作日与休息日制度逐渐从职务人员推及广大居民，马路、公园、游乐园、图书馆、运动场等设施的修建，使居民的生活出现了较大的变化，不同职业的居民，因工作习惯、收入水平和自身的知识修养以及工作时间的差异，闲暇生活表现出西化、多样性和多层次的特点。

这种变化主要有两种基本方式，一种是外来的娱乐形式广为居民效仿；另一种是传统娱乐形式在城市里的改进与创新。前者主要表现的是由外国侨民和西方生活观念带入的娱乐方式，如赛马、跳舞、溜冰、赛船、听音乐会、参观画展、赏花会、皮影戏、打网球，看电影等。后者如传统戏剧在新式娱乐方式冲击下为寻求生存及新发展而进行的改良，以及话剧的出现等。传统的庙会、戏园、茶园纷纷改良，如庙会除了保留原来的娱乐项目外，还常伴以奇珍异兽展览。戏园、茶园是当地百姓特别是普通平民百姓娱乐生活的重要场所，主要为京戏、评剧、评书、东北大鼓和话剧等提供舞台。东北特有的秧歌也很盛行，旱船、跑驴、推车、灯官、腰鼓、龙灯舞等休闲娱乐节目在中国人居住区还很受欢迎。这种闲暇娱乐新旧形式并存的状态，表现了大连城市特有的文化现象和居民闲暇生活的现代色彩。

3. 消费观念和方式发生变迁

消费是人类通过消费品满足自身欲望的一种经济行为。在近代就城市而言，消费对普通居民来说只是维持生存的基本手段，包括衣、食、住、行等几个方面。大连在当时是"东亚名城"，在东北城市中独领风骚，在城市中居住的外国人比例较高，且每年到大连的中外游客络绎不绝。受外来文化的冲击与影响，大连城市居民的传统消费观念悄然发生变化，崇洋之风盛行，求新、求异成为一部分城市居民的生活目标，体现消费个性。具体表现为：一是崇洋成为城市消费生活的趋向；二是求新、求异性消费成为部分年轻人的追求。总之，洋货进入城市居民的日常生活，促进市民生活习俗发生改变，人们把趋新、趋洋作为时尚。这种追求洋货、新的生活方式的观念，可以看作百姓对近代物质文明的崇尚。

（二）人口的多元性和移民性特点，推进了城市的变迁及城市化进程

作为一个以移民为主的地区，大连社会的各个方面都留下了移民的印迹。从人口学的角度来讲，迁入人口一般是具有一定技能与科学文化知识的劳动者和知识分子，往往给迁入区的社会经济与文化发展带来良好的影响。它既提高了其生产力发展的水平，又提高了其科学文化技术水准，促进了社会进步。大连地区的移民生态虽非完全如此，但有近似之处。由山东等地迁来的移民，大多数人既年轻且也具有一定劳动技能，他们作为各行各业的劳动骨干，无疑对大连的经济增长和城市化进程起到推进作用。一些日本移民，他们中的不少人是教育、科技、文化、体育工作者和熟练工人，在促进大连城市化、近代化，发展大连科学文化事业方面起到的"客观不自觉作用"，这是不可否认的。[①]正是在中外移民的共同努力下，到1929年，大连市的近代城市建设已初具规模，建起的近代主要工业有纤维、机械、电气、瓦斯、化学、玻璃、水泥、食品、榨油等十几个门类，计有工厂141家，其中日人工厂78家，华人工厂63家；金融业有日本、美国、英国、中国所属银行十几家，钱庄几十家，月存、贷款额各在1亿元左右；商业方面有日本人经营的商店2566家，华人经营的商店2300家。[②]此时的大连已成为辽东半岛上的近代化港口城市，成为工业、金融、商业中心。到1920年代前夕，大连一跃成为仅次于上海的中国第二大港，到了30年代，它又迅速崛起为仅次于上海的沿海第二大工业城市。[③]

---

① 黄海燕：《近代大连地区的人口变迁与社会发展》，《辽宁师范大学学报》1996年第1期。
② 顾明义等：《日本侵占旅大四十年史》，辽宁人民出版社，1991，第8页。
③ 沈毅：《略论近代大连城市的产生》，《历史教学问题》1992年第1期。

（三）殖民统治下产业发展不平衡，民族压迫压榨深重

大连城市经济始终存在着三次产业发展不平衡的问题，主要表现是工商贸易长期发展较快，农业明显发展缓慢、滞后。大连市1939年工业产值比1929年增长了331%，港口输出入贸易额1936年比1926年增长72%。与之对照，"关东州"农业虽有发展，却很不平衡。蔬菜种植业发展算是比较快的，1942年的产量比1932年增长61%；同一时期，水果产量增长67%；而粮谷作物产量却大幅度下降，1942年比1933年负增长57%。三次产业的非协调发展，原因就在于农民遭压榨和掠夺，农业无保障。[①]

俄、日侵略者尤其是后者出于殖民统治的需要，往大连迁入大量人口，客观上造成大连的"繁荣兴旺"。但在这繁荣的背后，带有强烈的民族压迫。俄国人、日本人与中国人分区居住。殖民者的洋楼社区供水、供电和煤气、采暖设备一应俱全。宽阔的马路、林荫道，没有噪声和污染，文化娱乐、餐饮服务、学校、医院齐备。在中国人居住的社区，低矮简陋的砖瓦房、泥草棚密集，没有公共设施，周围环境被噪声和工厂废气笼罩。赌场、妓院、烟馆、黑帮行会等毒害和镇压人民的工具却一样不少。俄日经营大连是手段，掠夺是目的。

总之，近代大连城市的建设不同于以往城市产生的规律，它是在外国资本主义入侵后才出现的，被迫不自觉地采用外国文明，侵略成了不自觉的历史工具，促使其开始了曲折的近代化历程。沙俄与日本在"租借"大连的过程中，带着征服者的心理，把这座城市当作"永久领地"和"自己的家园"来建设，他们在这里任意发挥着想象力。在政治上实行封闭的军事殖民统治；在经济上实行开放的自由港制度。俄国、日本及欧洲国家的文化元素被移植到这座新兴城市之中，这为后来大连城市文化的形成打上了特殊的烙印，使得大连这座城市处处显现出外来多元性文化的特征。

作者：荆蕙兰，大连理工大学马克思主义学院
屈宏，大连理工大学马克思主义学院

[①] 沈毅：《论近代大连城市经济的突进与滞缓》，《中国经济史研究》1984年第2期。

在城市发现宗教：对中国城市宗教史研究的回顾与反思

庞 毅

内容提要：城市宗教史研究是我国城市史研究新的增长点之一，为不同领域的学者所关注，并取得了不俗的成绩。目前，相关成果主要集中在四个方面：一是对城市寺庙宫观的研究，探讨城市信仰空间与市民生活等；二是从国家与社会的角度展开对城隍等城市神明信仰的研究；三是对城市制度宗教史的梳理；四是城市史中涉及的宗教信仰研究。但毋庸讳言，既有研究成果还存在一些盲点和不足。就研究内容而言，多是宏观性的研究，缺少比较有深度的个案研究；从宗教信仰自身脉络出发的研究还欠成熟，因而对既有关于"国家与社会""城市与乡村"等问题的研究推动乏力。在研究方法上，还比较缺乏对"传统与现代""宏观与微观"等方法的检讨。

关键词：城市史 宗教史 民间信仰 社会文化

中国城市居民的宗教信仰很早就为史家所关注，最为常见的便是各类志书当中关于"祠庙""秩祀"等的记载。但严格意义上的城市宗教史研究可能始于20世纪二三十年代，这一时期的研究多侧重于介绍和考证，之后以此为主题的研究很少，直到八九十年代，才伴随宗教史、城市史、社会史等的发展而再次进入学者的视野。21世纪以来，中国的城市宗教史研究取得了不俗的成绩。在2000年3月美国亚洲研究学会第52届年会上，由中国城市史协会主办了一次关于"中国城市史研究之展望"的圆桌会议，与会者就中国城市史今后的研究可能取得丰硕成果的研究领域提出了建议，其中之一就是"城市的宗教史"。① 到目前为止，城市宗教史并没有一个清晰的定义，作为一个跨学科的交叉领域，多为城市史和宗教史学者所耕耘。虽然中国的城市宗教史研究还不成体系，但也正因为其边界的模糊性，为不同学科和研究领域，诸如城市史、宗教史、民间信仰研究等学者所关注，成果迭出。整理和思考既有研究的优点和不足，可以为下一步的研究提供参考。笔者不揣浅陋，试图在对相关的城市宗教史研究做一简要回顾的基础上，反思既有研究的利弊得失，并提出一些自己不成熟的意见和建议，以期对该领域的良性发展有所裨益。

一 "庙"：城市宗教信仰的空间与社会研究

在城市宗教史研究中，学者多以城市中的寺庙宫观为切入点，探讨城市信仰空间与市民生活。1931 年，美国来华传教士 J. K. 施赖奥克（John Knight Shryock）所著的 *The Temples of Anking and Their Cults: A Study of Modern Chinese Religion*，② 可能是最早以城市居民的宗教信仰为主题的研究专著。施赖奥克通过历史文献和自身观察，将安庆各类寺庙分为祠堂、名人祠、官庙、佛寺、道观及各色信仰庙宇等六类，通过考察这些寺庙，一定程度上反映儒释道信仰及民间信仰的情况和特点。书中记录了不少当时安庆寺庙的各类节庆活动，为现在的研究提供了一手材料。可能是传教士特殊身份的原因，文中不时对比中西方神灵、信仰的异同。但纵观全书，说明性介绍远多于论述，各部分内容还比较浅显。文献囿于县志，显然不够全面。另外，施赖奥克"以期展示安庆宗教的全貌"，却并没有把基督信仰纳入研究范围。虽然存在这样或那样的不足，该书仍不失为一本有意义的开拓性著作。

现在来看，关于北京城市寺庙的研究最为集中。美国学者韩书瑞

---

① 《中国城市史研究之展望——圆桌讨论会纪要》，吴弘明译，《城市史研究》第 22 辑，天津社会科学院出版社，2004，第 303 页。
② John Knight Shryock: *The Temples of Anking and Their Cults: A Study of Modern Chinese Religion*, the University of Pennsylvania Press, 1931。中译本为〔美〕杰·克·施赖奥克《近代中国人的宗教信仰——安庆的寺庙及其崇拜》，程曦译，安徽大学出版社，2008。

(Susan Naquin) 的 *Peking：Temples and City life，1400 - 1900*，从北京及其寺庙、明代的北京与清代的北京三大部分，为人们描绘了一幅北京寺庙与城市生活的画卷，同时，韩氏比较深入地分析了寺庙与社会各个阶层的关系，以及寺庙的功能对北京市民日常生活的影响等。① 何岩巍探讨了北京寺庙的社会功能、地理分布、寺庙与政治变动的关系等。② 更多的学者主要选取北京某一寺庙为个案，研究寺庙与城市的各种关系。董晓萍主要以北京洪福寺为例，说明了北京旧城的中下层寺僧与铺保结合，从而保证了寺庙的生存，也支持了铺保经济。③ 萧放以北京东岳庙为例，认为城市社会信仰空间具有公共性、融通性和生活性等特点。④ 2009 年 10 月，北京师范大学文学院与法国远东学院联合举办的"明清至民国时期中国城市的寺庙与市民"国际学术研讨会的成果《明清至民国时期中国城市的寺庙与市民报告文集》，收录了不少海内外学者关于北京城市寺庙的文章。法国学者魏丕信（Pierre - Etienne Will）探讨清代北京官员与寺庙的关系。台湾学者赖惠敏注意到乾隆帝与北京汉传佛寺的关系。定宜庄、刑新欣论述了清代北京的寺观管理。张莉则讨论了清宫对北京东岳庙的管理。鞠熙以北京西四北大街的双关帝庙为例，考察了北京下层寺庙与社区的公共生活。另外，还涉及北京寺庙碑刻、契书、古钟、香会等内容。⑤ 同时，赖惠敏也注意到了清代北京的藏传佛寺，

---

① Susan Naquin：*Peking：Temples and City life*，1400 - 1900，the University of California Press，2000.
② 何岩巍：《京韵西风——北京历史文化与法国人笔下的中国》，线装书局，2006，第 1 ~ 73 页。
③ 董晓萍：《流动代理人：北京旧城的寺庙与铺保（1917 ~ 1956）》，《北京师范大学学报（社会科学版）》2006 年第 6 期，第 35 ~ 44 页。
④ 萧放：《东岳庙与城市社会信仰空间的构建——以北京东岳庙为例》，《华中师范大学学报（人文社会科学版）》2009 年第 1 期，第 92 ~ 97 页。
⑤ 〔法〕魏丕信：《清代北京官员与寺庙》；赖惠敏：《清乾隆皇帝与北京汉传佛寺》；定宜庄、邢新欣：《清代北京寺观管理》；张莉：《清宫对北京东岳庙的有效管理》；鞠熙：《北京的下层寺庙与社区公共生活——以北京西四北大街的双关帝庙为个案》；赵超：《从北京庙宇碑刻看明代太监兴修庙宇的活动》；刘小萌：《民间庙宇的"转香火"问题——关于什刹海观音庵契书的考察》；刘卫东：《北京地区庙宇香会碑发凡》；〔美〕韩书瑞：《北京寺庙古钟》；范华：《妙峰山庙会十八档香会》；吕敏：《北京景山后街庆云寺小考》；张恒艳：《北京广化寺的居士生活和护法组织》等。上述文章均见于《明清至民国时期中国城市的寺庙与市民报告文集》，北京师范大学文学院，2009。

她从北京藏传佛寺的宗教活动、北京内城藏传佛寺的庙会、清政府对庙会空间的控制等方面，探讨了清代北京藏传佛寺由宗教场所到庙会中心的形成过程，并由此出发探讨清政府与喀尔喀蒙古王公之间的朝贡关系。①

对单体城市寺庙宫观的研究还有广州、佛山和苏州等城市。香港学者黎志添从广州的道观入手，考察了道教在广东地区的历史变迁。黎氏《民国时期广州市"喃呒道馆"的历史考究》，考察了民国时期广州市正一、祈福道馆的历史活动，并分析了广州市火居道士的存在及变迁情况。又，黎氏根据碑刻和方志，重建了广州元妙观的千年变迁历史，并以其为中心梳理了宋、明、清三朝以来广州古城的道教发展史。②龚慧华则以民国时期广州寺庙变迁为例，探讨了清末民初广州寺庙的数量和分布、经济状况及其与民众生活的关系，并进一步剖析了寺庙变迁的原因及引发的社会冲突等，反映了民国时期广州寺庙的嬗变。③梁其姿讨论了清末民初广州城内省躬草堂介于道堂与善堂之间的独特模式。④李凡等人运用地理学的景观复原、地图再现等方法，展现了明代至民国初年，佛山神庙景观的变化趋势及其与佛山城市社会空间发展的关系。⑤何明亮考察了清代苏州城市寺庙在时间和空间上的变化，以及寺庙在城市公共生活中的地位和作用，反映了寺庙与城市发展的关系。⑥笔者曾对长沙的江神庙做过历史地理考察，发现其是官方与民间双重认同的结果，是湘江水神信仰体系的一部分。⑦

对寺庙与城市关系进行综合考察的主要有刘凤云、段玉明等。刘凤云主要从建筑和空间的角度，探讨了寺庙与城市之间的关系。其《市廛、寺

---

① 赖惠敏：《从宗教场所到庙会中心——清代北京藏传佛寺的演变及其与喀尔喀蒙古王公朝觐贸易的互动》，台北《中央研究院近代史研究所集刊》第72期，2011年6月，第1~54页。
② 黎志添：《民国时期广州市"喃呒道馆"的历史考究》，台北《中央研究院近代史研究所集刊》第37期，2002年6月，第1~40页；黎志添：《广州元妙观考释》，台北《中央研究院历史语言研究所集刊》第75期，2004年9月，第445~513页。
③ 龚慧华：《民国时期广州寺庙变迁（1918~1937年）》，暨南大学硕士学位论文，2010。
④ 梁其姿：《道堂乎？善堂乎？——清末民初广州城内省躬草堂的独特模式》，《明清至民国时期中国城市的寺庙与市民报告文集》，第1~20页。
⑤ 李凡、司徒尚纪：《民间信仰文化景观的时空演变及对社会文化空间的整合——以明至民国初期佛山神庙为视角》，《地理研究》2009年第6期，第1550~1561页。
⑥ 何明亮：《寺庙与清代城市关系研究——以苏州为例》，四川大学硕士学位论文，2011。
⑦ 庞毅：《长沙江神庙的历史地理考察——兼及湘江流域水神信仰》，《天中学刊》2012年第6期，第118~121页。

观与勾栏在城市空间的交错定位——兼论明清城市文化》,讨论了市廛与寺观在空间上的交错与融合;在《明清城市空间的文化探析》一书中,则对明清时期城市中的祠庙寺观进行了考察,并着重探讨了庙市的空间特性;后在此基础上,撰文《明清传统城市中的寺观与祠庙》,进一步分析了寺观祠庙的分布规律。① 段玉明从寺庙对城市建设的影响、寺庙对城市居民的宗教意义和寺庙作为公共空间在城市中的角色等三个方面,探讨了寺庙与城市的关系。②

从城市寺庙的研究来看,研究内容主要从寺庙与信仰,寺庙与城市生活、城市格局,寺庙本身的空间特性,以及寺庙与政治、经济的关系等方面展开,时段主要集中在明清时期,选择的城市则以北京、广州为主。

在传统社会,一般城市的寺庙多会举办庙会活动,所以庙会也成为探讨城市与宗教关系的重要窗口。目前关于庙会研究成果颇多,③ 但多未对城乡庙会进行区分,从内容上看已有研究主要集中在乡村(包括圩镇)庙会,城市庙会研究相对薄弱。习五一《北京的庙会民俗》对北京庙会源流、历史与功能等做了比较全面的介绍。④ 胡石通过阐述庙与市两者在城市发展历程中各自的形态变迁与相互关系,以明清时期北京、南京、苏州、西安等城市的庙、市为例,探讨明清庙市体系在城市中的源起、分布、功用与变迁的具体表现形态,并在此基础上结合对庙市的形态与空间构成的剖析,分析城市中庙与市相互吸引结合的内在原因及庙市在古代城市中的特征与效应。⑤ 张天虹在考察唐代坊市制度的基础上,探讨了唐代

---

① 刘凤云:《市廛、寺观与勾栏在城市空间的交错定位——兼论明清城市文化》,《中国人民大学学报》1997年第5期,第51~57页;《明清城市空间的文化探析》,中央民族大学出版社,2001,第165~190页;《明清传统城市中的寺观与祠庙》,《故宫博物院院刊》2005年第6期,第75~91页。
② 段玉明:《寺庙与城市关系论纲》,《西南民族大学学报(人文社会科学版)》2010年第2期,第202~206页。
③ 主要代表作有高有鹏《中国庙会文化》(上海文艺出版社,1999)、赵世瑜:《狂欢与日常——明清以来的庙会与民间社会》(三联书店,2002)、朱小田:《在神圣与凡俗之间:江南庙会论考》(人民出版社,2002)、华智亚、曹荣:《民间庙会》(中国社会出版社,2006)、李琤编著《庙会》(吉林出版集团,2010)等。
④ 习五一:《北京的庙会民俗》,北京出版社,2000。
⑤ 胡石:《明清城市庙市》,东南大学硕士学位论文,2000。

长安庙会的兴起对坊市制度的破坏作用。①蔡丰明则通过考察不同历史时期的城市庙会，发现其神性色彩不断淡化，世俗化色彩不断加强，进而认为城市庙会形成了新型的人神关系，是对人性本质的一种释放与张扬，具有鲜明的人文主义色彩。②另外，在一些城市史论著当中，也有关于城市庙会的研究和介绍。③

就直接以城市庙会为主题的研究而言，除一部分以介绍为主的论著外，主要集中探讨庙会与城市经济的关系；对庙会与城市居民的日常生活、庙会在城乡关系中扮演的角色等方面的研究还有待加强。

二 "神": 城市神明信仰研究

神明信仰是宗教系统中重要的组成部分，不同的研究者对城市中不同的神明信仰进行了考察。在这些研究当中，城市保护神城隍备受关注。

上海城隍是诸多城市城隍中最受关注的一个。早在1928年，火雪明就对上海城隍庙历史沿革、神话传说、城隍信仰的民间组织、城隍庙内的各类活动等做了介绍和考察。④相关的介绍性论著还有朱建明的《上海城隍庙的三巡会祭祀》⑤和桂国强主编的《上海城隍庙大观》。⑥在这些介绍性论著的基础上，不少学者从不同角度对上海城隍庙做了研究。张晓春对上海城隍庙的空间形态演变，即从宗教信仰空间的日益世俗化和商业化，以及在遭遇外来新型都市空间扩大后的窘境做了简要阐释。⑦苏智良、姚霏对上海城隍庙社区与城隍信仰关系做了考察，指出上海城隍信仰经历了"亦官亦民"到"日益大众化""信仰一元"到"信仰商业化"的过程，

---

① 张天虹：《从"市"到"场"——唐代长安庙会的兴起与坊市制度的破坏》，《首都师范大学学报（社会科学版）》2010年第6期，第30~37页。
② 蔡丰明：《城市庙会：人性本质的释放与张扬》，《学术月刊》2011年第6期，第94~98页。
③ 在后文关于城市史的述评中会提到相关论著，此处从略。
④ 火雪明：《上海城隍庙》，青春文学社，1928。
⑤ 朱建明：《上海城隍庙的三巡会祭祀》，台北《民俗曲艺》第125期，2000年5月，第119~132页。
⑥ 桂国强主编《上海城隍庙大观》，复旦大学出版社，2002。
⑦ 张晓春：《文化适应与中心转移：近现代上海空间变迁的都市人类学研究》，东南大学出版社，2006，第24~40、157~166页。

透过城隍庙表现出来就是城隍庙社区成为以信仰为内核,集文化、商业、娱乐为一体的公共空间。①朱梅从政治与文化、国家与地方视角探讨了上海城隍信仰的存在空间。②郁喆隽从城市社区发展的角度对上海城隍三巡会的组织管理、出巡仪式及庙产纠纷等做了考察。③除上海城隍外,对广州、崇州、泰州、南通等地的城隍也有不同程度的介绍和研究。

与单独考察某一城市城隍不同,探讨城隍与城市的关系也是城市城隍研究的重点。郑土有从城隍信仰与中国古代城市社会经济的互动关系入手,认为城市是城隍信仰的生成与存在空间,城隍庙会又带动了城市经济的发展。特别是该文作者发现明清时期江南的镇城隍庙的出现,更是有力地证明了作者试图表达的"信仰与社会经济之间存在着一种互动的联系"。④王涛的《唐代的城隍神信仰与唐中后期南方城市的发展》,在考察唐代城隍神信仰的时空分布的基础上,发现唐代南方城市发展与城隍信仰存在一致性。⑤李焯然则以福建安溪城隍神在新加坡的传播为例,探讨近代城市发展与城隍信仰职能扩大的关系。⑥

除城隍之外,城市中其他神明信仰也受到不同程度的关注。沈洁以清末民初城市中的行业神信仰为例,探讨了现代化运动过程中信仰空间的变迁形态。沈氏发现在现代化的过程中,行业神信仰虽然整体呈式微之势,但是并非意味着断绝,信仰仪式出现了新的整合,由此认为现代改造与信仰空间并非始终处于二元对立的关系中,有时候甚至能够形成需要和被需要的良性循环。⑦管勤积等人探讨了天后信仰与近代烟台城市发展的关系,

---

① 苏智良、姚霏:《庙、信仰与社区——从城隍信仰看近代上海城隍庙社区》,《社会科学》2007年第1期,第63~73页。
② 朱梅:《上海地区城隍:变迁中的民间信仰(1369~1930)》,复旦大学硕士学位论文,2009。
③ 郁喆隽:《神明与市民:民国时期上海地区迎神赛会研究》,三联书店,2014,第138~198页。
④ 郑土有:《共生互荣:城隍信仰与中国古代城市经济关系研究》,《上海大学学报(社会科学版)》2006年第4期,第41~46页。
⑤ 王涛:《唐代的城隍神信仰与唐中后期南方城市的发展》,《首都师范大学学报(社会科学版)》2006年第3期,第102~105页。
⑥ 李焯然:《城市、空间、信仰:安溪城隍信仰的越界发展与功能转换》,复旦大学文史研究院编《都市繁华——一千五百年来的东亚城市生活史》,中华书局,2010,第212~229页。
⑦ 沈洁:《仪式的凝聚力:现代城市中的行业神信仰》,《史林》2009年第2期,第31~41页。

认为民间信仰、市民社会与国家政权三者之间的互动也许是烟台近代城市发展的重要动力。① 另外，张帆对福州玄武信仰、叶明生对福州元帅乐神信仰等，从不同角度进行了考察。②

从城市神明信仰切入探讨国家与社会的关系，也是不少学者的兴趣所在。英国学者王斯福（Stephan Feuchtwang）的《学宫与城隍》，借助城市中的学宫与城隍庙，论述了清代官方信仰与民间信仰的关系，认为官方信仰对民众的思想有控制作用，同时官方信仰与民间信仰有重叠和转化的可能。③ 赵世瑜通过探讨明清时期北京碧霞元君的"各顶"和东岳庙及其二者关系，认为在权力高度集中的北京，民间信仰所表现出来的国家与社会是互相利用的关系。④ 傅俊以缙云城隍庙为中心，考察了由唐到宋州县城隍地位的变迁及在变迁过程中官府对待城隍的不同态度，折射出国家与地方社会之间的关系。⑤ 台湾学者巫仁恕把焦点集中在城市神明信仰与城市民变的关系上。其《节庆、信仰与抗争——明清城隍信仰与城市群众的集体抗议行为》，在铺陈明清江南庙会节庆的盛行及其功能、城隍信仰世俗化与人格化及城隍庙与市民公议关系的基础上，探讨了城隍信仰对城市群众集体抗议行为的影响，以此来窥探城市民变；又其《明清江南东岳神信仰与城市群众的集体抗议——以苏州民变为讨论中心》，则以江南地区的东岳神信仰与明代万历年间苏州民变的关联性为中心展开论述，认为东岳神信仰为民众反抗不公创造了条件。⑥ 陈熙远则独以上海城隍三巡会为例，探讨了官方祀典与民间信仰的交接与

---

① 管勤积、杨焕鹏：《近代以来烟台天后信仰与城市社会空间变迁》，《民俗研究》2011年第2期，第155~164页。
② 张帆：《民间信仰与当代城市祀神演剧——以福州市区玄武信仰为例》，《福建艺术》2008年第2期，第25~27页；叶明生：《福州元帅庙乐神信仰与斗堂关系探考》，《文化遗产》2011年第2期，第49~59页。
③ 〔英〕王斯福：《学宫与城隍》，〔美〕施坚雅主编《中华帝国晚期的城市》，叶光庭等译，中华书局，2000，第699~730页。
④ 赵世瑜：《狂欢与日常——明清以来的庙会与民间社会》，第352~378页。
⑤ 傅俊：《唐宋州县城隍地位变迁及官府运作——以缙云县城隍庙为中心》，《黄帝文化研究——缙云国际黄帝文化学术研讨会论文集》，2004，第232~243页。
⑥ 巫仁恕：《节庆、信仰与抗争——明清城隍信仰与城市群众的集体抗议行为》，台北《中央研究院近代史研究所集刊》第34期，2000年12月，第145~210页；《明清江南东岳神信仰与城市群众的集体抗议——以苏州民变为讨论中心》，李孝悌编《中国的城市生活》，新星出版社，2006，第132~182页。

互动。①

同时，不少学者把研究视野放在城市神明信仰与社会内部的关系上，试图重新发现社会。施舟人《旧台南的街坊祀神社》，考察了台南街坊社区中各种祭祀神社的组织、运作及其对社区的管理等，认为神社成为社区日常生活中重要的管理组织，是社区认同的标志之一。② 赵世瑜则主要从北京城的神灵祭祀组织考察北京社会，出了多篇成果。其《鲁班会：清至民国初北京的祭祀组织与行业组织》，通过对北京东岳庙鲁班会的具体考察，反映了祭祀组织与行业组织之间的互动关系，祭祀组织有促进和保障行业组织内部整合的功能，行业组织利用祭祀组织来增强内部的认同和管理；③ 又《远亲不如近邻：从祭祀中心看城市中的行业与街区——以明清京师东岳庙西廊诸神为出发点》一文，则通过对东岳庙西廊诸行业神的考察，发现明清时期祭祀东岳庙各行业神的行业组织多来自附近的街区，但并未形成施舟人所讨论的"街坊祀神社"，东岳庙只是为邻里街区提供了信仰需求的场所。④ 邱捷《清末广州居民的集庙议事》，深入探讨了清末广州居民如何在街庙讨论和处理涉及本街区公共利益事务的情况，及其与官府的互动，认为集庙是中国有别于西方社会的重要的公共领域，为中国具有市民社会提供了一个实证。⑤ 另外，法国学者高万桑（Vincent Goossaert）关注了清末民初城隍庙管理权的变迁。⑥

从已有的关于城市神明信仰研究来看，研究者并没有局限于对城市神明信仰本身，而是更多借助神明信仰来探讨国家与社会以及城市社区内部的关系等。同城市寺庙研究一样，研究的时段主要集中在明清时期，研究的范围则以江南地区的城市（尤其是上海、苏州）、北京、广州等为主。

---

① 陈熙远：《往返于坛庙之间——从上海三巡会看官方祀典与民间信仰的交接与互动》，《明清至民国时期中国城市的寺庙与市民报告文集》，第127~170页。
② 〔法〕施舟人：《旧台南的街坊祀神社》，〔美〕施坚雅主编《中华帝国晚期的城市》，叶光庭等译，第783~813页。
③ 赵世瑜：《狂欢与日常——明清以来的庙会与民间社会》，第379~408页。
④ 赵世瑜：《远亲不如近邻：从祭祀中心看城市中的行业与街区——以明清京师东岳庙西廊诸神为出发点》，《东岳论丛》2005年第3期，第40~45页。
⑤ 邱捷：《清末广州居民的集庙议事》，《近代史研究》2003年第2期，第187~203页。
⑥ 〔法〕高万桑：《清末民初城隍庙管理权的变迁》，《明清至民国时期中国城市的寺庙与市民报告文集》，第95~126页。

三 "史"：城市制度宗教史研究

在历史的长河中，制度性宗教是宗教信仰的主要表现。制度宗教史一定程度上也反映了城市居民宗教信仰的嬗变。关于城市制度宗教的研究，主要以通史的形式呈现。一些学者集体合作编写了部分城市宗教史的论著，对不同宗教在不同城市的历史做了系统梳理。阮仁泽、高振农主编的《上海宗教史》，对佛教、道教、伊斯兰教、天主教和基督教在上海的历史做了比较系统的阐释。① 在《上海宗教史》的基础上，姚民权和葛壮对上海宗教做了进一步研究，二人分别著有《上海基督教史（1843~1949）》与《宗教和近代上海社会的变迁》。② 除上海外，其他城市也先后有宗教史问世。昆明宗教事务局和昆明市佛教协会编的《昆明佛教史》，对佛教在昆明的流变等做了梳理。③ 陈慎庆《诸神嘉年华——香港宗教研究》，从中国宗教（包括儒释道和民间宗教）、基督宗教、回教和新兴宗教四个方面呈现了香港宗教信仰的面貌。④ 郑永华主编的《北京宗教史》，以时间为轴，对北京佛教、道教、伊斯兰教和基督教的发生、发展、演变与传播做了概括性的论述，值得一提的是，该书还对北京有较大影响的民间信仰对象等做了简要介绍。⑤ 另外，不少学者对城市个别宗教、差会和宗教组织有专门论述。⑥

除通史著作外，也有不少论文对不同时期不同城市的制度性宗教展开研究。赵红宇的《香港宗教的传播与发展》，对近代香港佛教、天主教、基督新教、道教、孔教、印度教等在香港的传播与发展情况做了介绍。⑦

---

① 阮仁泽、高振农主编《上海宗教史》，上海人民出版社，1992。
② 姚民权：《上海基督教史（1843~1949）》，上海市基督教三自爱国运动委员会，1994；葛壮：《宗教和近代上海社会的变迁》，上海书店出版社，1999。
③ 昆明宗教事务局和昆明市佛教协会编《昆明佛教史》，云南民族出版社，2001。
④ 陈慎庆编《诸神嘉年华——香港宗教研究》，牛津大学出版社，2002。
⑤ 郑永华主编《北京宗教史》，人民出版社，2011。
⑥ 莫法有：《温州基督教史》，香港，建道神学院，1987；李金强：《自立与关怀——香港浸信教会百年史（1901~2001）》，商务印书馆（香港）有限公司，2002；左芙蓉：《社会福音、社会服务与社会改造：北京基督教青年会历史研究（1906~1949）》，宗教文化出版社，2005。
⑦ 赵红宇：《香港宗教的传播与发展》，《世界宗教研究》1997年第2期，第133~142页。

王涛的《唐宋之际城市民众的佛教信仰》，反映了唐宋之际佛教与城市民众日常生活的关系，认为唐宋之际佛教从义理之学变成实用之学，因此广泛而深入地渗透到城市民众生活中，对社会影响较大，佛教自身也因此实现本土化。① 王茂生的《清代藏传佛教对沈阳城市发展的影响》，通过考察清代藏传佛教在沈阳的传入与发展，认为佛教信仰对沈阳城市的形态、建筑文化和市民文化产生了重要影响。② 袁欣的《唐代佛教影响下的长安城市生活——以佛教寺院为中心》，从空间场所的角度，考察了唐代长安城佛教寺院的国家佛事活动、节日庆典、俗讲与庙会、士大夫在寺院的娱乐活动等，认为寺院对城市生活和文化产生了重要影响。③ 另外，还有不少硕士博士论文涉及城市的宗教文化、宗教生活和宗教发展等。④

城市宗教史研究除对宗教在城市发展的历史现状进行介绍外，还涉及城市宗教（主要是佛教）对市民生活、城市文化等方面的影响，但多集中于探讨古代（以唐宋时期为主），对近代着墨较少。

四 "城"：城市史中的宗教史研究

宗教信仰作为城市居民精神和物质生活不可缺少的部分，也因此是城市史研究重要的组成部分。中国古代城市史研究，关注比较多的是传统宗教信仰与城市生活、社会的互动关系。李春棠的《坊墙倒塌以后——宋代城市生活长卷》，通过一些文人笔记等，用通俗的笔调把宋代城市中的神明、佛道信仰及庙会、术士等形象勾勒出来。⑤ 黄新亚的《消逝的太

---

① 王涛：《唐宋之际城市民众的佛教信仰》，《山西师范大学学报（社会科学版）》2007 年第 1 期，第 108～112 页。
② 王茂生：《清代藏传佛教对沈阳城市发展的影响》，《华中建筑》2010 年第 2 期，第 151～154 页。
③ 袁欣：《唐代佛教影响下的长安城市生活——以佛教寺院为中心》，《佳木斯教育学院学报》2012 年第 3 期，第 72～73 页。
④ 帕林达：《临夏的清真寺文化》，中央民族大学博士学位论文，2007；陈艳玲：《唐代城市居民的宗教生活：以佛教为中心》，华东师范大学博士学位论文，2008；张莹：《唐代两京地区佛教的传播及影响》，陕西师范大学硕士学位论文，2008；马恩瑜：《当代中国城市基督教研究——对石家庄市基督教会的调查研究》，中央民族大学博士学位论文，2008；王军：《淮北市宗教发展研究》，安徽大学硕士学位论文，2010。
⑤ 李春棠：《坊墙倒塌以后——宋代城市生活长卷》，湖南出版社，1993，第 136～167 页。

阳——唐代城市生活长卷》，对唐代城市生活中的佛教、道教等宗教信仰做了介绍。① 陈宝良的《飘摇的传统——明代城市生活长卷》，对明代庙会的变化做了简要梳理，认为民间庙会为市民提供了娱乐狂欢和社会交往的机会。② 卢海鸣的《六朝都城》，对六朝的都城建康时期官方祭祀场所南北郊坛、宗庙、社稷、耕坛、蚕宫等的祭祀活动和目的做了论述，对建康佛寺、道观和神庙等做了较为细致的描述。③ 刘方的《盛世繁华：宋代江南城市文化的繁荣与变迁》，通过考察北宋杭州西湖白莲社等佛教会社，反映当时都市文人成立宗教会社的情况，认为这种宗教信仰共同体的形成，为入社者提供了精神慰藉的场所，加强了他们的凝聚力和团体性。④ 傅崇兰等人在《中国城市发展史》中，对中国古代筑城的宇宙观等进行了解读，从建筑文化角度对城市的明堂、坛庙与其他宗教建筑做了分析。在中国城市广场史中，对坛庙广场和寺庙广场的起源、功能、祭祀与娱乐活动等做了剖析，历时性地反映出官方与民间祭祀的分离，民间庙市的形成等。⑤

相较于古代城市史，中国近代城市史主要关注的是西方教会势力入华的过程和影响。这在中国近代城市史兴起的几本标志性著作中都有所反映。隗瀛涛主编的《近代重庆城市史》，通过历时性对比重庆庙宇修建的数量，反映出近代庙宇呈衰减趋势，从而说明传统宗教在近代的衰落，并对近代西方宗教在重庆的传播与发展情况做了简要叙述。⑥ 皮明庥主编的《近代武汉城市史》，阐述了外国教会在武汉的历史、发展、各项事工及影响。⑦ 罗澍伟主编的《近代天津城市史》，对西方宗教在天津的深入、天津

---

① 黄新亚：《消逝的太阳——唐代城市生活长卷》，湖南出版社，1996，第165~222页。
② 陈宝良：《飘摇的传统——明代城市生活长卷》，湖南出版社，2000，第172~176页。
③ 卢海鸣：《六朝都城》，南京出版社，2002，第126~143、239~276页。
④ 刘方：《盛世繁华：宋代江南城市文化的繁荣与变迁》，浙江大学出版社，2011，第38~61页。
⑤ 傅崇兰、黄志宏等：《中国城市发展史》，社会科学文献出版社，2008，第267~304、423~459、677~705页。
⑥ 隗瀛涛主编《近代重庆城市史》，四川大学出版社，1991，第434~445页。
⑦ 皮明庥主编《近代武汉城市史》，中国社会科学出版社，1993，第241~247、631~657页。

的反基督教运动（特别是天津教案）和日占时期对宗教团体的控制做了叙述。① 同时，一些城市史专著对城市中传统庙宇、祭祀和庙会等也有简要提及。史明正的《走向近代化的北京城——城市建设与社会变革》，对北京的祭坛和庙宇有简略涉及。② 王仁远等人的《自贡城市史》，对自贡的牛王会、放水节等庙会活动做了简单介绍。③ 刘海岩的《空间与社会：近代天津城市演变》，对天津城官方庙宇的设置与祭祀活动有简略叙述。④ 王笛的《街头文化：成都公共空间、下层民众与地方政治（1870~1930）》，对成都节日庆典中的宗教崇拜仪式、街头祭坛等有简略着墨。⑤

城市史中涉及宗教的部分，虽然论述比较全面，涉及寺庙宫观等各种宗教信仰的空间载体，时间跨度也是纵横古今，但多是将其视为城市之一部分，并没有从宗教的视野来看城市，并且有深度的个案研究尚少。

六 对既有研究的一点反思

由上所述，国内外学者各自从自己的研究领域和兴趣出发，从不同角度对中国的城市宗教史做了不同程度的探索，取得的成果有目共睹。然而，笔者试图在此处结合自己的研究感悟，从研究内容和研究方法两个层面提出一些不成熟的意见和建议，希冀对中国城市宗教史的研究有所助益。

研究内容方面，第一，从宗教活动的场所寺庙等切入，是深化城市宗教史研究的较好突破口，有利于把握研究对象，但目前的研究偏重空间的维度，即寺庙与城市社区的关系，在历时性梳理寺庙变化的研究中，又多是宏观性的，未能很好结合寺庙空间的变化。比如就笔者感兴趣的善化城

---

① 罗澍伟主编《近代天津城市史》，中国社会科学出版社，1993，第156~162、297~302、708~710页。
② 史明正：《走向近代化的北京城——城市建设与社会变革》，北京大学出版社，1995，第134~136页。
③ 王仁远等：《自贡城市史》，社会科学文献出版社，1995，第208~213页。
④ 刘海岩：《空间与社会：近代天津城市演变》，天津社会科学院出版社，2003，第46~49页。
⑤ 王笛：《街头文化：成都公共空间、下层民众与地方政治（1870~1930）》，李德英等译，中国人民大学出版社，2006，第70~74、124~127页。

隍庙来说，不同时期该庙的格局是不一样的，明和清前中期除城隍殿，还有土地庙，至迟从乾嘉时期开始，陆续新设关圣殿、财神殿，土地庙却不在城隍庙内。联系长沙城市经济和社会发展的背景，这与民间力量进入善化城隍庙有较为密切的关系。第二，在城市神明信仰方面，为大多学者所忽略的是城市居民缘何要信某些神明，也即为什么某些神明香火较旺？除一般意义上的神明灵验外，重要的还是神明背后的信仰人群，这些人既有参与寺庙的管理者，也有与寺庙有经济联系的人，在研究过程中，我们需要注意文献中出现的人名、组织等，按图索骥，挖掘出神明背后的人的历史。第三，从国家与社会的角度展开，有助于我们走出神明信仰本身的框架，进入更广的视野，但需要注意的是国家与社会概念的运用，"国家与社会"理论来自西方，在中国研究中需要在地化。我们需要回答的是，从城市神明信仰研究的视角看，国家与社会的关系如何，国家与社会二者并不是铁板一块，显然存在层级、地域等的差异。第四，神明信仰的研究集中在明清时期，实可以延展到近代，近代与明清时期有什么异同？在庙产兴学、祀典兴废等重大变化上，寺庙和神明（背后的人）如何应对，从此切入可以为我们理解中国近现代史打开新的窗口。第五，未能很好区分城市与乡村，包括城市居民与乡村居民，城市寺庙与乡村寺庙。城市居民与乡村居民宗教信仰有什么异同？城乡庙会有何差别，二者有什么联系？城市居民宗教信仰有什么特点？宗教信仰与城市的关系是什么？与城市的嬗变又有什么关系？当然，城市与乡村在宗教信仰方面有同有异，如何区分在研究中尚属一个难点。从宗教信仰的角度也有助于我们检视中国的城乡关系，是城乡一体还是二元对立，有没有时间上的变化和地域上的不同？第六，研究的对象多集中在北京、上海、广州三大城市，对其他城市的研究尚少，非常有必要将研究拓展到其他城市，既可以从不同地域审视中国的统一性和多元性，从而对中国有一个更深入的理解，也可以进一步了解不同城市文化的特点和内涵。

就研究方法而言，则需要检讨"传统与现代"和宏大叙事与微观研究等方法的运用。通过比较古代和近代城市史研究可以发现，古代城市史认为中国传统的宗教信仰，尤其是庙会等各类宗教信仰活动成为城市生活中不可缺少的一部分，是推动城市生活繁荣的重要力量。但在近代城市史研究中，似乎这类动力消失了（消失的原因又没有展现出来），取而代之的是西方宗教势力的发展，传统宗教信仰已经不是研究的重点，即便在一些研究中出现，也只占很小篇幅，在有限的篇幅之中也有不少近代科学语境下的解读，视传统宗教信仰，尤其是民间信仰为迷信、落后等。笔者认为，中国近代城市史涉及城市居民宗教信仰的部分不少陷入了"传统与现代"的预设之中，即传统宗教信仰在近代不断衰落，西方宗教势力则不断扩张，"迷信"被科学所取代，等等。但问题是，所谓"传统"的宗教信仰在近代的走向如何，真的衰落了吗？影响其变化的原因是什么，是科学、外来宗教，还是掌握话语权的人和政治权力格局的变化？西方宗教势力的扩张是否意味着传统宗教信仰的没落，二者是否非此即彼的二元对立？与其他研究类似的，中国城市宗教史的研究也呈现"宏大叙事"向微观研究的转变。宏观研究在对城市宗教流变的梳理方面做出了较大贡献，其试图回答的问题是不同时期各地宗教信仰的特点，但看不到人、庙和神的变化，微观研究恰好可以让我们进入历史情境中，更接地气。但我们在做微观研究时，也不应忘了对一些大的问题的思考，为什么要选择这个神、这个庙，不是因为没有人研究过，而是因为以其为案例可以回答一些研究领域尚未解决的问题，或是对已有研究做完善和修正。

作者：庞毅，华东师范大学历史学系

·海外研究·

动人的故事：中国通商口岸的纪念与遗产[*]

〔英〕毕可思　许哲娜　喻满意 译

内容提要：1862~1949年上海的外国人社区以石头或青铜雕像来纪念当地的帝国英雄，以此来将自己纳入帝国的正统范围。本文讨论了这一时期上海外滩上几个主要纪念物的历史，以及它们留给当代的遗产。作者认为，上海的外国人的纪念惯例展示了一个连贯模式，即试图通过纪念将自己与帝国融合起来。上海的案例说明，那些位于帝国正式边境范围之外的社区，通过想象与真实相结合的策略将自己纳入想象的帝国社区。

关键词：上海　纪念碑与纪念物　帝国　民族主义　世界主义

1862~1949年，上海的外国人社区以石雕或青铜雕塑纪念一大批在上海的帝国英雄，这是他们将自己嵌入帝国正统的手段之一。本文要探讨的就是这个问题，有关这些纪念物的历史以及它们留给当代的遗产。

　　重要的不是他们建造的东西，而是他们拆毁的。
　　重要的不是这些房屋，而是这些房屋之间的空间。
　　重要的不是那些仍留存的街道，而是那些已经消失的街道。
　　　　　　　——詹姆斯·芬顿（James Fenton），
　　　　　《德意志安魂曲》（*A German Requiem*）

---

[*] 感谢毕可思（Robert Bickers）教授对中文版发表的授权许可。本文刊登于 *The Journal of Imperial and Commonwealth History*, 2014, Vol. 42, No. 5, pp. 826–856。

在上海需要思考的是那些不复存在的雕像。这座新近的社会主义城市并不缺乏公共纪念碑和雕像。特别是在上海的标志性地点——黄浦江西岸的外滩有三座纪念物。其中之一是人民英雄纪念塔,这里是每年10月1日举行中国国庆节纪念仪式的地点,纪念中华人民共和国在1949年成立。从此,这个国家投入大量精力和资源来纪念1921年中国共产党成立以来历经的30年的革命斗争,以及反侵略斗争的历史(或称"国耻"史)。1991年后,不间断的爱国主义教育活动大大促进了对原有遗址的维修工作和新博物馆以及纪念物的建设。① 这服务于"塑造"和"提高"中共在封建主义和帝国主义中拯救中国的领导作用。其目的是增强党带领中国走"复兴之路"的凝聚力。具有讽刺意味的是,现今的执政者使用了历史上其敌人的纪念手法,以及实际上他们特定的纪念地点来这么做。和许多后殖民地国家的做法一样,殖民地形式以新的民族主义面具存活下来。

本文探讨的只是上海纪念物的一小部分,实际上大部分发生了变动,至少变动了一次,并且它们的含义还发生了变化,尽管仍与现在保持对话。它们广泛存在于1943年以前上海外滩的照片中,也出现于有关上海的讨论、回忆录、游记和指南中。本文进行这一探讨的目的在于揭示这些外国居民英雄的纪念物所述说的那个时期的上海历史,特别是外国人在中国的生存经历及其权力的更替,以及这段历史的特性、必然性、复杂性与模棱两可性。作者认为,上海外国人社区的纪念惯例展示了长达80多年的一个连贯模式,即试图将这些社区与更广大的纪念范围,主要是帝国范围的纪念融合起来。他们这样做正是因为这座城市实际上不在帝国范围之内。那些操控这座城市核心地区的外国人社区的地位越是不稳固,越是迫切地需要通过青铜和石头雕像来标示自己是国际权力家庭中的一员:他们在纪念什么,如何纪念,以及拆毁什么等。上海案例的研究告诉我们,那些位于帝国正式边界范围之外的社区,通过想象和真实相结合的策略将自己纳入想象的帝国社区中。虽然它受金融、城市规划、实用政治等因素左右,但却是尝试这种合并的一个舞台,也是一个随着外国人在中国权力逐渐衰弱而变得越来越重要的、显而易见的舞台。

---

① Zheng Wang, *Never Forget National Humiliation: Historical Memory in Chinese Politics and Foreign Relations*, New York: Columbia University Press, 2012.

本文首先简要介绍在上海的两个外国人社区发展的历史背景,接着讨论这些纪念物本身和他们所代表的人物。其次,探讨1941年12月太平洋战争全面爆发之后这些纪念物的命运,以及1949年之后共产党执政后的命运。最后,思考20世纪末到21世纪初这些纪念方式的复兴。

一 1843~1943年,国际化的上海

1843年11月,新任英国领事巴富尔(George Balfour)乘坐一艘英国军舰抵达上海。巴富尔此前已经来过上海。英军在1842年春天攻占了这座城市,第一次鸦片战争已经接近尾声。①占领的经过非常痛苦,而且尽管《南京条约》中止了敌对状态,允许英国人在上海等五个通商口岸居住,但当地居民并不愿意租赁地产给外国人。最终巴富尔与当地达成了协议,在上海城北河边划一块土地作为"英国地"(English ground)。这块包括三条平行的南北走向道路和六条东西走向道路的区域,后来成为公共租界(International Settlement)的核心。巴富尔在这块地的北部划出了一片地作为英国领事馆,而英国商人则竞争河边的地块。道路维护、垃圾清理等公共事务成为土地租赁者的职责,后者选举成立了一个委员会,后来重新组建一个市政委员会负责管理这些事务。随着时间的推移,该委员会(工部局)取得了新的职责和权力,特别是警察和公共卫生方面。1848年这片区域的面积扩大了一倍,并于1863年与英租界北部的美国租界合并。这就形成了公共租界。到1900年,它的面积从原来的138英亩增加到5583英亩。人口从1850年大约200名英国人和其他外国人增加到1900年6700名外国人和35万中国人。由于这期间贸易持续增长,外国人控制下的上海也超越殖民地香港。香港虽然被指定为英中贸易的总部所在地,由最初仅负责贸易后来发展到负责沿海地区所有英中事务的总督所在地,不过,英国贸易的重心至此已北移到上海。香港虽然仍然重要,但是英国已经将经济中心的地位让给上海。

不过,上海发展的主要动力不是贸易而是难民的涌入。1853年发生反

---

① 本段和后面两段引文摘自 Bergère, Marie-Claire, *Shanghai: China's Gateway to Modernity*, Stanford, CA: Stanford University Press, 2009。

对清廷的太平天国起义，起义军定都南京，控制了该地区所有的大城市，好几万难民东逃至上海。上海的外国商人发现，他们的土地不仅因为中英贸易（出口丝绸和茶叶，进口布匹和鸦片，不过1858年后鸦片不再进入口岸）而建的基础设施变得有价值，而且这些土地本身也成为一种资产。对许多人而言，上海的生意实际上就是房地产生意。好几千户的房屋腾出给中国居民。房地产成为上海人口和空间增长的一个持续因素。1864年太平天国军被打败之后，许多中国居民继续留在公共租界，他们影响了这座城市的成长方式。南京路以南并与之平行的福州路是一条大文化街，到处是戏院、茶馆和书肆。上海是中国现代化的重要场所和社会变迁的窗口。公共租界取代城墙内的城区成为上海的中心。

20世纪30年代的上海成为中国事实上的"首都"，是中国金融和文化中心，汇集了大报社和大出版社，电影和唱片业。这里还是重要政治事件的发生地——中国共产党在这里成立，重大的群众政治运动如"五卅"运动爆发于此；1937年夏，中日之间第一次大规模的战斗也爆发于此。大部分时间里这座大城市被外国势力控制，因为20世纪中期这个城市的中心属于工部局和法租界的外国人的管理范围。英国警察在公共租界的大街上巡逻，监管锡克人、俄罗斯人、中国人和日本人。外国建筑师设计的建筑逐渐占据了外滩。好几千外国人占据了这里的公墓。到1935年，公共租界的面积达5500英亩，法国租界为4000英亩。公共租界内有大约1万名英国人，4000名美国人，2万名日本人，1.5万名俄国人，2500名法国人，外国人总数达4.2万人。①

尽管中外关系仍非常不平等，但是上海和其他通商口岸的外国居民仍活跃其中。英国人垄断了中国的贸易。不过，尽管与中国关系的问题在英国政治事务中占有一席之地，如1857年的纷争导致了第二次鸦片战争，1906年招募中国劳工到南非矿场劳动，但与中国的贸易只占英国海外贸易和投资的一小部分。此外，鸦片贸易在英国的财政中曾占重要地位，但是到19世纪后期这种贸易在中英贸易中已不占主要地位。中国在19世纪后期"新帝国主义"的"狂乱世界"中扮演的角色引起了关注，不是19世

---

① 邹依仁：《旧上海人口变迁的研究》，上海人民出版社，1980，第145~147页。译者按，此处的数据参照原文。

纪 90 年代至 20 世纪初在欧洲重组的高级政治中的角色，而是外国人在中国的存在。虽然在日本取得甲午战争胜利之后的十年中，外国人在中国的存在空间得到极大扩展，但对于外国人在中国的存在的讨论并没引起关注。① 中国的外国商人一直面临认同问题。虽然在上海、天津、福州和广州，他们是中国这个池塘里的"大鱼"，但在大英帝国这个大海里他们只是一条小鱼苗。由于没有像殖民地总督那样掌控国家机器，他们在上海只好自己管理自己。虽然上海的领事们是地位显赫和重要的人物，但是他们觉得外国商人并不重视他们，在某种程度上也的确如此。

生活在中国的外国商人要通过游说来获得当地人的认可。因为他们不在帝国正式的版图之内，所以不得不这样做。他们使用了很多策略，如运用私人关系，印发宣传册。② 在中国沿海的活动分子基本控制了有关中国和来自中国的信息渠道，因为大部分的海外报纸都以当地的外国记者——通常是驻扎在那里的英文新闻机构的编辑或记者——来充当信息员。上海租界内的外国社区通过各国的建设标准对建成环境加以"标准化"，并以各种来自帝国的纪念物来装点外滩，试图获得认可。③ 这是一个双重的过程。一方面，上海的外国人社区，主要是英国人社区，其主要目的是保证自己属于英帝国的全球版图内；另一方面他们还要保证自己处在英国处理中国事务的中心。1860 年后英国处理中国事务的总部设在北京，也就是北京的英国公使馆，不过，"上海人"（上海的外国商人这么称呼自己）对听命于北京的外交官感到不满，因为他们觉得自己不是这些外交官的仆人，他们要谱写自己的历史。实际上，从技术层面来讲，他们就是外交官和领事的仆人，因为他们每年都必须到使馆登记，享受治外法权的好处，并在外交官和领事的正式管辖下经商。但这让他们很痛苦。此外，上海，不是北京也不是香港，是英国在中国的"首都"，他们通过外滩沿岸的石雕和青铜雕像证明了这一点。

---

① Otte, T. G., *The China Question: Great Power Rivalry and British Isolation*, 1894 – 1905, Oxford: Oxford University Press, 2007.

② Pelcovits, Nathan A., *Old China Hands and the Foreign Office*, New York: Institute for Pacific Relations, 1948.

③ Aldrich, Robert, *Vestiges of the Colonial Empire in France: Monuments, Museums and Colonial Memories*, Basingstoke: Palgrave Macmillan, 2005.

二 公共租界外滩的纪念碑和纪念物

在长达 60 年的时间里建立的纪念物，分别纪念"常胜军"（建于1866，下同）、马嘉理（Augustus Raymond Margary，1880）、巴夏礼爵士（Harry Smith Parkes，1890）、"伊力达斯"号（Iltis，1898）、赫德爵士（Robert Hart，1914）与第一次世界大战中协约国的死难者（1924）。在公共租界的鼎盛期，漫步外滩及其附近的公园能够经过这些纪念物。

外滩的第一座纪念碑建在 1866 年初，上面的碑文为："纪念公元1862~1864 年在江苏省抗击太平军叛乱分子中丧生的'常胜军'军官。"

这座花岗岩方碑立在一个长方形基座上，看起来非常像当时流行的墓碑。它实际上不是外国人社区出钱建造，而是由打败太平军的中方要员李鸿章资助。"常胜军"是由外国人充当军官，在上海附近的江南地区扼制太平军的两支主要军队之一。这个纪念碑并不怎么受欢迎。它是"一座小型的、廉价纪念碑"，上海第一份并且一直最有影响的英文报纸《北华捷报》（North China Herald）如是评论："它就像一个更高级的里程碑……这个社区的好品位被这个毫无价值的建筑物给糟践了。"① 有人在半夜将它漆成红色，这并不是什么少见的、超常的恶作剧。②

太平天国时期是中国沿海地区历史上最动荡的时期。1862 年有好几万外国军队驻扎在上海。虽然，霍乱肆虐着这座城市，太平军扫荡了上海的腹地，但到 1860 年英国人已经坚定地站在当时中国的统治者一边，拒绝帮助这些基督教的叛乱者。这个纪念碑作为外国人维持秩序的胜利和外国人追求这种秩序所做牺牲的一种纪念。武装干涉的必要性，以及它的代价在这个方碑上显而易见。不过，这个纪念碑的关键之处是它与英帝国的"浪漫"关系，也就是"中国人"戈登（Charles George "Chinese" Gordon）、"喀土穆的戈登"（Gordon of Khartoum）的奇特经历。戈登原本是一位默默

---

① Lanning, George and Samuel Couling, *The History of Shanghai*, Vol. 2, Shanghai: Kelly & Walsh, for Shanghai Municipal Council, 1921, p. 402; *North China Herald*, 25 Aug. 1866, p. 839.

② *London and China Telegraph*, 13 Dec. 1866, p. 553, quoting *Commercial Record* (Shanghai), 4 Sept. 1866.

无闻的皇家炮兵军官，在英国官员的全力支持下，在后来与太平天国起义军的战斗中带领"常胜军"。他也因此赢得了声誉。虽然这支军队并没有打败太平军，但是英国人常常提及这支军队，认为它对清廷打败太平军起了至关重要的作用。① 戈登是英国的名人，虽然英帝国的中国机构也出现了其他"名人"，如引发1856~1860年第二次鸦片战争的巴夏礼，但是戈登对在中国的英国人而言更有价值，因为他活动在一个更广大的帝国层面上。他们试图用这个纪念碑及与之相关的东西来使他们在中国的胜利变得"主流化"。

在有关这个纪念碑的最早叙述中，它被称为"戈登纪念碑"，戈登本人后来升级了这种关系。1880年当他再次返回中国接受清政府的一项任命时，戈登计划去考察这个纪念碑的重新镀金和维修工作。他在上海给姐姐写信时称，"对于世人及其荣耀和财富而言，我已死"。不过实际上他对有助于扬名之事丝毫不怠慢。这个纪念碑俗称"戈登纪念碑"，这让纪念碑几乎失去了它主要的功能。② 纪念碑本来树立在苏州路的拐角，外滩的最北端，先后挪动两次，第一次，1908年被挪到公共花园围墙里的一块空地，花园是在纪念碑立起之后建造的，对外开放；第二次，1929年纪念碑被挪到花园北端。纪念碑被迁移一方面的确是出于道路拓宽的需要，因为这里的街道走向总在变动；另一方面我们也能推测，公园的铁栏杆能够提供更多安全保障，因为公共纪念碑往往会成为公众侮辱性活动的潜在地点。它们不但容易被这些因素影响或遭到醉鬼的恶意破坏，而且还容易遭到反对外国人或持民族主义立场的中国人带政治性的蓄意破坏——虽然一直有这样的担心，但从来没有变成现实——或干脆被滥用，这种可能性实际上非常大。

1880年又有一座纪念碑加入这些纪念物的行列——年轻的英国领事官马嘉理的纪念碑。这座37英尺高的哥特复古式纪念碑"是在华的外国人

---

① 有关这支军队，参见 Smith, Richard J. *Mercenaries and Mandarins*: *The Ever-Victorious Army in Nineteenth Century China*, Millwood, NY: KTO Press, 1978; Leibo, Steven A., *Transferring Technology to China*: *Prosper Giquel and the Self-strengthening Movement*, Berkeley, CA: Institute of East Asian Studies of University of California, Berkeley, Center for, Chinese Studies. 1985.

② *Letters of General C. G. Gordon*, *to His Sister*, *M. A. Gordon*, London: Macmillan, 1888, p. 160.

出于对他们失去的朋友表示尊敬,以及对他提供的服务表示感谢而建立"。1874年在上海工作的马嘉理受命沿长江而行,穿越中国内地去迎接试图开通一条从印度穿越缅甸到达中国的通道的远征军。中国西南地区当时刚刚经历潘塞(回教)叛乱。① 据称,外国人在叛乱中曾与叛乱分子勾结。英国人在有关他们远征军的描述和规模方面对清政府并不坦陈。马嘉理正好在缅甸境内遇到了这支远征军。1875年1月他在带领这些人返程时遭到了伏击,被杀死,据称他的首级被悬挂在城墙上。他们对这次远征军的规模不坦陈,再加上对当地叛乱刚刚平息的缺乏政治敏感,显然有错在先,但英国人还是被激怒了。好战的外交官将马嘉理事件"变成了"1876年的《芝罘条约》(《烟台条约》),从清政府那里攫取了更多的重要特权。因此,马嘉理没白死,至少在外交层面而言是这样。②

1875年12月建造纪念碑委员会的委员首次会面,大约18个月后确定了最后的方案。英国皇家建筑师学会(Royal Institute of British Architects)会员苏格兰建筑师威廉·凯德纳(William Kidner, 1841-1900)的上海公司在设计纪念碑的公开赛中获胜,而纪念碑的资金来源于公共捐助——共有136个人捐助。然而捐助活动筹获的资金并不丰厚,这意味着纪念碑的建造最终要在经费预算上妥协。③ 它的设计带有吉尔伯特·司各特(Gilbert Scott)的阿尔伯特纪念碑(Albert Memorial, 1872)的风格。这毫不奇怪:1864~1869年凯德纳曾在建造上海圣三一堂(Holy Trinity Cathedral)时为司各特工作,④ 之后曾经为司各特工作的约翰·麦理·科利(John Myrie Cory)也加入,和他一起设计了这座纪念碑。纪念碑由伦敦著名的装饰石匠公司法默—布林德利(Farmer and Brindley)负责雕刻,后者曾经建造

---

① Atwill, David G., *The Chinese Sultanate: Islam, Ethnicity, and the Panthay rebellion in Southwest China*, 1856-1873, Stanford, CA: Stanford University Press, 2005.
② See Wang, S. T., *The Margary Affair and the Chefoo Agreement*, London: Oxford University Press, 1940; Cooley, James C. T. F., *Wade in China: Pioneer in Global Diplomacy 1842-1882*, Leiden: E. J. Brill, 1981, pp. 116-131.
③ *North China Herald*, 15 June 1880, p. 513; *SMC, Annual Report* 1880, p. 113.
④ Denison, Edward and Guang Yu Ren, *Building Shanghai: The Story of China's Gateway*, Chichester: Wiley, 2006, p. 54; on Kidner, see also his entry in the *Dictionary of Scottish Architects* 1840-1980, http://www.scottisharchitects.org.uk/. He also designed the first of the Hongkong & Shanghai Bank's Bund-side buildings. Black, Iain S, *Between Tradition and Modernity: Hongkong Bank Building in Hong Kong and Shanghai*, 1870-1940, Sainte-Foy: CIEQ, 2001.

过阿尔伯特纪念碑、伦敦自然历史博物馆、曼彻斯特市政厅和格拉斯哥大学。① 马嘉理纪念碑本可以安放在英国任何一个城市，因为纪念碑是充满基督教元素的：它的顶部是一个塔尖和十字架，碑铭摘自《约翰书》《约伯记》。② 最终，它成为外滩唯一的、具有明显基督教信仰痕迹的建筑。

有关这座纪念碑的位置曾有争议。工部局不允许它设在路边或公园里。领事馆也拒绝让它坐落在附近。尽管遭到强烈反对，但这个纪念碑最终还是作为一个公众的纪念物放在一个公共地点上——花园桥与苏州路的交会点。1907 年当新桥开建时，37 英尺高的纪念碑被整体迁移到公共花园。

1880 年 6 月 10 日被英国国旗覆盖的纪念碑揭幕，这一幕被作为《图画日报》(The Graphic) 印刷样板的一张照片记录了下来。以那个时代英国公共纪念物来看，这座纪念碑的价值就在于它异常的普通。虽然它与中国没有关系，不过它与司各特的关系以及新哥特式的风格让它牢牢地留在人们更广阔的记忆世界里。这座纪念碑刻于伦敦，立在上海。马嘉理与上海的关系没有戈登密切。他死在 1400 英里之外，如果要说他与上海有什么实质性的联系，那就是他在公共租界的住处。此外，他一直试图打通印度和上海之间的通道。马嘉理事件的主题是有关他的死的叙述。戈登作为帝国名人被纪念；马嘉理之死是帝国的牺牲品而被纪念。

"随着岁月的推移"，马嘉理死后负责他的日记出版工作的编辑写道：

> 英国在世界的特殊工作越来越明显。尽管她自己——常常违反自己的意愿——她在地球上野蛮地被忽视的地方，在野蛮人中或半开化的人种中，为自己提出了一个接一个的任务……这种呼唤，现在来自人类最古老的地方和家园——来自印度，来自中国，来自阿拉伯，来自马来半岛，来自太平洋的奇幻的岛屿——现在来自中非或南非广大未开发的地区……不管这种召唤的理由或形式是什么，它上面肯定写着："没有回头路 (vestigia nulla retrorsum)。" 这种召唤，虽然紧急、

---

① North China Herald, 15 June 1880, pp. 513, 522 – 23, also reprinted in SMC, Annual Report 1880, pp. 113 – 15; Beattie, Susan, The New Sculpture, New Haven, CT: Yale University Press, 1983, pp. 24 – 25.

② 这些都是应马嘉理母亲的请求。North China Herald, 15 June 1880, p. 523.

严格,却极少发生没有正确的人出现的情况,不管它是传教士,还是士兵、商人、旅行者,他们时刻为自己的国家或国家的工作献身;单纯地、快乐地,毫无保留地做事情,在英国有关这些行为的文字和传说让我们的血脉贲张,让我们的眼睛湿润。①

工部局董事长立德禄(R. W. Little)将自己和马嘉理家族的徽记刻在碑上。他从协调完成这个纪念碑制作的特设委员会接收了这个纪念碑,宣称这位不幸的副领事(马嘉理——译者注)"为了一项我们所有人利益的工作,手里攥着自己的生命愉快地"逝去,并不怎么准确地引用了丁尼生(Tennyson)的《致威灵顿公爵之灵》(*Ode on the death of the Duke of Wellington*):"不止一次两次,在我们崎岖岛国的故事里,职责的道路就是光荣的道路。"

马嘉理的牺牲使中国人越来越熟悉新教牺牲道义的世俗化版本——用德尔图良(Tertullian)的话说,即"殉教者的血是教会的种子"。在那些关注中国的人的眼中,帝国牺牲者的血也圣化了中国:它是帝国的种子。私底下,立德禄对马嘉理之死也做过一个出于实际需要的声明:"在这种情况下,宁可让 50 个无辜者受罪,也不让一个有罪者逃脱!必须借助恐怖来保护那里的白人。"这个声明如果不是出于实用主义的需要,那么就有宣扬种族主义的嫌疑。虽然最终没有人因为马嘉理事件掉脑袋,但是还是有人因为其他事件在外国势力的压力下掉了脑袋。② 对那些马嘉理的朋友,这个纪念碑是个人情感的宣言,它实际上是一个不能改变和不可遮掩其意图的宣言,即呼唤生者通过行动来纪念牺牲者。

这种意图以及为此进行的纪念活动在 1890 年更加突出,在外滩的一个重要地点举行了揭幕仪式,即外滩与南京路的交界处,西面冲着索拉利(T. Solari)设计的巴夏礼铜像。巴夏礼是暴力制造者和英国入侵中国的始

---

① Alcock, Sir Rutherford. "Biographical Preface," In *The Journey of Augustus Raymond Margary*, London: Macmillan, 1876, p. vii.
② R. W. Little to parents, 22 June 1875, Little papers, private collection; on incidents and punishments, see, e. g., Rankin, Mary Backus, "The Ku - t' ien Incident (1895): Christians versus the Ts' ai - Hui," *Papers on China 15* (1961): 30 - 61, The misquoted poem actually reads: "the path of duty was the way to glory".

作俑者。① 1841年他来中国时还是个孩子,亲历了《南京条约》的签订,并一直勤奋工作到成为领事。1856年作为广州代理领事的他一手让英国注册"亚罗"号的争执逐步升级。这艘船的船员因为涉嫌从事海盗活动被捕后,该事件演变成一场耗时不短的血腥战争,直到1860年9月英法联军准备进攻紫禁城时才终结。在战事的后期,巴夏礼和其他几人在谈判时被捕,遭到监禁和虐待,以致一半人死亡。此后,英国人以破坏圆明园作为报复行动。与此同时,巴夏礼这个名字因为太有争议而不适合继续在中国流传,于是1865年至1883年他被派到日本担任英国公使(大使),直到后来回到北京担任同一职务。

巴夏礼的回归对于在华的英国人是值得庆祝的,特别是在上海,经历了英国外交官的"糟糕服务"之后,在他们眼中这些英国外交官学了太多汉语,但"教给"中国人太少。巴夏礼的名字是与行动联系起来的。他被期待为一种"新的坚定政策"来"结束这种冷漠",在商人看来,可以保护他们的条约权利。中国人——他的"以前的虐待者"显然也对这项任命感到惊讶,不过《北华捷报》认为再合适不过。在他前往北京的途中,受到了上海的英国人的欢迎,并为他发表了演讲:"我们都应该以一种更轻松的心态执行我们的职责,在我们与那些给我们运气的人的关系中更轻松一点,因为我们知道我们所有的利益在能干的你的手中是安全的。"② 这都是暗语,他们的意思是英国的政策将是毫不妥协,并且在他们看来,必要时是需要强迫性的,不仅在外交上强硬,而且在军事上要更强硬。不过,巴夏礼在任18个月后就死去,他们的希望大多未能实现。

"我们将再也见不到巴夏礼?戈登,来自失陷的喀土穆?"一位英国人用诗歌形式对这个消息做出反应时,人们很容易将戈登与巴夏礼联系在一起。③ 他的遗体在运回英国之前被临时存放在上海,在滂沱大雨中沿着外滩和九江路被运往一个充当太平间的教堂。借此机会,在上海的英国人上

---

① 现今仍没有巴夏礼的传记,我们只能凑合着用一本《圣徒传》,至少它包含许多关于他个人资料的摘录。Lane‐Poole, Stanley and F. V. Dickins, *The Life of Sir Harry Parkes*, 2 vols, London: Macmillan, 1894.
② *North China Herald*, 11 May 1883, p. 513; 8 Sept. 1883, pp. 287-88.
③ 实际上他们在太平天国运动后期联系密切。

演了一场盛大的公共葬礼仪式。① 1887 年 7 月 21 日在伦敦，已故公使托马斯·布洛克（Thomas Brock）的花岗岩半身像在圣保罗大教堂（St. Paul's Cathedral）揭幕，而在上海，人们还在讨论如何纪念巴夏礼。1886 年，商会（The Chamber of Commerce）已经从工部局抽调两名代表与英国总领事，以及另外两人组成了一个纪念委员会。随后募捐了相当数量的一笔钱，筹划雕刻一尊雕像，雕像的设计将遵从捐款者的意愿。② 他们选择了索拉利的设计，雕像于 1890 年 3 月底被安放在基座上。4 月 8 日，维多利亚女王九个子女中排行第七的康脑脱公爵（Duke of Connaught），在返回担任了四年驻军指挥官的孟买时顺道访问了上海，为雕像揭幕。

参加马嘉理纪念碑揭幕仪式的主要是各国领事和政要，而巴夏礼纪念碑的揭幕仪式因为有王室要人的访问，则要求更大的场面，包括军事展示和公众仪式。公共租界的夜晚到处装饰着灯笼，用汽灯点亮了的星星和标语。白天则是圆形拱门和代表胜利的旗帜：" 欢迎士兵王子"，"在远东的外国人欢迎你"，"英国人在遥远国度的致敬"，"公爵殿下，我们的心与你在一起"。此时，康脑脱已经访问了香港，正计划前往日本和加拿大，上海的英国人则抓住这个机会将自己以一个正当殖民地的"地位"与王室的一次巡游"挂钩"，并试图通过庆典和仪式来提高这个殖民地的地位。在为巴夏礼纪念碑揭幕时，康脑脱称它是为了纪念一位"为他的国家，我希望我们应该说，为了世界，奉献了高贵服务；当然也为了整个文明世界"而做出贡献的人。③ 由于他曾是英国公使，外交礼仪上要求外国领事和中国官员共同出席这样的国际化场面。不过，虽然纪念委员会主席声称所有外国人都应该出席这次仪式，但是巴夏礼首先代表的是英国的权力。他的一生是短暂的一生，他留下的"遗产"是第二次鸦片战争。那个比真人还大的雕像代表的是暴力与征服。英国王室并不是首次现身这样的揭幕仪式——1869 年爱丁堡公爵（Duke of Edinburgh）也曾到过上海——上海的外国人社区悄然地争相招待王室成员和名人。④ 将上海添加进这样的行列，即让它与加拿大和香

---

① *North China Herald*, 18 April 1885, pp. 432 – 33.
② SMC, *Annual Report* 1886, pp. 148 – 50.
③ *North China Herald*, 11 April 1890, p. 440.
④ 此外，访问上海的还有俄罗斯大公阿列克谢（1872 年）、普鲁士亨利王子（1898 年）、日本伏见宫贞爱亲王（1907 年）和美国前总统格兰特将军（1879 年）。

港一样成为康脑脱公爵巡游访问的一站,对上海的英国人来说是重要的。

1890年揭幕事件的国际化意义在对这个仪式的报道中被提及——随着事件的进行,一艘德国轮船缓缓地驶过这座纪念碑,甲板上一支乐队奏响英国国歌。有趣的是,1898年这种偏好再次回归,在巴夏礼雕像北面的草坪上、怡和洋行(Jardine, Matheson & Co.)总部的对面,外滩最吸引人的纪念碑揭幕了。"伊力达斯"纪念碑纪念的是77名军民,1896年7月他们因德国战舰"伊力达斯"号在山东海岸沉没而丧生。这艘船从上海出发,启程前官兵们还邀请了一些社区的居民参加船上的一个舞会,于是与居民有了直接的个人联系。纪念碑采用了一段6米高的折断桅杆的形式,用三吨半铜铸造在一个基座上,一面铜质旗帜和旗杆从上面垂下来,在铭牌上介绍了这艘船的情况,还有"在华的德国人"和"帝国海军"等字样的铭文。[①]这座纪念碑很直接地代表了"伊力达斯"号遇难者,折断的桅杆是标准的葬礼标识——海洋版的更常见的是折断的柱子。纪念碑在德国著名的雕刻家莱因霍尔德·贝加斯(Reinhold Begas)的指导下,由奥古斯特·克劳斯(August Kraus)完成,并从德国运来,由普鲁士王储亨利(Prinz Albert Wilhelm Heinrich von Preußen)于1898年11月21日以盛大外交和军事仪式进行安放。[②]在一个寒冷的、大雨滂沱的日子,在纪念碑的场地上举行了一场宗教仪式,一个德国军乐团演奏了船下沉时船员们一起吟咏的圣歌。这座纪念碑后来显然在德国人的社区中起到某种仪式作用。德国的重要官员到上海后均向它致敬。[③]此外,《北华捷报》评论说,游行的这600名士兵和水手"一定让当地人立刻感受到了西方人的力量"。[④]

"伊力达斯"号在上海外滩的仪式清楚地表明,在英国人支配的公共

[①] 这个设计源自一位叫穆勒(Mueller)的上尉,并由另一位设计师完成,不过详细情况不是很清楚。*North China Herald*, 8 Nov. 1898, p. 1013.

[②] 有关这座纪念碑安装的消息可查阅上海市档案(Shanghai Municipal Archives, 以下简称SMA):U1-1-716。有关这座纪念碑的详细情况参见 Navarra, Bruno, *China und die Chinesen*. Bremen: Max Nossler, 1901, pp. 529-534. On Begas, see the catalogue to the 2010 exhibition *Begas: Monumente fuer das Kaiserreich: Eine Ausstellung zum 100: Todestag Reinhold Begas 1831-1911*, Dresden: Sandstein Verlag, 2010.

[③] Such as Count Waldersee, when he arrived to take up his post as commander in chief of the Allied force in 1900. von Schwarzenstein, Philipp Alfons Mumm, *Ein Tagebuch in Bildern*, Vol. 1. Berlin, 1902, p. 11.

[④] *North China Herald*, 28 Nov. 1898, p. 1012.

租界中，德国在人们心目中已经成为中国境内的西方强国之一。1897 年，德国传教士在山东被杀，德国占领了胶州湾，并开始迅速将之"转化"为由德国海军管理的殖民地。此举引发了列强"攫取殖民地"的狂潮，最终英国、法国和俄国都攫取了新的港口和其他领土。不过，如果"伊力达斯"的揭幕式象征的是德国在中国成为新"强国"，那么其中则贯穿了"世界主义"（cosmopolitanism）的一种"反叙述"（a counter narrative）。怡和洋行对建在它前面的外滩草坪持有居住权，但"非常乐意"在此树立这座纪念碑；位于公共租界，当然在风格上主要是英国的。① 正如某位传教士所评论的，"在英国的土地上树立起一座对大德意志帝国弥足珍贵的纪念碑"。② 实际上，尽管存在着因争夺租界造成的紧张，但在通商口岸——包括在香港，英德关系非常亲密。许多商业利益相互交织。这种工作关系的基础就是"世界主义"，正是"世界主义"让他们共同为这座纪念碑的揭幕庆祝，并为这座纪念碑选址。

这种合作关系以及更广泛的世界主义意识在上海乃至于整个中国的解体，同样可由这座"伊力达斯"纪念碑体现。1914 年欧战爆发之后，英德与中国的关系开始出现问题。1918 年 11 月宣告和平之后，《北华捷报》上出现了拆除还是保留这座纪念碑的两大派别的激烈争论。前者的理由是它代表了德国军国主义或国际空间中的一个民族主义象征，后者认为它仅仅是英雄主义的象征。其他人则嘲讽不是英雄主义，而是愚蠢：如果"伊力达斯"号下沉时，他们往外抽水而不是站在那里唱歌，他们或许能拯救自己。这个争论似乎暗含着高度的性别差异，男记者呼吁拆除，而女记者支持保留。它也是有关文明的反思。一位反对者问："难道胜利把我们变成匈奴人啦？"不过这个讨论被证明是学术性的，因为 1918 年 12 月 1 日或 2 日晚上这座纪念碑"被一大群身份不明的外国人"推倒。这些人主要是法国水手，实际上没有人追查他们的身份。纪念碑很快被转移到工部局储藏，基座随之被炸毁。③ 纪念碑一直被存放到 1929 年，在经过上海的纪念

---

① Jardine, Matheson and Co., to Consul‐General, Germany, 22 Oct. 1898, in Consul General to SMC, 28 Oct. 1898, U1‐1‐716, SMA.
② *North China Herald*, 28 Nov. 1898, p.1014.
③ "Police Daily Report, 2 December 1918," U1‐1‐1120, SMA. 这个纪念碑基本上完好，只有它旗杆上的一只小鹰被拆走；几天后它被一位不知名的人交还给法国领事馆。

碑中路程第二长的"旅行"后，被迁移到公共租界西部的新德国学校，并被重新树立在所谓的"德国之角"。① 自从 1919 年德国人被大规模从中国驱逐之后，20 世纪 20 年代在上海新发展的德国人社区赋予了这座纪念碑一个新功能。在纪念大战死难者的"英雄日"，这座纪念碑成为一个举行仪式的地点，1933 年之后逐渐被纳粹化。②

官方对"伊力达斯"纪念碑命运的尴尬之处反映了这样的事实：这个巨大建筑被"雪藏"十多年是出于两点考虑。其一，在欧洲民族主义情绪高涨时，移走或毁掉纪念碑都不是一个好先例。从 19 世纪 40 年代开始，英美和其他国家的外交官花费了很大力气保护在中国的欧洲人墓地和其他纪念物，防止被中国人故意地或无意地破坏。美国外交官将保护墓地作为条款的第四条插入 1868 年的《华盛顿条约》(Washington Treaty)。③ 外国人的墓碑通常用中文标示，要求尊重。义和团运动期间在北京的英国纪念物被损毁，英国人后来又重建。20 世纪 20 年代后随着中国人民族主义情绪的高涨，外国人的纪念物和墓地的命运越来越引人关注。即使中国的民族主义者不把外国人的纪念物作为目标进行攻击，总的说来，20 世纪 40 年代之前他们的确没这么做，但是英国人和其他外国人担心他们有一天会这么做。为此，英国人在他们所颁布的《纪念条例》中特别强调了这种重要性。其二，一个广泛的共识是帝国之间的冲突损害了"白人"在中国人中的威望。这关乎团结，"种族"团结和世界团结。"这场战争是一桩可怕的生意"，1914 年 8 月清廷海关的英国总税务司对他的高级德国官员说："万分遗憾的是，它不能被限制在欧洲，而必须扩散到远东，我们的国家

---

① "Details of the return and re-erection of the memorial," in U1-3-2298, SMA; see also Freyeisen, Astrid, *Shanghai und die Politik des Dritten Reiches*, Wuerzburg: Koenigshausen & Neumann, 2000, pp. 48-49.
② 这座纪念碑后来的历史不详。
③ "Cemeteries for sepulture of the dead of whatever nativity or nationality shall be held in respect and free from disturbance or profanation," in Hertslet, Godfrey E. P, *Treaties etc, between Great Britain and China and between China and Foreign Powers*, London: HMSO, 1908, pp. 554-57; Williams to Seward, 12 April 1866 and enclosures, *Relating to Foreign Affairs Accompanying the Annual Message of the President to the Second Session Thirty-Ninth Congress*, Vol. 1, Washington, DC: Government Printing Office, 1867, pp. 1507-10.

在这里有如此多的共同利益,我们英国人有如此多的德国私人朋友。"① 实现列强的共同利益,以及有关第一次世界大战影响的一个持续性主题是,欧洲人通过互相争斗,根本性地削弱了自己的地位,② 而且他们教会了中国人拆毁纪念碑是一个合情合理的做法。

最后一次盛大的国际化展示发生在更南边的外滩与九江路的交界处。5月25日,在清廷海关服务了将近60年的总税务司赫德的雕像,在丹麦总领事西奥多·乐斯劳(Theodor Raaschou)的主持下揭幕。③ 1911年赫德死后不久,《北华捷报》的读者来信呼吁建一座赫德的雕像。"塔特"(Tat)写道,上海的外国商人应该为纪念碑出钱,他们获得的财富应该感谢税务司署的高效廉洁。纪念碑应该是"大理石或石头,由当代最好的雕刻家制作,并由了解赫德爵士心灵的人设计"。纪念碑应该建在外滩上。④(同样驻上海的)清廷海关统计秘书庆丕(Paul King)与上海江海关税务司墨贤理(H. F. Merrill)一起,在1911年11月赫德去世后不久发起了一个有关如何恰当纪念的讨论(而当时鉴于反清革命的发展,人们的心思都已经被其他事情所占据了)。正如庆丕所说的,"反响并不是压倒性的热烈",不过那些人都同意,赫德"从他的公共形式来说,应该建一座雕像"(按,斜体字是他本人的原话)。不过,清廷海关不能使用海关的资金来支付这项费用,雕像的制作需要有人买单。⑤

由于上海工部局出了一大笔钱,这才真正募集到了所需的全部资金,让这座公共纪念碑的落成成为可能。墨贤理告知上海工部局董事长,海关"欢迎公众的参与……以便这座雕像对得起这位声名卓著的官员"。筹款的事在1912年公共租界纳税人年会上被提及。上海工部局总董德格雷(Harry De Gray)向大会报告时称,海关只计划在海关大楼的院内建一座一般规模的雕像。不过,他认为,赫德的工作发展了"中国整个的贸易",在很

---

① Aglen to Wilzer, 14 Aug. 1914, 679 (1), 32834, 中国第二历史档案馆, 海关档案(以下简称 CSA)。
② Bickers, Robert, *Getting Stuck in for Shanghai: Putting the Kibosh on the Kaiser from the Bund*, Sydney: Penguin, 2014.
③ 《工部局董事会会议录》卷19, 1914年3月4日, 第31页。
④ *North China Herald*, 25 Nov. 1911, pp. 531–32.
⑤ King, Paul, *In the Chinese Customs Service: A Personal Record of Forty-Seven Years*, London: Fisher Unwin, 1924, p. 231.

大程度上为上海成为远东的商业中心做出了贡献。

他的名字和声望使他完全值得拥有一个纪念碑,这个纪念碑应该立在外滩的前滩或其他人们经过时都能看见的地方,与巴夏礼以及其他过去某一时代或将来的伟人站在一起。

一座比清廷海关计划的"规格要高得多的纪念碑"是必需的,不过只有通过公众的参与才能实现。虽然讨论是有分歧的,但这个提议得到一致通过。安格联(Aglen)和海关成功地与这件事的进程拉开了距离,私下将这件事推给了上海董事局,表面上默认了公众的意愿。德格雷评论说,安格联"虽然敏感地坚持偏向于建一座纯粹的海关纪念碑",不过"还是倾向于工部局的参与,如果它愿意参加"。①

于是工部局参与了,雕塑也运来了。这座立在基座上的铜像高9英尺,基座本身就高8英尺,位于海关浮桥的北面,首次来到这座城市的人都可一览无余。亨利·贝格拉姆(Henry Pegram ARA)被推选为设计者。其他的设计建议:"中央是一座雕像,在底座围着一群象征性人物。"不过,贝格拉姆的设计"马上让人觉得更简洁和更有人物个性"。② 它将所有的注意力集中在赫德本人身上。庆丕认为这座雕像"基本上抓住了公众的口味",不管它是否符合对此没有投票权的中国居民的口味。这座雕像的制作费用和版权费来自上海工部局的收入。③ 雕塑者的选择是令人信服的。伦敦帝国研究院(Imperial Institute in London)门口雕塑中的两座,即"大不列颠"(Britannia)和"工业"(Industry)是贝格拉姆1891~1892年制作的。在去世前他还设计了奥克兰的约翰·堪培尔爵士(Sir John Campbell)和开普敦的塞西尔·罗兹(Cecil Rhodes)的雕像,后者的半身像1903年在英国皇家学院(Royal Academy)被展出。罗兹在伦敦的代埋秘书卡鲁瑟斯(A. G. H. Carruthers)1914年初评论说,罗兹成就了贝格拉姆。④ 因此贝格拉姆的名字是一部帝国的作品集,将这位国际主义者与其帝国联系起

---

① *Municipal Gazette*, 23 March 1912, pp. 96 – 97.
② *North China Herald*, 4 April 1914, p. 71.
③ King, Paul, *In the Chinese Customs Service*: *A Personal Record of Forty – Seven Years*, pp. 231 – 32;《工部局董事会会议录》卷18,1912年1月24日。
④ "London," Carruthers to Aglen, Semi – official No. 3, 10 March 1914, 679 (1), 31840, CSA.

来，又悄悄地将赫德以及清廷海关——当然还有上海——纳入大英帝国形成的故事中。① 上海由于已经被纳入英国的海运、电报、金融等网络中，成为英帝国的重要"肌腱"，因此殖民地通过采用帝国的词汇、邀请帝国的艺术家和采用帝国的代表性策略等方式，将上海插入对这个帝国的描绘和述说中。

的确，哈佛大学校长爱理鹗（Charles William Eliot）题写的主铭文道出了一个不同的故事：赫德是一位"中国政府值得信赖的顾问"，一位"中国人民真正的朋友"。他不是一位英帝国的建设者，相反清廷海关和它的有关机构成为"一个对中国和世界都极其有益的作品"。不过，正是这尊雕像和它的地点说出了赫德不是与上海而是与北京存在关联。代表邮政和灯塔（导航）服务的两个委员会，为了方便通信和航运，将上海乃至于整个中国的外国商人，纳入全球的贸易和金融网络中。

揭幕式令人印象深刻。一大群人聚集在"挂满旗帜"的现场，新共和国的五色旗尤其引人注目。来自海港外国军舰上的水兵在一位美国军官的指挥下，列队排列在现场的三面，万国商团（the Shanghai Volunteer Corps）的海关队也参加了游行。② 两位海关队的成员站在雕像脚下。上海领事机构全部出动，当地的中国军方指挥官和官员、海关和邮政工作人员以及当地的传教士悉数出席。德国音乐家理查德·布克（Richard Buck，应为 Rudolf Buck，鲁道夫·布克——译者注）指挥的工部局乐队以一首序曲开启了仪式，上海江海关税务司安文（F. S. Unwin）与当时领事团的首席领事乐斯劳宣读了他们的颂文。安文称他是代表清廷邮政和海关发表讲话，"虽然可以说赫德被许多人爱戴，并被所有人尊重，但是他认为没有人能比他的工作更杰出和更投入"。乐斯劳谈及赫德 1863 年以来产生的重大影响：他发展海关，确保中国的收入，点亮了中国的海岸和发展中国邮政，以及将一批"来自各国的优秀人才"培养成为干部，保证了即便他去世海关仍能良好运

---

① "Who Was Who," Vol. 3, 1061; Chamot, Mary, Dennis Farr and Martin Butlin, *The Modern British Paintings, Drawings and Sculpture*, Vol. 2. London: Oldbourne Press/Tate Gallery, 1964, pp. 515 - 16; Graves, Algernon. *The Royal Academy of Arts*, Vol. 6. London: Henry Greaves, 1905, p. 97.

② 海关人员早就参加了万国商团，不过海关队在 1900 年才成立。1926 年禁止海关雇员参加义勇军之后被解散。

行。安文将雕像委托给工部局"照顾",工部局总董承诺会"爱护和珍惜它"。[1] 所有这些都完全符合租界既定的仪式形式,那就是用帝国盛大的军事仪式来表明帝国的周年纪念、加冕、葬礼等。[2]

1926年外滩扩建时,这座雕像被挪走,放置在新建的海关大楼正前方的一个位置,基座比原来还高,显示它"具有更高的优越性"。[3] 雕像原来的位置在1914年并没有成为争论话题,倒是它的朝向引起了争论。赫德面朝北,冲着巴夏礼眺望外滩。这等于忽视了委员会成员的反对,后者认为随着外滩的发展雕像会削弱外滩设计的整体感。因此,他应该像巴夏礼一样冲着西面。但是这个意见被否决。具体说法是,如果雕像冲着北面的话,前面是草坪,观看这座雕像的机会就更多,但是如果雕像冲西面的话,它只能俯视这条繁忙的道路。离海关大楼更近的一个地点也被委员会否决,"主要是因为外国人无法在那里散步,几乎总被人力车和独轮车包围,完全被栏杆围住并经常被发动的烟雾所笼罩"。[4] 雕像的设计是为了给欧洲人看的。虽然它是第一座刻有中文铭文的雕像(铭文的某些部分被错误地解读),但它不是设计给中国人看的。

雕像被挪动后,高度被提升,朝向也改成了向西。赫德现在背对着海关检验棚,面对着海关大楼的大门。这就使这座纪念碑与巴夏礼的雕像并排而列了。这也意味着外滩在发生变化。到1927年,在经历一场持续的公共运动之后,鉴于造成的非常糟糕的国际影响,上海工部局被迫向中国人开放外滩草坪和公园,[5] 此后中国人再也不说外滩是欧洲人的自留地。实用的城市规划因为公共纪念的审美而被迫妥协。赫德被挪到了道路的中央,不过至少还能赫然呈现在进进出出的海关工作人员的面前。不过这座雕像的景观也可以被转变为其他工具,因为外滩从来都无法提供足够的空

---

[1] *North China Herald*, 30 May 1914, pp. 671–72; *Social Shanghai*, Vol. 17 (1914), pp. 149–52.

[2] Goodman, Bryna, "Improvisations on a Semi-Colonial Theme, or, How to read Multiethnic Participation in the 1893 Shanghai Jubilee," *Journal of Asian Studies* 59, No. 4 (2000): 889–926.

[3] Papers of Sir Frederick Maze, Semi-Official letters to Inspector-General, vol. 9, Shanghai Semi-Official, p. 771, 2 Aug. 1927, School of Oriental and African Studies (hereafter SOAS).

[4] H. F. Merrill to W. O. Leveson, 24 Jan. 1914, U1-2-438, SMA.

[5] Bickers, Robert, and Jeffrey N. Wasserstrom, "Shanghai's Chinese and Dogs Not Admitted Sign: Legend, History and Contemporary Symbol," *The China Quarterly* 142 (1995): 444–66.

间或没有烟雾和人力车的地方,以便观看这座雕像,但是它需要被知道和被看见。赫德的外甥安格联的继任者——梅乐和爵士在1927年还是上海税务司时卷入了有关这座纪念碑搬迁的讨论中。1929年他颇有争议地被任命为总税务司,随即下令出版一份纪念这座雕像新样子和地点的小册子,然后广泛发行。① 梅乐和利用这座雕像证明他是一名忠诚的海关人。他的前任安格联在1912年显然被卷入赫德雕像事件,不过在公开层面这种关系表现得很谨慎。② 但梅乐和更加胆大妄为,事实上在公共纪念投入的要多得多,并将它当作自己的任命背书的工具。上海的雕像服务于公共和个人的计划。

上海最后一个重要的纪念碑在1924年2月16日揭幕。这就是欧战纪念碑(the Allied War Memorial),它象征性地选址在法国租界与公共租界交界处,也就是(修建在洋泾浜上的)爱多亚路(Avenue Edward Ⅶ)。这再次将上海置于更广大的英帝国故事的中心。正如那些对英帝国进行成本—收益分析的史学家所发现的,帝国的无形资产对英国至关重要。海外英国人与"祖国"保持密切的关系意味着,在战争时期大批英国人返回英国,入伍参战。上海也不例外。这不是协约国的专利。许多可以组织起来的德国人离开当地前往青岛,最后有几百人从青岛离开去参战。仅上海就至少有200人战死。1917年初英国商会(British Chamber of Commerce)首次倡议保留一个地点来建欧战纪念碑(后来的确选了这个地点),从而形成了建造一座纪念碑的计划。③ 这座位于高耸底座上的雄伟的纪念碑由当地一家英国建筑公司设计,在一个盛大的仪式中揭幕。④ 塔顶上立着一个铜质"胜利天使"和两个小孩,委托人是英国雕塑家亨利·费尔(Henry Fehr),

---

① The pamphlet and related documents are in "Mr. Robert Hart's Career," 679 (1), 11043, CSA. Itwas reprinted in *Documents Illustrative of the Origin, Development and Activities of the Chinese Customs Service*, Vol. 4, Shanghai: Statistical Department of the Inspectorate General of Customs, 1938.
② 伦敦代理人卡鲁瑟斯私下不断通知他有关雕像的进展情况。See letters in "London," Carruthers to Aglen, Semi - official No. 3, 10 March 1914, 679 (1), 31840, CSA.
③ Bickers, *Getting Stuck in for Shanghai*, pp. 95 - 96; British Chamber of Commerce (Shanghai) to Acting Secretary, SMC, 30 Jan. 1917; SMC Engineer and Surveyor, to Secretary SMC, 31 Jan. 1917, U 1 - 2 - 502, SMA.
④ Stewardson & Spence, "Herbert Marshall Spence seems to have been the lead designer," *North China Daily News*, 19 March 1923, p. 3.

铭文只有简单的"死者光荣"（Ad mortuorum gloriam）四个字。

费尔以其完成了诸多战争纪念碑而闻名，其中有一座在（南非）东开普省的赫拉夫—里内特（Graaf Reinet）雕像。如果与法国和英国在大战之后建立的城市战争纪念碑做比较，会发现上海的这座战争纪念碑更引人注目。它传递了在上海的外国人的奢华和他们呐喊的需要。不过，这件事的有趣之处在于，纪念碑首次成为城市仪式的常规地点，特别是在停战日（11月11日），也在澳新军团日（4月25日）。它也很快成为一个令人焦虑的场所，因为它的巨大体型阻挡了路人的视线，所以被人们当作一个公共厕所。工部局警察条例被不断地修改，警察没有接到注意租界的纪念物是否被滥用的指示，不过在租界的档案和媒体报道中，可以找到抱怨的信件，如提及小贩聚集在那里。联合军人协会（United Services Association）抱怨，那里散发着尿臊味。它被"当地的苦力和乞丐阶层所亵渎"。他们睡在雕像的阴影下，或者在那里闲逛，但警察看不到。1939年4月，一位中国的警察被下令从白天到晚上11点一直驻守在那里，"防止这个地点进一步被滥用"，不过还是不断接到投诉。① 我们不知道上海不断增加的中国人是如何看待这些纪念物和纪念碑的。但也许我们想知道，在一座受周围地区移民影响而不断被翻新的城市，它们被称作或被认为是什么。不过，我们的确知道上海外滩的普通人发现了它们的"实用之处"。

早期中国人的评论中，如在《指南》中大多简明扼要地解释了这些雕像是谁，为何要建造它们以及这种公共纪念是怎样一种"西方的"风俗。它们显然也成为这座城市视觉象征节目单的一部分，反复出现在20世纪30年代的电影画面中：巴夏礼和赫德雕像作为展示上海现代性和国际性的一个视觉大杂烩，出现在1937年的电影《马路天使》的序幕中。它们仅仅代表这个城市街景的一部分，却可能被解读为部分地象征着这座城市为外国势力支配。公众的态度很难衡量。巴夏礼雕像有一个中国外号——"铁人"（当时中国对巴夏礼铜像的别称，应为"铜人"——译者注），它离一个使用率较高的渡船码头很近。② 一战纪念碑也获得了一个外号——"胜利天使"（当时中国对该纪念碑的别称，应为"和平女神"——译者

---

① See correspondence in U1-1-3485, SMA.
② 海通社：《上海研究资料》，中华书局，1936，第370~377页。

注)。虽然后来的宣传将这些纪念碑描绘成侵略性的和受人憎恨的帝国主义胜利的象征,但是尚未有证据证明当时的人们是这么看待它们的。① 多数的《指南》只是描述性地解释这些人物是谁以及这些纪念物是何时建立的。不过,我们可以从下文看到,这些纪念物,在 1945 年后为新的民族主义情绪和信心所厌恶,意味着当地居民对它们有一种潜在的敌意。正如上海的外国人社区用他们的纪念物来发表公共宣言一样,当地的中国居民和评论家"听到"了这些,并在以后利用它们来"表演"也就毫不奇怪了。

1924 年后外滩再没有建立重要的纪念物。应该强调的是,外滩不是建立公共纪念的唯一场所,不过它一直是最重要的,尤其因为它是租界唯一的大型公共开放空间。其他开放空间局限于租界的公园。上海的跑马场包含在一个私人娱乐场地中,的确也发挥了许多公共功能——如游行、检阅、运动等。租界之外,在公园和其他空间建立了纪念中国公众人物,如李鸿章、宋教仁和"五卅"惨案遇难者的雕像和其他纪念物。法国人在他们的领事馆为死于太平天国运动的卜罗德(Admiral Protet)建立了一座纪念碑。更早的还有为死于镇压小刀会起义的法国水兵建造的纪念物。纪念物既有感染力又有重要意义。俄国难民社区为宣示自己的文化身份——因为没有其他方式——于 1937 年通过募捐在法国租界的一个小交通岛上,树立了一个纪念碑纪念诗人普希金逝世一百周年。② 不过,外滩的象征物是这座城市其他地方所无法比拟的。也正是这个原因,1941 年 12 月太平洋战争爆发后,日本人占领租界之后,外滩所有的纪念物都被拆除。只留下空空的基座,像"展翅的天使"。

三 一切都在变化

日本占领上海,却被其说成是"反抗"帝国主义、"解放"亚洲战争的一部分。尽管它自己的军事指挥官也常常以嘲讽的态度看待这种用意识形态来支持侵略战争的做法,但是"泛亚"意识形态对一些人还是有吸引

---

① 更详细的叙述见薛理勇《外滩的历史和建筑》,上海社会科学院出版社,2002,第 240~263 页。
② *North China Daily News*, 11 Feb. 1937, p.9; *North China Herald*, 27 Feb. 1937, p.282.

力的，用公共仪式在平面媒体和其他宣传平台中定期进行庆祝。例如在上海举行将新加坡从殖民统治下解放的公共游行。尽管这种游行注意展示的是它的"反帝"，但实际上一年前任何活动都与上海旧有秩序的象征有关。1942年12月9日，上海工部局被告知必须要拆除同盟国在中国的各种公共纪念物。"某些有影响的人"，工部局总董冈崎胜男（K. Okazaki）报告称，"在当前形势下，一些雕像和纪念物仍留在公共租界是不合适的"。① 值得注意的是，从日本占领到1943年8月正式交还上海伪市政府，上海工部局保持了它的国际身份和（虽然被限制）半自治状态。这种连续性很重要，因为对待租界纪念物的方式表明，即使在盟国的敌人思维中也存在一种上海"自治"的观念。正式管理工部局的日本人和德国商人在珍珠港事件之后与他们昔日的对手的共同利益，要多于中国人与日本军方的共同利益。

这种动议的热情并不高。财政问题是一个方面，但档案记录的讨论显示，还有其他方面的考虑。一个由两名中国人和两名日本人组成的委员会同意，巴夏礼的雕像很显然是英国的，马嘉理的也是。它们代表英国人的势力，是"英帝国主义在东亚的象征"，纪念的是"这个世界的大多数人没有理由要特别尊重"的人。而赫德是中国政府的一个公务员，"戈登将军"的纪念碑（原话如此——译者注），"为当时的中国政府提供了值得称赞服务的人的记忆"。欧战纪念碑是"献给那些在两次历史战争中牺牲的勇士，它们的交战理由在这里的人看来是不合理的"，但"没有特别的帝国主义的印记"。② 委员会的意向是拆除那些明显属于英国人的纪念物，但保留那些没什么英国人含义的。伪上海市长则不这么看，1943年8月发布命令将所有纪念物拆除，并移交到他的办公室，只有赫德的雕像被运往海关保存。

赫德雕像被从外滩海关大楼前的一个交通岛上拆下来，摄影机的镜头

---

① U1-4-1828, SMA; SMC Minute, 9 Dec. 1942. 虽然盟国的国民没有从当局大多部门被赶出来，但显然已经从工部局被赶出来了。有关这个时期的工部局，参看 Bickers, Robert, "Settlers and Diplomats: The End of British Hegemony in the International Settlement, 1937-1945," *In the Shadow of the Rising Sun: Shanghai under the Japanese Occupation*, 1937-1945, edited by Christian Henriot and Wen-hsin Yeh, New York: Cambridge University Press, 2004, pp. 229-56。

② "Statues and monuments," undated note, c. Feb. 1943, U1-4-3495, SMA.

捕捉到了围观的一小群路人。这座雕像再也没有回到原来的基座上。"这种愚蠢的破坏公物行为",梅乐和爵士战后评论说,"是一种野蛮国家的证据",以此来证明他所认为的日本人的"野蛮"。他斥责说:"事实是他们所谓的'文明'只是一张皮。"① 一位曾经是《字林西报》(North China Daily News)编辑的英国记者在一本1943年出版的书中这样描写赫德:

> 在上海外滩海关大厦外有一尊他的雕像,面朝着河,以他的标志性态度,微微低着头,双手交叉着放在后面。人们当然有理由相信,是疯狂地想涂抹掉这位白人在远东的一丝一毫痕迹的日本人将它推倒的。②

不过,什么也没有被推倒。和其他许多这样的程序一样,这个处置方式实际上从官员角度来说是相当合理和正式的,并且仔细计算了成本(拆除两尊雕像——巴夏礼和赫德——将花费5000美元,如果保留雕像将多支出20%)。实际上,工部局对拆除这些雕像或街道更名(这也被提出来了)并不热心。在战时即使是象征性的姿态也需要花钱。工部局将这个问题交给一个分委员会,1943年6月收到了一份报告,报告呼吁进行上述变更,并同意这将"在公众中产生好印象"。不过,后来工部局决定将所有这一切留给1943年8月1日新成立的"市政府"来处理。③ 因此,一切都变得非常文明,直到1943年9月9日这些雕像才被拆除,目的是在"双十"庆祝国民政府的国庆日。④

日本军方原计划在上海建立自己的战争纪念碑。1944年7月起草了建造一座"租界光复纪念碑"的计划,目的是纪念上海的"统一"和国际租界的废除,纪念碑将建在当初树立赫德雕像的那个地点。⑤ 不过,后期的

---

① Later, post-war, comment on a letter from former Japanese Customs Commissioner Kurosawa to Maze, 28 Nov. 1929, Papers of Sir Frederick Maze, Confidential letters, Vol. 3, SOAS.
② Green, O. M. *The Foreigner in China*. London: Constable, 1943, p. 98.
③ 《工部局董事会会议录》卷28,1942年12月9日,第497~498页;1943年6月2日,第515~518页。
④ *Shanghai Times*, 10 Sept. 1943, p. 2.
⑤ U1-14-6608, SMA.

战局对建造纪念碑不利,而且据我们所知,那里什么也没建。不过,值得注意的是,同一地点后来建了陈毅——共产党时代首位上海市长——的雕像。当盟军和中国军队在1945年八九月回到上海时,他们发现外滩已经没有了昔日的纪念碑,只留下欧战纪念碑的残破基座。战后它继续承担停战日纪念和其他纪念功能。不过,尽管联合军人协会进行了游说,这座纪念碑还是没有重建。1945年底找到了被砸毁的"胜利天使"并运到英国领事馆,最后一次听说和见到它是在1947年初。① 不过,这些纪念物在上海郊区的车墩影视基地按原大进行了复制。因此,这尊同样也被复制的"胜利天使",实际上仍站立着俯视一个复制的上海。②

我们还得知1945年12月7日一批上海海关工作人员被派去寻找赫德的雕像,匾额被装回它的基座。虽然总税务司还没从国民党的战时首都重庆迁回上海,但在1943年遭到破坏的海关象征性脸面已经有人照看。有传言说这尊雕像已经被运往日本。不过,这些工作人员搜查了上海两个铁工厂,以及询问了记忆有点模糊的目击者,最后得出结论,这尊雕像实际上在其中一个铁工厂被熔化。那些铭牌似乎在海关大厦的仓库中与其他可拆卸的金属物件一起被拆下来,因为随着战争物资日益短缺,废品价格攀升。即使没有外滩上的赫德,海关也必须生存下去。③

外滩纪念物被拆除,以支持民族主义者对帝国主义胜利的叙述。某些人对哪怕仅仅是威胁要拆除它们所做出的愤怒反应,以及对试图将它们迁址或重建的焦虑,都证明了这些物质性象征在上海外国人社区的世界观中的地位。这种反帝国主义的叙述当时被用来服务于日本军国主义的扩张有点不切题,重新返回的国民党政权乐于接受这种既成事实,并通过自己的不作为实现外滩象征性功能的去殖民化。和前面的汉奸政府一样,国民党

---

① *North China Daily News*, 22 Jan. 1947, 1. The plinth was only taken down in 1960: South China Morning Post, 8 August 1960, p. 6.
② 感谢 Jeff Wasserstrom 提醒我这个,并提供这座纪念碑的图片。
③ Lester Knox Little papers, Vol. 3, "IGS Confidential correspondence with Foreign embassies, Naval and Military Authorities, 1948," L. K. Little to L. H. Lamb, 12 April 1948, and enclosed Extract from Daily report Book: "C" Party Inspection, Alien Property Administration, 7 December 1945, fMS Am 1999. 17, Houghton Library, Harvard University. 带有中文"赫德铜像"的底座1986年在上海和平公园被发现,并被送到上海历史博物馆。薛理勇:《外滩的历史和建筑》,第261页。

政权开始计划把外滩恢复成一个表达其民族主义观点或标明其反帝历史的象征性地点。内战期间资金缺乏和高通胀,意味着没有新建的纪念物。与它的前任政府不同,1949年后的共产党政府开始采取切实的措施去除残留的"帝国主义的"象征物。外国人纪念物最大的遗留场所是上海的各种公墓。1952年,一些国家的外交官注意到,被视为帝国主义象征的外国人的墓碑上的铭文被凿去。此外,1943年2月从法国租界迁到卢家湾公墓的卜罗德雕像消失。[1] 1966~1969年"文革"浪潮中,那些剩余的外国人的象征物,和中国的同类物一样,大多数被毁坏。许多人工制品,或那些仅仅是外国的或老的碑文,被不加区分地贴上了"帝国主义的"或"封建的"标签。中国传统的文化遗产所遭受的浩劫是广泛的。

外滩本身保留了其象征性角色,尤其当汇丰银行大楼被接管作为市政府和市委所在地。这些建筑被接管和再利用为这座城市去殖民化提供了一个简单的视觉"速记",并在有意将"新"与"旧"中国进行对比的出版物中得到了加强。国庆和其他时间的政治游行在外滩举行,类似的建筑风景被用到纪念性的招贴画艺术中,甚至被用到1959年在北京修建的人民大会堂的"上海厅"的装饰中。一张描绘在外滩举行的纪念人民共和国成立游行的早期招贴画中有欧战纪念碑的基座。基座上放着一尊人民解放军士兵的雕像,上面装饰着象征共产党的"红星",雕像下方基座的每个面用中国传统的装饰艺术装点。[2] 1950年5月28日是共产党接管上海一周年的日子,在公共花园里为"人民英雄纪念塔"举行了一场奠基典礼,但是直到20世纪90年代初,纪念碑的建造才取得了进展。除了兴建纪念碑和重新利用一战纪念碑之外,外滩的建筑或街道上的纪念性表演才是1949年之后外滩的焦点。

现在,人民大会堂上海厅中用来装饰象征性天际线的是朝向外滩的黄浦江东岸的上海浦东区。这里是一些世界最高建筑的所在地,从20世纪90年代中期开始迅速发展。不过,同一时期外滩恢复了其作为重要象征地点的地位。在黄埔公园中的人民英雄纪念塔(1994,原来的公共花园)和

---

[1] Jean Royer, "charged'affaires to Minister of Foreign Affairs," 9 Feb. 1952, File 650 – PO – A35, Archives diplomatiques de Nantes. I am grateful to Christian Henriot for providing this reference.
[2] 《庆祝中华人民共和国成立游行(上海)》(1950年),杭州国画院,大众美术出版社。《上海园林志》,上海社会科学院出版社,2000年,第28页。

陈毅的雕像（1993）分别占据了常胜军纪念碑和巴夏礼雕像最后所在的地点。但是这不太可能是刻意要与过去进行对话，虽然这些公园或花园曾经是对中国人进行种族歧视的地点，它的象征意义在20世纪90年代的学术和公众讨论中得到了强化。[①] 第三座雕像是2010年安置在曾经的银行大楼——现在的上海浦东开发银行对面的阿图罗·迪·莫迪卡（Arturo Di Modica）的"华尔街铜牛"，它似乎有意在与这座建筑本身互动，尽管如果考虑到牛屁股的位置有些粗俗。在通商口岸时代的纪念碑述说的将上海纳入全球殖民势力范围雄心的地方，迪·莫迪卡的铜牛雕塑表明了将中国纳入全球资本网络的雄心。

不过，所有新纪念物证明外滩作为一个纪念场所具有的持续性的特点。不仅这种做法在这个地点被恢复，而且在更广大范围中，与这些纪念物相关联的欧洲纪念文化被全盘地引入当代中华人民共和国国家仪式的惯例中。10月1日，共产党官员聚集在外滩北端，为革命先烈默哀，正如1948年前外国居民汇聚在该处往南几百多英尺的地方默哀一样。在清除了外国人主导时代的城市象征之后，当今政府在它的敌人已经腾出的同一空间做同样的事。外滩仍在讲述历史。除了赫德，那些曾被纪念的人在中国当代的"万神殿"中已经没有了位置：1943年工部局得出的最终结论仍然有效。赫德则不同，人们重新对他产生了兴趣，他的形象要么以电视剧，要么以畅销小说，要么以纪录片的形式出现。尽管继任的海关总税务司总是在外国人管理清廷海关损害了中国主权这样的框架内，但是对赫德的贡献和遗产的评价，总体而言还是正面的。[②]

结　语

上海的外国人社区必须呐喊才能让人"听见"。他们的问题是——正如一位领事成员在1856年所说的——"距离一万英里远"，远离帝国视线

[①] Huebner, Jon W, "Architecture of the Shanghai Bund," *Papers on Far Eastern History*, No. 39 (1989): 127 – 65; Bickers and Wasserstrom, "Shanghai's 'Chinese and Dogs Not Admitted' Sign".

[②] 如《外滩》，中国中央新闻纪录电影片厂，2010。

因此很可能也远离帝国的关心。① 不过，他们是帝国的忠实臣民——特别是在英帝国的这些例子中——他们用外滩的石头和铜质雕像证明了这一点。他们也需要那个帝国，需要它的战舰和军队，而且，因为他们的吹毛求疵，需要它的外交官和领事。他们需要它的王室成员来访问、演讲，为他们的纪念碑揭幕和发表令人宽慰的认可话语。英国人的纪念碑也明确地表示了自己是英国在中国事业的总部，并表达了这项事业应该如何进行：巴夏礼的雕像不断地提醒暴力的必要性；马嘉理的纪念碑则提醒坚持前进的必要性，"不能后退"（vestigia nulla retrorsum）——马嘉理的牺牲认可了世俗的"中国事业"。这些人是他们的帝国英雄。这些雕像和纪念物的所在地也为大型城市仪式的周期性举行提供了场地，外国人社区的关注和团结得到了最大程度的（哪怕是临时的）展示。尽管在石头中没有那么鲜明的展示，但这些活动的主题大多是世界主义的（四海一家）。在这些纪念物的记录中，以及对它们的描绘中，世界主义和外国人之间的团结（不那么公开的说法，种族团结）是重复出现的词汇。这些纪念物的命运也展示了和帝国之间冲突的历史轨迹。不过，最重要的可能性是，尽管在实践中世界主义并不完美，事实上它常常是一种"盎格鲁——世界主义"，然而，在工部局1943年最后一次保留非英国纪念物的努力中，我们仍可以捕捉到它思想的力量。

建造纪念物也意味着制造令人焦虑的场所。它们需要警察看守和清洁维护。虽然没有一座纪念碑是属于市政府的（那些属于市政的纪念物位于市政建筑中），但是所有纪念物在建造后都移交给工部局，需要公共资金来维护它们。这些焦虑来自担心在中国的外国人的纪念碑和墓地的命运，1842~1843年在条约通商口岸时代伊始这些焦虑就有所体现。公共租界对这些纪念物非常关心，安排警察和其他雇员守卫和清洁它们。在上海的外国人想象中也有这样的需要。这种关注的持续时间尽管没能超越工部局存在的历史，但至少超过了外国人控制工部局的时间，因为不仅仅是那些树立和保护外滩纪念物的人，甚至那些管理公共租界直到1941年的人的敌人，以及在1943年9月获得了胜利的人，都给予了同样的关注和重视。

---

① Meadows, Thomas Taylor, *The Chinese and their Rebellions*, London: Smith, Elder, 1856, p. 62.

这些地点是如此显著，以至于后来者有计划地继续使用它们，只不过是作为反殖民胜利的纪念地点或民族主义的努力标志。外滩本身作为象征的角色一直都没有中断，它作为重要纪念物的主要地点和相关仪式惯例的功能，在中断了大约50年后得到恢复。虽然戈登、马嘉理、巴夏礼以及"伊力达斯"号上的人们，200位死于一战中的上海外国人不再被纪念，但是这些纪念物，包括一个位于人民英雄纪念塔下的遗迹，将继续留在上海的历史博物馆。在这里，一些纪念物的照片添加了说明文字，重新将它们打造成象征上海19世纪国际大都市特征的一部分。它们不被看成是帝国主义的象征，也没有外国人在上海所提到的纪念功能。它们被重新塑造成一个中性面孔来支持上海作为"国际化大都市"的过去，从而服务于上海作为一个世界城市重新登上国际舞台的目的。这个昔日的殖民地变成了国际大都市。外滩过去的那些纪念物也被中性化了。

作者：毕可思，布里斯托尔大学历史学系
翻译：许哲娜，天津社会科学院历史研究所
喻满意，天津日报传媒集团《每日新报》

·会议综述·

战争、灾难与近代中国城市发展
——中国城市史研究会2015年年会暨学术研讨会综述

王肇磊　任吉东

2015年9月19~20日，中国城市史研究会、江汉大学主办的"中国城市史研究会2015年年会暨学术研讨会"在美丽的江城——武汉召开。本次中国城市史年会暨学术研讨会由江汉大学人文学院、江汉大学城市研究所承办。出席会议专家、学者、特邀嘉宾共近百人，他们来自中国社会科学院近代史研究所、上海社会科学院、四川大学、天津社会科学院、武汉大学、复旦大学、华东师范大学、华中师范大学、中国海洋大学、中南民族大学、天津师范大学、浙江师范大学、江汉大学、河南大学、湖北省社会科学院、武汉市社会科学院、中国三峡博物馆、贵州省民族研究院等16个省市40余所高校、科研机构、文博机构，共向研讨会主办方提交了学术论文80余篇。与会学者围绕"战争、灾难与近代中国城市发展"这一年会主题，就抗战时期沦陷区城市"发展"与社会变迁、大后方城市现代性发展、民族地区城市、交通与区域城市、贸易与区域城市、城市文化以及历史时期战争对城市的影响等方面进行了深入研讨，激荡思想，对话观点，推动中国城市史的研究向纵深发展。

江汉大学党委书记谭仁杰教授、中国城市史研究会会长熊月之教授先后在开幕式致辞；四川大学城市研究所何一民教授在闭幕式上做了总结发言。研讨会开幕式、闭幕式分别由中国城市史研究会副会长、江汉大学副校长涂文学教授和中国城市史研究会副会长、天津社会科学院张利民研究员主持。现将研讨会讨论综述如下：

一 关于战争与城市发展关系的探讨

关于城市与战争之间内在的紧密关系，可用一句话来概括，即战争是城市发展之因，也是城市发展之果。对此，全球城市史研究专家、美国哥伦比亚大学教授斯基娅·萨森指出：长久以来，城市一直是战争、种族、宗教冲突，以及贫富分化各种矛盾的发生地，但是城市往往通过商业和市民活动缓解战争给自身带来的创伤。安全的需求是城市产生的三大原因之一。很多城市最初或是为逃避游牧民族的掠夺而形成，或是逃离历史上全球很多地方普遍存在的不守法纪现象而形成。涂文学以武汉现代化进程为例分析了战争与城市发展的关系，指出：世界很多城市的起源、发展都与其自身重要的战略地位和军事目的紧密相关，其主要功能就是军事性的，扮演着军事要塞的角色。城市既是一个国家权力的象征、一个区域的政治中心，又是工商业中心和人口聚集中心。城市的中心地位往往决定其在战争爆发时成为兵家必争之地。此外，它还担负着交通集结点的重要使命。城市的这些属性及功能决定其在战争中必然成为首要的攻击目标。近代以来，中国及世界爆发的若干战争，其作战目标的指向主要是围绕大中城市进行的。正是因为战争与城市之间这种紧密的内在关联性和互动性，使得战争对城市发展产生极为重要的影响。何一民系统考察了抗战时期中国东中部主要会战，及战争对沦陷区城市的构筑与肌理、人口、社会经济等方面的破坏状况，指出抗日战争使中国数百年来积累的传统城市文明和现代文明成果大量被毁于战火中，对中国城市化产生了严重的破坏性影响，特别是全面损毁了东中部城市的物态本体，造成了城市发展的内在机制、动力因素和外部空间环境、条件的"异变"，使东中部城市在抗战时期呈阶段性的严重衰败。同时，何一民还探讨了抗日战争对大后方区域城市经济的巨大影响，指出西南城市因东中部的经济资源和经济、社会要素的流入获得了长足的发展，城市经济出现了跨越式的大发展，在一定程度上改变了战前中国生产力不平衡的格局，尽管在抗战后期西南城市经济出现了畸形化发展，但为抗战最后的胜利及战后经济的复兴与发展奠定了基础。张利民在总结日本战时驻屯军指挥下的华北社会经济调查的基础上，系统分析了驻屯军策划和制定的掠夺华北经济的方针政策和各种计划，认为在驻屯军的主持和策划下，日本全面侵华之前已经有了系统全面的掠夺华北经济的方针和计划了，驻屯军因此成为七七事变前日本策划华北政治军事行动和经济侵略的现地大本营和指挥部，极大地助推了日本侵华的步伐，为以后对华北的殖民统治做了较为充分的准备。艾智科则考察了抗战时期大后方城市的分布状况、一核多元城市体系的形成，分析了此时期城市发展类型的变化，并认为抗战时期大后方城市发展格局的重大调整和结构性变轨，是因抗战导致东中部城市沦陷后出现断裂式发展，东中部促进城市发展的各种因素西迁大后方，在政府有明确的导向下，在大后方城市获得了更充分的利用，从而使得大后方形成了新的城市体系，对中国西部城市在20世纪下半叶的发展产生了深远影响。王肇磊则考察了抗战时期贵州民族地区因抗战的需要，贵州地方政府积极吸纳利用中东部资源和国家政策，大力发展民族地区城市经济、文化、教育和市政建设，通过不断积累城市现代性因素，城市发展获得了历史性的进步，取得了"相当的效果"，初步改变了贵州民族地区封闭落后的状态。但这一发展态势因抗战胜利，原西迁的现代性因素东还原籍，而陷入停滞状态，结束了贵州民族地区城市发展的"黄金时代"。付娟探讨了抗战时期新疆城市变迁的具体情况，分析了战争与破坏，开发与建设对战时新疆城市的巨大影响，揭示了大后方边疆民族区域城市的发展，因政治、地理环境、民族的影响而呈现出"既不是日寇占领区，也不是真正意义上的国统区"的特殊发展轨迹。梁家贵研究了全面抗战时期安徽省未沦陷城市的市政、经济、文化、教育等方面，受"大前方的后方、大后方的前方"特殊因素的影响，其发展呈现出衰退甚至中止的状况。谷敏从中国的博物馆、图书馆和民众教育馆等文化战线的文化人士竭尽全力保护中华民族的珍贵文物与文献资料及其与文化汉奸做斗争的角度，探讨了中国各大中城市公共文化服务业在抗日战争时期所受到的损害及所做的贡献，即用抗战救国、抗战必胜的爱国理念来积极开展各项公共文化事业来为抗战服务。

还有学者研究了日本侵华战争对中国文物资源保护、抗战教育、民众社会生活等问题，从不同的侧面揭示了抗日战争时期战争与中国城市发展变迁的关系。

同时，一些学者还具体考察了历史上战争对中国城市发展的影响。冯剑通过魏晋南北朝时期各政权在文明冲突与融合过程出现的城市破坏、兴建和变迁，考察了此期中国城市体系发展演变的问题，指出魏晋南北朝时期中国城市的破坏与毁灭的直接根源是社会持续动乱、战争和自然灾害。同时出于政治、军事的需要，结合文明的冲突与融合产生的新因素，魏晋南北朝又是一个中国历史上城市建设的高潮时期，在经历城市破坏与新建后，魏晋南北朝的城市体系出现了体系多元化、城市类型多样化、城市景观宗教化、城市层级繁复化、城市数量迅速增多等新趋向，对秦汉以来中国已形成的城市体系造成了巨大的冲击，并为隋唐中国城市体系随着文明融合的深入，化繁为简，回归传统奠定了基础。陆雨思以农牧文明的冲突与碰撞为视角，探究了辽宋战争对辽代城市的破坏和在文明碰撞下对城市发展情况的影响，并分析了辽宋战争对辽代城市发展的影响所具有的民族冲突和融合的特点，就其长远意义而言则促进了城市的"正常性"发展。

上述研究都揭示了战争对城市发展所具有的双面性影响，即除了战区城市因"招致集中的军事控制，有计划的劫掠，以及经济上的寄生性——这种种惯例都是与城市文明应促进生命活动背道而驰的，并且最终引向毁灭"外，受特殊历史条件影响，个别城市或部分区域城市也会在战争时期呈现出"非正常性增长"的发展现象。

二 关于抗战时期单体城市"发展"问题的研究

单体城市研究一直以来是城市史研究的一个重要领域。全面抗战爆发后，中国大多数城市因此而受到了影响，为此与会学者从不同的层面对不同地区的单体城市进行了研究。目前学界对沦陷区城市的研究还处于起步阶段，相当薄弱，但本届年会，与会学者却提交了数十篇有价值的学术论文。熊月之以《上海在世界反法西斯战争与中国抗日战争中的特殊地位与作用》为题，系统探究了上海在抗战时期有奇特与中立、多元与交汇、巨大而富庶等三个鲜明特点，因此具有"任何一国对上海不能不特别重视，都要充分重视"的特殊地位，以及在此基础上产生了"其它产生无法起到的作用"，即调动、牵制日本的战略据点，成为全国抗日救亡运动中心，抗战孤岛，国际情报网络链接点，各种反法西斯力量的结合地，如实报道中国抗战的媒介基地和令汉奸丧胆的锄奸之地。正是因为上海在抗战时期的特殊地位的作用，这座远东国际城市被赋予了战时独特的城市镜像，显示了上海独特的城市特质。虞和平对上海市民在淞沪会战中组织化问题加以探讨，另有学者分析了城市中的金融行业、市政思想、新闻媒体、文化教育、公共文化服务业、社团组织、卫生行政等的行业与团体的发展与演变。

天津作为抗战时期的华北中心城市，一些学者从经济的角度剖析了沦陷时期天津城市发展状况。魏文享对天津商会与税收征稽进行了探讨，分析了沦陷时期天津税政延续与商会改选、所得税后援会成立及停征交涉、天津商会与营业税代征等内容，并指出日本侵略者利用商会作为商人在政府政令体制和市场运行系统中的介质地位，来为其经济控制和殖民统治服务，虽然商会在一定范围内进行了抗争，但不改日寇殖民统治的"工具化"特征。龚关深入考察了日本在侵华战争中对华北的金融统制及其对天津金融格局和金融制度变迁的影响，从侧面揭示了日本帝国主义的侵略战争极大地弱化了天津的区域贸易和金融中心地位。

南京是沦陷区另一个研究的重点。李沛霖运用比较研究的方法，探讨了战前与沦陷时期南京人口的变迁和市民生活状况，客观地反映出抗战时期南京衰落的根本原因在于日本侵华战争及其殖民统治。朱继光、李巨澜则比较分析了南京沦陷前后日军的"征缴"政策，并指出日本侵略者"征缴"是对南京掠夺的暴行，不仅对普通民众造成了巨大的生命财产损失，而且破坏了南京城市发展所依托的大量市政设施，直接导致了抗战时期南京城市的衰败。王汉东则以"中国一日"为视角，采用比较研究的方法，探讨了抗战前夕南京、上海、北平、天津四座城市日常生活视野下的中日关系的走向与危机，从社会史的角度提出中日关系已至冰点，战争成为抗战爆发前夕解决中日不可调和矛盾的唯一手段，也预示着这四座城市即将遭受战争的洗礼和战时的衰落。

潘大礼、黄兆具体探讨了抗战时期宜昌沦陷前后，中国共产党在宜昌组建基层舆论宣传组织体系及其开展舆论宣传的形式和取得的实际效果，指出中国共产党在宜昌广泛进行的抗日舆论宣传，发动人民群众，为宜昌坚持抗战，起到了中流砥柱的作用。

大后方单体城市也是本次年会学者讨论的重要议题。梁中效从军事、交通、经济、文化、教育等层面系统研究了汉中在抗战时期的发展状况，指出正是此期汉中的城市快速发展，使之成为战时大后方战略重镇。范瑛、赵斐以寺庙里的政治为关注点，从微观角度管窥了成都成为大后方抗战基地后，为宣传动员民众抗日、坚持抗战，各类宗教场所社会功能逐渐从"抚顺民俗"转变为"应对国难"，被国家和社会赋予了展示"政治"的内涵，为人们呈现了抗战时期成都城市文化空间的时代性变迁。武亨伟探讨了抗战时期西安防空避难设施建设中的防空地下室、防空壕、防空洞等相关问题，揭露了日本侵略者对大后方城市实施"无差别轰炸"，给大后方带来了巨大的伤害，阻碍了大后方城市的发展。黄茂主要研究了抗战时期中国著名的人文地理学家李旭旦的甘南藏区城镇发展思想，认为李旭旦"甘南藏区政治中心地""地尽其力""适中开发""发展交通""建国家公园"等城市建设理念是结合了甘南藏区脆弱的生态环境、有利于城市可持续发展、增进民族融合的最基本的原则，虽然其科学建议在抗战时期实施极为缓慢，取得的成就有限，但对新中国成立后当地城市建设发展提供了可资参考的经验。

三 关于沦陷时期武汉城市与社会的探讨

沦陷时期武汉城市与社会问题是本次年会的重点领域，涉及了武汉市政、民生、文化、教育、人口、新闻传播、社会组织等诸多层面。邓红运用日本战时资料，深入探讨了抗战时期日本侵略者在汉口设置特别慰安所的经过、规模及特点，指出慰安妇是日本侵略军直接奴役下"性奴隶"的说法是有根有据的，并用大量事实揭露了"慰安妇"制度是二战时日本侵略者在中国各沦陷区普遍设立的，是日军犯下的最惨无人道的罪行之一，是不容日本否认的。方秋梅以汉口市公益分会及公益联合会为个案，考察了沦陷时期汉口的社团变异和城市衰败，指出在日伪统治下汉口社团组织功能严重萎缩，其组织性质严重异化，成为日伪控制汉口城市社会的一个工具，直接导致了城市市政建设、社会管理的不断退化，最终成为加剧汉口城市衰败程度的重要原因之一，这一情况在沦陷区各城市具有普遍性。路彩霞探讨了武汉沦陷时期的卫生管理的组织机构、管理内容、管理效果等卫生行政问题，指出虽然日伪当局在武汉沦陷这一特殊历史时期进行了一定的卫生行政建设，但在残酷的殖民统治下，武汉卫生事业遭到了巨大的打击，在战争环境中元气大伤。李勇军、李双研究了沦陷时期武汉的报刊、广播电台和汉奸文人，揭示了日伪当局在武汉推行"文教剠其过"的文化侵略政策的目的与本质。刘文祥通过沦陷时期留下的大量城市影像资料，直观再现了抗日战争从不同方面给武汉带来的灾难，真实记录了日伪在武汉的殖民统治，并反映了沦陷时期武汉城市景观和市井生活的不同侧面。秦熠较为系统地探讨了沦陷时期武汉日伪当局秉承"东亚联盟"的思想，为瓦解武汉人民的反抗和斗争意志所采取的文化统制政策，内容包括日伪宣传政策的变化、日伪宣传机构的扩充与运行、文化统制与管理，就此作者指出沦陷时期日伪当局的文化统制政策造成了武汉城市文化的萧条，弱化了城市的文化功能。裴高才、王梦琳通过爬梳与史沫特莱、斯诺等齐名的华裔作家韩素音的家世、抗战时期的活动及其与武汉抗战相关的著作，再现了抗战时期全民抗战的人物形象和战时武汉人民的日常生活，拓宽了抗战时期武汉城市生活史的范围。张伟则考察了武汉会战时期汉口第一临时儿童保育院的历史渊源、组织活动和在战时的作用。陈泽明较为系统地研究了沦陷时期武汉的堤防建设与防汛问题。

除了研究抗战时期武汉城市史外，有学者对抗战前武汉城市相关问题进行了研究。罗翠芳则以"民国时期的汉口民生问题"为题，研究了汉口的失业或无业问题、生计问题、贫穷问题、自杀问题、住房问题等，指出这些城市社会问题产生的深层原因是近代中国城市化动力机制问题，特别是在政局动荡的情况下，政府或无能或无力解决，在战争或灾害环境中非正常地使人口城市化加重了城市社会的民生问题。张笃勤从城市历史地理的角度对汉唐以来汉水入江口进行了细致的考辨，对解决关于汉水入江口数百年来的一大学术公案提出了新的思路和新的观点，有利于进一步廓清武汉城市地理格局的发展演变。

四 关于经济、交通、市政、文化教育、城市接管等城市发展问题的讨论

除"战争、灾难与近代中国城市发展"主题外，一些学者还研讨了经济、交通、市政、文化、教育、新中国城市接管等与城市发展关系的问题。

陈国灿通过考察浙江近代口岸贸易的兴起与影响、新式交通与城市经

济、城市近代工业的产生与发展、城市金融的新动向和城市商业的发展，分析了浙江城市经济的近代演变，并指出近代浙江城市经济的演变，是传统工商业经济向近代工业经济和市场化产业的转变，在发展空间格局中始终存在着地域发展不平衡性，有着先天的不足和诸多缺陷，最终造成浙江城市经济没有完成近代化转型，而是处于传统与现代之间，呈现出"半截子"近代化的特征。乔南梳理晋商贸易活动及其对甘肃、宁夏、青海、新疆等丝绸之路沿线城市及区域经济的影响，并考察了其在上述城市和区域经济发展过程中所起到的作用，为当代丝绸之路经济带的开发与建设提供了一些具有价值的参考。黄河探讨了近代宜昌开埠以来转口贸易对宜昌城市商业、金融、交通、市政等方面的影响，并指出虽然转口贸易在近代始终发挥着关键的作用，但这一单一的经济结构使宜昌城市经济处于极端脆弱和不稳定的状态。

马陵合针对蚌埠、石家庄这两座近代新生的铁路交通枢纽城市在中国交通现代化进程中所体现的权利构成进行了比较研究，阐述了政府权力介入的程度决定了城市发展速度的快慢，阐明了中国城市发展动力虽然有不同的动力机制和各具侧重点的权力结构，但大都是依据城市在国家政治结构中所处的政治地位获得不同程度的发展，这一发展规律随着近代交通变革所聚合的经济因素也日益与城市权力结构结合在一起，产生连动效应，共同推动城市的持续发展。

在市政研究方面，高路研究了民国时期民主主义化的市政思想，剖析了民族的市政、市政与国家等市政思想的渊源及对中国城市建设的影响，并指出了民国时期市政建设的探索一直存在着民主主义化的市政思想，市政建设是当时的统治者和市政学者动员民众、整合各种资源进行现代化运动、建立现代国家的一种尝试。近代中国市政成为一种民主主义市政、国家主义工具乃历史的必然的结论。邵彦涛则以兰州设市为事例，按照民国时期设市标准与财政能力考察了兰州设市与市政改革问题，通过具体研究兰州市政筹备处的裁撤、兰州市政府成立、市政建设的财政问题和市政府组织改革等内容后，指出中国近代市政问题不仅仅是市政现代化的问题，而且财政能力的高低往往成为其发展的决定性因素。

一些学者还针对城市文化教育问题展开了探讨。《大公报》作为抗战时期天津著名的媒体，也是其城市文化符号，对天津乃至于全国都具有重大的影响和重要的文化内涵，其在抗战时期的对日态度往往会极大地影响国民抗日思想，为此，李学智详细研究了"七七事变"前后《大公报》的对日观察与对日态度，通过《大公报》在此期间所刊发的相关日本扩大侵略的报道及其社论对日本侵略行径的谴责，警示国民。同时，李氏还剖析了《大公报》对日"不惜函垢忍辱"，不愿放弃对日和平解决的态度的深层次原因，显示了弱国对强权的无力与无奈。熊霞探究了抗战时期湖北的文化工作者通过创办抗战文化期刊、组建抗战文化团体加入抗战的实践活动，并对其进行了高度评价。文化抗战有力地配合了湖北抗战的政治斗争和军事斗争，为抗战的胜利做出了重要贡献。唐媛媛考察了民国时期杜威、罗素、泰戈尔等世界文化名人访华讲学的际遇，认为他们的讲学促进了上海、北京、南京、济南等城市中西文化的碰撞，增加了城市文化消费，开化了城市风气。胡俊修则对1934年"闲话扬州"风波进行了文化史解读。兰军、吴健等学者则研究了战时中国城市教育与教育抗战问题。

关于城市社会生活问题，任吉东以社会生活史研究的方法，细致地考察了天津近代城市粪溺处理和社会生活演变问题，通过比较研究传统农业生产方式与近代城市生活方式不同的粪溺处理方法，从微观角度论述了近代城市发展程度和城乡关系，揭示了近代城市粪溺处理的多重属性，为我们再现了近代城市社会生活从传统走向现代的最为普通而真实的历史场景。王雪梅通过研究清代成都日常城市休闲活动，探讨了清代成都的城市文化、经济、交通与各类休闲活动的关系，刻画了成都最富生命力的城市文化底蕴——"闲适"的特质。杨振则论述了抗战时期湖北民众的心理和社会生活的变迁问题。

此外，毛曦从城市史研究的理论高度，基于城市地理学思想，高屋建瓴地考察了"似城聚落"理论在中国的传播与运用，探讨了中国城市史研究的相关理论问题，肯定了"似城聚落"理论在今后中国城市史研究中所具有的理论意义。杨发源和付志刚分别探讨了山东潍坊和新疆的城市接管问题；薛毅研究了20世纪中国煤矿城市发展问题；付艳鸿则对1940年代"中原大灾害"中的民变做了有益的探索等。

总的说来，就本次会议提交的论文主题而言，有抗战时期的沦陷区城市发展与社会变迁、有大后方城市发展相关问题，以及灾害与城市发展的关系等，突出了抗战对中国城市发展的影响和作用。从宏观上讲，学者较为全面地探讨了抗战对东中部与大后方城市发展的影响,他们分别讨论了抗战时期华北、华东、湖北、浙江、安徽、新疆、贵州等区域与城市发展的状况。从中观层面看,为数众多的论文以单体城市为视角,对武汉、上海、天津、成都、南京、开封、兰州、北京、宜昌、桂林等大中城市的政治、经济、文化、人口、社会生活、城市空间等多个方面进行了较为深入的研究。微观研究日益受到城市史研究者的重视。另外,还有学者从战争、交通、灾害等多个方面讨论中国城市在不同的历史时期发展与变迁的情况等,呈现出鲜明的研究内容多元化、研究内容前沿化的特色。上述论文为中国城市史研究发展成为具有系统性、体系化、综合化的学科奠定了基础,为未来中国城市史研究提供了诸多的可能和新的研究空间。

另外,本次学术年会一大特点还在于参会人员结构优化,体现了中国城市史研究队伍的老中青三代梯队的有序建设,既有以熊月之、虞和平、何一民、张利民、涂文学等为代表的长期耕耘在城市史研究的学术带头人、资深研究专家,也有诸如陈国灿、邓正兵、毛曦、范瑛、任吉东等为数众多的中青年研究人员,还有一大批学术功底日渐深厚的青年讲师与博士研究生。据统计,参会的人员中具有教授(研究员)职称者31人,占参会人员的32.39%;具有副教授(副研究员)职称者27人,占参会人员的28%。这一数据充分反映出经过学术带头人多年的埋头实干,城市史研究日益受到学界的关注,也反映出青年才俊日益成长,学术队伍不断壮大,中国城市史研究未来的人才结构呈现出不断优化的局面,这是会议中可喜的发现,为我们展现了一幅中国城市史研究未来繁荣可期的图景。

当然,本次年会也反映出了中国城市史研究亟待改进和完善的领域。第一,理论化水平需要进一步加强。虽然有学者在理论方面做了一些有益的探索和思考,但与具体问题研究的热情相比,还存在较大的差异。作为一门综合性研究学科,中国城市史研究要取得更丰硕的成果,还需加强理论建设,在理论方法上有更大的突破。第二,研究主题过于集中在战争与城市发展关系的问题,对除战争外如各类灾害对城市发展影响的研究成果较少。第三,城市史研究重点仍在中心城市、大城市,小城市和城镇研究仍较薄弱,需要加强。

总之,学者们在本次学会年会研讨会上发表的与"战争、灾难与近代中国城市发展"相关的见解,尤其是提倡多学科、多视角,进行综合研究的方法和思路，对城市史研究的深入开展具有重要的借鉴意义。其留下的一些有待进一步深入研究和有缺憾的问题，值得城市史研究者进行思考和探索。

作者：王肇磊，江汉大学城市研究所
任吉东，天津社会科学院历史研究所

"接地气":关于城市大众历史书写的思考
——首届"中国国家历史"创意写作高级研修班研修综述

尹学梅　王　静

2015年9月19~20日,正值八月桂花香满城之际,中国国家历史研究发展中心和南京师范大学文化产业研究发展中心在南京师范大学联合举办了首届"中国国家历史"创意写作高级研修班。本届研修班以"史学创意写作"为主题,邀请中国社会科学院、南京大学、浙江大学以及新浪历史频道等国内从事史学工作的史学家、作家和资深编辑联合授课。研修期间,专家们分别探讨了新媒体时代的读者与选题、大众历史及大众历史阅读、大众历史写作基本规范以及大众史学创意写作基本技巧与方法等专题内容。作为城市史的后学之辈,通过此次对大众历史写作基本技巧和基本规范的学习,开阔了视野,了解到城市历史的另一种书写路径。

一　通俗不媚俗:关于城市大众历史的书写前提

所谓大众史学就是站在个人的立场,以通俗易懂的语言书写大众的历史,并提供给社会大众阅读的史学形态。[①] 那么,城市大众史学,则是从城市的角度,将城市历史知识转化为受大众欢迎、启迪大众智慧的作品。近年来,城市大众历史逐渐受到人们的欢迎,出现了《城市与战争》《品读城市文化》《百家讲坛:六大古都》等作品。但总体而言,与学院派城市历史研究史家辈出、卷帙浩繁的局面相比,城市大众历史史著则略显"知尽能索"。如何推进城市大众历史的发展?可从此次研修中专家对大众

---

① 姜萌:《通俗史学、大众史学和公共史学》,《史学理论研究》2012年第4期。

历史的多角度阐释中略窥一二。

首先,城市大众历史是通俗的,表达的是对普通人和普通事物的尊重。研修期间,与会学者普遍认为,一方面随着通俗读物的畅销、"电视讲史"以及口述史学和网络平台的发展,当今历史知识的传播和文本构建模式已从单一纸质媒介发展为影视、网络等多种媒介,比如新浪历史频道前主编张晓波先生就介绍,在整个门户网站的阅读量中,关于历史内容(包括军事和文化内容)的点击量占到了20%;另一方面大众历史史著也日渐成为全民热议的"公共话题",大众参与感不断增强,并逐步成为大众历史书写的主体。那么,对于城市大众历史亦然。因此,城市大众历史发展的精髓就在于尊重普通人、尊重普通事物,满足普通人了解历史知识的需求。简单地说,就是大众通过通俗易懂的语言文字,能够轻松明白有关城市发展的历史经验和知识,以用于映照现实问题。就此意义而言,城市大众历史的本质就是对历史知识实用价值的利用。正如冯尔康先生曾说的,史学工作者需要继续克服居高临下地对待读者大众的态度。①

其次,城市大众历史不同于媚俗的历史读物。与庸俗读物不同,大众历史的书写与学术研究并非背道而驰。中国社会科学院马勇研究员就强调,用通俗的语调写历史,并没有否认通俗就不是学术。通俗读物仍然应该在学术上有所表达,要有真知,有灼见,绝对不是人云亦云的知识拼凑。为说明该问题,他以顾颉刚的《古史辨》长序、《五德终始说下的政治与历史》等作品为例,解释了如何在通俗的表达中蕴藏作者的学术看法。总之,内容虽通俗,但一定要有学术在其中。浙江大学陈红民教授也强调了大众历史书写中写作逻辑的重要性,而这也是与媚俗读物的主要区别。同时,他还以蔡东藩的二十四史演义为例,解释了通俗史学之所以可以写作,是因为任何历史事件都可以从多种角度进行观察。所以,鉴于城市大众历史,特别是近代城市大众历史资料汗牛充栋,优秀的城市大众历史应当是有作者独特的视角,有清晰的事件线索和事件因果逻辑,这是与一些打着各种噱头赚钱的所谓"历史通俗读物"有着本质上的不同的。

最后,城市大众历史书写需要专业的大众历史学家。研修期间,各位专家普遍表达了对专业大众历史学家培养的希望。专业史家注重对资料的

---

① 冯尔康:《说故事的历史学和历史知识大众文化化》,《河北学刊》2004年1月。

爬梳，注重对历史科学性和技术性的追求，注重严肃的历史智慧，因此所撰写的史著往往是专业性很强的学术科研著作。与专业史家不同，大众史家，如南京大学陈仲丹教授所强调的，需要了解社会公众对历史的爱好，引导社会公众参与历史研究、写作，起到沟通专业史家与社会公众桥梁的作用。所以史学知识大众化，对史学工作者的专业要求会更高，[①]就更需要专业的大众历史学家承担这一责任。

二 生动不生涩：关于城市大众历史的叙事表达

最好的历史叙事，一定是求真严谨且文辞动人的，大众史书尤为如此。毕竟非专业性的读者、听众和观众等，就是要求史家通过创造性转化和创新性发展，将传统史学精华[②]书写为通俗易懂、贴近实际的普通历史知识。

首先，生动的叙事是能够打动读者的叙事。专家们从叙事的内容、角度以及写作风格三个方面进行了阐释。（1）内容要贴近读者群。以新浪历史知识读者群为例，张晓波先生介绍，从数量上93%的读者是男性用户，其中又以20～50岁人群为主要阅读用户；从内容上，50%的人群关注的是近代史，尤其是辛亥革命以后的历史，其次是晚清史；在选题上，读者倾向于关注政治军事精英等，特别是一些有争议性的人物，如李鸿章、袁世凯等。所以，大众历史的叙事内容应主要以大众感兴趣的历史内容为主，毕竟兴趣是读书的前提。同时，在写作手法上还需要借鉴政治史、新社会史、公共史学以及口述史学的方法。（2）叙事的角度、观点、材料要有新意。陈红民教授以蒋介石的研究为例，认为该研究存在着三个层次，即"主流意识形态"话语语境下的蒋介石、学术研究中的蒋介石与网络公众层面的蒋介石，它们分别对应政治宣传的史学、史学研究与公众史学。那么从大众史学的角度看，叙事的新意是能够从熟悉的人和事中，找到不为人所知的东西。譬如蒋介石与胡适之间的资助与受助关系，因双方当事人碍于情面而鲜为人知，所以能吸引读者的兴趣。（3）注重历史表现形式与

---

① 冯尔康：《说故事的历史学和历史知识大众文化化》，《河北学刊》2004年1月。
② 陈其泰：《成功刻画特定历史环境的人物形象——〈史记〉列传历史编纂成就析论》，《史学史研究》2015年第2期。

历史写作风格多样性的结合。历史表现形式，如杂志、小说、电影、电视、广告等传播媒介对大众史学发展的重要性是不言而喻的，但同时专家们也强调了写作风格的多样化，因为不同的读者有着不同的需求。

其次，以文辞动人。如何写出具有亲和力的作品，专家们也提到了三个方面。第一，语言修辞要明白，行文要流畅。其中言辞明白是指语言方面要避免有稀奇古怪之词，同时也要避免过分的文学修饰和想象。对这一点，专家们指出，史学界存在着这样一种说法，即通俗有趣的历史一定是浅薄的作品，而晦涩的一定是严谨深刻的作品。但实际上，容易读的作品更是难以写就的，特别是要求将事件的内在紧张、冲突和戏剧性，在按章造句上保持流畅是要投入巨大精力的。第二，注意大众阅读习惯。在这里，张晓波先生提出要注意借鉴传播学经验，引导读者轻松阅读史料。比如新媒体平台上，读者的阅读习惯是 5 分钟/2000 字；而在纸面媒体上，则以 10 分钟/2000 字为宜。马勇研究员则以自身出版《重新认识近代中国》一书为例，说明历史学术专著中的大量注释，对于非学术圈的还有相当认知的人群而言，会造成阅读上的障碍。第三，要有人文主义精神。在对客观材料进行熟练加工的基础上，作品魅力的彰显还在于作者对历史的"同情式理解"。

最后，事实准确、合理想象。对此，陈红民教授强调了两点：一是把握细节，突出结构紧张感。比如对抗战结束的预期上，1945 年 7 月毛泽东判断要再打一年半，蒋介石也如此，结果一月之后抗战结束，这种戏剧性的转折就可以为大众历史提供书写的张力。二是因为历史具有戏剧性，所以大众史学可以在合理想象的基础上，用现代意识组织材料。比如以《蒋介石的朋友圈》来描写蒋介石与师长孙中山，与同辈张群，与部下陈诚的关系就会让读者青睐有加。

三 前瞻不浅薄：关于城市大众历史的思考

真实是城市大众历史具有前瞻性的关键。对于大众史学，专业史学界仍存在着一些诸如"恶紫之夺朱也，恶郑声之乱雅乐也，恶利口之覆邦家者"（《论语·阳货篇》）的声音，认为大众史学的存在就是对专业史学的颠覆。所以，如前文所述，专业的大众史学家应在城市大众史学的发展过程中发挥主导作用,特别是在大众的历史认知形成初期,必须强调史学研究者的责任,也就是向公众灌输真实的、正确的城市史知识。具体而言,如陈红民教授所强调的,就是将最新的学术成果以公众喜闻乐见的形式表达出来,如为报纸写通俗文章,在文史类杂志上开专栏,帮助广播、电视制作专题类节目,到各地图书馆公开演讲等,引导社会大众,使他们得到正确的资讯,形成较正确的历史思维。

语必关风是城市大众历史具有前瞻性的重要途径,其中"关风"指的是与现实的联系。对此,陈仲丹教授强调从选题上,大众历史要以现实为出发点,对现实要有启示意义。他以美国的公共历史企业历史联合公司(History Association INC)为例,指出了在城市发展中大众史学的作用。比如 1979 年美国爆发三里岛核事故后,该公司在对事故调查和分析以及对周围市镇调查的基础上,通过分析结果、建立档案、整理口述史料、撰写事故分析报告来为政府提供应对措施。

渊思寂虑是城市大众历史具有前瞻性的目的。最好的历史叙事,一定是有深刻思想和启发意义的;最好的历史叙事,一定是能让人深深感动且发人沉思的。因此,城市大众历史,最关键的是内容上不追随前人判断,应有作者的个人见解。在叙述历史故事、讲述历史知识的同时还要注意引导大众思考历史背后的社会文化意义,而不能把历史知识作为茶余饭后的消遣之物,更不是大众的猎奇之物。同时引导大众对历史真实进行思考,切忌人云亦云,提高对历史真实的鉴别能力。

总之,如马勇研究员所强调的,历史通俗读物应在学术上有所表达,要有真知灼见,而且更重要的是通过通俗读物表达自己的学术主张,并有影响非历史学专业一般知识人的雄心,在愉悦的阅读中渐渐改变大众的既成看法。

作者:尹学梅,天津博物馆历史部
王静,天津社会科学院历史研究所

Abstracts

Regional System & Economic Development

The Effect of the Yellow River Flood to Kaifeng City in the Yuan Dynasty
WuPengfei   Deng Yuna / 1

Abstract: Vicissitudes of Kaifeng City are closely related to the Yellow River. The Yellow River flood frequently broke out and the new channels appeared in the East, West and North of Kaifeng city. The Yellow River flood destroyed the agricultural production environment nearby Kaifengarea and had a direct effect of thecity. The Yellow River flood poured into the outer city of Kaifeng in 1283, and then destroyed part of the city's channel in 1290, the city's dam had been constructed in 1319. The urban development in Kaifeng during the Yuan Dynasty has declined a lot if we compared the city with the Song and Jin Dynasty. The Yellow River flood is an important factor of the decline of the Kaifeng city in the Yuan Dynasty.

Keywords: the Yuan Dynasty; the Yellow River Flood; the Kaifeng City

The Warehouse of Nanjing in Ming Dynasty   *Cui Wenming / 16*

The warehouse was a place for merchants to store goods in ancient times. The warehouse originated in the Southern Song Dynasty capital of Lin'an, which was larger scale, convenience and benefit of business, to promote the prosperity of the Southern Song dynasty. The main purpose of the establishment of the warehouse in the Ming Dynasty was taxed, which provided financial support from tax for the economic construction. In the Ming Dynasty in Nanjing, the warehouse was the center of the official trade system, promoting the recovery and development of the commercial economy in the beginning of Ming Dynasty, which laid the foundation for the prosperity of the Ming Dynasty business. Because of the capital Beijing, private power occupation of government management and other reasons, Nanjing warehouse declined.

Keywords: Nanjing; Warehouse; Warehouse's Function

The Tibetan Political Tendency and Regional Central City
 Transition in Late Ming and Early Qing Dynasty   *Fu Zhigang* / 28

Abstract: The Tibetan political circumstances were changeable with intensely religion controversy and badly economic and social environment in late Ming and early Qing Dynasty, which produced much more negative influence on the development of local city. The central city of the Tibetan varied according to the development of religion at that time, which experienced NaiDong – Rigaze – Lhasa migration. It gradually established contemporary Tibet regional urban system with the perfection of theocracy system and stable government, and definition in Tibetan minister in middle of Qing Dynasty. This paper tries to focus on the detail of investigation and discussion, and unity of the process on the regional central city of the influence of the development.

Keywords: Tibetan; Tendency of the Relationship of Political and Religion; Regional Central City; Transfer

The Space Form and Function Expansion of Canal City:
 a Case of Linqing during the Ming and Qing Dynasties
                 Zhou Jia / 38

Abstract: In the formation of the urban system of the Chinese Empire, the emergence of the canal city is a special type of civilization development. Linqing is an important city of the Grand Canal in Shandong, which developed into a famous metropolitan in the Ming and Qing dynasties. The article selects Linqing of

Ming and Qing Dynasties as the research object, backtracking the origin and formation of the city beside the river, and from the view of urban space and urban function, revealing the transformation of Linqing from a "local" to a "center".

Keywords: Linqing; Canal City; Space form Urban Function

Market Construction and Social Control

Bao-jia System in Beijing and Nanjing in the Late Ming Dynasty

Xue Liyu / 51

Abstracts: In the middle and late Ming dynasty, the capital Jing-shi (Beijing) was close to the northern frontier and always was invaded and threatened by the Mongolian and Manchurian nomad tribes. Meanwhile the auxiliary capital Nanjing was in the southeastern coastal area under the rampancy of *wo-kou* (Japanese pirates). Thought Bao-jia system was enforced in the suburb of the two capitals in Jia-jing period, it had not carried on in the urban area until the middle of Wan-li period in both Beijing and Nanjing where only Zong-xiao-jia system was enforced. Bao-jia system started to be enforced in Beijing since Tian-qi period and in Nanjing since late Wan-li or early Tian-qi period. There were strict regulations for the Bao-jia system which put emphasis on the management of floating population. But the actual effect of the Bao-jia system was always influenced under the resistance from the upper society.

Keywords: Jing-shi (Beijing); Nanjing; Bao-jia System

William Bratton and New York City's Crime:
Backgrounds, Methods and Influences *Li Sheng* / 67

Abstract: The rate of crime experienced the obvious decline in New York City around mid-1990s. Although it was related with the economic, cultural and other factors, the importance of William Bratton and his group should not be neglected. Facing the severe crime situation in NYC, Bratton thought highly of governing concept—Crime can be prevented. Therefore, he and his group put the " Broken Window Theory" into the practice of fighting crime in NYC. Under the leadership of Bratton, NYC eventually turned around from the "Capital of Crime" to the "Safe City" . Benefitting from the improvement of public order in NYC, the power of Bratton, the image of NYC, and the law – and – order situation of whole America became more and more positive.

Keywords: William Bratton; City Crime; NYPD; Broken Window Theory

A Research of Public Health Administration of Wuhan in Occupation

Lu Caixia / 83

Abstract: The occupation was a special time to Wuhan in the development history of its modern public health, in which Wuhan had gone through a great dissimilation in health management due to colonial and wartime system. However, to countinue the colonial rule of "empire" in wartime, the puppet army still objectively maintained the basic security of public health in Wuhan, whose management does have some significance of Wuhan public health development in technical level. Therefore, the health administration of this period was also more complexity due to its particularity.

Keywords: Wuhan; the Occupation; Health Administration

On the Development of Chinese Urban Sculpture after the Reform and Opening Up-a case Study of Beijing, Tianjin, Shanghai and Chongqing *Wang He* / 104

Abstrart: Chinese urban sculpture has got unprecedented development since the reform and opening up. As the construction of municipalities which directly administered by the central government are more representative, from the perspective of the four municipalities, namely Beijing, Tianjin, Shanghai, and Chongqing, this paper tried to sort out the development history of modern urban sculpture in China and to point out the existing problems, which can partly reflect on the development of cities and the progress of the whole society after the reform and opening up.

Keywords: Reform and Open Up ; Urban Sculpture; Municipalities

The analysis of the Anti-Japanese Groups
in Tianjin before the Anti Japanese War   *Ren Jidong Bi Lianfang* / 118

Abstract: Since modern times, with the advance of Japanese foreign expansion, the national contradiction between China and Japan tended to deep. Tianjin social strata caused many anti-Japanese movement with setting up anti-Japanese groups, holding speech procession, launching boycott of Japanese goods. The participation of different groups showed their high-profile class consciousness and industry characteristics.

Keywords: Tianjin Society; Anti-Japanese; Group Consciousness

Space Structure and Environmental Transition

Toponym and Politics of Everyday Life:
A Case Study on the Toponyms in Fuzhou's History   *Luo Guilin* / 128

Abstract: The toponym is the basic way that people perceive and understand the outside world and is an important means which people establishes a specific link with space. Different groups based on their positions, often have different toponymic outlooks. And the result is that there are sorts of toponyms such as the grass-rooted toponyms (Tu Ming, 土名) and the official toponyms (Zheng Ming, 正名). And it is common that many toponyms refering to one place and one toponym refering to many places. the research on toponyms would help us to explore in depth the political and cultural logic in everyday life. City gate toponyms, street toponyms and alley toponyms in Fuzhou's history, represented three different toponymic productional and transitional mechanisms. The city gate toponyms were dominated by the government, expressing the orthodox values, playing the maintenance of political authority and strengthening the rule of official effect; street toponyms were the "public field" which the official and the folk competed with each other for a long term. the official toponyms and the popular toponyms (Su Ming, 俗名) could co - existe at the meantime; alleys were ruled by the grass-rooted toponyms. The official hot only had no intention but also were unable to interfere in the production and the use of toponyms comprehensively. The case study of the toponyms in Fuzhou helps us to deepen the understanding of political logic in everyday life.

Keywords: Fuzhou; Toponym; Popular toponym (Su Ming, 俗名); Grass-rooted toponym (Tu Ming, 土名); Toponymic Politics

Public space and the spiritual life construction of the Republican Shanghai's intellectual groups (1927 - 1937)   *Hu Yuehan* / 154

Abstract: Libraries, bookstores and book street vendors are public spaces which were used by republican Shanghai's intellectual groups to reading books and consumption activities. The libraries not only have reading function, but also have social interactions with others. Bookstores selling new publications and vendors selling antique books have the difference in the priority of the new or old books. When reading books and consumption were not the privilege of which belong to the intellectual groups, they began to propagate the old style and knowledge to construct the culture capital, make it different with ordinary citizens group. The Intellectual individuals' class position shaped not only knowledge consumption habits, but also began the separation of which between modern Chinese elite intellectual groups and edged intellectual groups.

Keywords: Public Space; Intellectual Groups; Field; Spiritual Life

Qing Dynasty Town of Liu Tiao outside Boundary Conflagration Research: Take the Manchu Archives Center for Examlpe   *Qi Yan* / 183

Abstract: The national first historical archive library office of Grand Council of State recorded Manchu archives with official history, chorography and newspaper materials. Analysis of the Qing Dynasty town of Liu Tiao outside boundary conflagration characteristics, factors and the trend of expansion of the fire can base on these archives. The author summarizes the hazards of fire on the lives of people and the loss of government office, which investigate measures to punish and aid.

Keywords: the Manchu Archives; LiuTiao outside Boundary; Conflagration

Politics, Everydayness, and Modernity:
The Suzhou Park and Urban Life in Republican Suzhou
Zhang Xiaochuan Lu Shizhong / 199

Abstract: The Suzhou Park was the first modern park and the primary public park in the Republican Suzhou. As a new arriving urban public space, the government and gentry tried to use the Suzhou park to educate and discipline the common people, but the common people and different kinds of societies tried to make it a stage to show themselves. Moreover, as a space of social activities and imagining, the Suzhou Park became a place to imagine modernity for Suzhou citizen in the Republican China.

Keywords: Suzhou Park; Urban Life; Modernity; Politics; Everydayness; Republican China

Social Class and Cultural Education

The City's Memory and Imagination of the Chengdu Shadow Play
——On the Living Space of Shadow Play
Li Long / 216

Abstract: In the late of Qing dynasty and the republic of china, due to imitating Sichuan Opera, roaming in the street, playing in the teahouse, Chengdu shadow play became an important symbol of the city life and had a special urban culture meaning. However, it also lead to the decline of chengdu shadow play. When new entertainments became popular, chengdu shadow play finally became the city's traveler. Vanishing is an inevitable outcome of the historical evolution, the historical assumption is the foundation of the memory and imagination. Living space of the Shadow play isn't the real city and country, but the audience.

Keywords: Chengdu; Shadow play; City; Country; Memory

The Multicultural Characteristic and its Influence of Modern Dalian City
Jing Huilan   Qu Hong / 227

Abstract: Since the modern city of Dalian was built, it was a colonial capitalist city. The diversity and emigrants of the city population brought the city cultural the characteristic of diversity. And it intensively influenced the city's, construction, socio - economic development and the process of modernization. The foreign construction activities and architectural aesthetics of Dalian reflected the migration properties of the construction in the city. These architectural cultures vividly reflected the colliding, absorbing and tolerating of farming civilization and marine civilization. Also it, which should be protected, reflected the cultural connotations of the scientific and technological progress of that era.

Keywords: the Modern Dalian; Multicultural; The special features research

Discovering History in City: the Overview of the Chinese
History of Urban Religion Study   *Pang Yi* / 236

Abstract: The Chinese history of urban religion study is one of the new growth points of Chinese urban history, which is noticed by scholars in different fields, and get good achievements. At present, the Chinese history of urban religion studies focus on the following four aspects. First is the study of the cities' temple to discuss urban sacred space and public life. Second is from the perspective of the State - Society to study city gods. Third is carding the urban institutional religion history. Forth is the study religion in urban history. Nodoubt, this study also has some shortages on the research content and method. In the research content, lots of studies are macroscopic, lack of depth cases studies and few study from the process of religion itself, for this reason it doesn't promote these questions, such as state and society, city and country. In the research method, there are still lack of self - criticism of tradition and modern, macrography and microcosmos, etc.

Keywords: Urban History; Religion History; Popular Religion; Social Culture

Overseas Study

A Moving Story: the Memorials and Legacy of the Treaty Port

Robert Bickers / 251

Abstract: from 1862 to 1949 foreign communities in Shanghai memorialized in stone and bronze a pantheon of local imperial heroes, as a part of strategy to insert themselves into orthodox circuits of formal empire. The paper explores the history of the main monuments on the Bund, and their contemporary legacy. The paper argues that the memorial practices of the foreign communities in Shanghai displayed a consistent pattern of attempts to integrate themselves into imperial circuits of memorials. The Shanghai case study tells us that the strategies for incorporation, imagined and concrete, into the imagined community of empires of those outside its formal boundaries.

Keywords: Shanghai; Monuments and Memorials; Empire; Nationalism; Cosmopolitanism

稿　约

《城市史研究》创刊于1988年，是目前国内唯一的城市史研究专业刊物，由天津社会科学院历史研究所主办，现为中国城市史研究会会刊，一年两期，由社会科学文献出版社出版发行。

一、本刊欢迎具有学术性、前沿性、思想性的有关中外城市史研究的稿件，涉及的内容包括城市政治、经济、文化、社会及与之相关的地理、建筑、规划等多学科和跨学科课题。对视角新颖、选题独特、有创见、有卓识的文稿尤为重视。另设有硕博论坛、新书评论、国外研究、研究动态、学术述评和会议综述等栏目。

二、文章字数一般应控制在15000字，优秀稿件可放宽至3万字，译稿则须附原文及原作者的授权证明，由投稿人自行解决版权问题。

三、来稿除文章正文外，请附上：

（一）作者简介：姓名、所在单位、职称、学位、研究方向、邮编、联系电话、电子邮箱；

（二）中英文摘要：字（词）数控制在150～200字；

（三）中英文关键词：限制在3～5个；

（四）文章的英文译名；

（五）注释：一律采用脚注，每页编号，自为起止。具体格式请参见《社会科学文献出版社2012年学术著作出版规范》第17～25页，下载地址：http：//www.ssap.com.cn/pic/Upload/Files/PDF/F6349319343783532395883.pdf。

四、本刊有修改删节文章的权力，凡投本刊者被视为认同这一规则。不同意删改者，请务必在文中声明。

五、本刊已加入中国学术期刊（光盘版）全文数据库，并许可其以数字化方式在中国知网发行传播本刊全文，相关作者著作权使用费与稿酬不再另行支付，作者向本刊提交文章发表的行为即视为同意我刊上述声明。

六、为方便编辑印刷，来稿一律采用电子文本，请径寄本刊编辑部电子邮箱：zhanglimin417@sina.com，或 chengshishiyanjiu@163.com。来稿一经采用，即付样刊两册，因财力有限，没有稿酬；翻译外文文章，酌予翻译费。未用稿件，一律不退，一月内未接到用稿通知，可自行处理。文稿如有不允许删改和做技术处理的特殊事宜，请加说明。

需要订阅本刊的读者和单位，请与《城市史研究》编辑部联系。联系方式：电子邮箱 chengshishiyanjiu@163.com。

本刊地址：天津市南开区迎水道7号天津社会科学院历史研究所
邮编：300191；电话：022-23075336

《城市史研究》编辑部

图书在版编目(CIP)数据

城市史研究.第34辑／张利民主编.—北京：社会科学文献出版社，2016.4

ISBN 978-7-5097-8807-3

Ⅰ.①城… Ⅱ.①张… Ⅲ.①城市史-文集 Ⅳ.①C912.81-53

中国版本图书馆 CIP 数据核字（2016）第 043071 号

城市史研究（第34辑）

主　　编／张利民

出 版 人／谢寿光
项目统筹／李丽丽
责任编辑／李丽丽

出　　版／社会科学文献出版社·近代史编辑室（010）59367256
　　　　　地址：北京市北三环中路甲29号院华龙大厦　邮编：100029
　　　　　网址：www.ssap.com.cn
发　　行／市场营销中心（010）59367081　59367018
印　　装／三河市东方印刷有限公司

规　　格／开　本：787mm×1092mm　1/16
　　　　　印　张：19.75　字　数：321千字
版　　次／2016年4月第1版　2016年4月第1次印刷
书　　号／ISBN 978-7-5097-8807-3
定　　价／65.00元

本书如有印装质量问题，请与读者服务中心（010-59367028）联系

▲ 版权所有 翻印必究